公路桥梁与施工管理

李国强　魏　茸　李宗运　著

中国原子能出版社
China Atomic Energy Press

图书在版编目（CIP）数据

公路桥梁与施工管理 / 李国强，魏茸，李宗运著 . -- 北京：中国原子能出版社，2019.7 （2021.9 重印）

ISBN 978-7-5022-9912-5

Ⅰ . ①公… Ⅱ . ①李… ②魏… ③李… Ⅲ . ①公路桥—桥梁施工—施工管理 Ⅳ . ① U448.145.1

中国版本图书馆 CIP 数据核字 (2019) 第 151447 号

公路桥梁与施工管理

出版发行 中国原子能出版社（北京海淀区阜成路 43 号 100048）

责任编辑 杨晓宇

印　　刷 三河市南阳印刷有限公司

经　　销 全国各地新华书店

开　　本 787 毫米 ×1092 毫米 1/16

印　　张 20.25

字　　数 442 千字

版　　次 2019 年 7 月第 1 版 2021 年 9 月第 2 次印刷

书　　号 ISBN 978-7-5022-9912-5

定　　价 98.00 元

前　言

我国的桥梁施工管理起步较晚，经过近些年的努力，虽然我国在桥梁施工管理方面取得了较大进步，但由于桥梁施工具有施工难度大等自身的特点，桥梁施工事故在我国也时有发生，这对我国桥梁事业的发展带来了不利影响。与其他工程施工相比，桥梁施工具有如下特点：①通常，桥梁建设周期较长，尤其是大型桥梁的建设施工，其周期要达数年；每个桥梁施工项目都是唯一的，区别于其他任何桥梁施工项目，这决定了桥梁施工管理的复杂性和多样性；②人员流动性大，由于桥梁施工作业条件相对较差，施工人员中很多是当地农民工，所以他们的工程技术水平与文化素质普遍较低，通常是工程完工后他们就离开，故施工人员的流动性很大；③通常，桥梁项目产品为露天作业，体积庞大，受自然气候的影响较大，工程施工易被如洪水、雨、雪等恶劣的施工环境中断。

基于此问题的基础上，本书分三大章节具体讲解有关公路桥梁施工管理问题，其中这本书的前半部分主要讲到关于公路桥梁施工与管理的总概括，包括桥梁工程施工的要点和关键点以及日常施工过程当中比较常见的问题，也谈及这些问题的解决措施，当然公路工程这方面很多知识点部分都是一些老生常谈的问题，包括公路施工、技术引入、公路养护和绿色施工等；此外，在前面内容的基础上我们加入了有关水利工程的内容，像水利施工、技术要点、工程设计等。本书中有疏忽或者遗漏的部分欢迎广大读者朋友及时反馈。

目　录

第一章 公路施工与管理

公路工程

公路工程（highway engineering）是指公路构造物的勘察、测量、设计、施工、养护和管理等工作。公路工程构造物包括路基、路面、桥梁、涵洞、隧道、排水系统、安全防护设施、绿化、交通监控设施以及施工、养护和监控使用的房屋、车间和其他服务性设施。公路工程对各个工程项目都制定有相应的养护规范。忽视养护，损坏严重才进行补救，造成的损失往往更大。

公路工程施工总承包资质标准

公路工程施工总承包资质分为特级、一级、二级、三级。

一、一级资质标准

1. 企业资产净资产 1 亿元以上。

2. 企业主要人员：

（1）公路工程专业一级注册建造师不少于 15 人。

（2）技术负责人具有 15 年以上从事工程施工技术管理工作经历且具有公路工程相关专业高级职称；公路工程相关专业中级以上职称人员不少于 75 人。

（3）持有岗位证书的施工现场管理人员不少于 25 人且施工员、安全员、造价员等人员齐全。

（4）经考核或培训合格的中级工以上技术工人不少于 50 人。

3. 企业工程业绩近 10 年承担过下列 4 类中的 3 类工程的施工，工程质量合格：

（1）累计修建一级以上公路路基 100 公里以上；

（2）累计修建二级以上等级公路路面（不少于 2 层且厚度 10 厘米以上沥青混凝土路面或 22 厘米以上水泥混凝土路面）300 万平方米以上；

（3）累计修建单座桥长≥500米或单跨跨度≥100米的桥梁6座以上；

（4）累计修建单座隧道长≥1000米的公路隧道2座以上或单座隧道长≥500米的公路隧道3座以上。

4. 技术装备具有下列机械设备：

（1）160吨/小时以上沥青混凝土拌和设备3台；

（2）120立方米/小时以上水泥混凝土拌和设备4台；

（3）300吨/小时以上稳定土拌和设备4台；

（4）160吨/小时以上沥青混凝土拌和设备3台；

（5）各型压路机20台（其中沥青混凝土压实设备10台，大型土方振动压实设备10台）；

（6）扭矩200千牛·米以上的钻机2台；

（7）80吨以上自行式架桥机2套；

（8）水泥混凝土泵车4台；

（9）隧道掘进设备2台，水泥混凝土喷射泵4台，压浆设备2台。

二、二级资质标准

1. 企业资产净资产4000万元以上。

2. 企业主要人员：

（1）公路工程专业注册建造师不少于15人。

（2）技术负责人具有8年以上从事工程施工技术管理工作经历且具有公路工程相关专业高级职称或公路工程专业一级注册建造师执业资格；公路工程相关专业中级以上职称人员不少于50人。

（3）持有岗位证书的施工现场管理人员不少于15人且施工员、安全员、造价员等人员齐全。

（4）经考核或培训合格的中级工以上技术工人不少于30人。

3. 企业工程业绩近10年承担过下列3类工程的施工，工程质量合格：

（1）累计修建三级以上公路路基200公里以上；

（2）累计修建四级以上公路路面（厚度5厘米以上沥青混凝土路面或20厘米以上水泥混凝土路面）200万平方米以上；

（3）累计修建单座桥长≥100米或单跨跨度≥40米的桥梁4座以上。

4. 技术装备具有下列机械设备：

（1）120吨/小时以上沥青混凝土拌和设备2台；

（2）60立方米/小时以上水泥混凝土拌和设备2台；

（3）300吨/小时以上稳定土拌和设备2台；

（4）摊铺宽度8米以上的沥青混凝土摊铺设备2台；

（5）120 千瓦以上平地机 3 台；

（6）1 立方米以上挖掘机 3 台；

（7）100 千瓦以上推土机 3 台；

（8）各型压路机 10 台（其中沥青混凝土压实设备 4 台，大型土方振动压实设备 2 台）；

（9）扭矩 200 千牛·米以上的钻机 1 台；

（10）80 吨以上自行式架桥机 1 套；

（11）50 吨以上吊车 1 台；

（12）水泥混凝土泵车 2 台；

（13）隧道掘进设备 1 台，水泥混凝土喷射泵 2 台，压浆设备 1 台。

三、三级资质标准

1. 企业资产净资产 800 万元以上。

2. 企业主要人员：

（1）公路工程专业注册建造师不少于 8 人。

（2）技术负责人具有 6 年以上从事工程施工技术管理工作经历且具有公路工程相关专业中级以上职称或公路工程专业注册建造师执业资格；公路工程相关专业中级以上职称人员不少于 15 人。

（3）持有岗位证书的现场管理人员不少于 8 人且施工员、安全员、造价员等人员齐全。

（4）企业具有经考核或培训合格的中级工以上技术工人不少于 15 人。

（5）技术负责人（或注册建造师）主持完成过本类别资质二级以上标准要求的工程业绩不少于 2 项。

3. 技术装备具有下列机械设备：

（1）100 吨 / 小时以上沥青混凝土拌和设备 1 台；

（2）50 立方米 / 小时以上水泥混凝土拌和设备台；

（3）摊铺宽度 4.5 米以上沥青混凝土摊铺设备 2 台；

（4）8 吨以上压路机 5 台；

（5）1 立方米以上挖掘机 2 台；

（6）120 千瓦以上平地机 2 台；

（7）30 吨以上吊车 1 台。

四、承包工程范围

1. 一级资质

可承担各级公路及其桥梁，长度 3000 米以下的隧道工程的施工。

2. 二级资质

可承担一级以下公路，单座桥长 1000 米以下、单跨跨度 150 米以下的桥梁，长度 1000 米以下的隧道工程的施工。

3. 三级资质

可承担二级以下公路，单座桥长 500 米以下、单跨跨度 50 米以下的桥梁工程的施工。

注：公路工程相关专业职称包括公路工程、桥梁工程、公路与桥梁工程、交通土建、隧道（地下结构）工程以及交通工程等专业职称。

公路工程建设项目招标投标管理办法

第一章　总　则

第一条　为规范公路工程建设项目招标投标活动，完善公路工程建设市场管理体系，根据《中华人民共和国公路法》《中华人民共和国招标投标法》《中华人民共和国招标投标法实施条例》等法律、行政法规，制定本办法。

第二条　在中华人民共和国境内从事公路工程建设项目勘察设计、施工、施工监理等的招标投标活动适用本办法。

第三条　交通运输部负责全国公路工程建设项目招标投标活动的监督管理工作。

省级政府交通运输主管部门负责本行政区域内公路工程建设项目招标投标活动的监督管理工作。

第四条　各级交通运输主管部门应当按照国家有关规定，推进公路工程建设项目招标投标活动进入统一的公共资源交易平台进行。

第五条　各级交通运输主管部门应当按照国家有关规定，推进公路工程建设项目电子招标投标工作，招标投标活动信息应当公开，接受社会公众监督。

第六条　公路工程建设项目的招标人或者其指定机构应当对资格审查、开标、评标等过程录音录像并存档备查。

第二章　招　标

第七条　公路工程建设项目招标人是提出招标项目、进行招标的项目法人或者其他组织。

第八条　对于按照国家有关规定需要履行项目审批、核准手续的依法必须进行招标的公路工程建设项目，招标人应当按照项目审批、核准部门确定的招标范围、招标方式、招标组织形式开展招标。

公路工程建设项目履行项目审批或者核准手续后，方可开展勘察设计招标；初步设计文件批准后，方可开展施工监理、设计施工总承包招标；施工图设计文件批准后，方可开展施工招标。

施工招标采用资格预审方式的，在初步设计文件批准后可以进行资格预审。

第九条 有下列情形之一的公路工程建设项目，可以不进行招标：

（一）涉及国家安全、国家秘密、抢险救灾或者属于利用扶贫资金实行以工代赈、需要使用农民工等特殊情况；

（二）需要采用不可替代的专利或者专有技术；

（三）采购人自身具有工程施工或者提供服务的资格和能力且符合法定要求；

（四）已通过招标方式选定的特许经营项目投资人依法能够自行施工或者提供服务；

（五）需要向原中标人采购工程或者服务，否则将影响施工或者功能配套要求；

（六）国家规定的其他特殊情形。

招标人不得为适用前款规定弄虚作假，规避招标。

第十条 公路工程建设项目采用公开招标方式的，原则上采用资格后审办法对投标人进行资格审查。

第十一条 公路工程建设项目采用资格预审方式公开招标的，应当按照下列程序进行：

（一）编制资格预审文件；

（二）发布资格预审公告，发售资格预审文件，公开资格预审文件关键内容；

（三）接收资格预审申请文件；

（四）组建资格审查委员会对资格预审申请人进行资格审查，资格审查委员会编写资格审查报告；

（五）根据资格审查结果向通过资格预审的申请人发出投标邀请书；向未通过资格预审的申请人发出资格预审结果通知书，告知未通过的依据和原因；

（六）编制招标文件；

（七）发售招标文件，公开招标文件的关键内容；

（八）需要时，组织潜在投标人踏勘项目现场，召开投标预备会；

（九）接收投标文件，公开开标；

（十）组建评标委员会评标，评标委员会编写评标报告、推荐中标候选人；

（十一）公示中标候选人相关信息；

（十二）确定中标人；

（十三）编制招标投标情况的书面报告；

（十四）向中标人发出中标通知书，同时将中标结果通知所有未中标的投标人；

（十五）与中标人订立合同。

采用资格后审方式公开招标的，在完成招标文件编制并发布招标公告后，按照前款程序第（七）项至第（十五）项进行。

采用邀请招标的，在完成招标文件编制并发出投标邀请书后，按照前款程序第（七）项至第（十五）项进行。

第十二条 国有资金占控股或者主导地位的依法必须进行招标的公路工程建设项目，采用资格预审的，招标人应当按照有关规定组建资格审查委员会审查资格预审申请文件。资格审查委员会的专家抽取以及资格审查工作要求，应当适用本办法关于评标委员会的规定。

第十三条 资格预审审查办法原则上采用合格制。

资格预审审查办法采用合格制的，符合资格预审文件规定审查标准的申请人均应当通过资格预审。

第十四条 资格预审审查工作结束后，资格审查委员会应当编制资格审查报告。资格审查报告应当载明下列内容：

（一）招标项目基本情况；

（二）资格审查委员会成员名单；

（三）监督人员名单；

（四）资格预审申请文件递交情况；

（五）通过资格审查的申请人名单；

（六）未通过资格审查的申请人名单以及未通过审查的理由；

（七）评分情况；

（八）澄清、说明事项纪要；

（九）需要说明的其他事项；

（十）资格审查附表。

除前款规定的第（一）（三）（四）项内容外，资格审查委员会所有成员应当在资格审查报告上逐页签字。

第十五条 资格预审申请人对资格预审审查结果有异议的，应当自收到资格预审结果通知书后 3 日内提出。招标人应当自收到异议之日起 3 日内作出答复；作出答复前，应当暂停招标投标活动。

招标人未收到异议或者收到异议并已作出答复的，应当及时向通过资格预审的申请人发出投标邀请书。未通过资格预审的申请人不具有投标资格。

第十六条 对依法必须进行招标的公路工程建设项目，招标人应当根据交通运输部制定的标准文本，结合招标项目具体特点和实际需要，编制资格预审文件和招标文件。

资格预审文件和招标文件应当载明详细的评审程序、标准和方法，招标人不得另行制定评审细则。

第十七条 招标人应当按照省级政府交通运输主管部门的规定，将资格预审文件及其澄清、修改，招标文件及其澄清、修改报相应的交通运输主管部门备案。

第十八条 招标人应当自资格预审文件或者招标文件开始发售之日起，将其关键内容上传至具有招标监督职责的交通运输主管部门政府主页或者其指定的其他网站上进行公开，公开内容包括项目概况、对申请人或者投标人的资格条件要求、资格审查办法、评标办法、招标人联系方式等，公开时间至提交资格预审申请文件截止时间 2 日前或者投标截止时间10日前结束。

招标人发出的资格预审文件、招标文件的澄清或者修改涉及前款规定的公开内容的，招标人应当在向交通运输主管部门备案的同时，将澄清或者修改的内容上传至前款规定的网站。

第十九条　潜在投标人或者其他利害关系人可以按照国家有关规定对资格预审文件或者招标文件提出异议，招标人应当对异议做出书面答复。未在规定时间内做出书面答复的，应当顺延提交资格预审申请文件截止时间或者投标截止时间。

招标人书面答复内容涉及影响资格预审申请文件或者投标文件编制的，应当按照有关澄清或者修改的规定，调整提交资格预审申请文件截止时间或者投标截止时间，并以书面形式通知所有获取资格预审文件或者招标文件的潜在投标人。

第二十条　招标人应当合理划分标段、确定工期，提出质量、安全目标要求，并在招标文件中载明。标段的划分应当有利于项目组织和施工管理、各专业的衔接与配合，不得利用划分标段规避招标、限制或者排斥潜在投标人。

招标人可以实行设计施工总承包招标、施工总承包招标或者分专业招标。

第二十一条　招标人结合招标项目的具体特点和实际需要，设定潜在投标人或者投标人的资质、业绩、主要人员、财务能力、履约信誉等资格条件，不得以不合理的条件限制、排斥潜在投标人或者投标人。

除《中华人民共和国招标投标法实施条例》第三十二条规定的情形外，招标人有下列行为之一的，属于以不合理的条件限制、排斥潜在投标人或者投标人：

（一）设定的资质、业绩、主要人员、财务能力、履约信誉等资格、技术、商务条件与招标项目的具体特点和实际需要不相适应或者与合同履行无关；

（二）强制要求潜在投标人或者投标人的法定代表人、企业负责人、技术负责人等特定人员亲自购买资格预审文件、招标文件或者参与开标活动；

（三）通过设置备案、登记、注册、设立分支机构等无法律、行政法规依据的不合理条件，限制潜在投标人或者投标人进入项目所在地进行投标。

第二十二条　招标人应当根据国家有关规定，结合招标项目的具体特点和实际需要，合理确定对投标人主要人员以及其他管理和技术人员的数量和资格要求。投标人拟投入的主要人员应当在投标文件中进行填报，其他管理和技术人员的具体人选由招标人和中标人在合同谈判阶段确定。对于特别复杂的特大桥梁和特长隧道项目主体工程和其他有特殊要求的工程，招标人可以要求投标人在投标文件中填报其他管理和技术人员。

本办法所称主要人员是指设计负责人、总监理工程师、项目经理和项目总工程师等项目管理和技术负责人。

第二十三条　招标人可以自行决定是否编制标底或者设置最高投标限价。招标人不得规定最低投标限价。

接受委托编制标底或者最高投标限价的中介机构不得参加该项目的投标，也不得为该项目的投标人编制投标文件或者提供咨询。

第二十四条　招标人应当严格遵守有关法律、行政法规关于各类保证金收取的规定，在招标文件中载明保证金收取的形式、金额以及返还时间。

招标人不得以任何名义增设或者变相增设保证金或者随意更改招标文件载明的保证金收取形式、金额以及返还时间。招标人不得在资格预审期间收取任何形式的保证金。

第二十五条　招标人在招标文件中要求投标人提交投标保证金的，投标保证金不得超过招标标段估算价的 2%。投标保证金有效期应当与投标有效期一致。

依法必须进行招标的公路工程建设项目的投标人，以现金或者支票形式提交投标保证金的，应当从其基本账户转出。投标人提交的投标保证金不符合招标文件要求的，应当否决其投标。

招标人不得挪用投标保证金。

第二十六条　招标人应当按照国家有关法律法规规定，在招标文件中明确允许分包的或者不得分包的工程和服务，分包人应当满足的资格条件以及对分包实施的管理要求。

招标人不得在招标文件中设置对分包的歧视性条款。

招标人有下列行为之一的，属于前款所称的歧视性条款：

（一）以分包工作量规模作为否决投标的条件；

（二）对投标人符合法律法规以及招标文件规定的分包计划设定扣分条款；

（三）按照分包的工作量规模对投标人进行区别评分；

（四）以其他不合理条件限制投标人进行分包的行为。

第二十七条　招标人应当在招标文件中合理划分双方风险，不得设置将应由招标人承担的风险转嫁给勘察设计、施工、监理等投标人的不合理条款。招标文件应当设置合理的价格调整条款，明确约定合同价款支付期限、利息计付标准和日期，确保双方主体地位平等。

第二十八条　招标人应当根据招标项目的具体特点以及本办法的相关规定，在招标文件中合理设定评标标准和方法。评标标准和方法中不得含有倾向或者排斥潜在投标人的内容，不得妨碍或者限制投标人之间的竞争。禁止采用抽签、摇号等彩票性方式直接确定中标候选人。

第二十九条　以暂估价形式包括在招标项目范围内的工程、货物、服务，属于依法必须进行招标的项目范围且达到国家规定规模标准的，应当依法进行招标。招标项目的合同条款中应当约定负责实施暂估价项目招标的主体以及相应的招标程序。

第三章　投　标

第三十条　投标人是响应招标、参加投标竞争的法人或者其他组织。

投标人应当具备招标文件规定的资格条件，具有承担所投标项目的相应能力。

第三十一条　投标人在投标文件中填报的资质、业绩、主要人员资历和目前在岗情况、信用等级等信息，应当与其在交通运输主管部门公路建设市场信用信息管理系统上填报并发布的相关信息一致。

第三十二条　投标人应当按照招标文件要求装订、密封投标文件，并按照招标文件规定的时间、地点和方式将投标文件送达招标人。

公路工程勘察设计和施工监理招标的投标文件应当以双信封形式密封，第一信封内为商务文件和技术文件，第二信封内为报价文件。

对公路工程施工招标，招标人采用资格预审方式进行招标且评标方法为技术评分最低标价法的，或者采用资格后审方式进行招标的，投标文件应当以双信封形式密封，第一信封内为商务文件和技术文件，第二信封内为报价文件。

第三十三条　投标文件按照要求送达后，在招标文件规定的投标截止时间前，投标人修改或者撤回投标文件的，应当以书面函件形式通知招标人。

修改投标文件的函件是投标文件的组成部分，其编制形式、密封方式、送达时间等，适用对投标文件的规定。

投标人在投标截止时间前撤回投标文件且招标人已收取投标保证金的，招标人应当自收到投标人书面撤回通知之日起5日内退还其投标保证金。

投标截止后投标人撤销投标文件的，招标人可以不退还投标保证金。

第三十四条　投标人根据招标文件有关分包的规定，拟在中标后将中标项目的部分工作进行分包的，应当在投标文件中载明。

投标人在投标文件中未列入分包计划的工程或者服务，中标后不得分包，法律法规或者招标文件另有规定的除外。

第四章　开标、评标和中标

第三十五条　开标应当在招标文件确定的提交投标文件截止时间的同一时间公开进行；开标地点应当为招标文件中预先确定的地点。

投标人少于3个的，不得开标，投标文件应当当场退还给投标人；招标人应当重新招标。

第三十六条　开标由招标人主持，邀请所有投标人参加。开标过程应当记录，并存档备查。投标人对开标有异议的，应当在开标现场提出，招标人应当当场作出答复，并制作记录。未参加开标的投标人，视为对开标过程无异议。

第三十七条　投标文件按照招标文件规定采用双信封形式密封的，开标分两个步骤公开进行：

第一步骤对第一信封内的商务文件和技术文件进行开标，对第二信封不予拆封并由招标人予以封存；

第二步骤宣布通过商务文件和技术文件评审的投标人名单，对其第二信封内的报价文件进行开标，宣读投标报价。未通过商务文件和技术文件评审的，对其第二信封不予拆封，并当场退还给投标人；投标人未参加第二信封开标的，招标人应当在评标结束后及时将第二信封原封退还投标人。

第三十八条 招标人应当按照国家有关规定组建评标委员会负责评标工作。

公路工程项目业主应如何加强项目建设管理

一、公路工程项目建设管理的现状

业主方在项目管理中起着举足轻重的作用，是整个公路建设项目管理中的协调者和控制者，只有加强了公路工程项目建设管理，才能在公路投入运行后获得长期的经济效益。业主方的项目管理内容主要包括建设工程的质量、进度、造价、安全等方面的工作，贯穿于整个公路工程项目建设过程。近些年来，国民经济的发展使得公路建设的速度也越来越快，但是随着公路的投入运行，很多公路工程在质量方面的问题也都开始显现出来，从而使得建设维护成本增加，给道路交通也带来了安全隐患。另外，在公路工程项目施工过程中，业主监控管理不当、施工人员素质不高、工作疏忽、责任心不强以及技术水平低等问题都会引发公路工程质量事故，甚至出现路坏桥垮的重大安全事故。同时，公路工程项目建设管理也涉及参与工程建设各方面的共同利益，加强公路工程建设项目管理是业主义不容辞的责任。

二、业主在公路工程建设质量、进度、资金管理中存在的问题

1. 公路工程项目质量管理中存在的问题

公路工程项目在实施过程中，业主应该对公路建设实施过程进行工程质量监控。但是在实际项目实施过程中，业主存在缺乏勘察设计招投标工作，有些项目施工图设计审批存在走过场、把关不严等问题。监理人员在进行监管前往往没有参与前期准备工作，使得对于整个项目管理的监控不到位。另外，对于项目质量的影响因素也是多方面的。比如：由于施工监理单位与设计人员没有直接的合同关系而且业主对于施工单位和设计单位的关系没有协调好，使得施工单位在遇到设计粗糙的图纸，错误、一些重大的设计变更或者涉及较大金额的工程变更等问题时，不能及时联系通知设计人员进行返工修改，从而影响工程质量； 设计的标准、规模的变化、勘探的变化、勘探的深度及广度所限、施工技术、装备所限以及设计体制所限等也会影响项目质量。

2. 公路工程项目进度管理中存在的问题

在项目工程实施过程中，很多因素都会影响项目的进度。比如：业主没有制订合理的施工计划、前期准备工作不足、没有对施工项目进行全面的调查了解、没有考虑到施工中

会遇到的问题、追求施工过程中对设计图纸重新进行修改、审核等情况，都会导致施工工期的延长，从而影响施工进度。在建设项目出现事故或者失误时，业主不能及时地进行管理决策也会延误公路施工进度。

3. 公路工程项目资金管理中存在的问题

在公路工程项目管理中，建设项目资金管理占据着重要的地位，业主对项目资金管理不当，会对整个工程造成巨大的影响。但是目前在项目资金管理中还存在以下问题。

（1）业主对项目变更监控工作不到位

在公路工程项目的建设过程中不可避免地会遇到工程项目的变更，对于工程项目变更的管理直接影响着业主对于工程建设的管理。业主在工程变更管理中应坚持公平、公正、合理的原则，严格按照规定的变更流程，充分利用支持单位的技术力量和经验，对每个变更的必要性、合理性进行把关，对变更方案和工程量及造价进行严格审查。

（2）业主所引起的工程造价失控

在投资估算阶段中，如果业主投资估算不恰当、不科学将会引起公路建设工程造价失控，在设计阶段中，由于业主未按照建设工程实际情况来考虑以及盲目追求一些高标准，从而对造价失控造成一定的影响。在招投标阶段中，由于业主监控不力，使得部分投标单位在投标过程中，运用一些不合理的投标手段，违反市场规律，从而使建设工程造价的真实性受到了干扰，使造价失控。在竣工决算阶段，如果业主方对建设工程造价放松审核，建设工程造价也容易失控。

三、业主对公路工程项目质量、进度、造价费用方面的管理

1. 业主对公路工程项目的质量管理

业主对于公路项目的质量管理，分为以下几个方面：

（1）业主要组织召开图纸审核会议，严格审核施工图纸，在施工过程中若发现图纸设计不合理的地方，决不允许盲目施工，业主要及时联系设计单位进行设计修改。

（2）在公路项目施工之前，要对原材料、建筑设备的质量进行抽查、监控。一定要保证原材料和建筑设备的质量是合格的。对于施工企业在施工中偷工减料，使用不合格的原材料、设备等行为应该给予严厉的惩罚，并让承包商负责返工，补偿所造成的损失。情节严重或者构成犯罪的，应该责令停工整顿，并追究其刑事责任。

（3）业主必须加强工程监督管理，做好对施工单位施工过程的管控工作，检查砌体的相关尺寸、砌筑工艺、砂浆标号和路面结构层厚度等是否达到设计要求；加强对隐蔽工程的监督，检查基础工程的验槽、现浇钢筋混凝土工程中的钢筋绑扎以及构件模板尺寸、建筑材料等是否符合施工要求，因为一旦隐蔽工程留有隐患，损失将不可预计。

（4）业主要加强对监理单位的监督管理工作，对监理单位的日常监理活动、监理人员的旁站情况、监理工程师是否配备专业的资格证书等进行监督检查，制定相关的处罚规

定，防止部分监理人员滥竽充数的情况，另外，业主方要与监理单位签订监理合同，监督监理工程师较好地履行合同中所规定的各项职责。

2. 业主对公路工程项目的进度管理

对于公路工程项目中的进度管理，业主也要特别地重视，因为拖延任何一个施工进度或者盲目的赶工，都会使得资金投入有所增加。所以在公路项目施工时，业主应该加强对进度的管理控制。

（1）业主要协调好各合同方的关系

及时记录在公路项目建设过程中各方提出来的有关难题，对于监理单位有关工程进度的难题，要及时提出相应的处理措施，并经由监理工程师去实施，必要时对施工资源、施工组织、合同工期等进行变更。

（2）及时发放项目资金

工程建设资金是确保工程正常运转的基础，承包单位若是缺少资金就会延误工程的实施甚至出现停工的情况，从而影响施工进度，到头来受到损失的是业主。因此，为保证工程进度，一定要按时拨付工程资金。

（3）及时审签工程进度款支付凭证

依据合同对承包商的工程进度完成情况进行奖励和处罚。帮助承包商处理施工中存在的人员、设备、资金等方面的实际困难以加快工程进度。

（4）提前完成项目建设征拆工作，为项目全面动工做好充分准备

对于征地拆迁与工程施工同时进行的项目，要及时协调，做好有关工作，顺利推进征拆工作，为施工提供良好的工作面。

在质量管理过程中，业主不仅要对施工单位的施工过程、施工材料等进行严格管控，还要做好监理单位的监督管理工作，使其充分发挥工程监理的职能和作用； 在进度管理过程中，应该确保项目建设资金的及时足额到位和拨付，应尽量减少或避免不合理的项目变更，及时处理施工过程中出现的问题。在进行资金管理过程的中，要充分利用一些项目管理的相关理念，使公路工程项目造价管理能够贯穿于整个项目管理中，从而对项目建设资金进行有效控制。

在整个建设工程项目管理中，业主方是重要的协调者和控制者，业主必须制定明确的质量、进度、投资管理方针，从而保证公路工程达到预期的建设目标。

公路工程路基路面压实施工技术

一、分析我国公路工程建设的发展现状

我国公路工程建设管理企业路面压实施工优化工作的发展现状分析：随着我国社会主义经济不断发展，我国公路工程建设管理企业对路面安全要求也在不断提高，由于国家政策及公路工程建设管理年度计划的原因，必须要加强公路工程建设管理企业的路面压实施工优化工作及技术管理的有效性，但是对于我国公路工程建设管理企业在路面压实施工优化工作过程中存在的问题，如管理水平不高、路面压实施工优化工作与管理人员专业水平不足等，应该采取一定措施来改良路面安全管理手段，加强我国公路工程建设管理企业路面压实施工优化工作的有效性，为我国整个行业的路面压实施工优化工作提供可借鉴的经验。

二、分析我国公路工程路面压实工作中存在的现象与问题

1. 我国公路工程建设管理企业的路面压实施工优化工作有效性低下

我国公路工程建设管理企业的路面压实施工优化工作属于技术管理的范畴，提高路面压实施工优化工作的手段需要落实到技术管理，通过发展技术管理与路面压实施工优化工作来带动公路工程建设管理企业发展的有效性与公正性，但是现如今我国公路工程建设管理企业的路面压实施工优化工作有效性低下，主要表现为对单位的具体情况不能充分掌握，不了解公路工程建设管理企业的整体环境现状，对我国公路工程建设管理企业的整体发展造成了负面影响，这主要源自公路工程建设管理企业对路面压实施工优化工作的认识不足，对环境优化管理的具体战略不够全面，导致我国公路工程建设管理企业路面压实施工优化工作手段不足，管理有效性低。

2. 我国公路工程建设管理企业对路面压实施工优化工作的认识不足

在我国公路工程建设管理企业中，路面压实施工优化工作是对我国公路工程建设管理整体工作的行政监督工具，通过对施工有效性具体情况的了解与掌握，能够对公路工程建设管理企业的整体工作进行监督控制，但是由于管理人员对路面压实施工优化工作的认识不足，导致对环境优化的具体情况管理不充分，严重影响公路工程建设管理企业管理的有效性，对施工有效性的具体情况进行有效控制与管理，能够帮助公路工程建设管理企业对自身情况做到充分的掌握并做出正确的工作决策，然而不足的路面压实施工优化工作导致对未来公路工程情况估计失误，导致在进行决策的过程中产生的盲目性，造成对公路工程建设管理企业的严重损失，因此加强对路面压实施工优化工作的控制是公路工程建设管理

企业发展工作的必要手段，需要得到公路工程建设管理企业的管理层及基层管理人员的重视。

3. 路面的使用以及混凝土技术不够级别对混凝土的黏性造成损耗

在路面公路工程的混凝土建设中，会加大力度对公路工程质量进行控制与对其黏性进行塑造，保证路面建筑的结构的整体性与稳固性，但是随着路面的使用以及混凝土技术不够级别，会对路面建筑中混凝土的黏性造成损耗，导致混凝土设施出现不可逆转的破坏，严重影响路面建筑的施工质量可靠性。混凝土黏性下降所导致的破坏是路面建筑结构中最常见的破坏模式之一，主要产生原因是路面在使用过程中对混凝土设施的使用超过了本身承载能力与承载负荷，导致黏性裂缝在地基部分出现并逐渐向上蔓延，对路面混凝土的损坏达到最大程度，由最开始的局部破坏，最终引发路面建筑质量可靠性遭到完全性破坏。

三、探究加强我国公路工程路面压实工作有效性的手段与措施

1. 加大对我国公路工程建设管理企业的路面压实施工优化工作的力度

在我国公路工程建设管理企业战略路面压实施工优化工作的过程中，可以实施战略行政监督，最大程度加强路面压实施工优化工作的有效性，还能在很大程度上完善技术管理的手段，对于这类监督体系，必须要保证由专业性的技术管理人员来进行，加强对公路工程建设管理企业具体情况的控制，保证公路工程建设管理企业行政工作的正常有效发展，还可以通过完善公路工程建设管理企业的年度工作管理来保证路面压实施工优化工作的准确性与有效性，当然加强路面压实施工优化工作的最基本手段还是加强公路工程建设管理企业技术管理人员的聘用，技术管理人员是公路工程建设管理企业的重要人员组成部分，完善招聘体系是加强路面压实施工优化工作的重要方式，需要得到公路工程建设管理企业管理层的重视与关注。

2. 建立公路工程设备保养的制度

通常由公路工程企业的管理部门制定维修制度，对保养公路工程设备的年限以及规格进行规定，对维修队伍的建设有监督性的作用，对维修设备的标准也做出明确规定，保证公路工程设备保养的有效性。同时在进行公路工程设备维修的过程中，制度是监督公路工程设备维护有效性的最有力措施也是保障公路工程管理工作有效性的最佳方法。

3. 完善公路工程建设管理企业对于路面压实施工优化工作的规章与制度

在进行具体的路面压实施工优化改革工作前，要注意对管理手段的制度建立与规章控制，才能从基础上加强路面压实施工优化工作的效果，因此对于公路工程建设管理企业而言，在进行实际手段完善之前，要加强对制度与规章的控制，才能最大程度完善路面压实施工优化工作的手段。在进行制度管理时，可以加强对技术管理人员的工作控制，说明对于工作人员工作的要求，对工作人员的奖惩制度进行管理，从基层完善公路工程建设管理企业路面压实施工优化工作的有效性，完善公路工程建设管理企业的经济结构，改革路面

压实施工优化工作的手段，全面带动我国公路工程建设管理企业技术管理改革的进程。

4. 把握好加强建筑技术的专业要领

通过对不同建筑技术的认识，在路面公路工程中利用适当的建筑技术，达到一定的质量标准并且可以通过加强公路工程的材料使用，加入不同的辅助材料，从根本上大幅度提高公路工程强度与硬度，使得路面建筑的公路工程质量能够得到全面的提高。

随着我国社会主义市场经济的不断发展，我国公路工程建设管理企业的环境发展也到达了一定的高度，但是由于发展的不断进行，对公路工程建设管理企业的管理也应该同步发展，所以要对公路工程建设管理企业路面压实施工优化工作进行政策及手段上的加强，为我国公路工程建设管理企业的行政发展做出贡献，关于路面压实施工优化工作的控制手段，需要从人事及政策等手段切入，并注意相应的监督工作，保证我国公路工程建设管理企业路面压实施工优化工作的有效性。

公路工程中经济管理要点

一、我国公路工程经济管理中存在的问题

首先，在我国公路工程经济管理过程中，普遍对公路工程经济管理不够重视，各企业的领导往往把注意力集中在公路工程的施工建设上，忽略了对公路工程经济管理中施工资金的有效控制和管理。因此，常常因为重视程度不够导致公路工程经济管理出现问题。

其次，在公路工程施工过程中，工作人员的个人素质参差不齐，缺乏系统完善的员工培训，使得在工程建设的过程中不能有效地控制施工材料，造成材料浪费，影响公路工程中整体经济管理的控制工作。

另外，由于公路工程经济管理工作对经济管理工作人员的专业素质要求较高，员工的个人专业素养的高低直接影响公路经济管理项目的运行及实施，因此必须加强培训和制度建设，提高公路工程经济管理的水平。

第三，在公路工程经济管理过程中缺乏有效的审计程序，不能按照程序计划进行预算。

任何一个公路工程建设开工前都要经过资金的计划和调配，但是在最后的审计环节，往往缺乏详细的计算出现各种失误影响施工质量。

另外，从我国市场经济发展状况来看，公路工程未按照原定的计划进行，很多公路工程施工的资金跟不上工程进度，延误工期，造成公路工程经济管理的混乱局面，不利于提高施工的质量。

二、公路工程中经济管理的应对措施及要点

在公路工程经济管理的工作中，各个部门需要相互配合，因为公路工程管理工作是个系统工作，需要各个部门、每名员工的积极配合。

在公路工程的建设过程中，虽然存在对工程经济管理重视不够、公路工程建设缺乏有效的审计过程、公路工程经济管理队伍缺乏培训等一系列的问题，但是只要对公路工程经济管理的要点进行分析，积极采取应对措施就能提高公路工程经济管理工作的水平，保证公路工程建设项目的顺利开展。

首先，预算及实际成本间的有效控制。对于公路工程经济管理中的预算和实际成本要进行有效的管理。不断增强相关经济管理人员对于预算及实际成本的重视程度。通过管理考核加强工作人员工作的积极性，严格按照预算成本的编制对各个工程项目的实际应用成本进行对比核算，认真监督公路工程施工预算及其实际成本之间的变化。

其次，在公路工程中要加强对施工建设材料的管理。众所周知，在公路工程建设中，施工材料的成本占了很重要的部分，同时对施工建设的质量有着非常重要的影响。所以在经济管理中不但要做好成本控制工作，还应该严格依据计划进行定额的采购，通过监督和管理，加强对施工建设材料的应用，避免在施工过程中出现的各种乱用材料、浪费施工材料等扩大施工成本的做法。

第三，在公路工程经济管理过程中，要加强对施工过程中各个机械设备的演算及预算。在实际的工作过程中，公路工程施工设备的成本预算是公路工程建设的重要问题。通过对公路工程建设过程中核对机械设备的数量、台数，做好对照预算工作，详细制定好资金的预算方案。

第四，在公路工程经济管理过程中要不断提高财务的监督、核算水平，做好工程经济管理中的结算和综合分析。例如，在公路工程施工过程中，我们公路工程的财务人员应该对施工过程进行监督，及时调配公路工程建设中的各种关系，制定合理的财务报表，明确资金周转的方向，为公路工程建设的管理者提供科学分析的依据。

另外，还要做好公路工程的结算和综合分析工作。由于公路工程建设比较复杂，财务人员需要针对各种财务关系进行分析。在搞好公路工程结算的过程中，分析资金超支、公路工程建设超支及浪费的原因。

第五，积极开展好公路工程中经济管理人员的专业素养的培训和提高工作。

因为，在公路工程经济管理的过程中，我们需要各种各样多方面的人才，即要通过一定的专业素养，认真学习管理、经济等方面的专业理论知识。

比如说，企业可以积极开展工程经济理论、技能素养提高等方面的学习活动。

只有这样才能不断完善和提高公路工程中经济管理的水平，发展好人才优势。随着我国经济建设的不断发展，公路建设也快速展开。因为，公路建设是经济建设与社会进步的

重要工具，因此在公路工程建设中重视质量、抓好经济管理要点是我们的重点工作。在公路工程施工过程中，我们应该及时对施工工程中所需进行监督的部分进行监督。及时调配公路工程建设中的各种关系，制定合理的财务报表，明确资金周转的方向，为公路工程建设的管理者提供科学分析的依据。

另外，还要做好公路工程的结算和综合分析工作。通过总结我国公路工程中经济管理存在的问题，我们可以看出预算及实际成本间的有效控制、施工建设材料的管理、施工过程中各个机械设备的预算等是我国公路工程中经济管理控制中的关键问题。只有处理好以上几点，才能正确、有效地提高我国公路工程经济管理的水平，合理地控制成本。

因此，通过以下积极的应对措施：预算及实际成本间的有效控制、在公路工程中要加强对施工建设材料的管理。在公路工程经理管理过程中，要加强对施工过程中各个机械设备的演算及预算、在公路工程经济管理过程中要不断提高财务的监督、核算水平，做好工程经济管理中的结算和综合分析、积极开展好公路工程中经济管理人员的专业素养的培训，充分利用我国对基础建设投资的资金，大力推动我国公路工程建设的不断发展。

公路工程施工监理合同范本

协议书由 ____（以下简称“业主”）为一方，与 ____（以下简称“监理单位”）为另一方共同订立。鉴于业主已委托监理单位为 ____ 工程提供监理服务并已接受了监理单位就此提出的项目建议书，为明确双方在合同期间的义务、责任、权力和利益。兹就以下事项达成协议：

一、本协议书中的词句和用语与“公路工程施工监理合同”中通用条件所规定的定义相同。

二、下列文件是本协议书的组成部分，应作为协议书的有效内容予以遵守和执行。

1. 公路工程施工监理中标函或委托函

2. 公路工程施工监理合同通用条件

3. 公路工程施工监理合同专用条件

4.《公路工程施工监理规范》（JTG G10—2006）

5. 公路工程施工监理招、投标文件

6. 双方签认的补充或修正文件

7. 其他文件

8. 附件：

附件 a——监理服务的形式、范围与内容

附件 b——业主提供的监理工作条件

附件 c——监理服务的费用与支付

其他附件

三、业主在此同意按照本监理合同规定的期限和方式，向监理单位支付根据监理合同规定应支付的费用和提供监理工作条件。

四、监理单位基于业主的上述保证，在此向业主承诺按照本监理合同的规定履行监理服务。

五、本协议书经双方签字盖章后，自___年___月__日生效，至___年___月___日终止，在按照监理合同的规定结清监理服务费用后自然失效。

六、本协议书正本一式两双方各执一份，具有同等法律效力。协议书副本___份。双方各执___份。

业主：_____（盖章）______

监理单位：_____（盖章）

法定代表人：（签字）	法定代表人：（签字）
单位地址：	单位地址：
邮编：	邮编
电话：	电话：
传真：	传真：
开户银行：	开户银行；
账号：	账号：

公路工程施工机械的合理选择

公路建设中的路基工程、路面工程和桥梁工程等均需要采用相应的施工机械去完成、按施工工序连续作业或若干种、若干台施工机械联合作业。而公路工程施工机械的种类、型号、规格很多，各自又有独特的技术性能和作业范围。为了保证公路建设的施工质量、按时完成施工任务、获得最佳的技术经济效益和社会效益，根据公路建设项目要求和具体施工条件对公路工程施工机械进行合理选择和组合，使其发挥最大效能是公路工程采用机械化施工时必须妥善处理的问题。

一、合理选择施工机械的主要依据

合理选择施工机械的主要依据是公路建设项目的工程量和施工进度。一般情况下，为了保证公路工程的施工质量、施工进度和提高技术经济效益，公路建设项目工程量大时应采用大型机械和先进设备，而工程量小时则应采用中小型机械和现有设备。但这不是绝对的，因为影响公路建设机械化施工的因素是多方面的。例如，某大型公路建设项目由于受道路、桥梁等条件的限制，大型施工机械不能通过，为了解决运输问题而另修道路，显然耗资很大且周期太长，因此使用中小型施工机械较为合理。又如：空气稀薄的高原地区，即使工程量不是很大的公路建设项目也必须选用配备增压柴油机为动力装置的施工机械。

二、合理选择施工机械的一般原则

公路建设采用机械化施工，目的是为了优质、高效、安全、低耗地完成工程建设任务，在提高劳动生产率的同时减轻施工人员的劳动强度，这是公路建设机械化施工应遵循的基本原则。因此，在公路建设采用机械化施工时，选择施工机械应遵循以下原则。

1. 适应性

施工机械与公路建设项目的具体实际相适应，即施工机械要适应公路建设项目的施工条件和作业内容。例如，路基工程的施工范围广、施工条件变化大，选用的施工机械一方面应适应公路工程所在地的气候、地形、土质、场地大小、运输距离、施工断面形状与尺寸、工程质量要求等，另一方面施工机械的工作容量、生产率等要与公路工程进度及工程量相符合，尽量避免因施工机械的作业能力不足而延误工期或因作业能力过大而使施工机械利用率降低。在条件许可的情况下(购买新的施工机械，租赁施工机械或挖掘现有设备潜力)，尽量选择最适合公路建设项目内容的施工机械。

2. 先进性

新型的公路工程施工机械具有高效低耗、性能优越稳定、工作安全可靠以及施工质量优良等优点，产品单价虽然不同于一般，但其性价比仍较高，更能保质保量地完成公路工程施工任务。此外，采用先进的施工机械，由于其性能优良、安全可靠、故障费低，最终可取得较好的技术经济效益。

3. 经济性

公路工程施工机械经济性选择的基础是施工单价，它主要与施工机械的固定资产消耗及运行费用等因素有关。采用先进的大型的施工机械进行公路工程施工，虽然一次性投资较大，但它可以分摊到较大的工程量当中，对公路建设项目的成本影响较小。因此在选择公路工程施工机械时，必须权衡工程量与机械费用的关系，同时要考虑施工机械的先进性和可靠性，这是影响公路工程机械化施工经济效益的重要因素。

4. 安全性

在选择合适的施工机械、保证公路建设项目工程质量和施工进度的同时，应充分考虑施工机械的安全可靠性，如行驶稳定、有翻车或落体保护装置、防尘隔音、危险施工项目可遥控操作等。此外，在保证施工人员、设备安全的同时，应注意保护自然环境及已有的建筑设施，不致因所采用的施工机械及其作业而受到破坏。

5. 通用性和专用性

根据公路建设项目的技术要求，选择合适的施工机械是保证工程质量和施工进度的重要条件之一。在此过程中，应充分考虑施工机械的通用性和专用性。通用施工机械可以一机多用，用一种机械代替一系列机械，简化工序，减少作业场地，扩大机械使用范围，提高机械利用率，方便管理和修理。专用施工机械生产率高、作业质量好，因此某些作业量较大或有特殊施工要求的公路建设项目选择专用性强的施工机械较为合理。

三、公路工程施工机械的合理组合

施工机械合理组合也是公路建设中选择施工机械时应遵循的原则之一。施工机械的合理组合分为技术性能组合和类型、数量组合。

1. 施工机械技术性能的合理组合

施工机械技术性能组合包括以下三个方面：

（1）主要机械与配套机械的组合。配套机械的工作容量、生产率和数量应稍大一点，以便充分发挥主要机械的作业效率。例如，自卸运输车的车厢容积应是挖掘机铲斗工作容量的 3 ~ 5 倍，但不要大于 7 ~ 8 倍。

（2）主要机械与辅助机械的组合。辅助机械的生产率应略大一些，以便充分发挥主要机械的生产率。

（3）牵引车与其他机具的组合。两者要互相适应，不能出现“大马拉小车或小马拉大车”现象，以便获得最佳的“联合作业”效益。

2. 施工机械类型与其数量的合理组合

（1）施工机械类型及数量宜少不宜多

根据公路建设项目的作业内容，尽可能地选用大工作容量、高作业效率的相同类型的施工机械。一般来说，组合的施工机械台数适当减少，有利于提高协同作业的效率。施工机械品种、规格单一时，便于施工过程中的调度、管理和维护。

（2）并列组合

只依靠一套施工机械组合作业，当主要施工机械发生故障时，就会造成公路建设项目全线停工。若选用两套或多套施工机械并列作业则可避免或减少全线停工现象的发生，沥青路面施工中人们多采用两套沥青摊铺机、压路机并列作业。

3. 施工机械的选择方法

在多年的公路工程施工实践中，我公司从实际出发，根据公路建设项目和我公司施工机械保有量（机型、规格、数量）曾采用如下不同的方法选配施工机械。实践证明，这些选择方法是科学的、合情合理的、切实可行的且所完成的公路工程建设任务的技术经济效益较好。

（1）根据公路建设项目作业内选择施工机械

以路基工程施工为例，路基工程作业内容包括土石方挖掘、铲运、填筑、压实、修整及挖沟等基本内容以及伐树除根、松土、爆破、表层清理和处置等辅助作业。

（2）根据公路建设项目工程量选择施工机械

在公路建设项目的施工期限内，按照施工计划中的月作业强度和日作业量选择施工机械。

（3）根据运输距离和道路情况选择施工机械

在沥青路面施工中，为保证沥青混合料摊铺工序所需温度（≥ 110 ℃）和压实工序所需温度（≥ 90 ℃），自卸车运输沥青混合料的距离不宜超过 30 千米。在路基工程施工中，选择施工机械时应考虑运输机械的经济运距和道路条件。所谓经济运距是指机械施工时较为经济的范围。道路条件是指道路的类别、路况、坡度和路面阻力等。

（4）根据土质选择施工机械

在路基工程施工中，土壤是施工机械作业的主要对象，其性质和状态直接关系到施工机械的作业质量、作业效率和成本，因此土质是选择施工机械的重要根据之一。根据土壤性质和状态，我公司可供选择的土方施工机械有推土机、装载机、平地机和挖掘机等，压实机械有光面压路机、轮胎压路机和振动压路机等。

（5）根据气象条件选择施工机械

雨水会迅速改变土壤状态，特别是黏土。因此，选择施工机械时要充分考虑公路建设项目施工期间的气象情况。例如，久晴不下雨、土质干燥时可选择轮式施工机械进行作业；反之，旷日持久下雨、土壤过分潮湿和作业场地及道路泥泞时，则选用履带式施工机械进行作业为宜。

由于影响公路工程机械化施工的因素很多且很复杂，除了上述因素外，还要考虑燃料供应、机械维修与管理、机械的调迁与转场等，因此要针对公路建设项目的实际情况，结合施工单位的具体条件，综合分析各种因素，着重解决困难问题，选择高效、经济、实用的施工机械。

公路工程路基路面压实施工技术

公路的路基路面施工技术是公路工程中一项十分重要的环节，其施工质量的好坏将会直接影响到公路工程的质量和使用寿命，良好的路面路基压实施工能够有效地延长公路的使用寿命，减少不必要的道路养护费用，反之，如果施工技术不到位，不能够做好路面路基压实工作，就会影响道路的正常使用，增加道路的养护和维修费用。本节从做好压实施工的重要性谈起，继而阐述影响其施工的主要因素，最后介绍了关于其施工技术的相关问题。

一、良好的路面路基压实施工对公路工程的影响

第一，良好的路面路基压实施工是保证路面强度的需要。当前，在工程的施工过程中，

为了能够对投入的成本进行有效控制，路面往往都设计得比较薄。基于这种情况，路基路面的压实施工的质量就会影响到路面强度的大小，即其二者之间存在正比例关系：路基路面的压实质量越好，路面的强度就越大；反之，压实的质量越差，其强度也就越差。

第二，良好的路面路基压实施工能够保证路面的稳定性。对于公路的路基路面施工来讲，如果其压实度小，那么存在于公路的施工材料之间的孔隙就会变大，这样的情况会使雨水十分容易渗透进来，致使公路中的土壤成分的强度因雨水的作用而降低，这样的情况会使公路在外力荷载的影响之下，出现路面变形的情况，使公路的稳定性下降。由此可见，良好的路基路面压实施工是路面稳定性的重要保障。

第三，良好的路基路面压实施工能够提高路面的耐久性。对于公路来讲，其耐久性越高公路的使用寿命也就越高，而路面的耐久性又能够受到路面的强度、稳定性等各方面因素的影响，通过上文的介绍我们可以指导，这些影响因素又与路基路面的压实施工有着十分密切的关系，因此我们可以说，提高路基路面压实施工质量能够有效地提高路面的耐久性。

二、影响路面路基压实施工质量的因素

（一）路基土壤含水量

我们常说的路基路面的压实施工就是通过碾压来克服土壤颗粒之间的黏结力和摩擦力，以此来减少土壤颗粒之间的摩擦力，使土壤颗粒能够互相靠近。但是，土壤颗粒的摩擦力和与黏结力与土壤的含水量有着十分密切的联系，它们能够伴随着土壤的密实的增加而增加，由此可见，在路面路基压实施工的过程中，路基土壤的含水量能够影响到路基路面压实施工的施工质量。

（二）碾压施工的影响

碾压施工能够对路面路基的施工造成十分巨大的影响，其主要体现在：碾压的厚度、碾压的变数以及碾压速度等方面之上，下面就对其进行详细的介绍。

首先，采用的碾压方式不同，能够对路基路面的压实施工产生不同的影响。在相关的施工技术规范中对碾压施工的施工方式有着十分明确的规定：在进行碾压施工时，必须要按照线边缘后中间、先轻后重、先慢后快的方式进行碾压。只有这样才能够有效地保证压实施工的施工质量。此外，需要注意的是，此种碾压方式并非适用于每种路面的压实工作。

其次，碾压速度的快慢也能够对施工质量产生影响。通过大量的实践研究我们不难发现：碾压速度的快慢在一定程度上也能够决定施工质量的好坏，其与压实施工的施工质量有着十分密切的联系，碾压速度过大会导致路面出现起伏，碾压速度过小就会使被压材料所承受的荷载超出其承受的范围而引发质量问题。

三、路基路面压实施工技术的技术要点

通过上文可知，路基路面压实施工技术和公路的质量之间有着十分密切的联系，而影响压实施工的施工质量的因素又有很多，因此，我们要想提高压实施工的施工质量，就必须掌握压实施工技术的技术要点。

首先，在进行压实作业时，必须要保证压路机碾压段的长度能够和摊铺的速度相协调，并努力使二者保持在稳定的状态之中，对于一些特殊情况要采取特殊对待，例如：在气温比较高且风速较小的情况下，碾压段的长度不应该过短，应该适当的增长；反之，在气温较低且风俗较大的情况下，碾压段可以适当地缩小。

其次，对于处在冷却状态中的路面沥青混合料面层来说，其上不允许停放任何类型的机械或主设备，并且要保证其整洁干净，不能够倾倒油料或者矿料等杂物。

第三，对于不能够采用压路机进行路面路基压实施工的路面部分来说，可以采用振动夯来完成压实作业。

第四，对于碾压段的长度的设定要以混合料的性质和路面沥青的出场温度以及施工时的风速和温度等因素来进行设定，不能够盲目地设定。

第五，开挖换土法。首先，应采取相应的处理办法将基地下一定深度内的所有土层挖取，换上强度较大的灰土、碎石等以及其他性能稳定且不具有侵蚀性的土质而后进行压实。对于开挖换土法来说，只有在地基的软土层厚度不足两米的情况下才能够使用，其具体做法是：先将内部的土质全部挖除出来，而后将优良的土质填充进去，需要注意的是，换土对象并非是全部的土层，有些土层就不需要换土，例如持力层。在填土的过程中，不但要关注换土部分的填充工作，还要关注软弱层的相关调整事项，要通过技术建设办法来提升内部渗透技术继而来提高对软土层的掌控能力，使其能够更好地满足填土法的需要。

对于路基路面的压实施工来讲，其施工质量的评定结果是评价公路质量的一项十分重要的指标，良好的路面路基压实施工能有效地保证公路的质量，提高公路的使用寿命。对于施工单位来说，必须要重视路面路基的压实施工，掌握影响施工质量的因素，并要掌握施工的技术要点，只有这样才能够有效地提高路面路基的施工质量，继而提高公路工程施工质量。

公路工程竣工结算指施工企业按照合同规定的内容全部完成所承包的工程，经验收质量合格并符合合同要求之后，发包与承包单位进行最终工程款结算。竣工结算是工程造价管理的重要环节， 直接关系到发包单位和承包单位的切身利益。经审查的工程竣工结算是核定建设工程造价的依据也是建设项目竣工验收后编制竣工决算和核定新增固定资产价值的依据。因此，做好公路工程竣工结算审核工作是十分必要的。

在工程结算的实际编审过程中，由于编审人员所处的地位、立场不同、目的等不同，业务素质、工作经验、水平不同有差异，编审结果往往存在不同程度的差距。

1. 工程预算存在“冒算”现象

原因大致有三种：第一，极少数结算编制人员业务水平不过关，致使计算“失真”；第二，承、发包合同及现场签证中用词有不严谨之处，导致结算与工程实际不符的因果关系成立；第三、施工单位故意高估冒算。施工方一方面顾虑结算卡得太紧，入不敷出；另一方面存在侥幸心理，而且送审结算是建设单位委托中介机构审核的，其中不乏施工单位加大水分多报的现象。

2. 常见的结算“失真”的一些原因

①联系单问题，存在盲目签证、事后补签、签证表述不清、准确度不够、时间性不强等缺陷。②工程量计算问题，作为结算编制的基础工作，工程量计算不严格依据竣工图纸、设计变更联系单和国家统一规定的计算规则来编制，在工程量计算上出现定额中子目录再次重复计算、计算单位不一致造成小数点错位等。③套用定额问题，对定额中的缺项套用子目或换算的理解有出入，以忽略定额综合解释、不换算系数来套高定额。④材料价格问题，主材的型号、材质不准确，除规定的少部分主要材料价格外，还有大部分采用的是市场价，导致结算价上的出入。⑤费用计算问题，主要表现在不按合同要求套用费用定额、不根据工程类别划分计算费用等。

为做好公路工程竣工结算审核工作，客观准确地反映工程实际总造价，应注意以下问题。

1. 注意搜集、认真整理竣工资料

竣工资料主要包括：工程竣工图、设计变更通知、各方签证、主材的合格证、单价等。

（1）竣工图是工程交付使用时的实样图

按照规定，对于工程变化不大的，可在施工图上变更处分别标明，不必重新绘制；对于工程变化较大的，必须重新绘制竣工图。竣工图绘制后要请各方人员签字并加盖图章。

（2）设计变更通知必须要有设计人员的签名和设计单位的印章，变更必须要有建设单位、工地负责人的签字、设计人员的签字。

（3）各方签证。签证是决算的计算依据，决定着工程的承包形式、承包资格、方式、价格、工期及质量奖罚，因此数据必须及时、准确签证包括现场签证、设计变更确认签证、隐蔽工程签证、主要建筑材料规格（质量及价格）签证、其他签证等。其中主体工程中的隐蔽工程及时签证尤为重要，这种工程事后根本无法核对其工程量，所以必须在施工同时画好隐蔽图检查隐蔽验收记录，再请设计单位、监理单位、建设单位等有关人员到现场验收签字，手续完整，工程量与图纸一致方可列入竣工结算。这些签证最好在施工的同时办好各方的现场计量签证手续，并交建设单位签证，这样就能有效避免事后纠纷。

（4）目前市场上的伪劣产品较多，即便同一种合格或优良产品，不同的厂家和型号，价格差异也比较大。特别是一些主要材料的选定，进场前必须征得监理、建设单位同意并且出厂合格证、价格销售表及进货发票以备查验。

2. 深入工地和市场，全面全过程掌握实际情况

深入工地，全面全过程掌握工程实际情况，可以轻而易举地避免这些问题。在工程量计算阶段必须深入工地现场核对、实测、记录才能准确无误。在编制结算时，先查阅所有相关资料，再粗略地计算工程量，出现疑问及时到工地核实，确保万无一失。此外，还应深入市场了解建筑材料的品种及价格情况，避免计算脱离实际而出现较大误差。

3. 讲究职业道德，掌握专业知识

竣工结算是一项细致具体的工作，计算时要认真、细致、不多算、不少算、不漏算。编制时，要尊重事实，服从道理，不应夹杂个人因素和固执己见，保持良好的职业道德。同时要加强专业知识的学习，全面掌握政策性文件、熟悉各种计算依据，全面深入地了解工程预算定额、费率定额、费用的组成等，以便进行定额的换算和增补、费用增减。此外，还应熟知一定的施工规范与建筑结构物构造等方面的知识。

竣工结算是工程造价控制的最后一关，承、发包及各相关方面都非常重视，因此需要细致、慎重、多方学习、深刻了解，把这项工作做好，促进各方面的良性循环。

公路工程安全生产管理

第一讲：公路工程安全生产管理概述

一、公路工程安全生产管理特点

公路工程安全生产管理是指公路工程生产、管理单位按照有关安全法律、法规为预防公路施工中发生安全事故而建立的安全管理系统，包括计划、组织、协调和控制等系列活动。公路工程安全生产管理的特点是由公路工程产品特点，施工技术特点和施工特点决定的。

1. 公路工程产品特点

（1）公路工程产品的固定性

公路工程产品总是附着在土地上，无论结构多复杂一般是不可移动的。

（2）产品形体庞大

从长度来说可能几百甚至上千米、从单项工程占地来说一座立交桥占地可达数万平方米、从高度来说现在已有地面高度超过 300 米的大桥了。

（3）产品的多样性

由于公路产品各组成部分的具体使用目的、技术等级、所处自然条件、位置功能不同，结构千差万别，复杂多样。

（4）产品的易损性

公路产品长期暴露于自然中，受气候、地质变化及各种自然灾害的影响大，此外还长年受行车荷载特别是超载超限车的作用，使得部分结构容易损坏。

2. 公路施工技术特点

（1）线长点多，工种复杂。

（2）构造物形式多种多样，包括路基路面、桥梁、涵洞、隧道、防护构造物和交通工程设施。

（3）特种作业多，可能包括陆地、水下、水上、高空、爆破等各种作业。

（4）施工作业的非标准化，施工作业的技术含量低且需要大量的劳动力资源，是典型的劳动密集型行业，其低技术含量又使得从业人员的素质普遍偏低。其安全风险意识和防范能力都很低，使得施工现场危险因素增多。

3. 公路施工特点

（1）施工流动性大，作业场所不可能永久固定，大量一线岗位工人都是短期劳动雇员关系。

（2）施工周期长，少则几个月，多则三五年。

（3）涉及的材料、机械、人员多。

（4）施工协作性高，包括标段之间、工序之间的协作及项目参与各方之间的协作关系。

（5）施工受自然因素及外界干扰的影响大，可能受到地质条件，地形地貌及气候冷暖、洪水、雨雪、台风等影响；同时必须与很多的当地村民接触，由于各种原因又经常受到阻工等干扰。

（6）传统质量、进度、投资三目标对安全生产形成一定压力，这种传统目标只强调结果（即工期、成本、质量）不管过程，而安全管理的重点主要就在过程上面。当限制了前面的三目标时，对安全生产管理必然带来很大的不利影响。

4. 公路工程安全生产特点

由于公路工程产品特点，施工技术特点和施工特点使得公路工程安全生产管理必须强调：建立健全安全生产管理体系，安全规章制度要更具体细致，安全生产管理要注重协同性。

二、我国公路工程安全生产现状

我国在最近几年，交通建设规模还在继续扩大。但过去我们公路建设中的安全事故频繁发生，群死群伤事故也经常出现。建设部统计到的2003年职工死亡事故人数为1512人。公路工程施工中2004年四季度出现一次死亡3人以上的重大安全事故就有四起，而且很多事故的发生又那么的类似。所以公路施工安全工作形势依然严峻。

虽然目前我们的公路工程建设安全管理水平较以前有很大提高，建筑从业人员万人死亡率从最高的7.53降到了1.5左右，然而目前我国公路工程安全生产管理工作还存在一些问题。如安全生产管理与有关行业、部门安全生产监督管理工作还存在交叉，在公路工程建设方面，有很多项目的建设并不规范，有很多公路工程项目代表既是管理方又是建设方，甚至又是施工方或者监理方，这样的管理模式对违规行为缺乏有效的监督措施。很多在计划经济体制下形成的观念、管理方法虽不适应市场经济下的安全管理，但仍然广泛存在，制约了安全生产工作。

具体还存在以下方面的问题。

1. 法律法规方面

虽然我们现在已经有《中华人民共和国建筑法》《建设工程安全生产管理条例》等有关安全生产、劳动保护方面的若干法律法规，但随着社会的发展，已经暴露出不少缺陷和问题，主要是体系不健全，可操作性差，部分条款又存在交叉等问题。

2. 政府监督方面

基本以突击性安全大检查为主，缺少日常的监督管理和措施，监管力度不够且手段落后，不适应市场经济的发展需要。

3. 人员素质方面

大量使用农村剩余劳动力，由于各方面原因，他们的受教育程度、安全意识、安全技能、风险防范能力都相当低，在现场管理人员偏少，尤其是专职安全管理人员更少，达不到安全生产管理的要求。

4. 企业安全管理方面

过去我们的生产施工都由大型国有企业完成，改革开放以后，我们的企业建设方日趋多元化，安全生产管理水平和对安全生产管理的认识有高有低。施工企业安全生产投入不足，基础薄弱，有些施工企业经常违背客观规律，只强调进度，轻视安全生产，蛮干抢工期，在侥幸中求安全的现象时有发生，片面注重经济利益，忽视安全生产管理，致使在对安全生产管理方面出现有章不循、违章指挥、违章操作、管理不严、对违反劳动安全纪律的行为只要没酿成事故几乎没什么处罚，有些施工企业为了节约成本甚至取消安全生产管理机构和专职安全生产管理人员，使得企业安全生产监督力量更加薄弱。

5. 其他方面

其他安全生产管理方面的问题包括以下几种。安全技术方面：我们国家的安全生产科技相对落后，而施工难度大、特殊的、危险性的工程又不断增加，使施工危险性增大。安全教育方面：施工企业的三级安全教育落实不能到位，工人接受到的安全培训非常少。个人安全防护方面：安全防护装备落后，配备不足，有时质量又低劣，对个人的安全造成很大威胁。意外伤害保险制度方面：建立发育的保险市场是安全生产管理的重要手段，目前我国的意外伤害保险制度与发达国家有很大差距，意外伤害保险开展缓慢，不适应市场经济的客观要求。

第二讲：公路工程施工现场管理与文明施工

施工现场管理与文明施工是安全生产的重要组成部分。文明施工是现代化施工的一个重要标志，是企业的一项基础性管理工作。

一、场地布置

施工现场场地布置是工程施工过程中的重要组成部分。它对施工安全、质量、进度的影响相当大。因此，我们必须通过施工现场平面图设计来实现施工现场的合理、优化布置。

1. 施工总平面图编制的依据

（1）工程所在地区的原始资料包括建设、勘察、设计单位提供的资料。

（2）原有和拟建工程的位置和尺寸。

（3）施工方案、施工进度和资源需要计划。

（4）全部施工设施建造方案。

（5）建设单位可提供房屋和其他设施。

2. 设计原则

（1）满足施工要求，场内道路畅通，运输方便，各种材料能按计划分期分批进场，充分利用场地，材料尽量靠近使用地点，减少二次搬运。

（2）电器设施、线路、油库、易燃易爆品库、大型吊装设备、拌和设备以及加工场地等的布置必须符合安全、消防、环保的要求。

（3）现场布置紧凑，减少临时设施用地，特别要少占农田。

（4）临时建筑、设施的布置，应便于职工办公、生产和生活。条件允许，办公区、生产区、生活区应分离设置。办公区要与生产区保持适当距离，不宜过远或过近。福利设施应在生活区范围之内。

（5）临时建筑、设施、加工场地布置时，必须充分考虑当地的气候、水文、地质等因素，选择安全可靠的位置搭建。

（6）在保证施工顺利进行的条件下，尽可能减少临时设施费用。尽可能利用施工现场附近的原有建筑物作为施工临时设施。

3. 设计内容

施工现场平面图应包括下列内容。

（1）施工现场总平面上已建和拟建的地上和地下的一切公路、桥梁、隧道、构造物及其他设施的位置和尺寸。

（2）移动式起重机（包括有轨起重设备）开行路线及垂直运输设备、设施的位置。

（3）地形等高线，测量放线标桩的位置和取舍土方的地点。

（4）各种加工场地、各种拌和设备的位置。

（5）现场运输道路。

（6）承建工程及其临时设施与铁路、公路、航道相交叉部位。

（7）引入施工现场的铁路、公路、航道及临时搭建的便桥、码头、趸船等的位置。

（8）各种材料、半成品、构件等的仓库和堆场。

（9）办公室、宿舍、厨房、食堂、厕所、浴室、警卫室等的位置。

（10）临时给水排水管线、供电线路、蒸汽和压缩空气管道等的位置。

（11）一切安全及防火设施的位置（消防栓、高压泵房位置）。

（12）发电机房、油库、炸药库房等重点防火区域。

二、场地、临时设施管理的要求

1. 临时建筑、设施、加工场地布置时，必须充分考虑当地的气候、水文、地质等因素，选择安全可靠的位置搭建。

2. 在保证施工顺利进行的条件下尽可能减少临时设施费用。尽可能利用施工现场附近的原有建筑物作为施工临时设施。

（1）设计内容

施工现场平面图应包括下列内容：

1）施工现场总平面上已建和拟建的地上和地下的一切公路、桥梁、隧道、构造物及施工设施的位置和尺寸。

2）移动式起重机（包括有轨起重设备）开行路线及垂直运输设备、设施的位置。

3）地形等高线，测量放线标桩的位置和取舍土方的地点。

4）各种加工场地、各种拌和设备的位置。

5）现场运输道路。

6）承建工程及其临时设施与铁路、公路、航道相交叉部位。

7）引入施工现场的铁路、公路、航道及临时搭建的便桥、码头、趸船等的位置。

8）各种材料、半成品、构件等的仓库和堆场。

9）办公室、宿舍、厨房、食堂、厕所、浴室、警卫室等的位置。

10）临时给水排水管线、供电线路、蒸汽和压缩空气管道等的位置。

11）一切安全及防火设施的位置（消防栓、高压泵房位置）。

12）发电机房、油库、炸药库房等重点防火区域。

3. 场地、临时设施管理的要求。场地、临时设施从建设到使用都要制定相应的管理办法，明确责任区，力求把责任落实到人。并使场地、临时设施始终符合下列要求：

（1）施工现场道路应按照施工组织设计的施工平面布置图修筑，一般用焦渣、砂头、石子做路面，并应压实、平整，道路断面的中间起拱，道路两侧应有排水设施。为避免道路堵塞，影响工作效率甚至造成事故，办公区、生产区、生活区的道路应明显标志出边界线，并尽量布置成围绕建筑物的环形或“U”形，以方便进出。

（2）施工现场内的道路、临时设施、生产生活房屋、易燃易爆仓库、料场、停车场以及动力通信线路的位置均要符合防火、防洪、防风、防暴的要求。位于河流两岸的施工现场，在设置前要进行河流流量、水位和地形的调查，以保证所有的房屋、线路、机械设备、料具的堆放地点，均位于最高水位之上。

（3）易燃易爆品仓库、发电机房、变电所，应采取必要的安全措施，严禁用易燃材料修建。炸药库的设置应符合国家有关规定，并经政府主管部门批准。工地的小型临时油库应远离生活区 50 米以外，并设置围栏。

（4）施工现场必须建立现场安全用火和消防制度。施工现场应当划分出用火作业区、易燃可燃材料场、仓库区、易燃废品临时集中站和生活区等区域。

在保证防火间距的基础上，施工现场消防措施还要满足下列要求：

1）防火间距中不应堆放易燃和可燃物品。

2）施工现场消防车道宽度不小于 3.5 米，当道路的宽度仅能供一辆车通行时，应在适当地点修建回转车场，严禁占用场内通道堆放材料。

3）施工现场应设有足够供应消防用水的给水管道或蓄水池。

4）施工现场的道路，夜间应有照明设备。

5）现场临建设施、仓库、易燃物堆场和固定用火处，要有足够的灭火工具和设备，并要求布置在明显和便于取用的地点。消防器材周围 5 米内，不准存放任何物品。

6）消防器材要有专人管理，定期检查。冬季要做好防冻，夏季要做好防暴晒工作。

7）安装和使用电气设备时必须严格遵守施工现场临时用电的规范要求。高压线下面不准搭设临时性建筑物或堆放可燃材料。配电室内禁止吸烟、生火。

8）施工现场的生产、生活用火，设置、移动、增减，应经主管消防的领导批准，任何人不准擅自动用明火。

9）木材堆放面积不要过大，堆垛与堆垛之间应保持一定的防火距离。木材加工的废料要及时清理，以防自燃。

10）施工现场内从事电焊、气割作业人员，应遵守电焊、气割作业的安全技术操作规程。

11）易燃易爆品仓库、发电机房、变电室，应采取必要的安全防护措施，严禁用易燃材料修建。炸药库要设置在便于安全运输、存取并且人员稀少的地方。工地的临时油库应远离生活区 50 米以外，并外设围栏。

（5）施工现场临时用电线路按照临时用电的施工组织设计布设，并符合《施工现场临时用电安全技术规范》的要求。施工现场较高的建（构）筑物、临时设施及重要库房，如炸药库、油库、发（变）电房、塔架、塔吊、龙门吊架、大型办和设备等，均应架设避雷装置。

（6）公路工程施工现场临时供排水应进行设计。根据生产、生活和消防对水的需求，确定用水量、选择水源、配水线路。施工现场生活用水应进行鉴定，其水质必须符合饮用水标准。水源应采取保护措施，防止污染。生产和生活污水、泥浆应合理设置排水沟、导流沟和泥浆池。

（7）对环境有污染的设施和材料应设置在远离人员居住的较为空旷的地点污染严重的工程场所应配有防污染的设施。

（8）施工现场应按照规定设置防护设施、安全标志、警告标志，并不得擅自拆动。施工现场入口处应设置入场须知、现场安全管理规定牌、工程名称及总负责人、技术负责人、安全负责人牌、施工现场平面图等。

（9）进入施工现场，必须戴安全帽，禁止穿拖鞋或光脚。在没有防护设施的高处、悬崖、陡坡作业，必须系安全带。上下交叉作业有危险的出入口要有防护棚或其他隔离设施。距地面 2 米以上作业要有防护栏杆、挡板或安全网。安全帽、安全带、安全网要定期检查，不符合要求的，禁止使用。

（10）水上作业应按照《中华人民共和国水上水下施工作业通航安全管理规定》（交通部令 1999 年第 4 号）到当地有关主管部门办理水上施工许可证，并按照施工方案和水上作业的有关规定进行施工。水上作业应根据水流情况配备救生圈、救生快艇等。水上作业人员应穿救生衣。通航水域桥梁施工应采取防撞措施。渡船、拖轮及其驾驶人员的证件、手续应办理齐全。渡船、拖轮应配有安全设施，按规定其载质量、车辆、人数，严禁超载、超高、超宽。遇有施工现场临时码头、栈桥、便桥位置应按照当地有关部门批准的设计选址施工，并应配备相应的安全防护设施。临时码头应选在河流两岸比较开阔，河床比较稳定，水流顺直，地质较好的河段。两岸引道应保持坚固稳定。码头的附属设备，如跳板、支撑、船环、柱桩等应牢固可靠。搭设的栈桥、便桥必须坚固可靠，桥面满铺木板。栈桥临水端应设置靠船的靠帮和系缆设施。通过栈桥、便桥的电线、电缆必须绝缘良好，并固定在桥的一侧。栈桥码头、便桥应有抗洪水、流冰及其他漂浮物的能力，工作人员应对各种设施经常维修。

4. 边通车、边施工地段的交通管理

（1）改建工程中，边通车、边施工路段的安全生产除应遵守相应的规定外，还必须加强对通行车辆和施工车辆的安全管理，确保施工、交通安全。在边通车、边施工路段的两端及中途出入口处，应设专职人员指挥交通。

（2）改建工程需挖除旧路路基、路面进行重建的路段，在施工路段的两端及其延伸一定安全距离外，应竖立显示正在施工的警告标志。标志应鲜明、醒目。标志与施工路段的距离，应根据开挖宽度、路线等级、交通流量等情况确定。改建施工作业范围的边缘，在夜间应悬挂红灯示警标志。

（3）一侧拓宽或两侧拓宽的改建工程，原有道路的路面宜先保留以维持交通。改建工程与通车相邻的一侧或两侧，要用红白相间的栏杆等隔离设施进行隔离。大城市需用硬围挡进行隔离。

（4）在拓宽地段，如需在原有道路上运送土石方或工程材料时，宜上下船舶通过，不得横越抢渡。采用机动车辆运输。采用手推车运输时，应在红白相间隔离栅或围挡内进行。

（5）应设置专职的清洁人员，对通车路段的路面进行经常性的清扫工作，防止车辆碾飞土石伤人、雨后泥泞影响通车，防止环境遭到扬尘的破坏。道路清洁人员必须穿带有反光条纹的，具有警示标志作用的工作背心等，方可上路作业。

（6）在原有路段上进行降坡改建的工程，有条件的可修建临时便道维持交通也可在降坡地段半幅施工，另半幅做通车之用。

（7）半幅通车路段，在车辆驶入（出）前方应设置指示方向和减速慢行的标志。同时在施工作业区的两端及其延伸一定的安全距离外设置明显的路栏、隔离墩等，夜间要在路栏上加设施工标志灯。

（8）半幅施工的路段不宜过长，一般以不超过 300 ~ 500 米为宜。

（9）在单车道维持通车路段上，当路段不长，交通量不大时，可在该路段的是当地点设置车辆会让处。当施工路段较长、交通量较大时，应实行交通管制。每班配置专职人员和通信设备，指挥交通，疏导车辆。

（10）在居民点或公共场所附近开挖沟槽时，应按公共场所设施的标准设置牢固护栏和跳板供行人通过，夜间应设置照明灯和红灯。

（11）在原地拆除旧桥（涵），重建新桥（涵）时，应先建好通车便桥（涵）或渡口。在旧桥的两端应设置路栏，夜间应在路栏上悬挂警示灯，并在路肩上竖立通向便桥或渡口的指示标志。

5. 环境保护

施工现场应当主要针对施工方案建立环境保护管理方案，从源头遏制住污染源。在日常的工作、生活过程中要有责任人管理和检查。应当与当地政府主管部门以及周围村镇、社区等保持畅通的沟通渠道，经常听取意见，对合理意见应当及时采纳处理。有条件的还应对环境情况进行必要的监测或请当地政府主管部门进行监测。工作应当有记录。

（1）环境保护的相关法律法规

国家关于保护和改善环境，防治污染的法律、法规主要有：《环境保护法》《大气污染防治法》《固体废物污染环境防治法》《环境噪声污染防治法》等。施工单位应当自觉遵守。

（2）防治大气污染

1）施工现场宜采取硬化措施，其中主要道路、料场、生活办公区必须进行硬化处理，土方应集中堆放。

2）拆除旧有建筑物时，应采用隔离、洒水等措施防止扬尘，并应在规定期限内将废弃物清理完毕。

3）不得在施工现场熔融沥青，严禁在施工现场焚烧含有有毒、有害化学成分的装饰废料、油毡、油漆、垃圾等各类废弃物。

4）从事土方、渣土和施工垃圾运输应采取措施防止大气污染。经过城镇应当保证车辆清洁，并采取密闭式运输车辆或采取覆盖措施。

5）施工现场应根据风力和大气湿度安排施工生产任务，以避免污染事故。

6）水泥和其他易飞扬的细颗粒施工材料应密闭存放，砂石等散料应采取覆盖措施。

7）施工现场的各类搅拌场所应当采取降尘措施。

8）施工垃圾和生活垃圾应分类存放，并及时清运。存放时，应采取防止垃圾飞扬的措施。

9）城区、旅游景点、疗养区、重点文物保护地及人口密集区的施工应使用清洁能源。

10）施工现场的机械设备、车辆尾气排放应符合国家环保排放标准的要求。

（3）防治水污染

1）施工现场应设置排水沟和沉淀池，现场泥浆、废水等不得直接排入海、湖、河流或城市市政污水管网。

2）现场存放的油料、化学溶剂等应设有专门的库房，地面应进行防渗处理。

3）食堂应设置隔油池并及时清理。

4）厕所的化粪池应进行抗渗处理。

5）食堂、盥洗室、淋浴间等的下水应妥善处理，保证不污染周围水源。

（4）防治施工噪声污染

1）应有保证施工噪声不扰民的措施，经常监测和听取周围群众的反映。

2）在城镇和人口居住密集的地区施工应严格按照国家《建筑施工场界噪声限值》（GB12523）及《建筑施工场界噪声测量方法》（GB12524）标准制定降噪措施，应当对现场噪声进行监测和记录。对产生噪音和震动的施工机械、机具的使用应采取消声、吸声、隔离等有效控制措施。

（5）防治施工照明污染

夜间施工严格按照当地建设和行业行政主管部门以及有关部门的规定执行。对施工照明器具的种类、灯光亮度加以严格控制。特别是在城市市区居民居住区内，减少施工照明的不良影响。

（6）防治施工固体废弃物污染

1）应制定防治施工固体废弃物污染的措施方案，制定复垦复耕等的计划，并认真组织落实。

2）对施工产生的废弃物，如沥青块、混凝土块等应当及时清理，按照要求处置。

3）对含有毒有害物质的工程检测仪器等，应专人负责，严格管理，切勿遗失。

4）注意做好办公场所产生的废硒鼓、废灯管等的统一回收工作。

第三讲：施工现场工作中的安全技术要点

一、施工现场

1. 施工现场安排

（1）施工现场应有利于生产，方便职工生活，符合防洪、防火等安全要求。具备文明生产、文明施工的条件。

（2）施工现场的临时设施，必须避开泥沼、悬崖、陡坡、泥石流、雪崩等危险区域，选在水文、地质良好的地段。施工现场内的各种运输道路、生产生活房屋、易燃易爆仓库、材料堆放以及动力通信线路和其他临时工程，应按照有关安全的规定制定出合理的平面布置图。

（3）施工现场应设置安全标志，并不得擅自拆除。

（4）施工现场内的坑、沟、水塘等边缘应设安全护栏。场地狭小、行人和运输繁忙的地段应设专人指挥交通。

2. 施工现场的要求

（1）施工现场的生活生产房屋、变电所、发电机房、临时油库等均应设在地基上，并应符合防火、防洪、防风、防爆、防震的要求。

（2）施工现场要设置足够的消防设备，施工人员应熟悉消防设备的性能和使用方法，并应组织一支经过训练的义务消防队伍。

（3）生产生活房屋应按规定保持必需的安全净距，一般情况下活动板房不小于7米，铁皮板房不小于5米，临时的锅炉房、发电机房、变电室、铁工房、厨房等与其他房屋的间距不小于15米。

（4）易燃易爆的仓库、发电机房、变电所，应采取必要的安全防护措施，严禁用易燃材料修建。炸药库的设置应符合国家有关规定，工地的小型油库应远离生活区50米以外，并外设围栏。

（5）工地上较高的建（构）筑物、临时设施及重要库房，如炸药房、油库、发（变）电房、塔架、龙门吊架等，均应加设避雷装置。

（6）对环境有污染的设施和材料应设置在远离人员居住的空旷的地点。污染严重的工程场所应配有防污染的设施。

3. 施工测量

（1）陆上施工测量的防范措施

1）密林丛草间进行施工测量时，应遵守护林防火规定，严禁烟火，并需预防有害动、植物伤人。

2）测量打桩时要注意周围行人的安全，不得对面使锤、钢钎和其他工具，不得随意抛掷。

3）测量人员在高压线附近工作时，必须保持足够的安全距离。遇雷雨时不得在高压线、大树下停留。

4）在陡坡及危险地段测量时应系安全带，脚穿软底轻便鞋。在桥墩上测量时应有上下桥墩及防止人体坠落的安全措施。

5）在公路、街道、交通繁忙的道路上测量时，必须有专人警戒，防止交通事故。

（2）水上施工测量的防范措施

1）水文测量人员应穿救生衣

在陡峻的河岸进行观测时，应有简易便道和防护措施，在通航河底上，测量船应有信号设备。在江中抛锚时，应按港航监督部门的规定设置信号并有专人负责瞭望。夜间进行水文测量时必须备有足够的照明设备。

2）冰上测量时，应向当地有关部门了解冰的情况，确认无危险后，方可作业。

4.场内交通及水电设施

（1）场内交通

1）场内道路应经常维护，保持畅通

载重车辆通过较多的道路，其弯道半径一般不小于15米，特殊情况不得小于10米。手推车道路的宽度不小于1.5米。急弯与陡坡地段应设置明显交通标志。与铁路交叉处应有专人照管，并设信号装置和落杆。

2）靠近河流和陡壁处的道路，应设置护栏和明显的警告标志。

3）场内行驶斗车、平车的轨道应平坦顺直，纵坡不得大于3%。车辆应装制动闸，铁路终点应设置倒坡和车挡。

（2）水电设施

1）生产生活用水应进行鉴定，其水质必须符合国家现行标准。水源应采取保护措施，防止水质污染。

2）场内架设的电线应绝缘良好，悬挂高度及线间距必须符合电力部门的安全规定。

3）现场架设的临时线路必须用绝缘物支持，不得将电线缠绕在钢筋、树木或脚手架上。

4）电工在接近高压线操作时，其安全距离为10千伏以下不得小于0.7米，20 ~ 35千伏不得小于1米，44千伏不得小于1.2米，否则必须停电后方可操作。

5）各种电器设备应配有专用开关，室外使用的开关、插座应外装防水箱并加锁，在操作处加设绝缘垫层。

6）在三相四线制中性点接地供电系统中，电气设备的金属外壳应做接零保护；在非三相四线制供电系统中，电气设备的金属外壳应做接地保护，其接地电阻不大于4欧，并不得在同一供电系统上有的接地，有的接零。

7）各种电气设备的检查维修，一般应停电作业，如必须带电作业时，应有可靠的安全措施并派专人监护。

8）工地安装变电器必须符合电业部门的要求，并设专人管理，施工用电尽量保持三相平衡。

9）现场变（配）电设备处，必须有灭火器材和高压安全用具。非电工人员严禁接近带电设备。

10）使用高温灯具，要防止失火，其与易燃物的距离不得小于1米，一般电灯泡易燃物品不得小于50厘米。

11）移动式电气机具设备应用橡胶电缆供电并经常注意理顺；跨越道路时，应埋入地下或做穿管保护。

12）遇有雷雨天气不得爬杆带电作业，在室外无特殊防护装置时必须使用绝缘拉杆拉闸。

13）在产生大量蒸汽、气体、粉尘等工作场所，应使用密闭式电气设备。有爆炸危险的工作场所应使用防爆型电气设备。

14）电气设备的转动带、转轮、飞输等外露部位必须安设防护罩。

15）大型桥梁施工现场，隧道和预制场地，应有自备电源，以免因电网停电造成工程损失和出现事故，自备电源和电网之间，要有联锁保护。

（3）检修电气设备应接下列要求进行

1）电气设备的检修必须由电工进行，他人不得任意操作。

2）工作中如遇停电应拉下开关，切断电源；检修结束必须仔细检查各项设备的情况，没有异常，方可合闸。

3）大型电气设备检修应在切断电源，设好防护后进行，并在开关处设置警示标牌，工作完成后方可拆除，如需进行送电试验时，必须在认真检查并与有关部门联系后，方可进行。

（4）施工现场的临时照明

1）室内照明线路应用瓷夹固定。

2）电线接头应牢固并用绝缘胶带包扎。

3）保险丝应按用电负荷量装设。

4）砂、石采集及堆放。

5）人工沿河采集砂石料，宜在河滩采集或者浅水处打捞，采集时应注意水情变化。

6）使用机械在深处采挖砂石，集料船、采挖船应锚固牢靠，但不得阻碍通航。长期定点采挖时应取得港航监督部门的同意，并设置警示标志。

7）石料开采应由上而下逐层采取，并根据石崖高低，修成阶梯。如有松动石块应先予以清除，上下层不得重叠作业。

5. 便道、便桥与临时码头

（1）便道

1）便道处于傍山时，要注意边缘的危石处理，防止滑坡、塌方破坏便道。

2）便道应起拱 5‰，两侧做宽 300 毫米，深 200 毫米的排水沟。

3）便道沿河时，应严格按防汛要求，做好一定的保护措施。

4）便道应设置连贯、通畅的排水设施和其他应急措施，防止泥浆、污水、废水排入河沟。

（2）便桥

1）便桥的位置应按照当地有关部门批准的设计选址施工。

2）便桥必须坚固可靠，桥面满铺木板。便桥临水端应设置靠船的靠帮和系缆设施。

3）通过便桥的电线、电缆必须绝缘良好并固定在桥的一侧。

4）便桥应有抗洪水、流水及其他漂浮物的能力并做到经常维修。

（3）临时码头

1）临时码头位置应选在河流两岸比较开阔、河床比较稳定、水流顺直且地质较好的地段，两岸引道应保持坚固稳定。

2）临时码头应按设计施工，并应配备相应的安全防护设施。

3）渡船、拖轮应配有安全设施，按规定核定其载重量、车数、人数、严禁超载、超高、超宽。遇有上下船舶通过不得横越抢渡。

4）码头的附属设备，如跳板、支撑、船环、柱桩等应牢固可靠。

6. 施工现场管线处理

下挖工程，施工前应根据设计文件复查地下构造物（电缆、管道等）的埋置位置及走向，并采取防护措施，施工中如发现危险品及其他可疑物品时应停止下挖，报请有关部门处理。

第四讲：桥涵工程施工安全控制要点

桥涵工程施工过程中，影响和制约安全生产的因素比较多。因此，在安全生产方面要加以重点控制。本节内容除了参照现行规范要求外，还编入了基坑工程的信息化施工和特大悬索桥的施工安全控制要点。

一、桥涵施工的一般安全要求

1. 桥涵工程施工前，应详细核对技术设计、图纸、文件

高桥、大跨、深水、结构复杂的大型桥梁施工，应对施工安全技术措施做专题调查研究，采取切实可靠的先进技术、设备和防护措施。中、小桥涵工程施工应制订针对性的安全技术措施计划。每单项工程，在开工前应根据规程规定安全操作细则，并向施工人员进行安全技术交底。

（1）桥涵工程施工的辅助结构、临时工程及大型设施等，均应按有关规定做好安全

防护措施。

（2）各项安全设施完成后，应经检验合格，方能使用。

（3）特殊结构的桥涵，采用新技术、新工艺、新材料、新设备时，必须制定相应的有针对性的安全技术措施，通过试验和检验证明可行后，方可实施。

（4）桥涵工程施工，应尽量避免双层或多层同时作业，当无法避免而必须双层同时作业或桥下通航、通车及行人等立体施工时，应设防护棚、防护网、防撞装置和醒目的警示标志、信号等，切实做好安全防护措施。

（5）手持式电动工具，应按规定加设漏电保护器。

（6）对于通航江河上的桥涵工程，施工前应与当地港航监督部门联系，制定有关通航、作业安全事宜，办理水上施工许可证等必要的手续，否则不得开始施工。

（7）遇有六级（含六级）以上大风等恶劣天气时，应停止高处露天作业、缆索吊装及大型构件起重吊装等作业。

2. 基础工程施工安全控制要点

（1）明挖基础是安全控制的要点。

（2）基坑开挖的方法、顺序以及支撑结构的安设均应按照施工组织设计中的规定进行。开挖较大较深和地质水文复杂的基坑必须制定详细的施工方案和安全措施方案。

（3）开挖基坑时，要指派专人检查对邻近建（构）筑物或临时设施的安全，并留有检查记录。如有影响或不安全时，应采取安全防护措施后才能开挖。

（4）基坑深度超过 1.5 米时，为便利上下必须挖设专用坡道或铺设跳板，其宽度应超过 60 厘米，深狭沟槽应设靠梯或软梯，禁止脚踏固壁支撑上下。

（5）开挖基坑时，要根据土壤、水文等情况，按规定的边坡坡度分层下挖，严禁局部深挖，掏洞开挖。基坑深度超过 1.5 米，不加支撑时应按要求进行放坡。

（6）如施工地区狭小或受其他条件限制，不能按标准放坡时，应采取固壁支撑措施，支撑方法应根据土质和施工具体情况事先做好施工设计。

（7）基坑、井坑开挖过程中，必须随时检查坑壁边坡有无裂缝和坍塌现象（特别是雨后和解冻时期），如果发现边坡有裂缝、疏松或支撑有折断、走动等危险先兆，应立即采取措施。在雨季、地下水及流沙地区挖土时，必须视具体情况增加坡度或加固支撑。

（8）要注意有关基坑边缘停放机械、堆土、堆料的有关规定（本书路基工程土方施工安全控制要点）。

（9）基坑边缘有表面水时，应采取截流措施，开挖排水沟或排水槽，不得使水流沿基坑边缘留下。

（10）在有大量地下水流的情况下挖基时，应配足抽水机具，施工人员应穿胶鞋，并设置出入基坑的安全通道以防意外。

（11）采取挖土机械开挖基坑，坑内不得有人作业。必须留人在坑内操作时，挖土机械应暂停作业；挖掘机等机械在坑顶进行挖基出土作业时，机身距坑边的安全距离应视基坑深度、坡度、土质情况而定，一般应不小于 1 米。

（12）采用吊斗、扒杆或皮带运输机出土时，应检查吊斗绳索、挂钩、机具等是否完好牢固；向斗内装土时，不得超出斗缘。吊斗升降时，下面不得站人。坑内作业人员应躲离吊斗升降移动作业范围以外。吊斗不使用时，应及时摘下，不得悬挂。

（13）开挖基坑的人员不得在坑壁下休息。

（14）基坑开挖中，遇到有流沙、涌水、涌砂及基坑边坡不稳定现象发生时，应立即采取防护加固措施。

（15）基坑需机械排水开挖时，抽水机机管等要安放牢靠，并须配备足够的抽排水设备。

（16）小型桥涵施工，如不能保证车辆通行时，应事先修好便道或便桥（涵），并在修建桥涵的公路两端设置“禁止通行”的标志。

（17）基坑开挖需要爆破，应按国家现行的爆破安全规程办理，可参见本章路基工程中有关爆破作业的安全要求。

（18）寒冷地区采用冻结法开挖基坑时，应根据地质、水文、气温等情况，分层冻结，逐层开挖。

（19）采用井点法降低基坑地下水位，要根据土层渗透系数、降水深度等，先计算其渗水量，并经过井点布置设计及抽水试验等。在开挖中，应保持基坑不被水浸泡，并认真对下列问题加以监控、检查。

1）采用钻机打设井点，应遵守钻孔施工安全操作规程；

2）采用集水井降水法，使用无砂混凝土管用作护壁，管与管间的连接，应绑扎牢固，不得脱节；

3）集水井内放置的潜水泵，要事先逐台进行检查，试验抽排水，应指派专人看管潜水泵及电源；

4）拆除集水井或在井坑内开挖时，作业人员之间应保持安全距离；

5）开挖的边坡应保持稳定，随基坑的挖深，要及时拆除已裸露的无砂混凝土管以防其倾倒伤人；

6）遇有流沙，应采取围堰或打板桩支撑等防护措施；

7）采用皮带输送机运土出基坑时，机械要安装牢固，设专人看管操作；

8）降水作业中，应随时观测对邻近建筑物的影响程度，采取相应的防护措施。

3. 筑岛、围堰施工安全控制要点

（1）人工筑岛，应搭设双向运输便道或便桥。

（2）在围堰内作业，遇有洪水或水流，应立即撤出作业人员；本章路基工程中有关爆破作业的安全要求。

4. 钢板桩及钢筋混凝土板桩围堰安全施工操作要点

（1）使用钢板桩围堰时，要根据施工条件和安全要求及水深、地质等情况时当选择桩长，准确确定围堰尺寸、钢板桩数量、打入位置、入土深度和桩顶标高，使之既不影响水上施工又不会伤及水下桩基等构造物。

（2）钢板桩打入前，应在设计位置设置坚固的导向桩和足够强度的支撑框架并将安设板桩的打入位置标示在导向框架上，以确保板桩的稳定和准确合拢。

（3）插打钢板桩（包括钢筋混凝土板桩）围堰前应对打桩机、卷扬机及其配套机具设备、绳索等，进行全面检查，经试验、鉴定合格后方可施工。

（4）钢板桩起吊应听从信号指挥，作业前应在钢板桩上拴好溜绳，防止起吊后急剧摆动。

（5）吊起的钢板桩未就位前，插桩桩位处不得站人。在桩顶作业，应挂吊篮、爬梯，作业人员必须系好安全带。

（6）钢板桩起吊前，应首先做到。

1）钢板桩槽凹部位应清扫干净，锁口应先进行修整或试插。

2）组拼的钢板桩组件，应采用坚固的夹具夹牢，起吊时，用绳索拴牢，挂钩应封钩。

3）钢板桩吊环的焊接，应由专人检查，必要时应进行试吊。严禁将吊具拴在钢板桩夹具上或捆在钢板桩上进行吊装。

（7）钢板桩插进锁口后，因锁口阻力不能插放到位而需用桩锤压插时，应用卷扬机钢丝绳控制桩锤下落行程防止桩锤随钢板桩突然下滑。

（8）插打钢板桩，应从上游依次对称向下游插打。插打双层钢板桩，应先外侧后内侧，最后在下游处合拢。受潮水影响的河流，应根据实际情况，制定插打方案及安全防护措施。

（9）插打钢板桩，如因吊机高度不足可改变吊点位置，但吊点不得低于桩顶以下 1/3 桩长位置。在转换吊点时，必须先挂后换，使新吊点吃力后，并确定牢固，才能拆除原吊点。

（10）钢板桩在锤击下沉时，初始阶段应轻打。桩帽（垫）变形时应及时更换。

（11）使用沉拔桩锤沉拔板桩时，桩锤各部机件、连接件要确保完好，电气线路、绝缘部分要良好绝缘。每天使用前要认真检查，班后要进行修养。操作时，桩锤和板桩连接要牢固，系索人员要有稳固地点立足，要佩戴安全帽和安全带。

（12）拔桩时，应从下游向上游依次进行。遇有拔不动的钢板桩，应立即停拔检查，可采取射水、振动等松动措施。严禁硬拔。

（13）采用吊机船拔除钢板桩，应指派专人经常检查吊机船的吃水深度，拔桩机或吊机受力情况，拔桩机和吊机应安装“限负荷”装置以防超负荷作业。

（14）钢筋混凝土板桩采用锤击下沉时，桩头和桩尖部位，应采取加固措施。锤击时，应用桩帽、桩垫，并经常检查，发现异常情况应立即停击。

5. 套箱围堰施工安全控制要点

套箱围堰可根据工程需要，制定整体式、装配式、单壁式、双壁式。套箱的结构及型式应按设计制造，并经检查验收后方可交付使用。

（1）钢套箱的组装，应按施工组织设计进行，并根据钢套箱的结构特点、施工工艺要求以及不同的型式，制定针对性的安全技术措施，并在组装前进行安全技术交底。

（2）拖船牵引浮运钢套箱时，应征得港航监管部门同意，并在了解航道水深、流速等情况后，制定拖船牵引方案加以实施。多只拖船牵引浮运大型物件时，应配备通信器材，并建立统一的指挥机构。

（3）套箱采用船组辅助定位时，应先将定位船、导向船（或其他导向设施）就位。定位船锚的设置应根据流速、河床地质情况具体而定。并要采取措施防止下锚时锚链（绳）缠绕或刮带伤人。抛锚地点应设置浮标，船只上的锚固绳栓均要加固补强。

（4）导向船及定位船，在抛锚定位后应经常检查锚绳、锚链及锚碇设施情况，防止来往船只及流水、漂流物等的碰撞以及洪水冲击等。

（5）两船之间的通道及连接梁上应铺设人行道板和栏杆。严禁在一只导向船上或船的一侧偏载重物。

（6）在通航河流上施工，施工前应与港航监管部门联系，办理有关手续，协商有关通航安全事宜，并按要求设立标志和防撞装置。

（7）采用沉浮式双壁钢套箱，应具备能组拼、能分解、能注水下沉、能排水上浮的性能。注水下沉或排水上浮时必须对称均衡进行施工，防止产生过大的倾斜。

（8）施工要经过周密设计计算，必要时，要经过试验，方可进行；钢套箱拆除，应按施工组织设计规定的程序进行。拆除时，应有足够的脚手板、扶梯和救生设备等安全防护设施。施工人员必须系安全带、穿救生衣。

（9）拆下的铁件、螺栓等，应吊放在指定地点，不得从高处向下抛掷。

6. 沉井基础施工安全控制要点

（1）沉井下沉四周影响区域内，不宜有高压线杆、地下管道、固定式机具设备和永久性建筑。必须设置时，应采取安全措施。

（2）沉井施工，应尽量避开汛期，特别是在初沉阶段不得在汛期内。如需度过汛期、凌期时，应采取稳定可靠的安全防护措施。

（3）在水中设围堰筑岛而导致水流被压缩或改变河道等，应检查附近的堤坝、农田和其他建筑物的安全以及岛体本身的稳定是否受到影响，严防因冲刷而坍塌。

（4）沉井下沉，采用人工挖掘时，劳动组织要合理，井内人员不宜过多。在刃脚处挖掘，应对称均匀掘进，并保持沉井均匀下沉。下井操作人员，安全防护用品必须佩戴齐全。井内要有充足的照明。沉井各室均应备有悬挂钢梯及安全绳，以应急需。涌水、涌砂量大时，不宜采用人工开挖下沉。

（5）沉井施工前，应检查机具设备是否完好，并搭好脚手架、作业平台、并保证其牢靠，平台四周设置栏杆，高处作业和险要的空隙处，均应设安全网。

（6）沉井的内外脚手，如不能随同沉井下沉时，应和沉井的模板、钢筋分开。井字架、扶梯等设施均不得固定在井壁上，防止沉井突然下沉时被拉倒。

（7）沉井顶面应设安全防护围栏。井内、井上搭设的抽水机台座、水力机械管道等施工设施均应架设牢固。井顶上的机具应设防护挡板，小型工具宜装箱存放。在沉井刃脚和井内横隔墙附近不得有人停留、休息以防止坠物伤人。

（8）井内、井上的抽水机电路应使用防水胶线，安装漏电保护装置，以防止触电。

（9）空压机的贮气罐应设有安全阀，输气管应编号，供气控制应由专人负责，在有潜水员工作时应有滤清器，进气口应设置在能取得洁净空气处。

（10）沉井的制作高度不宜使重心离地太高，以不超过沉井短边或直径的长度为宜。特殊情况允许加高，但应有可靠的计算数据，并采取必要的安全技术措施。

（11）在围堰筑岛上就地浇筑的沉井，在沉井的外侧周围应留有护道。护道宽度应按设计规定修筑。

（12）筑岛岛面和开挖基坑的坑底标高，应比沉井施工期最高水位高出至少 0.5 米。

（13）沉井下沉前应把井壁上拉杆螺栓和圆钉切割掉。特别在不排水下沉时，应清除井内障碍和插筋，以防止割破潜水员的潜水服。

（14）在筑岛上，沉井下沉中，如刃脚尚未达到原河床以前，而需接高沉井时，应在沉井内回填砂土，并分层灌注混凝土，防止沉井接高加重产生不均衡下沉，造成沉井倾斜。

（15）拆除沉井垫板应在沉井混凝土达到设计强度后进行。抽拔垫板时，应有专人统一指挥，分区、分层、同步、对称进行。抽拔垫板及下沉时，严禁人员从刃脚、底梁和隔墙下通过。抽掉垫板后，应及时回填、夯实，并注意检查是否有倾斜及险情。

（16）沉井面积较大，不排水下沉时，井内隔墙上应设有潜水员通过的预留孔。

（17）浮运沉井的防水围壁露出水面高度，在任何时候均不得小于 1 米。

（18）不排水沉井下沉中，应均匀出土，不得超挖、超吸并应加强观测，必要时进行沉井底的潜水检查，防止沉井突然下沉和大量翻砂而导致沉井歪斜，造成人员和机械损伤。

（19）用吊斗出土时，斗梁与吊钩应封绑牢固，并应经常检查斗梁、斗门等磨损情况，损伤部位应更换或加固。吊斗升降时，井顶指挥人员应通知井下人员暂时避开。

（20）采用抓斗进行不排水下沉时，如钢丝绳缠绕在一起而需要转动抓斗进行排除时，作业人员应站在有护栏的部位。

（21）采用机吊人挖时，土斗装满后，需待井下人员躲开，并发出信号后，方可起吊。

（22）采用水力机械时，井内作业面与水泵站应建立通讯联系。

（23）水力机械的水枪和吸泥机，应进行试运转，各连接处应严密不漏水。

（24）沉井在淤泥质黏土或亚黏土中下沉时，井内的工作平台应用活动平台，禁止固定在井壁、隔墙或底梁上。

（25）不排水沉井，井内应搭设专供潜水员使用的浮动操作平台，潜水员要注意按照规定进行增压或减压。

（26）灌注水下混凝土，应搭设作业平台、溜槽、导管及提升设备，经全面检查（提升设备应做升、降试运行），确认安全后，方可施工。

（27）沉井施工中，灌注混凝土如使用减速漏斗时，漏斗应悬挂牢固，并应附有保险绳索。漏斗应封钩，孔口四周的空隙应堵严。漏斗升降时，井上与井下作业人员，应设通讯联络，协调配合，统一指挥。

（28）在深水处，采用浮式沉井施工时，有关沉井下水、浮运及悬浮状态下接高、下沉等，必须加以严密控制。

1）各类浮式沉井在下水前，应对各节浮式沉井进行水密性试验，合格后方可下水。

2）浮式沉井下水前，应制定下水方案。采用起吊下水时，应对起重设备进行检查。在河岸有适合坡度，采用滑称、牵引等方法下水时，必须严防倾覆。

3）浮式沉井，必须对浮运、就位和落河床时的稳定性进行检查。

（29）浮式沉井，定位落河床前，应考虑潮水涨落的影响，对所有锚碇设备进行检查和调整，使沉井安全准确落位。

（30）浮式沉井落河床后，应尽快下沉，并使沉井达到保持稳定的深度；随时观察沉井的倾斜、移位及河床冲刷情况。

（31）采用井内抽水强制下沉时，井上人员应离开沉井。

（32）沉井如由不排水转换为排水下沉时，抽水后应经过观测，确认沉井已稳定，方可井下作业。

（33）采用套井与触变泥浆法施工时，套井四周应设置防护设施。

（34）沉井下沉采用加载助沉时，加载平台应经过计算，加载或卸载范围内，应停止其他作业。

（35）浮式沉井，在船上或支架平台上制作时，对船舶或支架平台的承载力应进行验算。

（36）在严重流冰的河流上进行沉井施工必须避开流冰期。确实不能避开时，应将沉井井顶下沉至冰底面的安全水位。

（37）沉井施工中，严防船舶及漂流物等的撞击。通航的河道，应与港监部门联系，办理有关水上施工的手续，设置导航标志，在水流斜交处，应备有导航船引导过往船只，缓慢安全驶过施工区。

（38）沉井水下混凝土封底时，工作平台应搭设牢固，导管周围应设栏杆，平台的荷载除考虑人员和机具重量外，还应考虑漏斗和导管堵塞后，装满混凝土时的悬吊重量。

7. 钻孔灌注桩基础安全施工操作要点

（1）钻机就位后，对钻机及其配套设备应进行全面检查，如卷扬机、钢丝绳、浮吊车、钻头、泥浆泵、水泵及电气设备等是否完好正常。钻机安设必须平稳、牢固，钻架应加设斜撑或缆风绳。钻机平台和作业平台，特别是水上钻机平台应搭设坚固牢靠，并满铺脚手板，设防护栏、走道。杂物及障碍物应及时清除。

（2）采用液压电动反循环机钻孔前，应随时检查液压油、润滑油情况，注满油料后，旋塞要拧紧，关严；钻机皮带转动部分，不得外露；所使用的电气线路必须是橡胶防水电缆。

（3）各类钻机在作业中，应由本机或机管负责人指定的操作人员操作，其他人不得登机。操作人员在当班中，不得擅自离岗。

（4）每次拆换钻杆或钻头时，要迅速快捷，关保证连接牢靠。严防工具、铁件及螺帽等掉入孔内，应在孔口加设防护罩。

（5）采用冲击钻孔时，选用的钻锥、卷扬机和钢丝绳的损伤情况，当断丝已超过5%时必须立即更换；钢丝绳与钻头连接的夹子数，应按等强度安装。

（6）卷扬机套筒上的钢丝绳应排列整齐。卷扬机在卷扬钢丝绳操作时，严禁作业人员在其上面跨越；卷扬机卷筒上的钢丝绳不得全部放完，最少保留3圈。严禁手拉钢丝绳卷绕；钻机钻进时，卷扬机变速器的换挡，应事先停车，挂上挡后，方可开车操作。

（7）使用正、反循环及潜水钻机钻孔时，对电缆线要严格检查；当滑移钻台时，应防止挤压电缆线及同水管路。作业中，发现电缆破损要立即处理；使用潜水钻机钻孔，一般在完成一根钻孔桩时，要检查一次电机的封闭情况。钻进速度应根据地质变化，加以控制。

（8）钻孔过程中，必须设有专人，按规定指标，保持孔内水位的高度及泥浆的稠度，业防坍孔。

（9）钻孔使用的泥浆，应设置泥浆循环净化系统，防止对环境的污染。

（10）钻机停钻，必须将钻头提出孔外，置于钻架上，严禁将钻头停留孔内过久。

（11）采用冲抓或冲击钻孔，应防止碰撞护筒、孔壁和钩挂护筒底缘。提升时，应缓慢平稳。钻头提升高度应分阶段（按进尺深度）严格控制。

（12）钻孔中，发生故障需排除时，严禁作业人员下孔内处理故障。

（13）对于已埋设护筒未开钻或已成桩护筒尚未拔除的，应加设护筒顶盖或铺设安全网遮罩。

8. 沉入桩基础施工安全控制要点

（1）钢筋混凝土桩、预应力混凝土桩采用锤击沉桩或震动沉桩时，施工现场应保持平整清洁。打桩机的移动轨道，铺设要平顺、轨距要准确、钢轨要钉牢。轨道端部应设止轮器。

（2)各种沉桩及桩架等拼装完成后，应对机具设备及安全防护设施，如作业平台、护栏、扶梯、跳板等进行全面检查验收，确认合格，方可施工。降雪或冰冻时应及时清扫。

（3）打桩机移位时，禁止将桩锤悬起，必须将锤头稳放在销子上后，方准移位。严禁随移随起锤，机架移到桩位上稳固后方准起锤。远距离移位时，要事先拆除管路与电线。

（4）采用滚筒滑移打桩架，应专人指挥，作业人员不得在打桩架内操作。

（5）打桩机拆装时，桩架长度半径（并加一定安全系数）内不准拆装作业以外的人员进行。在起落机架时，要专人指挥，并禁止任何人在机架底下穿行或停留。

（6）在高压线下两侧安装打桩机械，应根据电压，保证打桩机与高压线最近距离大于安全距离。打桩机顶部上方 2 米内不准有任何架空障碍物。

（7）锤击沉桩或振动沉桩，均应选用适合的桩帽或桩垫。桩帽应与桩边接牢固，桩垫破碎时应及时更换。在城镇和有人员居住地点附近，采用锤击或振动沉桩作业时，应采取减小噪音和震动影响的措施。

（8）水上打桩采用的固定平台，必须搭设牢固，底座与平台误码连接牢靠。在水上采用浮式沉桩机锤击沉桩时，柱架与船体必须连接牢固，对其稳定性应进行验算和试验。施工中，应防止浮船晃动或偏载。

（9）降落锤头，不准猛然骤落，在起吊沉桩或桩锤时，严禁作业人员直接在吊钩下或在桩架龙门口停留或作业。

（10）打桩架及起重工具，须经常检查维修。检查维修桩锤，必须将桩锤放落在地下或平台上，用销子或卡子固定于桩架上。严禁在桩锤悬挂状态下进行维修。

（11）遇有大风及恶劣天气应停止打桩作业。雷雨时，作业人员不得在桩架附近停留。在水上用浮式沉桩机锤击或振动沉桩时，当波峰高于 0.25 米或流速超过 1.5 米 / 秒时，均不得从事沉桩作业。

（12）预制钢筋混凝土桩、参见预应力混凝土桩或钢管桩等，应检查合格后方能起吊。桩节之间的联结法兰盘，必须安装密贴，上满拧紧螺栓。起吊时，必须在设计吊点处拴以吊具。

（13）吊桩时，应有统一的指挥信号。桩的下部应拴以溜绳，在指挥人员发出信号后，方可作业。

（14）钢筋混凝土沉桩完成后，应立即用木板或草袋将桩头盖好。露出地面的桩头钢筋，应做好安全保护。

（15）作业间隙，应将桩锤固定在桩架龙门挺的方木上，作业人员不得在其下边走动或停留。

（16）采用浮式打桩船或浮式平台沉桩，应有足够的锚碇设施。当有船只通过时，应暂停沉桩作业。施工中，应对锚碇设施经常检查及进行必要的调整。

（17）采用静力压桩，应检查所施加压力之和是否与设计符合，其合力使用线是否与桩中心线符合。使用二台卷扬机或千斤顶施压时，必须同步作业，严防反力梁和桩架倾斜。

（18）采用高压水泵和空压机等助沉措施，应按设计要求进行。助沉设备的压力表、安全阀、水泵、输水管道、射水管水量及水压等，经检查符合要求后，方可作业。

（19）高压射水辅助沉桩，应根据不同水质情况，采用相应的压力沉桩，防止因急剧下沉造成桩架歪斜或倾倒事故等事故。采用振动锤或蒸汽锤打桩机，应放松牵引钢丝绳，使锤具紧压桩头，随射水徐徐下沉。高压水泵射水沉桩，要防止桩身尚未就位前通水。高压水泵的开启和压力表的控制均应设专人负责看管。要严格掌握射水方向。高处作业人员的安全带严禁系在被沉的桩上或龙门口上。

（20）振动打桩机开动后，作业人员必须站离基桩，信号员与驾驶员应有专人管理，并设置高出地面的围挡。孔口不得堆积土渣及工具。作业人员的出入应设常备的梯子。夜间作业应悬挂示警红灯。挖孔作业暂停时，孔口应设置罩盖及标志。

9. 拔桩作业安全控制要点

（1）采用人字桅杆、卷扬机进行拔桩时，应先计算拔桩力，然后根据上拔力的大小，配备适当功率的卷扬机和滑车组。拔桩时，人字桅杆滑车组要尽量靠近被拔桩中心。试拔中如发现缆风绳受力过大或地锚松动时，应在采取措施后再作业。拔桩应装设“限量器”，严禁蛮拔。

（2）采用锚固桩或顶梁千斤顶施力拔桩，应先经过设计，被拔桩及锚固桩的各连接处必须完好。千斤顶的置放点应避免偏心，并用方木承托。

（3）采用龙门吊架、吊机或拔船等进行拔桩时，应按设计经检验合格后进行。吊机应附有超载限制器，防止超负荷上拔。作业中应指派人员经常检查船体的平衡稳定情况。起重机配合震拔机拔桩时，起重机应随震拔机的启动而逐渐加荷； 采用桩外射水或用千斤顶先顶松动及桩外浅挖后，再用吊机或其他方法配合拔桩作业时，必须符合有关安全规定的要求。

（4）利用柴油或蒸气打桩机拔桩筒，应垂直吊拔，不准斜拉。桩筒入土较深吊拔困难时，要采用辅助措施，严禁硬拔。

（5）吊桩时要慢起，桩下部要系溜绳，掌握稳定。

10. 管柱基础施工安全控制要点

（1）管柱震动下沉作业，应对邻近的建（构）筑物、临时设施及相邻管柱的安全和稳定进行检查，必要时采取安全防护措施。

（2）管柱下沉采用的导向设备，应根据水深、流速及基础形状，采取导向框架或钢围笼，以防止管柱下沉时，产生倾斜和位移。导向框架或钢围笼按设计制作加工后，应经检查合格后方可使用。

（3）钢围笼拼装，可根据围笼高度、形状及体重等情况一次拼装完成或分层接拼下沉就位。围笼拼装，应搭设作业平台、内芯桁架导环、托架及必要的安全设施等。在分层接高时，应防止接高变形，每接高 8 米左右，应加设风缆以确保安全。

（4）钢围笼浮运定位后，两导向船之间的通道及联结梁上面应铺设人行道、步梯及栏杆。船组应锚碇稳固，导向船上堆放重物，应对称摆放，并严防船舶及漂流物的撞击。

（5）管柱的吊点位置、平放支点及存放层数、竖立存放的稳定性等，均应符合设计要求，并保证安全性。

（6）钢筋混凝土管柱或预应力混凝土管柱，在现场施工时，应预先搭好脚手架、作业平台、护栏等安全设施。

（7）安装钢筋骨架或吊立管柱模板，应将吊具绑牢摆正，拴好溜绳，缓慢下落。每吊装一块模板，应立即连接、支撑牢固后，方可松钩。

（8）模板外侧安设的震动器，其固定处螺栓应拧紧，安装牢装。电器绝缘应良好，电力线路应挂在安全处。

（9）管柱接长，其法兰盘接头必须拧紧密贴，法兰盘不得突出管壁之外。夹柱应牢固，作业人员的手指和头部不得伸入法兰盘之间。在管柱内电焊，应搭设脚手架，并备有通风设施。

（10）起吊管柱的吊具、导向结构安装、拆除、振动下沉等，所用的机具设备均应按施工设计作业。施工时，应先检查合格后方可作业。

（11）浮运管柱应按船的重心对称置放。浮运应在白天良好天气运行。浮运速度不宜超过 3 千米 / 小时。

（12）管柱施工作业平台，除设护栏外，双层或高处作业处以及两船拼装之间、跳板下面，均应悬挂安全网。

（13）管柱内钻凿岩层，钻孔平台的脚手板必须铺满，四周设置护栏和上下梯子，并备有救生和消防设施。

（14）管柱刃脚底附近，不宜吸泥以防翻砂。

（15）管柱内水位应保持高出管柱外水面，在管柱内清孔时，必须高出管柱外水面 1.5 ~ 2 米。有潮汐影响时，应采取稳定管柱内水头的措施。

11. 墩台工程施工安全控制要点

（1）就地浇筑墩台混凝土，施工前，必须搭设好脚手架和作业平台，墩身高度在 2 ~ 10 米时，平台外侧应设栏杆及上下扶梯。10 米以上时，还应加设安全网。

（2）模板就位后，应立即用撑木等固定其位置，以防倾倒砸人；用吊机吊模板合缝，模板底端应用撬棍等工具拔移，不得徒手操作。每节模板支立完毕，就在安好边结紧固器，支好内撑后，方可继续作业。

（3）在树立高桥墩的墩身模板过程中，安装模板的作业人员必须系好安全带，并拴于牢固地点。穿模板拉杆，应内外呼应。

（4）整体模板吊装前，模板要连接牢固，内撑拉杆、箍筋应上紧。吊点要正确牢固。起吊时，应拴好溜绳，并听从信号指挥不得超载。

（5）用吊斗浇筑混凝土，吊斗提降，应设专人指挥。升降斗时，下部的作业人员必须躲开，上部人员不得身倚栏杆推吊斗，严禁吊斗碰撞模板及脚手架。

（6）在围堰内浇筑墩台混凝土，应安设梯子或设置跳板，供作业人员上下。

（7）凿除混凝土浮浆及桩头，作业人员必须按规定佩带防护用品。人工凿除，应经常检查锤头是否牢固，使用高镐凿除桩头，应先经检查，安全可靠，方可作业。严禁风枪对准人。

（8）采用吊斗出渣，应拴好挂钩，关好斗门。吊机扒干转动范围内，不得站人。

（9）拆除模板，应划定禁行区，严禁行人通过。拆除水面上模板，应配有工作船、救护船。

（10）安设盆式橡胶支座或钢支座，应按设计及施工组织设计的要求施工。

（11）砌筑墩台施工安全控制要点。

（12）砌筑墩台前，应搭设好脚手架、作业平台、护栏、扶梯等安全防护设施。

（13）人工、手推车推（抬）运石块或预制块件时，脚手跳板应铺满，其宽度、坡度及强度应经过设计，满足安全要求。脚手架和作业平台上堆放的物品不得超过设计荷载。砌筑材料应随运随砌。

（14）吊机、桅杆吊运砌筑材料时，应听从指挥信号。砌筑材料吊运到砌筑面时，作业人员应避让，待停稳后方可上前砌筑。在任何情况下，不得将手伸入砌体缝隙之间。

（15）人工抬运大块石料，应捆绑牢靠，动作协调一致，缓慢平放，防止撞伤人。

（16）各种吊机作业，吊运重物的下边均不得站人。

12. 滑模施工安全控制要点

（1）高桥墩（台）、塔墩、索塔等高层结构，采用滑升模板施工时，应按照高处作业的安全规定，加设安全防护设施，穿戴好个人防护用品，并须根据工程特点编制单项施工方案及其安全技术措施，并向参加滑模施工人员进行安全技术交底。

（2）采用滑板施工，滑模及提升结构应按设计制作和施工，并严格按照施工设计安装。作业前，要对滑升模板进行验算和试验并应有足够的安全系数。顶杆和提升设备，应符合墩身的形状和要求。

（3）当塔墩等高层建筑采用爬模施工方法时应进行特殊设计，在工厂制作。爬升架体系、操作平台、脚手架等，要保证具有足够的刚度和安全度。架体提升时，要另设保险装置。模板爬升，作业人员不得站在爬升的模板或爬架上。

（4）液压系统组装完毕后，必须进行全面检查。施工过程中，液压设备应由专人操作，并经常维护，发现问题及时处理。

（5）模板提升到2米高以后，应安装好内外吊架、脚手架，铺好脚手板，挂设安全网。模板内设置升降设施及安全梯。

（6）操作平台上的施工荷载，应均匀对称，不得超负荷。平台周围应安设防护栏杆，并备有消防及通信设备。

（7）浇筑混凝土，不得用大罐漏斗直接灌入，防止冲击模板。振捣时，不得震动顶杆、钢筋及模板。在提升模板时，不得进行振捣。

（8）模板每次提升前，应进行检查，排除故障，观察偏斜数值。提升时，千斤顶应同步作业。

（9）顶杆和平台应稳固，如顶杆有失稳或混凝土又被顶出的可能时应及时加固。

（10）用手动或电动千斤顶做提升工具，千斤顶丝扣的旋转方向应以左右方向对称安装，使其力矩相互抵消，防止平台被扭动而失稳。

（11）操作平台的水平度、倾斜度应经常检查，发现问题应及时采取措施。

（12）主要机具、电器、运输设备等，应定机定人，严格执行交接班制度。接班时，必须对机具检查一遍，并做好记录。

（13）平台上应规定人群荷载和堆放材料的限量标准。材料要均匀摆放，不得多人聚集一处。

（14）墩上养生人员必须系好安全带。输水管路及其他设备应拴绑牢固。

（15）运送人员、材料的罐笼或外用电梯，应有安全卡、限位开关等安全装置。

（16）夜间施工应有足够的照明。在人员上下及运输过道上，均应设置固定的照明设施。照明设备应使用36伏以下的安全电压；挂设安全网。模板内设置升降设施及安全梯。

（17）为防止模板发生倾斜、扭转，滑模施工宜采用油压千斤顶，并保持同步提升。提升速度控制在10 ~ 30厘米/小时。

（18）支座安装，应按设计施工。采用盆式橡胶支座，可在场地装配后，整体或部分吊装就位。擦洗支座等表面污迹，应用酒精或丙酮，严禁用汽油、煤油等代替。

（19）拆除滑模设备时，应做好安全防护措施。拆除时可视吊装设备能力，分组拆除或吊至地面上解体，以减少高处作业量和杆件变形，拆除现场应划定警戒区。警戒线到建筑物边缘的安全距离不得小于10米。

13. 上部工程施工安全控制要点

预制构件安装作业安全控制要点。

（1）装配式构件（梁、板）的安装，应制定安装方案，并建立统一的指挥系统。施工难度、危险性较大的作业项目应组织施工技术、指挥、作业人员进行培训。所有起重设备都应符合国家关于特种设备的安全规程并进行严格管理。在实际作业中，要严格执行下列规定：

1）吊装前，应检查安全技术措施及安全防护设施等准备工作是否齐备，检查机具设备、构件的重量、长度及吊点位置等是否符合设计要求，严禁无准备盲目施工。

2）施工所需的脚手架、作业平台、防护栏杆、上下梯道、安全网必须齐备。深水施工，应备救护用船。

3）旧钢丝绳，在使用前，应检查其破损程度。每一节距内折断的钢丝，不得超过5%。对大型构件、重构件的吊装宜使用新的钢丝绳，使用前也要检验。

4）重大的吊装作业，应先进行试吊。按设计吊重分阶段进行观测，确定无误后，方可进行正式吊装作业。施工时，工地主要领导及专兼职安全员应在现场亲自指挥和监督。

5）遇有大风及雷雨等恶劣天气时，应停止作业。

（2）根据吊装构件的大小、重量，选择适宜的吊装方法和机具，不准超负荷。

（3）吊钩的中心线必须通过吊体的重心，严禁倾斜吊卸构件。吊装偏心构件时，应使用可调整偏心的吊具进行吊装。安装的构件必须平起稳落，就位准确，与支座密贴。

（4）起吊大型及有突出边棱的构件时，应在钢丝绳与构件接触的拐角处设垫衬。起吊时，离开作业地面 0.1 米后，暂停起吊，经检查确认安全可靠后，方可继续起吊。

（5）单导梁、墩顶龙门架安装构件时，应按照下列规定执行：

1）到两组装时，各节点应联结牢固，在桥跨中推进时，悬臂部分不得超过已拼好导梁全长的 1/3。

2）墩顶或临时墩顶导梁通过的导轮支座必须牢固可靠。导梁接近导轮时，应采取渐进的方法进入导轮。导梁推进到位后，用千斤顶顶升，将导梁置于稳定的木垛上。

3）导梁上的轨道必须平行等距铺设，使用不同规格的钢轨时，其接头处应妥善处理，不得有错台。

4）墩顶龙门架使用托架托运时，托架两端应保持平衡稳定，行进速度应缓慢。龙门架落位后应立即与墩顶预埋件联结，并系好缆风绳。

5）构件在预制场地起重装车后，牵引至导梁时，行进速度不得大于 5 米 / 分，到达安装位置后，平车行走轮应用木楔楔紧。

6）构件起吊横移就位后，应加设支撑、垫木，以保持构件稳定。

7）龙门架顶横移轨道的两端应设置制动枕木。

（6）预制场采用千斤顶顶升构件装车及双导梁、桁梁安装构件时，应遵守下列规定：

1）千斤顶使用前要做承载试验。起重吨位不得小于顶升构件的 1.2 倍。千斤顶一次顶升高度应为活塞行程的 1/3。

2）千斤顶的升降应随时加设或抽出保险垫木，构件底面与保险垫木间的距离应控制在 5 厘米之内。

3）构件进入落梁或其他装载工具横移到位时，应保持构件在落梁时的平衡稳定。

4）顶升吨梁、箱梁等大吨位构件时，必须在梁两端加设支撑。构件两端不得同时顶起或下落，一端顶升时，另一端应支稳、稳牢。

5）预制场和墩顶装载构件的滑移设备要有足够的强度和稳定性，牵引（或顶推）构件滑移时，施力要均匀。

6）双导梁向前推进中，应保持两导梁同速进行。各岗位作业要精心工作，听从指挥，发现问题及时处理。

7）双导梁进入墩顶导轮支座前、后，应采取与单导梁相同的措施。

（7）架桥机安装构件时，应符合下列规定：

1）架桥机组拼、悬臂牵引中的平衡稳定及机具配备等，均应按设计要求进行；

2）架桥机就位后，为保持前后支点的稳定，应用方木支垫。前后支点处，还应用缆风绳封固于墩顶两侧；

3）构件在架桥上纵、横向移动时，应平缓进行，卷扬机操作人员应按指挥信号协同动作；

4）全幅宽架桥机吊装的边梁就位前，墩顶作业人员应暂时避开；

5）横移不能一次到位的构件，操作人员应将滑道板、落梁架等准备好，待构件落入后，再进入作业点进行构件顶推（或牵引）横移等项工作。

（8）跨墩龙门架安装构件时，应根据龙门架的高度、跨度，采取相应的安全措施，确保构件起吊和横移时的稳定。构件吊至墩顶，应慢速、平稳地缓落。

（9）吊车吊装简支梁、板等构件时，应符合起重吊装的有关安全规定。

（10）安装大型盆式橡胶支座，墩上两侧应搭设操作平台，墩顶作业人员应待支座吊至墩顶稳定后再扶正就位。

（11）龙门架、架桥机等设备拆除前应切断电源。拆除龙门架时，应将龙门架底部垫实，并在龙门架顶部拉好缆风绳和安装临时连接梁。拆下的杆件、螺栓、材料等应捆好向下吊放。

（12）安装涵洞预制盖板时应用撬棍等工具拔移就位。单面配筋的盖板上应标明起吊标志。吊装涵管应绑扎牢固。

（13）各种大型吊装作业，在连续紧张作业一阶段后（如一孔梁、板或一较大工序等）应适当进行人员休整，避免长时间处于高度紧张状态，并检查、保养、维修吊装设备等。

14. 就地浇筑上部结构施工安全控制要点

（1）钢筋混凝土或预应力混凝土就地浇筑时，应先搭设好脚手架、作业平台、护栏及安全网等安全防护设施。

（2）作业前，对机具设备及其拼装状态、防护设施等进行检查，主要机具应经过试运转。施工工艺及技术复杂的工程对安全技术措施及安全操作细则等，应进行技术交底和培训。

（3）采用翻斗汽车或各种吊机提吊翻斗运送混凝土，不得超载、超速，停稳后方可翻转卸料或启斗放料。严禁在未停稳前翻斗或启斗。翻斗车行驶时，斗内不得载人。

（4）在支架上浇筑混凝土，对简支梁、连续梁、悬臂梁的浇筑顺序，应严格按设计和有关规定办理。

（5）施工中，应随时检查支架和模板，发现异常状况应及时采取措施。支架、模板拆除，应按设计和施工的有关规定的拆除程序进行。

（6）就地浇筑水上的各类上部结构，要按照水上作业的安全规定进行施工、作业。

15. 悬臂浇筑法施工安全控制要点

（1）悬臂浇筑采用桁架挂篮施工时，应遵守下列规定：

1）施工前，应组织有关人员进行安全技术交底，制定安全技术措施。挂篮组拼后，要进行全面检查，并做静载试验。

2）在墩上进行零号块施工并以斜拉托架做施工平台时，在平台边缘处，应设安全防护设施。墩身两侧斜拉托架平台之间搭设的人行道板必须连接牢固。零号块拆模后，应保留一部分平台，为养生及其他作业使用。

3）使用的机具设备（如千斤顶、滑车、手拉葫芦、钢丝绳等），应进行检查，不符合规定的严禁使用。

4）检查墩身预埋件和斜拉钢带的位置及坚固程度是否符合设计要求。

5）遇有大风及恶劣天气时应停止作业。

（2）双层作业时，操作人员必须严守各自岗位职责，防止疏漏和掉落铁件工具等。

（3）挂篮使用时，应经常检查后锚固筋、千斤顶、手拉葫芦、张拉平台及保险绳等是否完好可靠。底模标高调整时，应设专人统一指挥。作业人员脚下应铺设稳固的脚手板，身系安全带。

（4）挂篮在安装、行走及使用中，应严格控制荷载，防止过大的冲击、震动。如需在挂篮上另行增加设施（如防雨棚、立井架、防寒棚等），不得损坏挂篮结构及改变其受力形式。

（5）挂篮拼装及悬臂组装中，危险性较大，在高处及深水处作业时，应设置安全网，满铺脚手板，设置临时护栏。操作人员必须按规定佩带安全防护用品，配备救生设施。

（6）使用水箱做平衡配重时，其位置、加水量等应符合设计要求。给排水设施和方法，应稳妥可靠。施工中，对上述情况要进行经常性安全检查。

（7）在底模荡移前，必须详细检查挂篮位置、后端压重及后吊杆安装情况是否符合要求。应先将上横梁两个吊带与底模下横梁连接好，确认安全后，方可荡移。

（8）挂篮行走时，要缓慢进行，速度应控制在 0.1 米 / 分以内。挂篮后部，各设一组溜绳，以保安全。滑道要铺设平整，顺直，不得偏移，并随时注意观察，发现问题及时处理。

（9）浇筑混凝土时，挂篮桁架后端，应锚固在已完成的梁段上，并配重使与浇筑的混凝土重量保持平衡状态。挂篮桁架行走和浇筑混凝土时，其稳定系数不得小于 1.5。

（10）浇筑合拢段混凝土时，在悬臂端预加压重，随浇筑进程，加载逐步撤出时，应自上而下进行。撤出压重时，应注意防止砸伤。

（11）箱梁混凝土接触面的凿毛工作，要有安全防护设施，所用手锤柄应牢固。作业人员之间，应有一定的安全距离。

（12）滑移斜拉式挂篮施工，应遵守下列规定：

1）采用滑动斜拉式挂篮，所用的活动铰、销、斜拉钢带等，采用高强钢材制作，材质要经检验，并打上标记，必须满足设计的要求。

2）挂篮安装时或主梁行走到位后，应先安装好后锚固和水平限位装置，方可安装斜拉带悬挂底模平台。严防挂篮倾覆、坍落。

3）底模和侧模沿滑梁行走前，需将斜拉带和后吊带拆除，用倒链起降和悬吊底模平台，同时，必须在倒链的位置加保险绳。

4）采用四根斜拉带的挂篮，在斜拉带安装和使用过程中，要注意检查，保证受力均衡。

5）浇筑混凝土前，应对挂篮锚固、水平限位、吊带起升和限位装置进行全面检查，确认安全可靠，方可作业。

6）主梁及其吊梁系统安装后，应进行全面检查和验收并进行加载试验。自行设计、加工的挂篮首次使用前，应按最大施工荷载进行加载试验。

7）在墩帽上作业，应制作并安设适合操作需要的脚手架，脚手架应满足安全标准。

8）挂篮行走前，应认真检查后锚固及各部受力情况，有无隐患及不安全因素。行走时，应密切注意有无异状，并应慢速稳步到位以防坍落事故。

（13）悬臂拼装法施工安全控制要点：

1）预制构件，采用悬臂拼装法施工时，因属高处作业，应针对工程的具体情况，制定和实施相应的安全施工组织设计，其中必须包括安全防护设施标准要求和具体的安全技术措施。对构件的预制、运输及吊装等，应按照本节中的有关内容制定安全控制的措施。

2）龙门架或起重吊机进行悬臂拼装时，应遵照下列安全规定，进行作业：

①吊机的定位、锚固应按设计进行，并进行静载试验。龙门架起重吊机及轨道的下面，必须具有坚实的基础，不得有下沉、偏斜。

②预制构件运至现场后，如需暂时存放，应放置在平整坚实的场地上，并按设计设置支点支撑。不得使吊装构件在设备上滞留时间过长，吊具必须在构件正式就位，经检查确认无误后，方可拆卸。

③现场拼装机具设备后，还必须经过检查验收，如有隐患及不符合安全规定时，不得使用。

④构件起吊前，应对起吊机具设备及构件进行全面检查、验收并进行起吊试验。如发现吊环部位有损伤，结合面有突出外露物，构件上有浮置物件等情况时，不得起吊。

⑤构件应垂直起吊，并保持平衡稳定。在接近安装部位时，不得碰撞已安完的构件和其他作业设施。

⑥运送构件的车辆（或船只），构件起升后应迅速撤出。

⑦通过栈桥、码头，用吊机或龙门架吊装预制构件时，栈桥、码头应根据构件吊装的需要进行设置。

（14）遇有下列情况时，必须停止吊装作业：

1）指挥讯号系统失灵；

2）天气突然变化，影响作业安全；

3）卷扬机、电机过热、起重吊机、托梁部件变形或其他机械设备、构件等发现有异常情况。

（15）拆除硫黄砂浆临时支座，除要采取防止高处坠落的安全防护措施外，还要特别注意符合下列规定要求。

1）融化硫黄砂浆垫块采用电热法时，电热丝不得与其他金属物接触；

2）作业时人员应站在上风处操作，并应佩戴安全防护用品；

3）人工凿除时，人员站位要拉开距离。

16. 缆索吊装法施工安全控制要点

（1）吊装前，应针对工程的具体情况，制定和实施相应的安全施工组织设计，其中必须包括安全防护设施标准要求和具体的安全技术措施。对施工人员进行安全教育。

（2）安装时，应有统一的指挥信号。

（3）登高操作人员应携带工具袋。

（4）安全带不得挂在主索、扣索、缆风绳等上面。

（5）牵引卷扬机启动要缓慢，行进速度要平稳。构件在吊运时，起重卷扬机要协调配合，并控制好构件在空中位置。起重卷扬机不得突然起升和下降构件，避免产生过大弹跳。构件吊运至安装部位时，作业人员要等构件稳定后再进行操作。

（6）构件不能垂直就位而需旁侧主索吊具协助斜拉时，指挥信号要明确，各组卷扬机要协调动作。

（7）缆索吊装大型构件时，应事先检查塔架、地锚、扣架、滑车、钢丝绳等机具设备。正式吊装前必须进行吊载试运行。

（8）缆索跨越公路、铁路时，应搭设架空防护支架。在靠近街道和村镇的地方应设立警示标志。

（9）在通航航道上空吊装作业，应与当地港航主管部门取得联系，获得批准后方可进行。吊装作业宜采取临时封航措施。

17. 顶推及滑移模架法施工安全控制要点

（1）采用顶推法施工，除在桥台后面设置适当的预制场地外，在墩台上，也要有足够的工作面以便更换滑道及留出安装支座的空间，并应验算在偏压情况下墩台结构的安全度。

（2）顶堆施工所用的机具设备、材料（如：拉锚器、工具锚、连接件、油压千斤顶、高压油泵、油管、压力表及滑动装置等）在使用前，应全面检查、验收和试验。

（3）使用油压千斤顶，应附有球形支承垫、保险圈及升程限孔。共同作用的多台千斤机应选用同一类型。

（4）设计应提供主梁最大悬臂状态下允许挠度值及顶推各阶段的墩顶反力和顶推力，应换算为油压读数和允许的墩顶位移值以便控制位移量。顶推施工中，应随时进行必要的监测以控制施工安全。

（5）采用多点顶推或单点顶推，其动力均应有统一的控制手段，使其能达到同步、纠偏、灵活和安全可靠。

（6）上下桥墩和梁上作业时，应设置扶梯、围栏、悬挂安全网等安全防护设施。使用的工具、材料等均应吊运传递，不得向下抛掷。

（7）顶推施工中，应有统一的指挥信号。必要时，应备有便利的现场通信设备。

（8）落梁完毕，拆除千斤顶及其他设备时，应先用绳拴好，用吊机吊出。在吊运时，应防止撞击梁体。

（9）在各顶推点，应派专人进行测量，随时将墩顶的位移情况，报告给指挥人员。

（10）用滑移模架法浇筑箱梁混凝土时，应遵守下列规定：

1）模架支撑于钢箱梁上，其前后端桁架梁、必须用优质高强螺栓连接好并拧紧。

2）钢箱梁及桁架梁下弦底面装设不锈钢带，在滑橇上顶推滑行之前，应检查有无障碍物极不安全因素。所用机具设备及滑行板等均须进行检查和试验。

3）浇筑混凝土之前，应进行全面的安全检查，确认安全合格后，方可施工。

4）牵引后横梁和装卸滑橇时，要有起重工协同配合作业。牵引时，应注意牵引力作用点，使后横梁在运行时，与桥轴线保持垂直。

5）滑移模架行走时必须听从指挥信号。对重要部位，应设专人负责值班观察，并注意人员及设备的安全。在滑道上要及时刷油。

6）上岗作业必须穿防滑鞋、戴安全帽，拆卸底模人员，必须挂好安全带。

（11）涵管采用顶入法施工时，施工前应做好施工点的调查。对顶入涵管的原有通车公路、铁路路段，应与当地公路、铁路管理部门联系，并签订施工协议。施工前应采取必要的加固措施，以保证顶入作业中通车线路的安全。当火车、汽车通过时，应暂停挖土或顶入，必要时作业人员应暂时离开作业面。

（12）顶入工作坑的边坡，应根据土质情况进行放坡或者支护。靠铁路、公路一侧的边坡，其上端应与铁路和公路保持一定安全距离。工作坑的后背墙（后背梁）应采取安全防护措施。

（13）为避免边缘坍塌，在工作坑坡顶的一定范围内，不得堆放弃土、料具。

（14）顶入法施工的现场应备有一定数量的木料或草袋，以备因雨水或其他原因引起路基变形时抢修加固路基，确保线路行车安全。

（15）顶入施工应连续进行。施工中要阻止地下渗水造成路基坍塌。顶推作业时遇有发生塌方，设备扭曲变形时应停止作业。

（16）机械挖土不得碰撞已挖好的洞内土壁。人工清理开挖面时，机械应及时退出。

（17）施顶时，非作业人员应撤离工作坑。严禁作业人员跨越或接近顶铁。

（18）顶入机械发生故障时，应停机检修，严禁带病作业。

（19）顶入施工的接缝应采取封闭措施，以防土石方掉落伤人。

（20）施工中地下水位较高时，应有防止塌方、流沙等安全防护措施。顶入法施工，不宜在雨季进行。

18. 转体法及拖拉法施工安全控制要点

（1）桥梁上部如为预制钢筋混凝土或预应力混凝土结构，采用转体架桥法或纵横向拖拉法施工时，除按设计要求进行施工外，搭设支架（或拱架）、支立模板、绑扎钢筋、焊接及浇筑混凝土等均应遵守相应的安全规定。

（2）转体法修建大跨径拱桥应建立统一的指挥机构并配备通讯联络工具。

（3）转体法施工前，应合理选择有利地形。采用平转法，桥体旋转角应小于180°，转动设施在拆架后，悬臂体应转动方便并符合安全施工的要求。转体时，悬臂端应设缆风绳。

（4）平衡重转体施工前，应先利用配重做试验进行试转动，检查转体是否平衡稳定。试转的角度应大于实际需要转动的角度，并悬挂一定时间。如不符合要求，必须先进行调整。

（5）环道上的滑道，其平整度应严格控制。如上下游拱肋需同时作配重转体时，应采用型号相同的卷扬机，同步、同速、平衡转动。重量大的转体转动前，应先用千斤顶将转盘顶转后，再由卷扬机牵引。

（6）无平衡重平转法施工的扣索张拉时，应检查支撑、锚梁、锚碇、拱体等，确认安全后方可施工。

（7）采用纵向、横向拖拉法架梁时，施工前应全面检查所用机具设备及各项安全防护设施的实际情况。

（8）使用万能杆件或枕木垛作滑道支撑墩时，其基础必须稳固。枕木垛应垫密实，必要时应做压重试验。

（9）梁体及构件运行滑道应按设计铺设。采用滑板和辊轴时，滑板应铺平稳。梁体、构件拖拉或横移到达前方墩台时，应采取引导措施，便于辊轴进入悬臂端的滑道内。搬抬辊轴时，作业人员要配合好。

（10）拖拉或横移施工中，应经常检查钢丝绳、滑车、卷扬机等机具设备是否完好，发现问题应立即处理。施工中，钢丝绳附近不得站人，无关人员不得进入作业区。

（11）拖拉或横移施工中，应听从统一指挥，发现问题或隐患应及时报告，立即处理。

19. 预应力张拉施工安全控制要点

（1）预应力钢束（钢丝束、钢绞线）张拉施工前，应做好下列工作：

1）张拉作业区，应设警告标志，无关人员，严禁入内。

2）检查张拉设备工具（如：千斤顶、油泵、压力表、油管、顶楔器及液控顶压阀等）是否符合施工安全的要求。压力表应按规定周期进行检定。

3）锚环和锚塞使用前，应认真仔细检查及试验，经检验合格后方可使用。

4）高压油泵与千斤顶之间的连接点各接口必须完好无损，螺母拧紧。油泵操作人员要戴防护眼镜。

5）油泵开动时，进、回油速度与压力表指针升降保持一致并平稳、均匀。安全阀保持灵敏可靠。

6）张拉前，操作人员要确定联络信号。张拉两端应设便捷的通信设备。

（2）在已拼装或旋浇的箱梁上进行张拉作业，应事先搭好张拉作业平台，并保证张拉作业平台、拉伸机支架要搭设牢固，平台四周应加设护栏。高处作业时，应设上下扶梯及安全网。施工的吊篮，应安挂牢固，必要时可另备安全保险设施。张拉时，千斤顶的对面及后面严禁站人，作业人员应站在千斤顶的两侧，以防锚具及销子弹出伤人。

（3）后张法张拉时，应检查混凝土强度，必须达到设计要求强度后方可进行张拉。

（4）钢束张拉应严格按规定程序进行。在事先穿好钢丝束，并经检查确认合格后，方可张拉。张拉作业中，应集中精力，仪表要看准，记录要准确无误。

（5）张拉操作中，若出现异常现象（如：油表振动剧烈，发生漏油，电机声音异常，发生断丝、滑丝等），应立即停机进行检查、检定。

1）锚环和锚塞使用前，应认真仔细检查及试验，经检验合格后方可使用。

2）高压油泵与千斤顶之间的连接点各接口必须完好无损，螺母拧紧。油泵操作人员要戴防护眼镜。

3）油泵开动时，进、回油速度与压力表指针升降保持一致并平稳、均匀。安全阀保持灵敏可靠。

4）张拉前，操作人员要确定联络信号。张拉两端应设便捷的通信设备。

（6）在已拼装或旋浇的箱梁上进行张拉作业，应事先搭好张拉作业平台，并保证张拉作业平台、拉伸机支架要搭设牢固，平台四周应加设护栏。高处作业时，应设上下扶梯及安全网。施工的吊篮，应安挂牢固，必要时可另备安全保险设施。张拉时，千斤顶的对面及后面严禁站人，作业人员应站在千斤顶的两侧，以防锚具及销子弹出伤人。

（7）后张法张拉时，应检查混凝土强度，必须达到设计要求强度后方可进行张拉。

（8）钢束张拉应严格按规定程序进行。在事先穿好钢丝束，并经检查确认合格后，方可张拉。张拉作业中，应集中精力，仪表要看准，记录要准确无误。

（9）张拉操作中，若出现异常现象（如：油表振动剧烈，发生漏油，电机声音异常，发生断丝、滑丝等），应立即停机进行检查；业人员应站在侧面以确保安全。

20. 拱桥施工安全控制要点

（1）拱架制作与安装，应按设计要求，具有足够的强度、刚度和稳定性。拱架须经验算，必须经试验或预压，并满足防洪、流水、排水、航运等安全要求。采用土牛拱架时，应采取相应的安全措施，保证拱圈砌筑的安全。

（2）拱石加工或砌筑石拱工程时，除按规定穿戴安全防护用品外，并应注意锤头或飞石伤人，作业人员应保持一定的安全距离。

（3）圬工（石、砖及混凝土预制块）拱桥施工前，拱架支立安装方法、拆落拱架程序、机械设备等，均应经检查符合安全技术规定方可施工。人工抬运上坡，应平行前进，落肩同步。抬运石料时应用绳索捆扎结实。不宜装得过满。

（4）拱石或预制混凝土块应按砌筑程序编号，依次运到工地，随用随运，不得堆积在拱架或脚手架上。

（5）拱石或预制块砌筑时，底下严禁站人，操作人员的手指不得伸入砌筑面，拱石或预制块就位时，应用撬棍或绳索工具等扶稳缓慢堆放。

（6）砌筑拱圈，应按施工要求搭设脚手架及作业平台，严禁用拱架代替脚手架。主拱、拱上建筑施工，必须严格按设计加载程序分段、对称、同时进行。

（7）拱圈砌筑，严禁拱下站人，并应随时注意观测拱架变形状况。必要时，须进行调整以控制拱圈变形过大。卸架装置应有专人负责检查。

（8）卸架前，应检查砌筑砂浆强度是否达到设计要求。拆除工作必须按设计程序进行。当拱架脱离拱圈后，经检查确认安全后，方可继续进行拱架拆除工作。拆除拱架时应听从统一指挥。严禁在拱架上、下同时进行双重作业。拱架拆除，严禁捶击或用机械强拽拱架使之脱离或倾倒的做法。

（9）采用无支架施工修建拱桥时，应按设计和施工方法选定适宜的吊装机具设备。采用吊装机具施工，除按吊装机具的有关安全要求加以控制外，还应做到：

1）大中跨径拱桥施工，应验算拱圈的纵、横向稳定性，保证有一定的横向稳定系数。分段吊装单肋合拢后应用缆风绳稳固。并须采取悬扣边肋和次边肋，用横夹木临时横向联结等措施。

2）双曲拱、箱形拱桥施工时，在墩、台顶设置的扣架，底部固定应牢靠，架顶应设风缆，风缆设置必须对称，与构件轴线应符合设计要求，风缆地锚环应埋设坚固，并应设置备用环。

3）拱肋分段拼装时，基肋应设置固定风缆，拱肋接头处，应加横向联结，以保证其横向稳定。

4）多孔装配式拱桥上部安装时，除要遵守一般安全规定外还必须按加载程序，由桥台或制动墩起，逐孔吊装。相邻两孔安装进度，不应相差过大以减少对相邻桥墩产生的单向推力。

5）装配式桁架拱或刚架拱桥施工时，除要遵守一般安全规定外，还必须在已安装的桁架或刚架拱片上，安装横向联系构件以增强横向稳定性。

6）在河流中设置缆风绳时，必须采取可靠的防护措施。

21. 跨线桥及通道桥涵施工安全控制要点

（1）公路桥跨越铁路或其他线路时，施工前，应编制专门的安全施工组织设计，并与铁路或其他有关部门协商有关事宜并签订必要的安全协议。内容包括：利用列车间隔时间进行安装的计划、安全防护以及在发生紧急情况时的应急处理措施等。

（2）公路桥跨越铁路或其他线路时，施工期间，特别是梁体吊装阶段，应在施工现场及两端足够远处适宜地点设置人员和通信设备，与两端火车站进行联系，以便在发生紧急情况时立即通知停车。要避免在列车通过的情况下进行吊梁安装作业。

（3）在铁路路基附近挖基、钻孔时，不得损坏铁路设施，包括各种信号、通信设施。

不得影响行车的瞭望视线。在作业处应设围栏、支撑及其他安全防护措施。防止火车震动，导致基础坍陷或路基坍方。

（4）跨越铁路或公路的立交桥施工时，上面作业，下面通行车辆或行人，应设置遮盖设施，并设岗哨监视管理。

（5）对结构复杂、施工期较长的大型立交桥施工时，必须做到：

1）施工前，应编制专门的安全施工组织设计进行安全检查，做好施工准备及安全防护设施的安装、验收工作。确保不发生影响通车及坠物伤人事故。

2）制定架梁吊装施工方案及安全技术措施，向作业人员进行安全技术交底和培训。

3）配备通信设施，确保在紧急情况下能够妥善处理发生的事故。

22. 斜拉桥、悬索桥施工安全控制要点

（1）斜拉桥和悬索桥（吊桥）的索塔施工，属于高处或超高处作业，应根据结构、高度及施工工艺的不同情况制定相应的专门的安全施工组织设计、安全作业指导书（操作细则）。一般情况，混凝土、钢筋混凝土及预应力混凝土索塔，参照墩台施工及滑模施工的安全控制要点。电气设备和线路的绝缘必须良好，各种电动机械必须接地，接地电阻不得大于 4 欧。电气设备和线路检修时应先切断电源。施工现场要有防火措施并备有消防器材，要防止电焊火花溅落在易燃物料上。

（2）索塔分节立模浇筑前，应搭好脚手架，扶梯、人行道及护栏。每层脚手架的缝隙处应设置安全网。两层间距不得超过 8 米。

（3）浇筑塔身混凝土，应按规定挂好减速漏斗及保险绳，漏斗上口应堵严，以防石子下落伤人。

（4）塔底与桥墩为铰接时，施工中，必须将塔底临时固定。塔身建筑到一定高度后必须设置风缆。斜缆索全部安装并张拉完成后方可撤除风缆并恢复铰接。

（5）斜拉桥的塔底与墩固结时，脚手架必须在墩上搭设。当索塔与悬臂段同时交错施工，并分层浇筑索塔时，脚手架不得妨碍索塔的摆动。

（6）施工期间，应与当地气象站建立联系，密切注意天气变化，大风、雷雨时，应立即停止作为。高处作业，其风力应根据作业高处的实际风力确定。如未设风力测定仪，可按当地天气预报数值推测作业高处的风力。

（7）随着索塔升高（到 20 米以上或高度以不足 20 米的索塔但郊区或平原区施工或附近无高大建筑物提供防雷保护时）防雷电设施必须相应跟上，避雷系统未完善前，不得开工。

（8）缆索的制作与安装作业，应该做到：

1）缆索施工时不得撞伤锚头。锚头发生移位时，不得用铁锤强击复位。

2）缆索的防护层，不得有折损或磨伤，否则应在修补后安装或作标记，安装后修补。

3）悬索桥的主索及斜拉桥的斜缆索应进行破断试验，其破断力应满足设计要求。

4）锚具、套筒，应用超声波或射线探伤仪检查，内部有损伤者不得使用。

5）主索及斜缆索顶张拉时，应选择适当场地，埋设足够强度的地锚。并在张拉台前设置防护墙。对张拉设备，应严格检查以确保安全。

6）锚具和孔道在未封口前，应临时予以防护，以防雨水浸入和锚头被撞击。

7）斜拉桥的斜拉索如为工地自行制作时，还要做到：编束时，应用梳型板梳编，每 1.5 ~ 2.0 米段用铁丝绑扎，防止扭曲；制成的斜拉索应架空放置，严防在地面上拖拉或硬性弯折，同时应进行预拉以检查冷铸锚，测定每索钢丝拉力、延伸和回缩；测定的钢索测力仪的读数，正是张拉时校核。

8）采用成品斜拉索时，应做到：放索时应有制动设施，并防止卷盘的缆索自由散开时造成伤害。放开展平的缆索应防止在地下上拖磨。锚头应加设防护，防止碰撞。缆索应保持顺直，不得扭曲。

9）缆索套管内采用压注水泥浆防护时，水泥浆应从下往上压入。索塔超过 50 米时，应分段向上压注以防灌注压力过大，套管破裂伤人。

10）采用钢迭合梁与钢筋混凝土迭合梁施工时，应做到：

①成品钢构件应编号成套，对号存放，防止损坏变形。

②起吊前，应了解所吊构件的重量、重心位置，以采取相适应的起吊方法。

③构件组拼前应进行全面检查，如有缺陷、变形，应在组拼前加以矫正。

④钢构件组拼时，必须用足够的定位冲钉定位。钢构件全部插入高强螺栓后，方可松除吊钩。

11）悬索桥施工中，临时架设的工作索、牵引索安装完毕后，应对索具、吊具等进行全面、仔细检查。索夹如采用高强螺栓旋紧时，螺栓的拧合扭矩应先试验。索夹下的吊杆承受全部荷载时，索夹应与主索连接紧密，不得在主索上向下滑移。为防止主索磨损，可在索夹与主索之间垫物隔离。施工中使用的吊篮、平台等应具有足够的强度，设置的防护围栏高度不得小于 1.2 米。索塔应设置上下扶梯和塔顶作业平台。索鞍的安装应保证位置准确。

12）悬索桥采取重力式锚碇时，对锚碇体的施工，应按照有关安全规定浇筑混凝土或砌体工程。锚碇体必须达到坚实牢固；采用山洞式锚碇时，对锚洞的开凿及爆破工程，应按有关凿岩及爆破安全规定施工，并应符合下列要求：

①采用凿岩爆破时，宜采用浅眼爆破法，对炮眼的深度、装药量等，应严加控制，使非开挖部分的岩层保护完整；

②锚洞顶部混凝土衬砌与岩层应紧密结合。

13）斜拉桥主梁施工，采用悬臂浇筑钢筋混凝土或预应力混凝土时，采用悬臂拼装梁体时，采用顶推法施工时，采用转体或其他方法施工时，应遵照相对应的安全控制要点。

14）悬索桥安装加劲桁构（梁）时，应该做到：

①利用主索吊装加劲桁构（梁）构件时应在平台上进行组拼。组拼后，利用主索吊运到位，与索夹、吊杆同时安装。施工前应检查机具设备是否完好。吊装时应按照有关吊装

的安全规定作业。

②加劲桁构（梁）的吊装，宜从跨中向两岸进行。索夹与吊杆应配合加劲桁构（梁），同时安装，不得先安装索夹及吊杆。

③索塔下端为固结时索鞍将逐步向河心偏移，施工中，应对索鞍偏移量进行观测和控制，防止超过设计允许偏斜量而影响塔架的安全。

④索塔下端为铰接时，亦应按设计观测，并控制索塔的偏斜量。

⑤斜拉桥、悬索桥在施工中应配备水上救护船中。

23. 钢桥施工安全控制要点

（1）钢梁杆件组装，应在平整的作业台上进行，其基础应有足够的承载力。钢梁拼装前，应按设计图检验杆件和零部件是否达到设计标准，并做到：

1）组装前，应清除杆件上的污秽、冰层、积雪及泥土等；

2）杆件宜事先组拼，组合后，宜用吊机吊装以减少钢箱梁安装过程中的高处作业量；

3）高强螺栓、螺母、垫圈，在使用前，应做探伤检查；

4）高强螺栓，经防锈处理后的摩擦系数应符合设计要求；

5）对接焊缝应进行超声波探伤，对接接头内部应进行探伤检验。

（2）浮运吊装时，应按照水上运输和起重吊装作业安全控制要点进行。浮运钢梁时，桥位附近应设有拼梁和布置滑道的场地并适于吊装条件。浮运宜从下游逆水进入桥孔。

（3）悬臂拼装法安装大跨径钢桥时，可按照悬臂拼装法施工安全控制要点进行。

（4）钢梁上的各种电动机械和电缆线、照明线路等，必须保持绝缘良好，应有专人值班进行管理。

（5）拼装杆件时，应安好梯子、溜绳、脚手架。斜杆应安拴保险吊具。杆件起吊时，先提升 0.3 米左右，确认安全再继续起吊。

（6）装拆脚手架、上紧螺栓、铆合等作业，应上下交替进行，避免双层作业。杆件拼装对孔时，应用冲钉探孔、严禁用手伸入检查。

（7）杆件对孔作业中，吊车驾驶员、信号员、架梁人员应动作协调、操作准确。

（8）架梁用的扳手、小工具、冲钉及螺栓等物应使用工具袋装好，严禁抛掷。多余的料具要及时清理并堆放在安全地点。

（9）在通航的江河上施工，应与当地的港航管理部门联系，取得水上施工许可证，并按照水上作业的有关安全控制要点进行作业。

（10）钢梁表面涂漆作业，应有防毒保护措施。

24. 混凝土预制场安全控制要点

预制场地的选择，场地的平面布置，应符合关于公路工程施工现场的安全规定。场内的道路、运输和水电设施，应符合关于公路工程场内交通及水电设施的安全规定。

25. 主要机械安全控制要点

（1）搅拌站

1）搅拌站应按设计要求，安装在具有足够承载力、坚固、稳定的基座上。操作点应设平稳的作业平台及防护栏杆，下应设扶梯。

2）搅拌站的电器设备和线路应绝缘良好。搅拌站内，所有机械设备的转动部分，必须设有防护装置，高大的搅拌站应设置避雷装置。

3）搅拌站的机械设备安装完毕，要重点检查；设备安装稳定牢固情况，电机连接与绝缘情况，制动器、离合器、升降器是否灵活可靠，轨道滑轮是否良好，钢丝绳有无断裂或损坏等。确认良好后进行空载运转，经试运转，全部机械达到正常后方可作业。

（2）发电机组

1）工期较长的大型公路工程，发电机组应设置在安全可靠的机房内，其基础应平整坚实，必要时应设置在混凝土基座上。机房内配备消防设备。

2）发电机应设接地保护，接地电阻不得大于4。发电机连接配电盘及通向所有配电设备的导线，必须绝缘良好，接线牢固。

3）施工用的发电机电源应与外电线路电源联锁，严禁并列运行。

4）发电机附近及发电机房内不得放置易燃、易爆物品。

（3）皮带运输机

1）移动式皮带运输机运转作业前，应将行走轮用三角木对称楔紧。固定式皮带运输机，应安装在牢固的基础上。

2）空载启动后，应检查各部位的运转和皮带的松弛度，如无异常，在达到额定转速后方可均匀装料。

3）严禁运转中进行修理和调整。作业人员不得从皮带输机下面穿过。

（4）跨越输送带。

（5）输送大块物料时，输送带两侧应加设挡板或栅栏等防护装置。运料中，应及时清除输送带上的粘连物。停机后要切断电源。

26. 混凝土拌和及灌注

（1）人工手推车上料时，手推车不得松手撒把。运输斜道上应设有防滑设施。

（2）机械上料时，在铲斗（或拉铲）移动范围内不得站人。铲斗下方严禁有人停留和通过。

（3）向搅拌机内倾倒水泥应采用封闭式加料斗。为减少进出料口的粉尘飞扬应加设防护板。

（4）作业结束时，应将料斗放下，落入斗坑或平台上。在清理斗坑或平台时，应用销子将料斗固定住，严防滑落下来伤人。

（5）灌筑预制梁混凝土时，应搭设作业平台和斜道不得在模板上作业。

（6）搅拌机运转中，严禁用工具伸入料仓内拨弄，需要在料仓内检修时，应停机。修理时，必须先切断电源，电源边设专人看护，并挂牌注明“仓内有人操作，切勿合闸”。搅拌机运转时，严禁从搅拌壳（筒或槽）的上盖或机壳的边槽帮上面行走，以免滑入搅拌机内被搅。

（7）塔吊、汽车吊或桅杆吊斗浇筑混凝土时，起吊、运送、卸料应由专人指挥。

（8）电动振捣器应按照下列规定使用：

1）操作人员要佩戴安全防护用品。配电盘（箱）应加设漏电保护器，接线应使用电缆线。

2）在大体积混凝土中作业，电源总开关应放置在干燥处，多台振捣器同时作业，应设集中开关箱，并由专人负责看管。

3）风动振捣器的连接软管不得有破损或漏气，使用时要逐渐开大通气阀门。

27. 泵送混凝土安全控制要点：

（1）混凝土泵（泵车）应设置在作业棚内，安装应稳定、牢固。泵车安设未稳前不得移动布料杆。作业前，应检查输送泵、电气设备是否正常、灵敏、可靠。

（2）泵送前，应检查管路、管节及密封圈的完好程度，不得使用有破损、裂缝、变形和密封不合格的管件，应做到：

1）管路布设要平顺。在高处、转角处应架设牢固，防止串动、移位。

2）管路应设专人经常检查，遇有变形、破裂时，应及时更换，防止崩裂。

（3）混凝土泵在运转时发现故障，应立即停机、断电检查不得带病作业。

（4）混凝土输送泵车操作人员，应熟悉和遵守泵车的操作规程和安全技术规定。

（5）拆卸管路接头前，应把管内剩余压力排除干净，防止管内存有压力而引起事故。

（6）在五级以上大风时，泵车不得使用布料杆作业。

（7）作业机结束，采用空气清洗管道时，操作人员不得靠近管道端部。

28. 预制构件运输中的安全控制要点

轨道平车运输中的安全控制要点：

（1）铺设钢轨时，应选用合格的钢轨和枕木。铺设要达到规定的标准。钢轨要平直、圆顺，轨距要在允许误差值之内，轨道半径不得小于 25 米。轨道路基要有足够的宽度、平整度、强度，避免沉陷、滑坡等现象。

（2）采用轨道平车运输大型构件时，应对运梁用的轨道平车的转向托盘或转盘、制动器，按设计进行检查，确认合格后方可使用。

（3）轨道与其他道路交叉时，应按规定铺设交叉道口。

（4）拖运大型预制构件时，应设专人指挥，并经常检查构件在平车上的稳定状况及轨道平车在运转中，有无变形。

（5）构件运输时，速度要缓慢，时速不宜超过 3 千米 / 时。下坡时，要以溜绳控制速度并用人工拖拉止轮木块，跟随前进，纵坡不宜超过 2%。并应备有制动器，当纵坡坡度较大时，必须有相应的安全措施，方可运输。

（6）轨道路基，应设专人经常检查：

1）轨距有无超出误差规定；

2）道钉、鱼尾板有否松动；

3）路基有无沉陷变形，滑坡现象。

29. 平板拖车运输

（1）大型预制构件平板拖车运输，时速应控制在 5 千米 / 时以内。简支梁的运输，除横向加斜撑防倾覆外，平板车上的搁置点必须设有转盘。

（2）运输超高、超宽、超长构件时，必须向有关部门申报，经批准后，在指定路线上行驶。牵引车上应悬挂安全标志。超高的部件应有专人照看，并配备适当器具，保证在有障碍物情况下安全通过。

（3）平板拖车运输构件时，除一名驾驶员主驾外，还应指派一名助手，协助瞭望，及时反映安全情况和处理安全事宜，平板拖车上不得坐人。

（4）重车下坡应缓慢行驶，并应避免紧急刹车。驶至转变或险要地段时，应降低车速，同时注意两侧行人和障碍物。

（5）在雨、雪、雾天通过陡坡时，必须提前采取有效措施。

（6）装卸车应选择平坦、坚实的路面为装卸点。装卸车时，机车、平板车均应刹闸。

（7）重车停过夜时，应用木块将平车的底盘均衡垫实。

30. 水上运输中的安全控制要点

（1）水上运输作业应报当地港航管理部门，取得批准后，在指定的时间和水域进行。如需临时封闭航道时，还应请当地港航管理部门的人员予以现场督导。

（2）驳船装载的预制构件应用撑木、垫木将构件安放平稳。拖轮牵引驳船行进时，速度要缓慢，不得急转弯。

（3）拖船牵引浮运钢套箱、钢沉井时，应在了解航道的水深、流速等情况后，制定拖船牵引方案。多只拖船牵引浮运大型物件时，应配备通信器材，并建立统一的指挥机构。

（4）钢套箱、钢沉井在浮运中，应根据浮运物件的高度以确定顶面露出水面的高度，一般情况下应不小于 1 米。

（5）拖运中应派出监护船只检查牵引绳索和浮运物件的稳定情况，发现问题应立即采取措施。

（6）当拖轮将浮运船拖至安装地点后，应交由安装负责人指挥，定位浮船就位锚固后，方可开走拖轮。

（7）冬季施工，驳船上的冰雪应清扫干净，并应在走道上铺垫草袋防滑。

31. 基坑监测的目的

（1）检验设计所采取的各种假设和参数的正确性，指导基坑开挖和支护结构的施工，确保施工安全

目前基坑支护结构设计尚处于半理论半经验的状态，土压力计算大多采用经典的侧向土压力公式，现场实测值相比较有一定的差异，也还没有成熟的方法计算基坑周围土体的变形。因此，在施工过程中需要知道现场实际的受力和变形情况。基坑施工总是从点到面，从上到下分工况局部实施，可以根据由局部和前一工况的开挖产生的应力和变形实测值与预估值的分析，验证原设计和施工方案正确性，同时可对基坑开挖到下一个施工工况时的受力和变形的数值和趋势进行预测，并根据受力和变形实测和预测结果与设计采用的值进行比较，必要时对设计方案和施工工艺进行修正。

（2）确保基坑支护结构和相邻建筑物的安全

在深基坑开挖与支护施筑过程中，必须在满足支护结构及被支护土体的稳定性，避免破坏和极限状态发生的同时，不产生由于支护结构及被支护土体的过大变形而引起邻近建筑物的倾斜或开裂，邻近管线的渗漏等。从理论上说，如果基坑围护工程的设计是合理可靠的，那么表征土体和支护系统力学形态的一切物理量都随时间而渐趋稳定，反之，如果测得表征土体和支护系统力学形式特点的某几种或某一种物理量，其变化随时间而不是渐趋稳定，则可以断言土体和支护系统不稳定，支护必须加强或修改设计参数。在工程实际中，基坑在破坏前，往往会在基坑侧向的不同部位上出现较大的变形或变形速率明显增大，在 20 世纪 90 年代初期，基坑失稳引起的工程事故比较常见，随着工程经验积累，这种事故越来越少。但由于支护结构及被支护的目的也就出于保护邻近建筑物和管线破坏则仍然时有发生，而事实上大部分基坑围护的目的也就是出于保护邻近建筑物和管线。因此，基坑开挖过程中进行周密监测，在建筑物和管线的变形在正常的范围内时可保证基坑的顺利施工，在建筑物和管线的变形接近警戒值时，有利于采取对建筑物和管线本体进行保护的技术应急措施，在很大程度上避免或减轻破坏的后果。

（3）积累工程经验，为提高基坑工程的设计和施工的整体水平提供依据

支护结构上所承受的土压力及其分布，受地质条件、支护方式、支护结构刚度、基坑平面几何形状、开挖深度、施工工艺等的影响，并直接与侧向拉移有关，而基坑的侧向位移又与挖土空间顺序、施工进度等时间和空间因素等有复杂的关系，现行设计分析理论尚未完全成熟。基坑围护的设计和施工，应该在充分借鉴现有成功经验和吸取失败教训的基础上，根据自身的特点，力求在技术方案中有所创新且更趋完善。对于某一基坑工程，在方案设计阶段需要参考同类工程的图纸和监测成果，在竣工完成后则为以后的基坑工程设计增添了一个工程实例。现场监测不仅确保了本基坑工程的安全，在某种意义上也是一次 1 ：1 的实体试验，所取得的确切数据是结构和土层在工程施工过程中真实反应，是种种复杂因素影响和作用下基坑系统的综合体现，因而也为该领域的科学和技术发展积累了第一手资料。

32. 基坑监测的基本要求

（1）监测工作必须是计划的，应根据设计提出的监测要求和业主下达的监测任务书预先制订详细的基坑监测方案，计划性是监测数据完整性的保证，但计划性也是必须与灵活性相结合，因为基坑工程在施工过程中会发生意想不到的情况，就应该根据变化的情况来修正原先的监测方案，但基本原则是不能变的。

（2）监测数据必须是可靠真实的，数据的可靠性由测试元件安装或埋设的可靠性、监测仪器的精度、可靠性以及监测人员的素质来保证。监测数据真实性要求所有数据必须以原始记录为依据，原始记录任何人不得更改、删除。

（3）监测数据必须是及时的，监测数据需在现场及时计算处理，计算有问题可及时复测，尽量做到当天报表当天出。因为基坑开挖是一个动态的施工过程，只有保证及时监测，才有利于及时发现隐患，及时采取措施确保安全施工。

（4）埋设于结构中的监测元件应尽量减少对结构的正常受力影响，埋设水土压力监测元件、测斜管和分层沉降管时的回填土应注意与岩土介质的匹配。

（5）采用多种方法、实行多项内容的监测方案，基坑工程在开挖和支撑施工过程中的力学效应是从各个侧面同时展现出来的，在诸如围护结构变形和内力、地层移动和地表沉降等物理量之间存在着内在的紧密联系，通过对多方面的连续监测资料进行综合分析之后，各项监测内容的结果可以互相印证、互相检验、从而对监测结果有全面正确的把握。

（6）对重要的监测项目应按照工程具体情况预先设定预警值和报警制度，预警值应包括变形或内力量值及其变化速率。

33. 基坑工程施工安全监测要点

水的不适当排放以及降雨等气候条件的变化等对基坑稳定和环境安全性关系密切的信息。同时需密切注意基坑周围的地面裂缝、围护结构和支撑体系的工作失常情况、邻近建筑物和构筑物的裂缝、流土或局部管涌现象等工程隐患的早期发现，以便发现隐患苗头及时处理，尽量减少工程事故的发生。这项工作应与施工单位的工程技术人员配合进行并及时交流信息和资料。同时，记录施工进度与施工工况。这些内容都要详细地记录在监测日记中，重要的信息则需写在监测报表的备注栏内，发现重要的工程隐患则要专门写出监测备忘录。

（1）围护墙顶水平位移和沉降监测

围护墙顶沉降监测方法主要采用精密水准测量，在一个测区内，应设 3 个以上基准点，基准点要设置在距基坑开挖深度 5 倍的距离以外的稳定地点。在基坑水平位移监测中，在有条件的场地，用轴线法也即视准线法比较简便。采用视准线法测量时，需沿测量的基坑边线设置一条视准线，在该线的两端设置工作基点 A、B。在基线上沿基坑边线按照需要设置若干测点，基坑有支撑时，测点宜设置在两根支撑的跨中。也可用小角度法用经纬仪测出各测点的侧向水平位移。各测点最好设置在基坑圈梁、压顶等较易固定的地方，这样设置方便，不宜损坏而且真实反映基坑侧向变形。测量基点 A、B 需设置在基坑一定距离的稳定地段，对于有支撑的地下连续墙或大孔径灌注桩这类围护结构，基坑角点的水平位移通常较小，这时可将基坑角点设为临时基点 C、D，在每个工况内可以用临时基点监测，变换工程时用基点 A、B 测量基点 C、D 的侧向水平位移，再用此结果对各测点的侧向水平位移值作校正。

由于深基坑工程场地一般比较小，施工障碍物多，而且基坑边线也并非都是直线，因此，视准线的建立比较困难，在这种情况下可用前方交会法。前方交会法是在距基坑一定距离的稳定地段设置一条交会基线或者设两个或多个工作基点，以此为基准用交会法测出各测点的位移量。

（2）深层水平位移测量

1）深层水平位移就是测量围护桩墙和土体在不同深度上的点的水平位移，通常采用测斜仪测量，将围护桩墙在不同深度上的点的水平位移按一定比例绘制出水平位移随深度变化的曲线，即围护桩墙深层挠曲线。测斜仪由测斜管、测斜探头、数字式测读仪三部分组成，测斜管在基坑开挖前埋设于围护桩墙和土体内，测斜管内有四条十字形对称分布的凹型导槽，作为测斜仪滑轮上下滑行轨道，测量时，使测斜探头的导向滚轮卡在测斜管内壁的导槽中，沿槽滚动将测斜探头放入测斜管，并由引出的导线将测斜管的倾斜角或其正弦值显示在测读仪上。实际测量时，将测斜仪探头沿管内导槽插入测斜管内，缓慢下滑，按取定的间距 L 逐段测定各量测段处的测斜管与铅直线的倾角，就能得到整个桩墙轴线的水平挠曲或土体不同深度的水平位移。

2）测斜仪的种类

测斜仪按探头的传感元件不同，可分为滑动电阻式、电阻片式、钢弦式及伺服和加速度式四种。

3）测斜仪的埋设

测斜管有绑扎埋设和钻孔埋设两种方式：

①绑扎埋设。主要用于桩墙体探层挠曲测试，埋设时将测斜管在现场组装后绑扎固定在桩墙钢筋笼上，随钢筋笼一起下到孔槽内，并将其浇筑在混凝土中，浇筑之前应封好管底盖并在测斜管内注满清水，防止测斜管在浇筑混凝土时浮起，并防止水泥浆渗入管内。

②钻孔埋设。首先在土层中预钻孔，孔径略大于所选用测斜管的外径，然后将测斜管封好底盖逐节组装逐节放入钻孔内，并同时在测斜管内注满清水，直到放至预定的标高为主。随后在测斜管与钻孔之间空隙内回填细砂，或水泥和黏土拌和的材料固定测斜管，配合比取决于土层的物理力学性质。

（3）土体分层沉降测试

土体分层沉降是指离地面不同深度处土层内的点的沉降或隆起，通常用磁性分层沉降仪量测。分层沉降管和钢环的埋设用钻机在预定位置钻孔，取出的土分层分别堆放，钻到孔底标高略低于欲测量土层的标高。提起套管 300 ~ 400 毫米，然后将引导管放入，引导管可逐节连接直至略深于预定的最底部的监测点的深度位置，然后，在引导管与孔壁部用膨胀黏土球填充并捣实到最低的沉降环位置，再用一只铅质开口送筒装上沉降环，套在引导管上，沿引导管送至预埋位置，再用 ϕ50 毫米的硬质塑料管把沉降环推出压入土中，弹开沉降钢环卡子，使沉降环的弹性卡子牢固地嵌入土中，提起套管至待埋沉降环以上 300 ~ 400 毫米，待钻孔内口填该层土做的土球至要埋的一个沉降环标高处，再用如上步骤推入上一标高的沉降环直至埋完全部沉降环。固定孔口，做好孔口的保护装置，并测量孔口标高和各磁性沉降钢环的初始标高。

（4）基坑回弹监测

基坑回弹是基坑开挖对坑底的土层的卸荷过程引起基坑底面及坑外一定范围内土体的回弹变形或隆起。深大基坑的回弹量对基坑本身和邻近建筑物都有较大影响，因此需做基坑回弹监测。基坑回弹监测可采用回弹监测标和深层沉降标两种，当分层沉降环埋设于基坑开挖面以下时所监测到的土层隆起也就是土层回弹量。回弹监测点应根据基坑形状及工程地质条件布设，布点原则是以最少的测点测出所需的各纵横断面的回弹量。

（5）土压力与孔隙水压力监测

土压力是基坑支护结构周围的土体传递给挡土构筑物的压力，也称支护结构与土体的接触压力，或由自重及基坑开挖后土体中应力重分布引起的土体内部的应力。通常采用在量测位置上埋设压力传感器（压力盒）来进行。常用的土压力盒有钢弦式和电阻式等。

1）土压力传感器的埋设

对于作用在挡土构筑物表面的土压力盒应镶嵌在挡土构筑物内，使其应力膜与构筑物表面平齐，土压力盒后面应具有良好的刚性支撑，在土压力作用下尽量不产生位移，以保证测量的可靠性。

对于钢板桩或钢筋混凝土预制构件挡土结构，施工时多用打入或振动压入方式。土压力盒及导线只能在施工前安装在构件上，土压力盒用固定支架安装在预制构件上，固定支架、挡泥板及导线保护管使土压力盒和导线在施工过程中免受损坏。对于地下连续墙等现浇混凝土挡土结构，土压力传感器安装时需紧贴在围护结构迎土面上，但由于土压力传感器如随钢筋笼下入槽孔后，其面向土层的表面钢膜很容易在水下浇筑过程中被混凝土材料所包裹，混凝土凝固结硬后，水土压力根本无法被压力传感器所感应和接收，造成埋设失败。这种情况下土压力盒的埋设可采用挂布法、活塞压入法和弹入法。

①挂布法

取约为 1/2~1/3 的槽段宽度的布帘，在布帘上缝制好用以放置土压力盒的口袋，把压力盒放入后封口固定；将布帘平铺在土压力量测位置钢筋笼迎土面一侧的外表面，通过纵横分布的绳索将布帘固定于钢筋笼上，将土压力盒导线固定在钢筋笼的钢筋上并引至钢筋笼顶站；布帘随钢筋笼一起吊入槽孔，放入导管浇筑水下混凝土。由于混凝土在布帘的内侧，利用流态混凝土的侧向挤压力将布帘连同土压力传感器一起压向土层，随水下混凝土液面上升所造成的侧压力增大迫使传感器与土层垂直表面密贴。

②弹入法

主要由弹簧，钢架和限位插销三部分所组成。首先将装有压力盒的机械装置焊接在钢筋笼上，利用限位插销将弹簧压缩贮存向外弹力能量，待钢筋笼吊入槽孔之后，在地面通过牵引铁丝将限位插销拔除，由弹簧弹力将压力盒推向土层侧壁，根据压力盒读数的变化可判定压力盒安装情况。从实际情况看，压力盒具有较高的成活率，基本上未出现钢膜被砂浆包裹的情况。弹入法的关键在于必须保证弹入装置具备足够的行程，保证压力盒抵达槽壁土层同时需与挡墙施工单位密切配合，在限位插销拔除诸方面做到万无一失。

③活塞压入法

活塞压入法装置由活塞装置、安装定位框架及加压装置三部分组成，埋设时将装有土压力盒的活塞装置用螺钉与安装定位框架连接起来，这种装置根据土压力传感器的布置、安装及运输方便可分成若干节，在泥浆槽槽口处依次组装的。然后用吊车将其对准槽中，徐徐放到预定高程，将进水管与加压装置连接，施加水压力推动活塞使土压力盒压合槽壁，当仪器读数表明土压力盒已与槽壁接触后，再适当增加水压推动使其紧贴槽壁，并保持这个压力到混凝土浇筑之后待混凝土初凝时再除去水压力。活塞可以用水压、油压和气压等。

④钻孔法

监测地层内的土压力的土压力盒的埋设可采用钻孔法。钻孔法是先在预定位置钻孔，钻孔深度略大于最深的土压力盒埋设位置，孔径大于压力盒直径，将压力盒固定在定制的薄型槽钢或钢筋架上并一起放入钻孔，就位后回填细砂。根据薄型槽钢或钢筋架的沉放深度和压力盒的相对位置，可以确定出压力盒所处的地层标高，监测导线沿槽钢纵向间隙引至地面。钻孔法埋设测试元件工程适应性强。土压力盒实测的压力为土压力和孔隙水压力的总和，应当抽除孔隙水压力计实测的压力值才是实际的土压力值。

（6）孔隙水压力测试

孔隙水压力量测结果可用于固结计算及有限应力法的稳定性分析，在打桩、堆载预压法地基加固的施工速度控制、基坑开挖、沉井下沉和降水等引起的地表沉降的控制中具有十分重要的作用。其原因在于饱和软黏土受荷后，首先产生的是孔隙水压力的增高或降低，随后才是土颗粒的固结变形。孔隙水压力的变化是土层运动的前兆，掌握这一规律，就能及时采取措施避免不必要的损失。孔隙水压力探头分为钢弦式、电阻式和气动式三种类型，探头由金属壳体和透水石组成。孔隙水压力计的安装与埋设应在水中进行，滤水石不得与大气接触，一旦与大气接触滤水石应重新排气。埋设方法有压入法和钻孔法。

①压入法

如果土质较软，可将孔隙水压力计直接压入埋设深度。若有困难，可先钻孔至埋设深度以上 1 米处，再将孔隙水压力计压至埋设深度，上部用黏土球将孔封至孔口。

②钻孔法

在埋设地点采用钻机钻孔，达到要求的深度中标高后，先在孔底填入部分干净的砂，然后将孔隙水压力计放入，再在其周围填砂，最后采用膨胀性黏土或干燥黏土球将钻孔上部封好，使得孔隙水压力计测得的是该标高土层的孔隙水压力。

（7）支挡结构内力监测

采用钢筋混凝土材料制作的围护支挡构件，其内力或轴力通常是在钢筋混凝土中埋设钢筋计，通过测定构件受力钢筋的应力或应变，然后根据钢筋与混凝土共同工作、变形协调条件计算得到。钢筋计有钢弦式和电阻应变式两种，二次仪表分别用频率计和电阻应变仪。两种钢筋计的安装方法不相同，轴力和弯矩等的计算方法也略有不同。钢弦式钢筋计与结构主筋轴心对焊，是与受力主筋串联连接的，由频率计算的是钢筋的应力值。而电阻式应变计是与主筋平行绑扎或点焊在箍筋上，应变仪测得的是混凝土内部该点的应变，传感元件伸出两边的钢筋的长度应不小于钢筋计长度的35倍。由于主钢筋一般沿混凝土结构截面周边布置，所以钢弦式钢筋应力计应上下或左右对称布置或在矩形断面的4个角点处布置4个钢筋计。通过埋设在钢筋混凝土结构中的钢筋计，可以量测：

1）围护结构沿深度方向的弯矩；

2）基坑支撑结构的轴力和弯矩；

3）圈梁或回檀的平面弯矩；

4）结构底板所受的弯矩。

（8）土层锚杆试验和监测

1）锚杆试验

土层锚杆试验分基本试验、验收试验和蠕变试验三种。新型锚杆或已有锚杆用于未曾应用过的土层都需做至少3个锚杆基本试验；对于塑性指数大于17的淤泥及淤泥质土层中的锚杆应进行至少8组蠕变试验。锚杆施工好后需抽取5%并至少3根锚杆进行验收试验。用于试验的锚杆，其锚杆参数、材料和施工工艺必须与工程锚杆相同。

2）基本试验

最大试验荷载不应超过钢丝、钢筋或钢绞线强度标准值的0.8倍。沙质土、硬黏土在每级加荷等级监测时间内，锚头位移量不大于0.1毫米，或锚头位移量虽大于0.1毫米，但监测到2.0小时，锚头位移增量小于2.0毫米，可施加下一级荷载。淤泥及淤泥质土当荷载等级为A^2FPT的0.6和0.8倍时，锚头位移增量在监测时间内2.0小时小于2.0毫米，可施工加下一级荷载。锚杆破坏标准为：

后一段荷载产生的锚头位移增量达到或超过前一级荷载产生位移增量的2倍；b锚头位移不收敛；c锚头总位移超过设计允许位移值。试验成果通过绘制锚杆荷载—位移（Q-S）曲线、锚杆荷载—弹性位移（Q-Se）曲线、锚杆荷载—塑性位移（Q-Sp）曲线表示。当基本试验所得的总弹性位移超过自由段长度理论弹性伸长的80%且小于自由段长度与1/2锚固长度之和的理论弹性伸长时，才判断试验结果有效。

表 1-1　土层锚杆基本试验加载等级与监测时间

加荷增量（Af_{Ptk}%）	初始荷载	—	—	—	10	—	—	—
	第一循环	10	—	—	30	—	—	10
	第二循环	10	30	30	40	30	20	10
	第三循环	10	30	40	50	40	30	10
	第四循环	10	30	50	60	50	30	10
	第五循环	10	30	50	70	50	30	10
	第六循环	10	30	60	80	60	30	10
监测时间 / min	沙质土、硬黏土	5	5	5	10	5	5	5
	淤泥及淤泥质土	15	15	120	120	120	15	15

注：在每段加荷等级监测时间内，测读锚头位移至少三次。

3）验收试验

最大试验荷载不应超过预应力筋强度标准值的 0.8 倍，且为锚杆设计轴向拉力的 1.5 倍（永久性锚杆）或 1.2 倍（临时性锚杆）。最大试验荷载监测 15 分钟后，卸荷到 0.1 牛，然后加载到锁定荷载锁定。试验成果整理成验收试验 Q-S 曲线。当验收试验在最大试验荷载作用下锚头位移趋于稳定并且试验所得的总弹性位移超过自由段长度理论弹性伸长的 80%，且小于自由段长度与 1/2 锚固长度之和的理论弹性伸长时，锚杆达到验收标准。

注：在每段加荷等级监测时间内，测读锚头位移至少 3 位。

4）蠕变试验

在监测时间内荷载必须恒定，每级荷载按时间隔 1、2、3、4、10、20、30、45、60、75、90、120、150、180、210、240、270、300、330、360 分钟记录蠕变量，试验结果绘制蠕变量 - 时间对数（S-LG）曲线。

（9）锚杆监测

在基坑开挖过程中，锚杆要在受力状态下工作数月，为了检查锚杆在整个施工期间是否按设计预定的方式起作用，有必要选择一定数量的锚杆做长期监测，锚杆监测一般仅监测锚杆拉力的变化。锚杆受力监测有专用的锚杆轴力计，锚杆轴力计安装在承压板与锚头之间。钢筋锚杆可采用钢筋应力计和应变计，其埋设方法与钢筋混凝土中的埋设方法相类似，但当锚杆由几根钢筋组合时，必须每根钢筋上都安装钢筋计，它们的拉力总和才是锚杆总拉力，而不能只测其中几根钢筋的拉力求其平均值，再乘以钢筋总数来计算锚杆总拉力，因为锚杆由几根钢筋组合时，几根锚杆的初始拉紧程度是不一样的，所受的拉力与初始拉紧程度的关系很大。锚杆钢筋计和锚杆轴力计安装好并锚杆施工完成后，进行锚杆预应力张拉，这时要记录锚杆钢筋计和锚杆轴力计上的初始荷载，同时也可根据张拉千斤顶的读数对锚杆钢筋计和锚杆轴力计的结果进行校核。在整个基坑开挖过程中，每天宜测读一次，监测次数宜根据开挖进度和监测结果及其变化情况而适当增减。当基坑开挖到设计标高时，锚杆上的荷载应是相对稳定的。如果每周荷载的变化量大于 5% 锚杆所受的荷载，就应当查明原因并及时采取适当措施。

（10）地下水位监测

地下水位监测可采用钢尺水位计，钢尺水位计的工作原理是在已埋设好的水管中放入水位计测头，当测头接触到水位时，启动讯响器，此时，读取测量钢尺与管顶的距离，根据管顶高程即可计算地下水位的高程。对于地下水位比较高的水位观测井，也可用干的钢尺直接插入水位观测井，记录湿迹与管顶的距离，根据管顶高程即可计算地下水位的高程，钢尺长度需大于地下水位与孔口的距离。

地下水位观测井的埋设方法为：用钻机钻孔到要求的深度后，在孔内埋入滤水塑料套管，管径约 90 毫米。套管与孔壁部用干净细砂填实，然后用清水冲洗孔底，以防泥浆堵塞测孔，保证水路畅通，测管高出地面约 200 毫米，上面加盖，不让雨水进入，并做好观测井的保护装置。

（11）相邻环境监测

基坑开挖必定会引起邻近基坑周围土体的变形，过量的变形将影响邻近建筑物和管线的正常使用甚至导致破坏，因此，必须在基坑施工期间对它们的变形进行监测。其目的是：根据监测数据及时调整开挖速度和支护措施以保护邻近建筑物和管线不因过量变形而影响它们的正常使用功能或破坏。对邻近建筑物和管线的实际变形提供实测数据，对邻近建筑物的安全做出评价使基坑开挖顺利进行。相邻环境监测的范围宜从基坑边线起到开挖深度约 2.0 ~ 3.0 倍的距离，监测周期应从基坑开挖开始至地下室施工结束为止。

1）建筑物变形监测

建筑物的变形监测可以分为沉降监测、倾斜监测、水平位移监测和裂缝监测等部分内容，监测前必须收集掌握以下资料：

①建筑物结构和基础设计图纸，建筑物平面布置及其与基坑围护工程的相对位置等；

②工程地质勘查资料、地基处理资料；

③基坑工程围护方案、施工组织设计等。

邻近建筑物变形监测点布设的位置和数量应根据基坑开挖有可能影响到的范围和程度，同时考虑建筑物本身的结构特点和重要性确定。与建筑物的永久沉降观测相比，基坑引起相邻房屋沉降的现场监测点的数量较多，监测频度高（通常每天 1 次），监测总周期较短（一般为数月），相对而言，监测精度要求比永久观测略低，但需根据相邻建筑物的种类和用途区别的对待。

沉降监测的基准点必须设置在基坑开挖影响范围之外（至少大于 5 倍基坑开挖深度），同时亦需考虑到重复量测通视等便利，避免转站引点导致的误差。在基坑工程施工前，必须对建筑物的现状进行详细的调查，调查内容包括：建筑物沉降资料及开挖前基准点和各监测点的高程，建筑物裂缝的宽度、长度和走向等裂缝开展情况，并做好素描和拍照等记录工作。将调查结果整理成正式文件，请业主及施工、建设、监理、监测等有关各方签字或盖章认定。

2）相邻地下管线监测

城市地区地下管线网是城市生活的命脉，其安全与人民生活和国民经济紧密相连。城市市政管理部门和煤气、输变电、自来水和电讯等与管线有关的公司都对各类地下管线的允许变形量制定了十分严格的规定，基坑开挖施工时必须将地下管线的变形量控制在允许范围内。

34. 监测期限与频率

基坑工程施工的宗旨在于确保工程快速安全顺利施筑完成。为了完成这一任务，施工监测工作基本上伴随基坑开挖和地下结构施工的全过程，即从基坑开挖第一批土直至地下结构施工到 0.00 标高。现场施工监测工作一般需连续开展 6~8 个月，基坑越大，监测期限则越长。

在基坑开挖前可以埋设的各监测项目必须在基坑开挖前埋设并读取初读数。初读数是监测的基点，基点复校无误后才能确定，通常是在连续三次测量无明显差异时取其中一次的测量值作为初始读数，否则应继续测读。埋设在土层中的元件如土压力盒、孔隙水压力计、测斜管和分层沉降环等最好在基坑开挖一周前埋设，以使被扰动的土有一定的间歇时间，从而使初读数有足够的稳定过程。混凝土支撑内的钢筋计、钢支撑轴力计、土层锚杆的轴力计及锚杆应力计等需随施工进度而埋设的元件，在埋设后读取初读数。

（1）围护墙顶水平位移和沉降、围护墙深层侧向位移监测贯穿基坑开挖到主体结构施工到 ±0.00 标高的全过程，监测频率为：

1）从基坑开始开挖到浇筑完主体结构底板，每天监测 1 次；

2）浇筑完主体结构底板到主体结构施工到 0.00 标高，每项周监测 2~3 次；

3）各道支撑拆除后的 3 天至一周，每天监测 1 次。

（2）内支撑轴力和锚杆拉力的监测期限从支撑和锚杆施工到全部支撑拆除实现换撑，每天监测1 次。

（3）土体分层沉降、深层沉降表测回弹、水土压力、围护墙体内力监测一般也贯穿基坑开挖到主体结构到 0.00 标高的全过程，监测频率为：

1）基坑每开挖其深度的 1/5 ~ 1/4 或在每道内支撑（或锚杆）施工间隔的时间内测读 2 ~ 3 次，必要时可加密到每周监测 1 ~ 3 次；

2）基坑开挖的设计深度到浇筑完主体结构底板，每周监测 3 ~ 4 次；

3）浇筑完主体结构底板到全部支撑拆除实现换撑，每周监测 1 次。

（4）地下水位监测的期限是整个降水期间或从基坑开挖到浇筑完主体结构底板，每天监测 1 次。当围护结构有渗漏水现象时要加强监测。

（5）当基坑周围有道路、地下管线和建筑物较近需要监测时，从围护桩墙施工到主体结构到 0.00 标高这段期限都需进行监测，周围环境的沉降和水平位移需每天监测 1 次，建筑物倾斜和裂缝的监测频率为每周监测 1 ~ 2 次。如为了保护周围环境而埋设孔隙水压力计、土体深层沉降和侧向位移等监测项目，在围护桩墙施工时的监测频率为每天 1 次，基坑开挖时的监测频率与围护桩墙内力的监测频率一致。

（6）现场施工监测的频率应随监测项目的性质、施工速度和基坑状况而变化。实施过程中尚需根据基坑开挖和围护施筑情况、所测物理量的变化速度等做适当调整。当所监测的物理量的绝对值或增加速率明显增大时，应加密观测次数，反之，则可适当减少观测次数，当有事故征兆时应连续监测。

（7）测读的数据必须在现场整理，对监测数据有疑虑可及时复测，当数据接近或达到报警值时应尽快通知有关单位，以便施工单位尽快采取应急措施。监测日报表最好当天提交，最迟不能超过次日上午以便施工单位尽快据此安排和调整生产进度。监测数据要准确，不能及时提供信息反馈去指导施工就失去监控的意义。

35. 预警值和预警制度

基坑工程施工监测的预警值就是设定一个定量化指标系统，在其容许的范围之内认为工程是安全的，并对周围环境不产生有害影响，否则认为工程是非稳定或危险的，并将对周围环境产生有害影响。建立合理的基坑工程监测的预警值是一项十分复杂的研究课题，工程的重要性越高，其预警值的建立越困难。

（1）预警值的确定应根据下列原则：

1）满足现行的相关规范、规程的要求，大多是位移或变形控制值；

2）对于围护结构和支撑内力、锚杆拉力等，不超过设计计算预估值；

3）根据各保护对象的主管部门提出的要求；

4）在满足监控和环境安全的前提下，综合考虑工程质量、施工进度、技术措施和经济等因素。

（2）确定预警值时还要结合考虑基坑的规模、工程地质和水文地质条件、周围环境的重要性以及基坑的施工方案等因素。

（3）确定变形控制标准时应考虑变形的时空效应，并控制监测值的变化速率，一级工程宜控制在 2 毫米 / 天之内，二级工程在 3 毫米 / 天之内控制。当变化速率突然增加或连续保持高速率时，应及时分析原因并及时采取相应对策。

（4）基坑和周围环境的位移和变形值是为了基坑安全和对周围环境不产生有害影响需要在设计和监测时严格控制的，而围护结构和支撑的内力、锚杆拉力等则是在满足以上基坑和周围环境的位移和变形控制值的前提下由设计计算得到的，因此，围护结构和支撑内力、锚杆拉力等应以设计预估值为确定预警值的依据，一般将预警值确定为设计允许最大值的 80%。

（5）经验类比值是根据大量工程实际经验积累而确定的预警值，如下一些经验预警值可以作为参考：

1）煤气管道的沉降和水平位移：均不得超过 10 毫米，每天发展不得超过 2 毫米。

2）自来水管道沉降和水平位移：均不得超过 30 毫米，每天发展不得超过 5 毫米。

3）基坑内降水或基坑开挖引起的基坑外水位下降不得超过 1000 毫米，每天发展不得超过 2 毫米。

4）基坑开挖中引起的立柱桩隆起或沉降不得超过 10 毫米，每天发展不得超过 2 毫米。

（6）位移—时间曲线也是判断基坑工程稳定性的重要依据，施工监测到的位移 - 时间曲线可能呈现出三种形态，对于基坑工程施工后测得的位移 - 时间曲线，如果始终保持变形加速度小于 0，则该工程是稳定的；如果位移曲线随即出现变形加速度等于 0 的情况，亦即变形速度不再继续下降，则说明工程进入“定常蠕变”状态，须发出警告并及时加强围护和支撑系统；一旦位移出现变形加速度大于 0 的情况，则表示已进入危险状态，须立即停工进行加固。此外对于围护墙侧向位移曲线和弯矩曲线上发生明显转折点或突变点，也应引起足够的重视。

（7）在施工险情预报中，应同时考虑各项监测内容的量值和变化速度，及其相应的实际变化曲线，结合观察到结构、地层和周围环境状况等综合因素做出预报。从理论上说，设计合理的、可靠的基坑工程，在每一工况的挖土结束后，应该是一切表征基坑工程结构、地层和周围环境力学形态的物理量随时间而渐趋稳定；反之，如果测得表征基坑工程结构、地层和周围环境力学形态特点的某一种或某几种物理量，其变化随时间而不是渐趋稳定，则可以断言该工程是不稳定的且必须修改设计参数、调整施工工艺。

（8）报警制度宜分级进行，一般安全性判别标准给出了安全、注意、危险三种指示，达到这三类指标时应采取不同的措施。

1）达到报警值的 80% 时，在监测日报表上做上预警记号，口头报告管理人员；

2）达到报警值的 100% 时，除在监测日报表上做上报警记号外，写出书面报告和建议，并面交管理人员；

3）达到报警值的 110% 时，除在监测日报表上做上紧急报警记号，写出书面报告和建议外，应通知主管工程师立即到现场调查，召开现场会议，研究应急措施。

36. 悬索桥施工安全控制要点（以润扬大桥为例）

（1）锚道系统安全控制要点

锚道是大跨径悬索桥施工必备的临时结构，主要为主缆索股牵引、索股调整、主缆紧固、索夹和吊索安装、钢箱梁吊装、主缆缠丝防护以及除湿系统等提供施工平台和人行通道。锚道的使用贯穿整个悬索桥上部结构安装工程始终，周期长，如何提高其抗风稳定性确保施工安全是锚道系统设计的关键问题。

（2）人员安全、施工作业条件及工程质量均有重要影响

需要解决的首要问题是如何确保锚道结构的抗风安全性和减小振动。危及锚道抗风安全性的主要因素是结构的抗风稳定性，对抗风稳定性做出准确的评估和采取合理的提高抗风稳定性的措施是保证锚道抗风安全性的前提。

（3）锚道安全设计

1）锚道承重索及扶手索

每条锚道设10根54毫米镀锌承重索，安全系数大于3.0，采用三跨连续的布置形式，减少其在索塔处的锚固和长度调节装置。3段锚道承重索在分别架设完成后在索塔靠近中跨一侧连成1根，在塔顶设置支撑鞍，并通过在塔顶附近设置变位刚架及下压装置，使锚道线形与主缆线形保持一致。锚道每侧每6米设置一栏杆立柱，用以固定上下3根扶手索。扶手索上层采用20毫米钢绳，下层采用2×16毫米钢绳。

2）锚道面层

锚道面层由1层粗面网和1层细面网构成，其上每隔0.5米绑扎1根防滑木条。在锚道面层网上每隔6米设1道50毫米 ×50毫米 ×2.5毫米方钢管，每隔6米设1道80毫米 ×80毫米 ×4毫米方钢管交替设置。另每隔50米设置1道H175³175型钢门架，其由254毫米门架承重索固定并与锚道共同形成空间结构。

3）横向通道

锚道共设置13道横向通道，中跨9道，两边跨各2道，除满足上下游锚道之间人员的通行外，通过其提高锚道自身的整体稳定性使其具备足够的抗风能力。

4）制震系统

为了改善锚道抗震力，提高人员施工操作时的舒适性，根据需要在相应的横向通道部位设置制震装置，支撑架上安装竖向和水平制振索。

5）锚道固体系

三跨连续锚道承重索通过锚固系统锚固在锚碇鞍部预埋件上，锚固系统采用拉杆及锚梁组合结构。承重索垂度调整通过调节拉杆进行。

（4）锚道架设施工中的安全控制

1）托架安装 安装变位刚架及下压装置、锚道面层铺设及横向通道安装、制振系统安装 锚道系统门架安装系统调试运行。

2）锚道承重索制作时应该注意的安全问题

①承重索预张位

为了尽可能地消除承重索非弹性变形，承重索架设1 预张拉控制拉力为钢绳最小破前均应对其进行预张拉。张拉工艺如下：2 张拉次数为2 次，相邻两次张拉后钢绳长度差≤0.3% 为合断力的50%；3 每次张拉时间为60 分钟；4 张拉顺序为每段拉2 次达到要求合格后，进行下一段张拉。

②灌铸锚头

将预张拉后的钢丝绳在持荷（最小破断拉力 5%）状态下按设计长度精确下料，然后按灌铸工艺完成锚头灌铸工作。确保灌铸部分实际抗拉力大于钢绳最小破断力。

③整绳破断试验

通过破断试验，验证承重索的强度和最小破断拉力值。托架承重索架设中的安全控制每条锚道中跨设置 2 根 36 毫米的托架承重索，分别临时锚固在塔顶预埋件上。首先将托承重索放置在南塔边跨侧放索架上，用塔吊将绳头提至塔顶上，并与主牵引索拉器相连接，启动牵引系统，放索架提供一定的反张力，将托架承重索由南向北牵引。当索盘内托架承重索剩余 3 圈时，用 10 吨卷扬机钢绳与托架承重索锚头连接提供反张力直至绳头到达北塔塔顶并锚固在北塔预埋件上，然后利用南塔塔顶 10 吨卷扬机调整托架承重索达到设计垂度后锚固。解除反拉钢绳与托架承重索的连接，用塔吊将其放回地面。

4）托架安装中的安全控制

锚道托架承重索架设完毕即可进行托架安装。在托架承重索上，用 2 根 21.5 毫米定位索按约 100 米间距固定 14 个托架。首先将 21.5 毫米定位索放置在南塔塔顶横梁放索架上，将 2 根绳头与牵引索拉器连接，并向北塔拽拉，当拽拉出 100 米左右时，在南塔塔顶工作平台上组装托架，把第 1 个托架挂在托架承重索上并与 21.5 毫米定位索连接，当第 1 个托架被拽拉出 100 米左右时。安装第 2 个托架。如此反复直至把定位索拽拉至后塔，将定位索两端分别锚固在预埋件上。

5）锚道承重索架设中的安全控制

①北边跨承重索架设

北边跨锚道承重索的架设采取直接上提法进行。先将锚道承重索的索盘放在锚碇靠边跨侧地面上，通过北塔底靠边跨侧的 10 吨卷扬机，经地面上的托滚向主塔方向牵拉承重索，当承重索的绳头到达塔底后，利用塔顶 10 吨卷扬机，将承重索绳头提至塔顶并临时固定。承重索另一端绳头从放索架牵出后与锚碇支墩门架上 5 吨卷扬机滑车组相连，待其与中跨承重索连接后上提安装。

②中跨和南边跨锚道承重索架设

首先将放置在南锚边跨侧的锚道承重索用南塔底 5 吨卷扬机牵拉至塔底，等待与中跨承重索连接。托架承重索及托架架设完毕，开始架设中跨锚道承重索。将 Φ54 毫米锚道承重索置于南塔底靠边跨侧地面被动放索架上，用塔吊将其绳头提升至塔顶，绕过滚筒后与牵引系统拽拉器相连接，由南向北牵引锚道承重索。当放索架上承重索即将放完时，将塔下 5 吨卷扬机绳头与承重索绳头相接，施加一定反拉力后继续牵拉承重索与边跨承重索连接，解除边跨承重索临时约束。

③三跨锚道承重索就位

锚道承重索按照北边跨、中跨和南边跨的顺序依次提升就位。边跨承重索锚头碇支墩处锚道调节拉杆相连，待中跨承重索完全与托架脱离后，利用塔顶 2 台 10 吨卷扬机将承重索上提、平移入转索鞍槽内，形成一条完整三跨连续锚道索。同样方法完成其他锚道承重索的架设。

6）锚道承重索测量调整时应该注意的安全问题

锚道承重索横移就位后，对其高程进行测量调整，其顺序是先中跨后边跨。测量调整方法如下。

①初调

利用塔、锚门架上卷扬机将承重索的标志点调整到塔锚相应标志点位置上。

②精调

首先进行中跨锚道承重索调整，用全站仪实测中跨点的垂度以及跨径，并根据实测温度，计算出各索的调整量（计入变位钢架及下压装置对垂度的影响），利用塔顶卷扬机调整，直至跨中垂度满足要求后，在塔顶转索鞍处固定并做好标志。同样方法进行边跨承重索的垂度调整，垂度调整精度为 ±3 厘米。

7）托架及托架承重索的拆除

锚道承重索架设完毕后进行托架及托架承重索的拆除。

8）变位刚架及下压装置的安装中的安全控制

对于三跨连续式锚道结构，由于 10 根锚道承重索的塔顶转索鞍位于主索鞍两侧，要使锚道横断面达到设计要求，需将各索向主缆中心线方向集中，故需安装变位刚架。为了确保锚道线形与主缆线形一致，在中跨靠塔部位设置下压装置。变位刚架及下压装置的安装在锚道承重索垂度调整完毕后在塔顶工作平台上进行。

9）锚道面层铺设中的安全控制

锚道面层采用下滑铺设法，在地面将组成锚道面层的各种材料，如防滑木条，粗面层网、横梁等按设计位置绑扎好，用塔吊将其吊至塔顶工作平台上。

①首先在南塔中跨侧安装横向通道，北塔中跨侧安装配重，利用横向通道桥及配重块自重带动面网下滑。由于塔顶两侧坡度较陡，为控制面网下滑速度，在塔顶门架上布设 10 吨卷扬机进行反拉。

②当面网下滑至坡度平缓地段，利用自重不能下滑时，此时则利用南侧的横面向通道及北侧的配重块形成导轮对牵装置，利用拽拉器牵拉绳头。

③面网铺装完毕后，从塔顶往中跨紧固 U 型螺栓，固定面层，随后完成锚道扶手索、栏杆以及侧面网的安装工作。

④边跨铺设采用相同的方法自塔顶向锚碇处进行下滑铺设直至铺完整个边跨锚道。为了减小主塔的不平衡受力，先从塔顶向中跨铺设 200 ~ 250 米后，再从塔顶向中、边跨同时进行对称铺设，尽量使面网铺设速度保持一致。锚道面网铺设时定期观测主塔的扭转和偏位。

10）横向通道安装中的安全控制

在锚道面层铺设过程中，在塔底拼装横向通道，根据其在锚道上的具体位置适时利用塔吊提升至塔顶进行安装，随同面层一起下滑。上述工作完成后，着手进行锚道制振装置等安装，并完善整个锚道系统，使其具备作业条件。

37. 悬索桥中央扣梁段的安装施工安全控制要点

中央扣梁段的安装需重点解决好以下问题，以确保施工安全。

（1）高空漂浮状态下螺栓群的定位连接；

（2）钢箱梁吊装引起主缆线形的变化导致中央扣索夹两端局部应力的增加；

（3）在跨中梁段吊装前，应先将中央扣索夹下半部按照设计要求预先用高强螺栓连接好，随钢箱梁一同吊装，吊装到位后用增设的临时吊杆固定在临时索夹上，待钢箱梁线形基本形成后再进行中央扣索夹上半部的安装及螺栓的紧固。

38. 跨览吊机施工安全控制要点

（1）跨览吊机的安全性能

1）设备适用性强：跨缆吊机的钢桁梁和扁担梁采用模块化设计、缆上行走机构采用拴接支撑靴设计，可以满足不同缆径、缆间径的悬索桥钢箱梁吊装需要。

2）额定起吊能力大：能适应和满足≤ 740 吨重量的悬索桥钢箱梁吊装需要。

3）工作速度快：钢箱梁提升、跨缆吊机缆上行走就位及千斤顶索股下放速度快。

4）中央控制系统智能自动化程度高：计算机同步 / 非同步自动控制。

（2）跨缆吊机的试验

吊机在正式使用之前，需进行试拼装、行走和荷载试验，其目的在于发现潜在加工和拼装问题，确保各系统间的协调、技术接口的吻合以及能相互之间的兼容，确保安全。

（3）跨缆吊机的缆上安装中的安全控制

具体步骤为：将跨缆吊机分解为 3 段，利用扁担梁和专用安装架、提升梁自提升上缆进行安装。千斤顶支撑架与提升梁拴接，整体提升扁担梁、安装架及跨缆吊机组合至吊机行走脚越过主缆高度；吊机行走脚高于主缆后，安装顶推油缸使吊机桁架尾段外移落于主缆上，行走脚通过垫板与索夹顶紧；利用跨缆吊机自带液压绞车提升吊机桁架中间段与主桁架拴接；最后安装行走千斤顶、钢绞线锚固索夹等，调试吊机，向跨中行走，准备吊装。

39. 锚碇散索鞍施工中的安全控制

先将格栅吊至散索鞍支墩顶站的混凝土的预留槽口内，再通过手拉葫芦配合，慢慢将预埋螺栓穿入隔栅上的螺栓孔内，精确调整隔栅位置，并与混凝土表面标志对齐，使其标高和坐标符合设计要求浇筑格栅混凝土。待混凝土达到设计强度的 85% 后，再利用锚碇门架将底座吊至隔栅上设计位置安装。混凝土强度达到设计强度后，利用锚碇门架吊装散索鞍。 为确保散索鞍的安装质量，使其安装精度满足设计要求，采用散索鞍安装定位调整框架，散索缓慢下放至设计位置。安装就位后，在索鞍后部设置一高强拉杆将索鞍固定，以保证散索鞍在主缆索股架设计到一定数量之前能够保持稳定。

40. 主缆索股架设施工安全控制要点

（1）研制主缆放索支架，提高放索质量

在索股牵引过程中，使索股始终保持一定的反拉力，克服索盘转动惯性引起的“呼啦圈”等不良现象。

（2）克服索股牵引过程中的散丝现象时应该注意的安全问题

1）保持放索速度与牵引速度的一致性，在索股牵拉期间，主缆索股始终保持一定的张力，避免索盘上的索股松散下垂磨损而导致散丝。

2）加密塔顶、散索鞍支墩位置处的托滚，在不影响索股横移入鞍的情况下，尽可能增大塔顶、散索鞍支墩处索股滚筒所组成的曲线的竖向曲率半径。

3）全部采用尼龙托滚，对索股缠包带有较好的保护，防止缠包带断裂造成的散丝。

（3）克服主缆索股牵引过程中的扭转现象时应该注意的安全问题

1）锚道设计时，合理分布锚道承重索的间距等，尽可能减小荷载造成的锚道倾斜。

2）将牵引系统设计成双线往复式，对称于锚道布置，调整牵引系统大小导轮组位置，并通过调整拽拉器平衡锤位置，使拽拉器与索股支承托滚保持同一竖直面。

3）拽拉器与索股锚头之间采用刚性连接。

4）主缆索股断面为正六边形，因此将托滚锥角设计成600，牵引过程中索股贴靠近缘，可以保持一个面接触，以避免托滚形状造成的影响。

5）在索股上安装鱼雷夹具，内为六边形断面，与索股的断面尺寸一致。鱼雷夹具每隔300米安装1个，安排1名工人跟踪控制，防止发生扭转。

（4）避免索股产生鼓丝现象时应该注意的安全问题

1）确定合理的整形入鞍工艺和顺序。

2）索股牵引过程中，严密监控，杜绝局部钢丝受挂现象。

3）确定适度的预提高量，减小索股调整时产生的鼓丝。

4）调整索股时，采用木槌在调整部位附近反复敲打，并用手拉葫芦适当上提索股，以减小鞍槽摩擦影响，在该过程中要注意安全。

5）对于锚跨，将锚跨鼓丝人工赶至边跨侧，远离散索鞍，便于后期恒载增加后达到消除鼓丝的目的。

（5）采取保护索股表面的措施时应该注意的安全问题

1）托滚间距选择恰当，适当加大托滚直径，对索股镀锌层有较好的保护。

2）将握索器及夹具边角打磨成圆角，并增大握索器与主缆索股的接触面积，以降低对索股表面的损伤。

3）防止钢绳与索股钢丝摩擦造成镀锌层损伤。

4）塔顶、锚碇门架处采用尼龙吊带挂索股整形入鞍，保护索股镀锌层。

5）索股表面局部镀锌层出现损伤，立即按要求涂抹富锌环氧漆修复保护。在该过程中要注意安全。

41. 梁段垂直吊装施工安全控制要点

（1）准备工作

在跨中梁段吊装之前的准备工作包括：跨缆吊机行走至主缆上设计位置；临时索夹、临时吊点和临时吊杆的制作安装；将钢箱梁通过中央扣与下部索夹用高强螺栓进行连接；在主缆上预先作好中央扣索夹的定位标记等。

（2）箱梁水中定位

梁段运抵桥位后，利用拖轮和 4 只地锚协助将运梁驳船定位于跨缆吊机吊点下方，定位精度要求不大于 50 米，收放定位锚绳，对钢箱梁进行精确定位并用销轴将钢箱梁临时吊点与跨缆吊机具销接。

（3）垂直起吊

准备工作完成后即可进行钢箱梁的垂直吊装工作。吊装前应进行详细的安全检查。符合安全吊装要求后，同时启动跨缆吊机起重千斤顶，逐渐将钢箱梁荷载由驳船转承于吊机千斤顶上，当梁段重量 85% 以上由千斤顶承载后，调整千斤顶油缸行程，同时启动 4 台台起吊千斤顶连续提升，迅速将梁段调离驳船并达到一定的安全距离后，再次检查梁段的水平情况、吊点的连接和吊机的工作情况，确认一切都正常后，驳船驶离一定安全距离后待命，离开。

（4）钢箱梁与临时吊杆相连时应该注意的安全问题

梁段起吊至设计高程后，将梁段原设计吊点通过临时吊杆与主缆上的临时索夹相连。跨缆吊机逐渐将荷载转移给临时吊杆后，解除跨缆吊机吊具。吊装完成后，移动跨缆吊机至下一个吊装位置，准备下一梁段的吊装工作，在该过程中要注意安全。

42. 紧缆施工安全控制要点

（1）紧缆施工顺序

紧缆作业可分为预紧缆和正式缆作业。

（2）预紧缆时应该注意的安全问题

根据划分紧缆位置，首先在主缆表面相应位置处铺设麻袋片，利用手拉葫芦边收紧主缆，边拆除主缆处层索股的缠包带，人工用大木槌边均匀敲打主缆四周，校正索股和钢丝的排列，避免出现绞丝、串丝、和鼓丝现象，同时测量紧缆处主缆的周长，待主缆空隙率目标控制值满足目标值 30% 以内即主缆周长小于 3.0 米后，用软钢带将主缆捆扎紧，使主缆截面接近为圆形。

（3）正式紧缆作业时应该注意的安全问题

1）主缆回弹率试验

正式紧缆前的现场紧缆试验在中跨跨中进行，以此检验紧缆机的工作性能和测定主缆紧缆后的回弹率，并根据试验情况对紧缆机进行调整和制定相应的紧缆工艺，然后转入正式紧缆工作。

2）正式紧缆

主缆正式紧缆作业可在白天进行。

紧固蹄的操作（液压千斤顶加载、保压），这是紧缆作业中的一个关键工序。在初期加压阶段，以低压进行，使各紧固蹄轻轻地接触主缆表面且相互重叠，然后升高压力，加载（同步）。紧固蹄行程达到设定位置时或压力达到规定值时保压，在该过程中要注意安全。

3）打捆扎带

打捆扎带的目的就是为了保证当液压千斤顶卸载后，紧固后的主缆截面形状仍保持近似圆形，并保持要求的空隙率。当紧固蹄处主缆直径经测量符合要求后，不锈钢钢带绕在主缆上捆扎，并用带扣固定、捆扎 2 道，间距 10 厘米，在该过程中要注意安全。

4）液压千斤顶卸载

当打带完成后，液压千斤顶卸载，通过操作换向阀使紧固蹄回程，紧缆机则移向下一个紧固位置。

5）主缆直径的测定

为了确定紧缆后主缆的截面形状，紧固蹄挤压结束后（处于保压位置）和液压千斤顶卸载后分别用专用量具测定主缆直径和周长。

43. 主缆缠丝施工安全要点

（1）缠丝顺序

缠丝施工先缠边跨，后缠中跨。边跨由锚碇向索塔方向进行缠丝施工，中跨由跨中往索塔方向进行。

（2）主缆缠丝

1）储丝轮绕丝

S 形钢丝按每个索夹间区间精确计算钢丝用量并以卷供应，缠丝前通过特制绕丝机以一定张力将 S 形钢丝卷转绕至储丝轮上以供相应主缆索夹区间缠丝使用。在该过程中要注意安全。

2）缠丝机试运转

将缠丝机安装在塔顶边跨侧主缆上，进行安装保养调试工作。在各减速机、变速箱中加足润滑油，其他各运动副间均按要求加注润滑油或润增脂。按要求进行空机试运转，做好缠丝试验前的一切准备工作。调整缠丝机齿圈转动及前移电向变频器，使齿圈每转动 1 圈（即缠丝 1 圈）的同时沿机架作走 9 毫米。

3）缠丝试验

缠丝前先进行缠丝试验，主要检验缠丝机性能及焊接强度，并确认达到以下标准：

①缠绕钢丝相互之间无间隙；

②无重叠缠绕、交叉缠绕（乱丝）；

③缠丝表面光滑；

④焊点焊接强度要确保剪切强度在缠绕钢丝的张力之上。

（3）主缆缠丝施工时应该注意的安全问题

主缆缠丝通过缠丝机进行，主要施工工艺包括：索夹前起始段人工挤压缠丝、索夹间节段机械缠丝（含行走）、缠丝机行走过索夹、缠丝焊接和尾端手动缠丝等操作。

（1）索夹节段起始段缠丝

1）储丝轮安装完毕，穿绕钢丝，使缠丝出丝轮端部距索夹端间距为 20 毫米。

2）将缠丝机转速调整为最慢速。

3）用钢丝钳将缠丝丝头扭挂在索夹螺杆上。

4）缠丝机点动缠丝 3 圈后停机，端部缠丝焊点布置焊接并打磨。

5）接着点动进行端部缠丝 3~4 圈后停机，切除多余钢丝，人工用木槌、尼龙棒将钢丝推入索夹端部，钢丝与索夹用尼龙楔固定。

6）回退缠丝齿圈到出丝轮与缠绕钢丝平行即可进行正常节段间机械缠丝。

（2）机械缠丝时应该注意的安全问题

1）缠丝机后端紧靠索夹下端面，前后行走架处于缠丝机前后端机架，缠丝机通过葫芦与锚道扶手索固定。安装储丝轮，后出丝轮出丝在索前端开始起始段缠丝。在该过程中要注意安全。

2）当缠绕钢丝长度达到 1 米左右时，焊接钢丝并打磨，将钢丝由后出丝轮转至前出丝轮。

3）松开前后端机架与主缆之间的夹紧装置，缠丝机处于行走模式，卷扬机牵引机架前移，缠丝齿圈相对主缆静止不动（行走齿条向后拨动），就位后固定机架。

4）储丝轮剩余钢丝 6 圈左右并焊钢丝，剪断剩余钢丝，卸去空储丝轮。利用前行走架挂梁更换储丝轮。

5）夹持架前行。

6）储丝轮由前缠丝轮出丝，钢丝接头与前段钢丝并焊后，继续缠丝。

7）松开夹持架与主缆夹紧机构，夹持架前行到上一索夹端部（缠丝齿圈相对主缆静止）；前行走机构向下移动到夹持架中部，前机架顶升机构千斤顶回缩，夹持架前行跨越索夹；前机架顶升机构千斤顶顶升与主缆支撑，前行走机构顶升千斤顶回缩，前行走机构行走跨越索夹后千斤顶顶升与主缆支撑。在该过程中要注意安全。

8）缠丝机工作进行索夹区间尾端主缆缠丝、焊接。

（3）索夹节段尾端手动缠丝时应该注意的安全问题

在索夹间缠丝节段的尾端部位，缠丝机的回转系统如与索夹干涉，在靠近索夹端前的位置，停止机械缠丝，剩余部分以手动缠丝。使用紧线器和夹具等专用工具按以下步骤施工并主意安全：

①用铝热焊剂焊接机械缠丝端部和手动缠丝节段的起始点；

②焊接后用缠绕钢丝在主缆上缠绕 1 周，用紧线器收紧后焊接；

③多次重复以上作业，使钢丝紧密地缠绕至索夹端面。

44. 采用冻结法隔水帷幕的基坑施工的安全控制要点

（1）降水及其相关工序的安排十分重要，在冻结隔水帷幕形成期间禁止抽水，但在开挖前必须有一段预降水时间尤其对于渗透性较差的黏性土层。

（2）降水过程中要采用信息化施工便于对降水作业进行有效的管理和控制，同时可以通过信息化施工采集的数据验证土层的渗透系数 K 和抽水影响半径 r 等参数的准确性。

（3）要保证降水的效果，井管的埋设质量是关键，井管的埋设中清孔和灌沙是关键。

（4）基坑底部是土体还是岩石应区分清楚，两者在降水设计时有很大不同，亦即与基底可能涌水量的大小相关。

（5）土方开挖前，通过真空降水井将地下水位降至开挖面以下 1 米左右，挖土时严格控制标高，严禁超挖。上方开挖过程中，严禁在基坑四周一定范围内堆放重物及长时间停放重型机械。

（6）基坑开挖及支撑施工应按照设计要求，遵循“分区、分块、分段”原则，限时、对称、平行进行。

（7）土方开挖及支撑施工采用流水作业

坑内土方开挖、支撑梁钢筋绑扎及立模、混凝土浇筑需分区同步进行。坑内施工人员多，工序转换快，因此必须加强坑内安全管理，对基坑作业队及管理人员一律要求戴安全帽，穿反光背心。现场派专如何安全员 24 小时值班。

（8）挖土时做好明排水措施，防止雨天积水影响施工，施工中保护好井点降水设备，保证排水正常进行。

（9）基坑开挖时，施工监测同步进行，施工现场根据最新的监测信息，指导挖土的流程及进度。

（10）各工种机修工24 小时进驻现场，确保各种施工机械运行良好，维持挖土施工连续性。

（11）对外露排桩之间土体夹层，钢筋网支护后，采用喷射混凝土进行衬砌、保温，防止冻结壁融化。

第七讲：隧道工程施工安全控制点

45. 隧道工程施工安全总体控制要点

（1）施工准备控制要点

1）施工场地应做出详细的部署和安置，出碴、进料及材料堆放场地应妥善布置，弃渣场地应设置在不堵塞河流、不污染环境、不毁坏农田的地段。对风、水、电、路等设施做出统一安排，并在进洞前基本完成。

2）进洞前应先做好洞口工程，稳定好洞口的边坡和仰坡，做好天沟、边沟等排水设施，确保地表水不致危及隧道的施工安全。

3）隧道施工的各作业队、各班组间，应建立完善的交接班制度，并将施工、安全等情况记载于交接班的记录簿内。工地现场值班负责人应认真检查交接班情况。

4）所有进入隧道工地的人员必须按规定佩戴安全防护用品，遵章守纪，听从指挥。

5）遇有不良地质地段施工时，应按照先治水、短开挖、弱爆破、先护顶、强支护、早衬砌的原则稳步前进。如设计文件中指明有不良地质情况时，应进行超前钻孔，探明情况，采取预防措施。

6）水底公路隧道施工必须按照水底公路隧道施工的安全技术规定执行（本安全控制要点只限于山区公路隧道的施工）。

（2）开挖、凿孔及爆破作业安全控制要点

1）开挖人员到达工作地点时，应首先检查工作面是否处于安全状态。详细检查支护是否牢固，顶板和两帮是否稳定，如有松动的石、土块或裂缝应予以清除或支护。

2）人工开挖土质隧道时，应先检查镐、锹、锄头等工具是否完好，各部分连接是否牢固。操作时必须互相配合并保持必要的安全操作距离。

3）人工打眼时应检查锤及锤把的连接是否牢固，锤把是否有裂缝、腐朽和歪斜，锤头及钢钎顶端有无不平和严重毛边情况。如有应予更换。

4）机械凿岩时，宜采用湿式凿岩机或带有捕尘器的凿岩机。

5）站在碴堆上作业，应注意渣堆的稳定防止滑坍伤人。

6）采用风钻钻眼，应先检查机身、螺栓、卡套、弹簧和支架是否正常完好。管子接头是否牢固且有无漏风。钻杆有无不直、带伤以及钻孔堵塞现象。湿式凿岩机的供水是否正常。杆式凿岩机的捕尘设施是否良好。不合要求者应予修理或更换。

7）使用带支架的风钻钻眼时，必须将支架安置稳妥。风钻卡钻时，应用扳钳松动拔出，不可敲打。未关风前不得拆除钻杆。

8）采用电钻钻眼，应检查把手胶套的绝缘和防止电缆脱落的装置是否良好。

9）电钻钻工必须手戴绝缘手套，脚穿绝缘胶鞋。电气线路上要安装漏电保护器。电钻钻工不得用手导引回转钢钎，不应用电钻处理被夹住的钎子。

10）不得在工作面拆卸修理风、电钻。

11）严禁在残眼中继续钻眼。

12）钻孔台车进洞时要有专人指挥，认真检查道路状况和安全界限，其行走速度不得超过25米/分。台车在行走或暂停时，应将钻架和机具都收拢到放置位置，就位后不得倾斜，并应刹住车轮，放下支柱，防止移动。

13）洞内爆破必须统一指挥，并由经过专业培训且持有爆破操作合格证之专业爆破人员进行作业。

14）装药与钻孔不得平行作业。

15）爆破器材加工房应设在洞口以外至少50米远的安全地点。严禁在加工房以外的地点改制和加工爆破器材。长隧道施工必须洞内加工爆破器材时，其加工硐室的设置应符合国家现行的爆破安全规程的有关规定。

16）爆破作业和爆破器材加工人员，严禁穿着化纤衣物。

17）进行爆破时，所有人员应撤离现场，其安全距离为：

①独头巷道不少于 200 米；

②相邻的上下坑道内不少于 100 米；

③相邻的平行道、横通道及洞间不少于 50 米；

④采用全断面开挖进行深孔爆破（孔深 3 ~ 5 米）时，不少于 500 米。

18）洞内每天放炮次数应有明确的规定，装药离放炮时间不得过久。

19）装药前应检查爆破工作面附近的支护是否牢固。炮眼内的泥浆、石粉应吹洗干净。刚打好的炮眼热度过高，不得立即装药。如遇有照明不足，发现流沙、泥流未经妥善处理或可能有大量溶洞水涌出时，严禁装药爆破。

20）洞内爆破不得使用黑色火药。

21）火花起爆时，严禁明火点炮，其导火索的长度应保证点完导火索后，人员能撤至安全地点，但不得短于 1.2 米。一个爆破工一次点燃的根数不宜超过 5 根。如一人点炮超过 5 根或多人点炮时，应先燃计时导火线，计时导火索的长度不得超过该次被点导火索中最短导火索的 1/3。当计时导火索燃烧完毕，无论导火索点完与否，所有爆破人员必须撤离工作面。

22）为防止点炮时发生照明中断，爆破工应随身携带手电筒。严禁用明火照明。

23）采用电雷管爆破时，必须按照国家现行的爆破安全规程的有关规定进行并应加强洞内电源的管理，防止漏电引爆。装药时，可用投光灯、矿灯或风灯照明。起爆主导线悬空假设，距各种导电体的间距必须大于 1 米。

24）爆破后必须经过通风排烟

相距 15 分钟以后才准许检查人员进入工作面，检查有无盲炮及可疑现象；有无残余炸药或雷管；顶板两帮有无松动石块；支护有无损坏与变形。在妥善处理并确认无误后，其他工作人员才准进入工作面。

25）当发现盲炮时，必须由原爆破人员按规定处理。

26）装炮时应使用木质炮棍装药，严禁火种。无关人员与机具等均应撤至安全地点。

27）两工作面接近贯通时，两端应加强联系与统一指挥。岩石隧道两工作面距离接近 15 米（软岩为 20 米）时，一端装药放炮，另一端人员应撤离到安全地点。导坑已打通的隧道，两端施工单位应协调放炮时间。放炮前要加紧联系和警戒，严防对方人员误入险区。

土质或岩石破碎隧道接近贯通时，应根据岩性适当加大预留贯通的安全距离。此时只准一端掘进，一端的人员和机具应撤离至安全地点。贯通后的导坑应设专人看管，严禁非施工作业人员通行。

46. 洞内运输中的安全控制要点

（1）各类进洞车辆必须处于完好状态，制动有效，严禁人料混载。

（2）进洞的各类机械与车辆，宜选用带净化装置的柴油机动力，燃烧汽油的车辆和机械不得进洞。

（3）所有运载车辆不准超载、超宽、超高运输。装运大体积或超长料具时，应有专人指挥和专车运输，并设置示界限的红灯，物件应捆扎牢固。

（4）进出隧道的人员应走人道，不得与机械或车辆抢道，严禁扒车，追车或搭车。

（5）人工装渣时，应将车辆停稳并制动。漏斗装渣时，应有联络信号。装满渣时应发出停漏信号，并及时盖好漏渣口。接渣时，漏斗口下不得有人通过。人力卸渣时，应将车辆停稳并制动，严禁站在斗车内扒渣。机械装渣时，坑道断面应能满足装载机械的安全运转，装渣机上的电缆或高压胶管应有专人收放，装渣机操作时，其回转范围内不得有人通过。

（6）洞内采取有轨运输时，应做到：

①洞内平曲线半径不应小于车轴距的 7 倍。洞外不应小于 10 倍。

②双线运输时，其车辆错车净距应大于 0.4 米，车辆跨坑壁或支撑边缘的净距不应小于 0.2 米。

③单线运输时，在一侧应设宽度不小于 0.7 米的人行道，并在适当地点设错车道，错车道的长度应满足最长列车运行的需要。

④洞内轨道坡度宜与隧道纵坡一致，卸渣地段应设不小于 1% 的上坡道。

⑤在线路尽头应设置挡车装置和标志以及足够宽的卸车平台。

⑥运输线路应有专人维修、养护，线路两侧的废渣和余料应随时清理。

（7）动力牵引的有轨运输作业，可参照煤矿安全规程的有关规定办理。

（8）洞口采取无轨运输时，应做到：

1）洞内运输的车速不得超过：人力车 5 千米 / 小时；机动车在施工作业地段单车 10 千米 / 小时；有牵引车机会时 5 千米 / 小时；机动车的非作业地段单车 20 千米 / 小时，会车时 10 千米 / 小时。

2）车辆行驶中严禁超车。

3）在洞口、平交道口及施工狭窄地段应设置“缓行”标志，并设专人指挥交通。

4）凡停放在接近车辆运行界限处的施工设备与机械应在其外缘设置低压红色闪光灯，组成显示界限以防止运输车辆碰撞。

5）在洞内倒车与转向必须时，应开灯鸣号，有专人指挥。

6）洞内卸渣场地应保持一段的上坡段，并在堆渣边缘内 0.8 米处设置档木。

7）路面应有一定的平整度，并设专人养护。

8）洞内车辆相遇或有行人通行时，应关闭大灯光改用近光或小灯光。

（9）在隧道工程外部运输爆破器材时，必须遵守国家现行的民用爆炸物品管理条例。

在任何情况下，雷管与炸药必须放置在带盖的容器内分别运送，人力运送时，雷管与炸药必须分别运送，不得由一人同时运送。汽车运输时，雷管与炸药必须分别装在两辆车内运送，其间距应相隔 5 米以上。有轨机动车运输时不宜在同一列车上运送，如必须用同一列车运送时，装雷管与炸药的车辆必须用三个空车厢隔开。

用人力运送爆破器材时，必须有专人护送并直接送到工地，不得在中途停留。一人一次运送的炸药量不得超过 20 千克或原包装一箱。

用汽车运送爆破器材时，汽车排气口应加装防火罩，运行中应显示红灯，器材必须由爆破工专人护送，其他人员严禁搭乘。爆破器材的装载高度不得超过车厢边缘，雷管或硝化甘油类炸药的装载不得超过二层。

用有轨机动车运送爆破器材时，其行驶速度不得超过 2 米 / 秒，护送人员与装卸人员只准乘在尾车内，其他人员严禁乘车。硝化甘油类炸药或雷管必须在专用、带盖的木质车厢内，车内应铺有胶皮或麻袋并只准堆放一层。

在井内运送爆破器材时，必须做到：

1）必须事先通知卷扬机驾驶员和井口上下联络人员。

2）除爆破工和护送人员外，其他人员不得同罐乘坐。

3）运送硝化甘油类炸药或雷管时，只准堆放一层且不得滑动。运送其他炸药时，装载高度不得超过罐笼高度的 2/3 并不高于 1.2 米。

4）用罐笼运输硝化甘油类炸药或雷管时，其升降速度不得超过 2 米 / 秒，运送其他炸药不得超过 4 米 / 秒，用吊桶运送爆破器材时，其升降速度不得超过 1 米 / 秒。

5）驾驶员在操纵卷扬机时，不得使罐笼或吊桶发生振动。

6）运送电雷管时，应装入绝缘箱内，切断洞内所有电源并检查钢丝绳是否带电。

7）严禁爆破器材在井口房、井底车场或在巷道内停放。

8）在上下班或人员集中的时间内，严禁运输爆破器材；严禁用翻斗、自卸汽车、拖车、拖拉机、机动三轮车、人力三轮车、自行车、摩托车和皮带运输机运送爆破器材。

47. 对支护的安全要求

1）隧道各部（包括竖井、斜井、横洞及平等导洞）开挖后，除围岩完整坚硬、设计文件中规定不需支护者外，都必须根据围岩情况、施工方法选用有效的支护。

2）施工期间，现场施工负责人应会同有关人员对支护各部定期进行检查。在不良地质地段每班应设专人随时检查，当发现支护变形或损坏时，应立即整修加固，变形或损坏情况严重时，应先将施工人员撤离现场再行加固。

3）洞口地段和洞内水平坑道与辅助坑道（横洞、平行导坑等）的连接处，应加强支护或及早进行永久衬砌。洞口地段的支撑应向洞外多架 5~8 明箱，并在其顶部压土以稳定反撑，待洞口建筑全部完工后方可拆除。

4）洞内支护，应随挖随支护，支护至开挖面的距离一般不得超过 4 米。如遇石质破碎、风化严重和土质隧道时，应尽量缩短支护至工作面的距离。施工短期停工时应将支撑直抵工作面。

5）不得将支撑立柱置于废渣或活动的石头上。软弱围岩地段的立柱应加设垫板或垫梁，并加木楔塞紧。

6）开挖漏斗孔应加强支护并加设盖板。供人上下孔道应设置牢固的扶梯。

7）采用木支撑时，应选用松、柏、杉等坚硬且富有弹性的木材，其梁、柱的梢径不得小于20厘米。跨度大于4米时，不得小于25厘米。其他连接杆件梢径不得小于15厘米，木板厚度不小于5厘米。木支撑应采用简单、直立，易于拆、立的框架结构并应保证坑道的运输净空。

8）安装钢支架应遵守有关起重和高处作业等安全规则，选用适宜的小型机具进行吊装；

9）喷锚支护宜采用光面爆破，危石应清除，脚手架应牢固可靠，喷射手应佩戴必要的防护用品。机械各部应完好正常，压力应保持在0.2兆帕左右。注浆管喷嘴严禁对人放置。

10）当发现已喷锚区段的围岩有较大变形或锚杆失效时，应立即在该区段增设加强锚杆，其长度不小于原锚杆长度的1.5倍。如喷锚后发现围岩突变或围岩变形量超过设计允许值时宜用钢支架支护。

11）当发现测量数据有不正常变化或突变，洞内或地表位移值大于允许位移值，洞内或地面出现裂缝以及喷层出现异常裂缝时均应视为危险信号，必须立即通知和组织作业人员撤离现场，待制定处理措施后才能继续施工。

48. 对衬砌的安全要求

1）随着隧道各部开挖工作的前进应及时进行衬砌或压浆，特别是洞门建筑的衬砌必须尽早施工，地质不良地段的洞口必须先完成。

2）衬砌使用的脚手架、工作平台、跳板、梯子等应安装牢固，不得有露头的钉子和突出的尖角。靠近通道的一侧应有足够的空间，以保证车辆、行人的安全通过。

3）脚手架及工作平台上的铺板，应钉铺严密。木板之端头，必须搭于支点上。高于2米的工作平台上应设置不低于1.2米的双道护身栏杆，跳板应设防滑条。

4）脚手架及工作平台上所站人数及堆置的建筑材料不得超过其计算载重量。

5）在2米以上高处作业时，应符合国家高处作业的有关规定。

6）在洞内作业地段倾斜衬砌材料时，人员和车辆不得穿行。

7）机械转动部分应设有防护罩，使用电动机必须有接地装置，移动和修理机器及管线路时，应先停电并切断电源、风源。

8）安装、拆除模板、拱架时，工作地段应有专人监护。拆下的模板不得堆放在通道上。

9）拆除灌筑混凝土模板内支撑时，应随拆随灌；当岩层破碎、压力过大地段的支撑不能拆出时，拱圈部分应有预制混凝土柱代替木杆予以拆换。

10）衬砌用的石料及砌块，应采用车辆运送，装卸车或安装砌块时，宜使用小型机械提升。当砌筑高度在 1.5 米以下时，允许使用跳板抬运，但跳板应架到与隧道平行的位置。

11）用石料砌筑边墙时，应间歇进行。当砌筑高度到 2 ~ 3 米时，应停止 4 小时后，方能继续砌筑。若墙后超挖过大，回填层应逐层用干（浆）砌料填塞以免坍塌。

12）压浆机在使用前应进行检查并试运转，管路连接要完好，压力要正常，操纵压浆喷嘴人员应佩戴护目镜及胶皮手套。喷浆嘴应用支架支撑牢固，压浆时，掌握喷嘴的人员必须注意喷嘴的脱落，并设法躲避。拔取时必须在撤除压力后进行。检修和清洗时，应在停止运行、切断电路、关闭风门后方准进行。

13）采用模板台车进行全断面衬砌时，台车距开挖面的距离不得小于 260 米，台车下的净空应能保证运输车车辆的顺利通行。混凝土灌筑时必须两侧对称进行。台车上不得堆放料具，工作台应满铺底板并设安全栏杆。拆混凝土输送软管时必须停止混凝土泵的运转。

14）严禁在洞内熬制沥青，在洞外熬制时，应远离人员房屋集中点。

49. 竖井与斜井施工安全控制要点

（1）竖井与斜井的井附近，应在施工前做好修整，周围应修好排水沟、截水沟，防止地面水侵入井中发生坍塌。竖井井口平台，应比地面至少高出 0.5 米，井口应有严密的井盖，只有当吊笼罐升降时，才准许打开井盖。

（2）装配起爆药卷，应在距井口 50 米以外的加工房内进行，起爆药卷应由爆破工携送下井，除起爆药卷外不得携带其他炸药。

（3）每次爆破之后均应有专人清除危石和掉落在井圈上的石渣，并应修整被打坏的支撑，待清修完毕后才准进行正常工作。

（4）当工作面附近或井筒未衬砌部分发现有落石，支撑发响或大量涌水时，工作面施工人员应立即循安全梯或使用提升设备撤出井外，并报告处理。

（5）在吊盘上工作人员的工具，应妥善地放在工具袋内，使用时应牢固地拴在身上或其他固定物上，不得将不使用的零星工具放置在附近的支撑上。

（6）在井口明显部位应设置醒目的安全标志及有关施工技术安全规则。井口及井底应悬挂有关信号。

（7）井口应设防雨设施，接罐地点应设置牢固的活动栅门，由专人掌管启闭。接罐人员均应佩带安全带，上下井的人员应服从接罐人员的指挥。通向井口的轨道应设阻止器。

施工期间采用吊桶升降人员与物料时，应做到：

1）吊桶必须沿钢丝绳轨道升降，保证吊桶不碰撞岩壁。在施工初期尚未设罐道时，吊桶升降距离不得超过 40 米；施工时吊盘下面不装罐道的部分也不得超过 40 米。

2）运送人员的速度不得超过 5 米 / 秒，无稳绳地段不得超过 1 米 / 秒。运送石渣及其他的材料时不得超过 8 米 / 秒，无稳绳地段不得超过 2 米 / 秒，运送爆破器材时，不得超过 1 米 / 秒。

3）提升钢丝绳应用钩头与吊桶连接牢固，保证在升降时不致脱钩。

4）吊桶上方必须设置保护伞。

5）不得在吊桶边缘上坐立，乘坐人员的身体任部位不得超出桶沿。

6）用自动翻转式吊桶升降人员时必须有防止吊桶翻转的安全装置。严禁用底开式吊桶升降人员。

7）吊桶提升到地面时，人员必须从地面出车平台进出吊桶，并应在吊桶停稳和井盖门关闭以后进出吊桶，双吊桶提升时井盖门不得同时打开。

8）装有物料的吊桶不得乘人。

9）吊桶载重量应有规定，不得超载。

施工期间采用罐笼升降人员与物料时，应做到：

1）灌顶应设置可以打开的铁盖或铁门。

2）罐底必须满铺钢板并不得有孔。如果罐底下面有阻车器的连接杆将置时，必须设牢固的检查门。

3）两侧用钢板档严，内装扶手，靠近罐道部分不得装带孔钢板。

4）进出口两头必须装设罐门或罐帘横杆的间隙不得大于 0.2 米，罐门不得向外开。

5）进出装渣车的罐笼内必须装有阻车器。

6）载人的罐笼净空高度不得小于 1.8 米，罐笼内每人应有 0.18 平方米的有效面积，罐笼的一次容纳人数和最大载重量应明确规定，并在井口分布。

7）提渣、升降人员和下放物料的速度不得超过 3 米 / 秒，加速度不得超过 0.25 米每二次方秒。

8）罐笼、钢丝绳、卷扬机各部及连接处，必须设专人检查，如发现钢丝绳有损，罐道和罐耳间磨损度超过规定等必须立即更换。

9）升降人员与物料的单绳提升罐笼必须设置可靠的防坠器，建井期间使用无防坠器的临时罐笼升降人员时必须有安全措施。

10）罐笼升降作业时，下面不得停留人员。

检修井筒或处理事故的人员，如果需要站在罐笼或箕斗顶上工作时，必须做到：

1）罐笼或箕斗顶上，必须装设保护伞和栏杆。

2）佩带保险绳。

3）提升容器的速度一般为 0.3 ～ 0.5 米 / 秒，最大不得超过 2 米 / 秒。

每一提升装置，必须装有从井底接罐员给井口接罐员和井口接罐员发给卷扬机驾驶员的信号装置，井口信号装置必须同卷扬机的控制回路闭锁。只有井口接罐员发出信号后，卷扬机才能启动，除常用的信号装置外还必须有备用信号装置。井底车场和井口之间、井口和卷扬机之间，除上述信号装置外还必须装设直通电话或对讲机。

一套提升装置供给几个洞室使用时，各洞室都必须设有信号装置和闭锁，所发出的信号必须有区别。

井底车场的信号必须经由井口接罐员发出，井底车场不得直接向卷扬机发信号。只有在发送紧急停车信号时，才可直接向卷扬机驾驶员发出信号；

斜井运输中，必须做到：

斜井的牵引运输速度不得超过3.5米/秒。接近洞口与井底时，不得超过2米/秒。升降加速度不得超过0.5米/秒。斜井的垂直深度超过50米时应配备运送人员的车辆，使用时应做到：

1）运送人员的车辆必须有顶盖，车辆上必须装有可靠的防坠器，当断绳时能自动起作用同时也能用手操纵；

2）运送人员的列车必须设车长跟随，车长坐在行车前方的第一辆车第一排座位上。手动放溜装置也必须在车长座位处；

3）每班运送人员前，必须检查车辆的连接装置、保险链及防坠器，运送人员前，先放一次空车，检查斜井和轨道的安全状况；

4）乘人车辆不得超过定员，乘员携带的工具不得超出车厢。

斜井口必须设置挡车器，并设专人管理：

1）挡车器必须经常处于关闭状态，放车时，放可打开。车辆在井内行驶或停留期间，井内严禁人员通过和作业。

2）斜井长度超过100米时，应在井口下20米和接近井底60米左右设置第二道档车器。

3）井口、井下及卷扬机间应有联系信号提升、下放与停留应各有明确的色灯和音响等信号规定。

4）主、副井应设专职信号员负责接发车工作。卷扬机驾驶员未得到井口信号发出的信号，不得开动。

5）运送人员的车辆中必须装有向卷扬机驾驶员发送紧急信号的装置。

6）斜井底停车场，应设避车洞，斜井底附近的固定机械电器设备与操作人员，均应设置在专用洞室内。

7）车辆连挂提升时，应有可靠的连接装置和断绳保险器，挂钩均应加保险栓。

8）车与车之间应增加连接保险钢丝绳，提升钢丝绳应有地滚承托。

50. 对钢丝绳和提升装置的安全要求

（1）提升用的钢丝 绳必须每天检查一次，每隔6个月试验一次。

其安全系数规定为：升降人员的安全系数必须大于7，升降物料的安全系数必须大于6。其断丝面积与钢丝总面积之比，升降物料的必须小于10%，升降人员用的不得有断丝。钢丝绳直径减小百分数：提升及制动钢丝绳不得大于10%，其他钢丝绳不得大于15%。超过上述规定时，必须更换。

（2）钢丝绳的钢丝有变黑、锈皮、点蚀麻坑形成沟纹，外层钢丝绳松动时，必须更换。

（3）有接头的钢丝绳只允许在水平坑道和300以下的斜井中运输物料使用。

（4）提升装置必须设下列保险装置：

1）防止过卷装置，当提升容器超过正常终端停止位置 0.5 米时，必须能自动断电并能使保险闸起作用。

2）防止过速装置，当提升容器超过最大速度 15% 时，必须能自动断电并能使保险闸起作用。

3）过负荷和欠电压保护装置。

4）当最大提升速度超过 3 米 / 秒，必须安装速度限制器，保证提升容器到达终端停止位置前的速度不超过 2 米 / 秒。如速度限制器为凸轮板时，其旋转角不应小于 2700。

5）防止闸瓦过渡磨损时的报警和自动断电的保护装置。

6）缠绕式提升装置必须设松绳保护并接人安全回路。

7）使用箕斗提升时必须采用定量控制，井口渣台应装设满仓信号，渣仓装满时，能报警或自动断电。

（5）提升卷扬机必须装设深度示器、开始减速时能自动示警的警铃及驾驶员不需离座即能操纵的常用闸和保险闸。

（6）常用闸和保险闸共同使用一套闸瓦时，操纵部分必须分开。双滚筒提升卷扬机的两套闸瓦的传动装置必须分开。

（7）驾驶员不准离开工作岗位，也不能擅自调节制动闸。

（8）升降人员前，应先开一次空车以检查卷扬机的动作情况，但连续运转时，可不受此限；主要提升装置必须配有正、副驾驶员，在交、接班人上下井的时间内，必须由正驾。

51. 隧道作业的环境标准和有关通风及防尘要求

（1）隧道作业的环境标准

1）粉尘允许浓度：每立方米空气中，含有 10% 以上游离二氧化硅的粉尘必须在 2 毫克以下。

2）氧气不得低于 20%（按体积计，下同）。

3）瓦斯（沼气）或二氧化碳不得超过 0.5%。

4）一氧化碳浓度不得超过毫克 / 立方米。

5）氮氧化物（换算成二氧化碳）浓度应在 5 毫克 / 立方米以下。

6）二氧化硫浓度不得超过 15 毫克 / 立方米。

7）硫化氢浓度不得超过 10 毫克 / 立方米。

8）氨的浓度不得超过 30 毫克 / 立方米。

9）隧道内的气温不宜超过 280。

（2）隧道作业中的有关通风及防尘要求

1）隧道内空气成分每月至少取样分析一次。风速、含尘量每月至少检测一次。

2）隧道施工时的通风，应设专人管理。应保证每人每分钟得到 1.5 ～ 3 立方米的新鲜空气。

3）无论通风机运转是否，严禁人员有风管的进出口附近停留，通风机停止转动时，任何人员不得靠近通风软管行走和软管旁停留，不得将任何物品放在通风管或管口上。

4）施工时宜采用湿式凿岩机钻孔，用水炮泥进行水封爆破以及湿喷混凝土喷射等有利于减少粉尘浓度的施工工艺。

52. 瓦斯防治

（1）隧道施工发现瓦斯时，应加强通风，采取防范措施，当隧道内的瓦斯浓度经通风后，仍超过 0.5% 时，必须遵守以下各条的规定。

（2）瓦斯防治主要是消除瓦斯超限和积存，断绝一切可能引燃瓦斯爆作的火源。

（3）隧道内严禁使用油灯、电石灯、汽灯等有火焰的灯火照明。任何人员进入隧道必须接受检查，严禁将火柴、打火机及其他可自燃的物品带入洞内。

（4）电灯照明必须做到：

1）电压不得超过 110 伏；

2）输电线路必须使用密闭电缆；

3）灯头、开关、灯泡等照明器材必须采用防爆型，开关必须设置在送风道或洞口；

（5）矿灯照明必须做到：

1）每个洞口常备的完好矿灯总数应大于经常用灯总人数的 10%；

2）矿灯均需编号，常用矿灯的人员应固定灯号；

3）矿灯如有电池漏液、亮度不足、电线破损、灯锁不良、灯头密封不严、灯头圈松弛、玻璃和胶壳破裂等情况，严禁发出。发出的矿灯，最低限度应能连续正常使用 11 小时；

4）使用矿灯的人员决不能拆开敲打和撞击矿灯。出洞或下班时，应立即将矿灯交回灯房。

（6）掘进工作面风流中的瓦斯浓度达到 1% 时必须停止电钻打眼。达到 1.5% 时，必须停止工作，撤出人员，切断电源进行处理；放炮地点附近 20 米以内风流中瓦斯浓度达到 1% 时，严禁装药放炮。电动机附近 20 米以内风流中的瓦斯浓度达到 1.5% 时，必须切断电源停止运行。掘进工作面的局部瓦斯积聚浓度达到 2% 时，其附近 20 米内必须停止工作，切断电源。

（7）因超过瓦斯浓度规定而切断电源的电气设备，必须在瓦斯浓度降低到 1% 以下时方可开动。使用瓦斯自动检测报警断电装置的掘进工作面只准人工复电。

（8）隧道爆破作业时，必须遵守：

1）严禁用火花起爆和裸露爆破。

2）爆破时，宜使用瞬发电雷管，若采用毫秒雷管时，其总的延期时间不得超过 130 毫秒。严禁使用秒或半秒延期雷管。

3）使用煤矿安全炸药。

4）短隧道放炮时，所有人员必须撤出隧道洞外。长隧道单线应撤出300米以外，双车道上半断面开挖撤至400米以外，双车道全断面开挖应撤至500米以外。

（9）瓦斯隧道中的机具，如电瓶车、通风机、电话机、放炮器等必须采用防爆型。

（10）必须严格采用凿岩，洞内使用的金属锤头必须镶有不产生火花的合金。装碴使用的金属器械，不得猛力与石碴碰击，铲装前必须将石碴浇湿。

（11）洞内装设及检修各种电气设备时必须先切断电源。电缆互接或分路时，必须在洞外进行锡焊和绝缘包扎并热补。严禁在洞内电缆上临时接装电灯或其他设备。电缆在洞内接头时，应在特制的防爆接线盒内或有防爆接线盒的电气设备内进行连接。

（12）有瓦斯的隧道，每个洞必须设专职瓦斯检查员。一般情况下每小时检查一次，将结果记入记录簿。检测瓦斯的检定器应每季度校对一次。

（13）通风必须采用吹入式。通风主机应有一台备用机并有两路电源供电。通风机停止时，洞内全体人员必须撤至洞外。

（14）隧道内严禁一切可以导致高温与发生火花的作业。

（15）隧道施工时必须配备急救和抢救的设备和人员。施工人员必须具有防止瓦斯爆炸方面的安全知识。

53. 岩石隧洞施工安全监测

岩石隧洞安全监测的对象主要是围岩、衬砌、锚杆和钢拱架及其他支撑，监测的部位包括地表、围岩内、洞壁、衬砌内和衬砌内壁等，监测类型主要是位移和压力。

（1）洞内观察

洞内观察是不借助于任何量测仪器而用肉眼凭经验判断围岩、锚杆、衬砌和隧道安全性的最直观方法，对于个别现象和特殊情况的发现尤其重要。其目的是核对地质资料，判别围岩和支护系统的稳定性，为施工管理和工序安排提供依据并检验支护参数。因此，监测人员在用仪器监测之前，首先是细致地观察隧道内地质条件的变化情况，裂隙的发育和扩展情况，渗漏水情况，观察隧道两边及顶部有无松动岩石，锚杆有无松动，喷层有无开裂以及中墙衬砌上有无裂隙出现尤其是中墙衬砌上的裂缝，如发现有裂缝则要用裂缝观察仪密切观测记录裂缝的开展情况。隧道内观察这项工作应与施工单位的工程技术人员配合进行并及时交流信息和资料。此项工作贯穿于隧道施工的全过程，以便为施工提供直观的信息。

（2）位移监测

在隧洞入洞口一定范围内及埋深较浅的隧洞，需监测地表沉降和水平位移。拱顶沉降通常采用水准仪监测，隧洞拱顶一般较高，用通常使用的标尺不能测量，可在拱顶用短锚杆设置挂钩，悬挂长度略小于隧洞高度的铟钢丝，下面悬挂标尺的方法监测。

1）单点位移计

单点位移计实际上是端部固定于钻孔底部的一根锚杆加上孔口的测读装置，位移计安装在钻孔中，锚杆体可用直径22毫米的钢筋制作，锚固端用楔子与钻孔壁楔紧，自由端装有测头，可自由伸缩，测头平整光滑。定位器固定于钻孔孔口的外壳上，测量时将测环插入定位器，测环和定位器上都有刻痕，插入测量时将两者的刻痕对准，测环上安装有百分表、千分表或深度测微计以测取读数。测头、定位器和测环用不锈钢制作。单点位移计结构简单，制作容易，测试精度高以及钻孔直径小。受外界因素影响小，容易保护，因而可紧跟爆破开挖面安设，目前应用较多。

由单点位称计测得的位移量是洞壁与锚杆固定点之间的相对位移，若钻孔足够深则孔底可视为位移很小的不动点故可视测量值为绝对位移。不动点的深度与围岩工程地质条件、断面尺寸、开挖方法和支护时间等因素有关。在同一测点处，若设置不同深度的位移计，可测得不同深度的岩层相对于洞壁的位移量，据此可画出距洞壁不同深度的位移量的变化曲线，单点位移计通常与多点位移计配合使用。

2）多点位移计

多点位移计按位移监测仪器的不同有机械式和电测式两类。机械式位移计一般采用深度测微计、千分表或百分表，电测式位移计采用的位移传感器常用的有电阻式、电感式、差动式、变压式和钢弦式等多种。

3）并联式多点位移计

多点位称计由锚固器和位移测定器组成，锚固器安装在钻孔内，起固定测点的作用，位移测定器安装在钻孔口部与锚固器之间用钢丝杆联结。同一钻孔中可设置多个测点，一个测点设置一个锚固器，各自与孔口的位移测定器相联，监测值为这些测点相对于洞壁的相对位移量。这种将位移传感器固定在孔口上，用金属杆或金属丝把不同埋深处的锚头的位移传给位移传感器的位移计，称作并联式多点位移计。

锚固器的结构有多种形式，最简单的是用注浆锚固的锚固器，锚固头用长约30c米的ф25的螺纹钢加工而成，在远离孔口的一端钻一小孔，穿细钢丝固定注浆管，锚固头的另一头加工成长3厘米，外径为ф20的光滑圆柱状，中心攻有螺孔，铟钢丝杆可拧入螺孔，铟钢丝杆外面用PVC管保护，内径为ф20PVC管插入光滑圆柱状头中，铟钢丝杆和PVC管均约2米一节，铟钢丝杆用螺纹逐节连接，两节PVC管间套一长15厘米的套管，用PVC胶水黏结。待锚固头下到预定位置后，用砂浆灌满钻孔。待砂浆凝结后，锚固头与围岩一起运动，而铟钢丝杆由PVC管与砂浆和周围岩体隔离，不随围岩一起运动，因此，将锚固头处围岩的位移直接传递到A液压式锚固器，当锚固头下到预定孔口。机械方法锚固的锚固器有卡式锚固器，它是用专门的安装位置时，注入液压将锚固器脚撑开；杆送入预定位置后，旋转上紧螺栓，借助支撑侧铁向两侧扩张并压紧钻孔孔壁即可形成锚固。当岩层发生相对位移时，锚固点的位移通过钢丝传递到滑杆，钢丝从滑杆中心穿过，用压紧螺钉和夹线块将钢丝与滑杆夹住，压簧顶紧滑杆使钢丝撑紧，压簧簧座固定在外壳的底部，用深度测微计测出滑杆的滑动距离，便可算得围岩各测点的相对位移。

4）串联式多点位移计

串联式多点位移计是采用电感式位移传感器的串联式多点位移计，它由位移传感器、锚固头、连接锚头和金属杆及二次仪表组成，位移传感器的线圈安装在锚头的内壳中，锚头用三片互成 120° 角的弹簧片固定在孔壁上，金属杆上安装有铁芯，作为位移传感器的一部分，金属杆的一端固定在孔口或孔底从而组成电感式多点位移计。当岩体产生位移时，各测点上铁芯在线圈中的位移量也是不一样的，因而引起不同的电感变化，用与之配套的二次仪表测读。这种传感器串联在金属杆上，并固定在孔内不同深度的基准点上，传感器或其差动构件的另一部分与锚头直接连在一起的多点位移计称为串联式多点位移计。

5）滑动式位移计

滑动多点位移计是一台高精度的位移计，用于测定的岩土和混凝土中沿某一测线的轴向位移的分布情况。它主要由测头、测读仪、操作杆以及套管组成。套管通常为外径60毫米，壁厚 5 毫米的塑料管或铝合金管，沿套管轴向每隔 1 米放置一个具有特殊定位功能的锥形测量标志并带有 PVC 保护套。测头用操作杆送入，探头做成球形，测标下部做成圆锥形，在测量位置时，两者可形成球面和圆锥面间的精密接触。两者都有锲口，当探头转动到滑动位置时，探头能沿着测标滑动，从滑动位置把探头转动 45° 就转到测量位置，往回拉紧导杆，就能使探头的两个测头在两个相邻的测标间张紧。当张紧力达到一定值时，探头中的线性位移传感器（LVDT）被触发，测得数据并通过电缆传送到数字式读数器，也可以用一台手提式计算机经过 RS-232 接口来记录数据。松开导杆，把探头转动 45° 就转到滑动位置，移到下一个测标位置继续测量。如此可由外向里逐点测试各测点的位移。测头主体长 1 米，内装有电感式位移传感器（LVDT），并装有遥测温度计以做温差校正。在上述仪器中，若在该位移计探头上部安设两个测斜探头，测斜方向互为正交，就可同时测定钻孔的轴向和两个互为正交的横向变形即为三向位移计，从而可测定沿钻孔各测点的三向位移分量。

该种位移计由于不必在钻孔中埋设传感元件，克服多点位移计测试费用高、测点少、位移计可靠性不易检验及测头易损坏等特点，具有一台仪器对多个测孔进行巡回检测而每孔中的测点数不受限制的优点。可应用于大坝、隧道以及岩土工程中位移，也可通过测量桩和隔墙的两侧的测线的应变量确定其曲率，从而估算其弯矩或偏位曲线。

（3）收敛位移监测

隧洞周边或结构物内部净空尺寸的变化常称为收敛位移。收敛位移监测所需进行的工作比较简单，以收敛位移监测值为判断围岩稳定性的方法比较直观和明确，所以是隧洞监测中的常规监测项目。

1）穿孔钢卷尺式收敛计，监测的粗读元件是钢尺，细读元件是百分表或测微计，钢尺的固定拉力可由重锤实现或用弹簧、测力环配百分表实现。由于百分表的量程有限，钢卷尺每隔数厘米宜打一小孔以便根据收敛量的变化情况调整粗读数。

2）铟钢丝弹簧式收敛计，收敛位移量由读数表读取，固定拉力由弹簧提供，并由拉力百分表显示拉紧程度，采用铟钢丝制作收敛计，可提高收敛计的温度稳定性从而提高监测精度。

3）铟钢丝扭矩平衡式收敛计，收敛位移是由读数表读取，固定拉力由微型电机提供，电机由控制器操纵，达到一定扭矩后能自动停转。收敛测试的固定端一般采用短锚杆并设置保护装置。

4）对于跨度小、位移较大的隧洞，可用测杆监测收敛量，测杆可由数节组成，杆端一般装设百分表或游标尺，以提高监测精度。对于拱顶绝对下沉量，可用精密水准仪监测。一些跨度和位移均较大的洞室。也可用精密经纬仪观测。

5）洞周收敛位移也可用巴塞特收敛系统，它是一种测量隧洞横断面轮廓线的仪器，由多组首尾相接内设倾角传感器的杆件组成，杆件之间用活动铰连接，隧洞壁上任一点的位移通过杆件的转动使倾角传感器产生角度变化，已知各杆件的长度和一个杆件一端的坐标点及各倾角传感器的起始倾角，就能以此为起点用以后各时刻测得的杆件倾角计算各点的变化值和坐标位置。巴塞特收敛系统配备有一个专用的数据采集系统，即可用串行口与计算机相连，也可用电话线经调制解调器与计算机相连，采集的数据可自动处理。

6）测试设备应根据预计位移量的大小进行选择，位移较小或精度要求较高时，可采用铟钢丝收敛计，其精度为 0.01 毫米，穿孔钢卷尺式收敛计的精度也相当高亦可以采用。洞室断面较大时，可采用光电测距仪测取读数，精度可达 0.2 毫米。

54. 压力监测

压力监测包括地下洞室内部和支衬结构内部的压力以及围岩和支衬结构间接触压力的监测。压力监测通常采用应力计或压力盒。在支衬内部及围岩与支衬接触面上的压力盒的埋设，只需要浇注混凝土前将其就位固定，监测围岩压力的压力盒则需专门的钻孔，将压力盒放入钻孔内预定的深度后，用速凝砂浆充填密实。

（1）液压枕

液压枕主要有枕壳、注油三通、紫铜管和压力表组成，为了安设时排净系统内空气，设有球式排气阀。液压枕需在室内组装，经高压密封性试验合格后才能埋设使用。

液压枕在埋设前用液压泵往枕壳内充油，排尽系统中空气并埋入测试点，待周围包裹的砂浆达到凝固强度后，即可打油施加初始压力，此后压力表值经 24 小时后的稳定读数定为该测试液压枕的初承力，以后将随地层附加应力变化而变化，定期观察和记录压力表上的数值就可得到围岩压力或混凝土层中应力变化的规律。

在混凝土结构和混凝土与围岩的接触面上埋设，只需在浇注混凝土前将其定位固定，待浇注好混凝土后即可。在钻孔内埋设时，则需先在试验位置垂直于岩面钻预计测试深度的钻孔，孔径一般为 43 ~ 45 毫米，埋设前用高压风水将孔内岩粉冲洗干净，然后把液压枕放入，并用深度标尺校正其位置，最后用速凝砂浆充填密实。一个钻孔中可以放多个液压枕，按需要分别布置在孔底中间和孔口。液压枕常要紧跟工作面埋设，对外露的压力表应加罩保护以防爆破或是其他人为因素损坏。液压枕又称油枕应力计，可埋设在混凝土结构内，岩体内或结构与围岩的接触面处，长期测试结构、围岩或它们的接触面的应力。液压枕测试直观可靠、结构简单、防潮防震、不受干扰、稳定性好、读数方便、成本低、不要电源，能在有瓦斯的隧洞工程中使用等优点，故是现场测试常用的手段。

（2）锚杆轴力的监测

支护锚杆在岩石隧洞支护系统中占有重要地位，为监测施工锚杆的受力状态及大小，需以锚杆的应力进行监测。其原理通常是利用锚杆受力后，锚杆发生变形，采用应变片或应变计测量锚杆的应变，得出与应变成比例的电阻或频率的变化，然后通过标定曲线或公式将电测信号换算成锚杆应力。监测锚杆应力用的应变计主要有电阻式、差动电阻式和钢弦式。

电阻式锚杆应变计由内壁按一定间距粘贴有电阻片的钢管或铝合金管组成，电阻片粘贴后需做严格的防潮处理。也可直接采用工程锚杆，对粘贴应变片的部位经过特殊的加工，粘贴应变片后经防潮处理，并加密封保护罩制成。这种方法价格低廉，使用灵活，精度高，但由于防潮要求高，抗干扰能力低大大限制了它的使用范围。

差动电阻式和钢弦式锚杆应变计是将应变计装入钢管或装入锚杆加粗段的槽孔中，然后与锚杆连接而成，一根锚杆上可连接多节，其中的钢弦式应变计由于环境适用性强，测读仪器轻巧方便，故可适用于不同地质条件和环境条件的锚杆应力观测。采用钢筋的锚杆也可采用钢筋应力监测。

（3）岩体工程灾害预报

岩体冒落和崩塌以及岩爆是造成岩体工程伤亡事故和生产停顿的主要原因之一，采用声发射技术可以预报岩体工程大面积地压和岩爆等灾害，从而防止或避免事故的发生。在岩体工程施工中，工人经常听到岩石的声响，并以此作为岩石破坏紧急险情的标准。室内和现场研究表明，从岩石破坏所产生的次声能发射是这些可见声响的前兆，因此，在岩爆活动敏感的岩体工程中，检测开挖引起的声发射已越来越成为检测计划中的基本部分。

可听得见的波或声波的频率介于20赫兹～20千赫兹之间，取决于可能发生的事件的规律，其频率随能量释放量的增长而降低。岩石在应力的作用下会发射可探测的声能，其发射频率随应力值的增大而提高。一般来说，发射速率的增长超前于岩石主破裂，采用三角网法可以确定声发射源，它是根据声波传播到几个接收站的时间差而确定的。地音检测系统就是根据上述原理研制的，在地音检测系统中，用地音探测器系统从声源传播出来的声波，它们将机械振动转变成电信号，信号经放大并输送到检测站，经调试后，信号进入计算机接口以启动检测系统的计时和控制部件的信号，计算机将确定记录声波到达每一个探测器的最初时刻，根据这些数据，利用几何和波速的关系，可确定记录声波到达每一个探测器的最将用来确定事件的相对量级，声发射的时间、位置、能量等有关数据可打印出来。地音检测系统的地音探测器是安装在地下岩体工程的岩石壁面上的，数据收集也是地下进行的。对浅埋的岩体工程，探头也可放到从地面往下打的钻孔中，所有数据在地表收集。

55. 监测部位的确定和测点的布置

（1）监测部位的确定

从围岩稳定监控出发，应重点监测围岩质量差及局部不稳定块体；从反馈设计、评价支护参数合理性出发，则应在代表性的地段设置监测断面，在特殊的工程部位（如洞口和分叉处）也应设置监测断面。监测点的安装埋设应尽可能地靠近隧洞面，最好不超过 2 米，以便尽可能完整地获得围岩开挖后初期力学形态的变化和变形情况。这段时间内量得的数据对于判断围岩性态是特别重要的。

1）洞周收敛位移、拱顶沉降量、多点位移计及地表沉降量应尽量布置在同一断面上，锚杆应力和衬砌应力等最好布置在同一断面上以使监测结果互相对照，相互检验。监测断面的间距视工程长度、地质条件变化而定。当地质条件情况良好或开挖过程中地质条件连续不变时，间距可加大，地质变化显著时，间距应缩短。在施工初期阶段，要缩小监测间距，取得一定数据资料后可适当加大监测间距，在洞口及埋深较小地段亦应适当缩小监测间距。

2）在一般的铁路和公路隧道中，洞周收敛位移和拱顶沉降监测的断面间距根据围岩类别定为：Ⅱ类：5~20 米；Ⅲ类：20~40 米；Ⅳ类：40 米以上。

3）地表沉降监测的断面间距与隧洞埋深和地表状况有关，当地表是山岭田野时，断面间距根据埋深定为：埋深大于两倍洞径：20~50 米；埋深在一倍洞径与两倍洞径之间：10~20 米；埋深小于洞径：5~10 米。锚杆应力和衬砌应力其监测断面的纵向间距可定为 200~500 米。

（2）测点的布置形式

1）收敛位移的现场监测方案，应视隧洞跨度和施工情况而定，监测方向一般可按十字形、三角形和交叉形等布置，十字形布置适用于底部施工已基本完成的隧洞，测试结构物内部的收敛位移量。如果隧洞顶部布有施工设备，可采用交叉形布置。三角形布置易于校核监测的数据，一般均采用这种形式监测，隧洞较大时，可设置多个三角形的监测方案。

2）若收敛位移监测的目的只是为围岩稳定监控服务，且洞室尺寸不大时，可采用较为简洁的布置形式。若收敛位移监测的目的还要考虑对岩体地应力场和围岩力学参数作反分析，则要采用多个三角形的监测方案。当地下洞室边墙很高时，则可以沿墙高一定间距设置多个水平测量基线。

3）位移计通常布置在地下洞室的拱顶、边墙和拱脚部位。当围岩比较均一时，可利用对称性仅在洞室一侧布置测点。若要较精确地掌握洞室开挖前后围岩位移变化的全过程，可在地表或临近洞室打外孔预埋。测孔的深度一般应超出变形影响范围，测孔口测点的布置应根据位移变化梯度确定，梯度大的部位应加密，在孔口和孔底一般都应布置测点，在软弱结构面、接触面和滑动面等两侧应设置一个测点。

4）监测围岩内位移的位移计测孔在隧洞内孔口处一般需布设收敛位移测点，浅埋隧洞在拱顶布设拱顶沉降测点，在地表对应部位布设地表沉降和水平位移测点，在这两者之间再布设多点位移计测孔，在隧洞壁上对应部位布设收敛位移测点，从而可分析从拱顶到地表各测点围岩向隧洞内位移变化的规律同时可验证沉降、多点位移、拱顶沉降和收敛位移各监测项目的正确性及其相互关系。

5）压力盒和锚杆轴力计应在典型区段选择应力变化最大或地质最不利的部位，并根据位移变化梯度和围岩应力状态，在不同的围岩深度内布测点，观测锚杆的长度应与工程锚杆相同。用于埋设压力盒的钻孔和观测锚杆的钻孔的布置形式与多点位移计的相似，通常在钻孔中布置3个或以上的测点。

56. 观测及其频度的确定

（1）整个观测期间，应设立值班记录本，详细记载值班期间的一切情况，包括施工进展情况，施工部位，施工工艺流程情况，气候环境，及人工对隧洞的观察情况，喷射混凝土和衬砌上的裂缝开展情况等。

（2）各监测项目通常的观测频度为：在洞室开挖或支护后的半个月内，每天应观测1~2次；半个月后到一个月内，或掌子面推进到距观测断面大于2倍洞径的距离后，每天2天观测一次；一到三个月每周测读1~2次；三个月以后，每月测读1~3次。若设计有特殊要求，则可按设计要求进行，遇突发事件则加强观测。各监测项目原则上应根据其变化的大小来确定观测的频度。如洞周收敛位移和拱顶沉降的监测频度可根据位移速度及离开挖面的距离而定，不同的基线和测点，位移速度也不同，因此，应以产生最大位移者来决定监测频度，整个断面内的各基线或测点应采用相同的监测频度。

57. 监测数据警戒值及围岩稳定性判断准则

针对工程实践的具体情况规定容许位移量与容许位移速率值，是进行施工监控的基础工作。

（1）容许位移量

1）容许位移量是指在保证隧洞不产生有害松动和保证地表不产生有害下沉量的条件下，自隧洞开挖起到变形稳定为止，在起拱线位置的隧洞壁面间水平位移总量的最大容许值或拱顶的最大容许下沉量。在隧洞开挖过程中若发现监测到的位移总量超过该值，或者根据已测位移预计最终位移将超过该值，则意味着围岩不稳定，支护系统必须加强。

2）容许位移量与岩体条件、隧洞埋深、断面尺寸及地表建筑物等建筑物等因素有关，例如城市地铁，通过建筑群时一般要求地表下沉不超过5 ~ 10毫米；对于山岭隧道，地表沉降的容许位移量可由围岩的稳定性确定。

3）容许位移量的确定并不是一件容易的事，每一具体工程条件各异，显现出十分复杂的情况，因此，需根据工程具体情况结合前人的经验，再根据工程施工进展情况探索改进。特别是对完整的硬岩，失稳时围岩变往往较小，要特别注意。

（2）容许位移速率

1）容许位移速率是指在保证围岩不产生有害松动的条件下，隧洞壁面间水平位移速度的最大容许值。

2）容许位移速率与岩体条件、隧洞埋深及断面尺寸等因素有关，容许位移速率目前无统一规定，一般都根据经验选定，例如美国某些工程对容许位移速率的规定：第一天的位移量不超过容许位移量的1/5~1/4（约2.54 ~ 3.18毫米），第一周内平均每天的位移量应小于容许位移量的1/20（约0.63毫米）。而南岭隧道、大瑶山隧道、下坑隧道、金川矿区运输平巷、张家港铁矿的稳定形速度为0.1毫米/天，引滦入津输水隧洞的开挖后一个月的稳定变形速度大于10毫米/30天。

3）一般规定，在开挖面通过测试断面前后的一二天内容许出现位移加速，其他的时间都应减速，达到一定程度后才能修建二次支护结构。

（3）根据位移-时间曲线判断围岩稳定性

由于岩体的流变特性，岩体坏前的变形曲线可以分成三个区段；

1）基本稳定区：主要标志是变形速度不断下降，即变形加速度小于0。

2）过渡区：变形速度长时间保持不变，即变形加速度等于0。

3）破坏区：变形速率渐增，即变形加速度大于0。

现场监测到的位移-时间曲线也可能呈现出以上三种形态，对于隧洞开挖后在洞内测得的位移曲线，如果始终保持变形加速度小于0，则围岩是稳定的；如果位移曲线随即出现变形加速度等于0的情况，亦即变形速度不再继续下降，则说明围岩进入“定常蠕变”状态，须发出警告，及时加强支护系统；一旦位移出现变形加速度大于0的情况，则表示已进入危险状态，须立即停工进行加固，根据该方法判断围岩的稳定性，应区分由于分步开挖时围岩中随分步开挖进度而随时间释放的弹塑性位移的突然增加，使位移-时间曲线上呈现位移速率加速，由于这是由隧洞开挖引起，所用并不预示着围岩时入破坏阶段。

（4）在隧洞施工险情预报中，应同时考虑收敛或变形速度，相对收敛量或变形量及时间-位移曲线，结合观察到的洞周围岩喷射混凝土和衬砌的表面状况等综合因素做出预报。隧洞位移或变形速率的骤然增加往往是围岩破坏、衬砌开裂的前兆，当位移或变形速率的骤然增加报警后，为了控制隧洞变形的一步发展可采取停止掘进、补打锚杆、挂钢筋网、衬喷混凝土加固等施工措施，待变形趋于正常后才可继续开挖。

公路施工管理

国民经济与社会发展对交通运输的需求不仅是数量上的持续增加而且在质量上也有新的变化。公路施工现场管理是施工管理的核心，现场管理效果的好坏直接影响工程的质量、进度和效益。

随着我国道路建设市场体制的不断完善，道路作为国民经济发展的重要基础设施发挥着极其重要的作用。公路工程施工是一项复杂的技术活动，具有流动性强、协作性高、周期长、受外界干扰及自然因素影响大等特点。因此，如何根据道路施工的特点，加强施工现场管理。合理安排，在一定的时间和空间内有组织、有计划、有秩序地开展施工。

一、施工前做好充分的施工准备

公路施工管理贯穿于工程施工的全过程，充分的施工准备是管理好施工现场的基础。施工单位只有通过充分的施工准备，才能保障施工过程的连续性、协调性，在进行施工准备工作中应注意以下问题：

1. 公路工程施工前必须向监理部上报开工报告。项目部管理人员岗位证书，主要机械设备进场报验，施工组织设计和施工方案（措施）等前期资料。

2. 研究施工图纸，吃透设计意图，澄清图纸中的问题，恢复定线和施工放样。

3. 进行业务。技术培训和技术交底，使相关人员对工程的技术标准、操作规程、质量控制有全面的了解。

4. 绘制关键工序施工工艺流程图和试验操作规程、质量检查评定、计量支付、设计变更、事故处理等操作管理框图，并使图表上墙。

5. 根据工期要求、技术标准、机械设备能力、材料供应、自然条件等进行综合分析完善施工组织设计。

二、施工中要认真做好试验段

试验段施工之前要编制施工计划，明确施工方法、技术要求、试验检测内容以及达到的质量标准。施工中发现问题应及时调整，做好记录、分析、总结，为大面积施工提供理论和实践依据。开工后，施工单位对自然条件、施工工艺、质量控制都有一个适应的过程。通过试验段施工，可以初步掌握工程的质量控制要点、主要技术参数、施工进度、机械组合以及施工过程中的协调情况，故它是施工现场管理的一个重要环节。

三、施工中适时调整机械组合

机械化施工能有效地降低成本、提高质量、保证进度是当前公路建设发展的主流。组织机械施工应注意以下几点。

1. 施工机械技术性能的合理组合

（1）主要机械与配套机械的组合、配套机械的工作容量、生产率和数量应稍大一点，以便充分发挥主要机械的作业效率。

（2）主要机械与辅助机械的组合、辅助机械的生产率应略大一些以便充分发挥主要机械的生产率。

（3）牵引车与其他机具的组合、两者要互相适应以便获得最佳的联合作业效益。

2. 施工机械类型与其数量的合理组合

（1）施工机械类型及数量宜少不宜多。根据道路建设项目的作业内容，尽可能地选用大工作容量。高作业效率的相同类型的施工机械。

（2）并列组合。只依靠一套施工机械组合作业，当主要施工发生故障时，就会造成道路建设项目全线停工。

四、施工中切实做好防洪排水

施工受自然因素影响较大，应针对性地采取预防和应急措施，施工中若对防洪排水工作措施不力，将造成工期拖延，费用增加，故应注意以下问题：

1. 施工前，要结合施工方案和施工图中的排水设计，制订防洪排水方案，做到永久性排水设施与临时性排水设施相结合。

2. 路基路面施工要选择合适的位置和方式，始终保持纵横坡度和碾压的平整度，使雨水能迅速排走，防止边坡坍塌堵塞水沟。

3. 合理安排桥梁施工次序，主河槽基础应尽量在枯水季节施工，桥梁预制场应建在洪水位以上，汛期施工时，机械、材料、设备用过后尽快撤离现场，减少灾害损失。

五、施工中重点治理质量通病

公路施工管理中的质量通病有：桥头涵顶跳车，路基不均匀沉降和路面平整度差等。加强现场质量管理，要以治理质量通病为突破口，重点抓好以下工作。

1. 认真处理路基与桥涵接头，一般设置桥头搭板，铺设土工隔栅或土工布，改换填料等，这些措施如果没有严格的质量控制和合理的施工工艺保证，仍然不能达到满意的效果。因此，现场管理的重点是确保碾压到位，压实度符合质量标准。

2. 彻底处理软弱路基，确保路基整体稳定。路基不均匀沉降会导致路面开裂。路基失稳或危及行车安全。主要原因是路基未充分压实。为此，现场质量控制要抓好地表清淤和路基分层填筑及压实，在路基填挖方交界处。施工分段接头等非连续地段要作为质量控制的关键点加强控制。

3. 严格控制路线的线型与标高。随着道路修建等级的不断提高，施工中对路线线型与标高的要求也越来越严。纵横坡不适。平整度差等直接影响道路的外观质量和使用品质，影响服务对象的舒适度，影响施工企业的经济效益，故这些问题要从路基开始层层检查验收，达不到要求及时返工，谨防积重难返。

六、施工中要加强进度控制

进度计划是控制工程进度的依据。机械使用计划都要服从进度计划的要求。进度计划反映工程从准备到竣工的全过程，反映施工中各分部。分项工程及工序之间的衔接关系是现场管理者统筹全局，合理调配施工资源，正确指导生产活动的基础。

七、施工中要搞好成本管理

施工现场管理要达到的目的就是通过对工程进度。质量的控制来降低工程成本，提高经济效益。不计成本，不搞核算的粗放型管理只能导致工程干的越多亏得越大。为此，要注意抓好以下工作。

1. 完善成本管理制度，使采购、库存、发放、使用等每一环节在制度在约束下进行。

2. 根据施工定额对各分项工程进行成本控制，力求使人工、材料、机械控制在规定的范围内。

3. 分项或分部工程完成后，要对照施工控制预算进行成本预测，对已经出现或可能出现的超支采取应对措施。

八、施工完成后的交工验收

为了保持路容和路貌，保证道路各项能力的正常发挥，使工程顺利通过交工验收，施工单位要加强工程的初期养护，对工程外观进行整修，并注意以下问题：

1. 全面检查路基、路面、桥涵、构造物。交通安全设施中存在的问题并及时处理。

2. 清理路基。路面上的施工废料；按路基标准横断面整修路肩和边坡，清理桥涵；构造物上的附着砂浆；修补路面及构造物的局部损坏；使公路线型顺适、整齐美观。

3. 按照规范要求，写出施工总结，恢复路线控制点，标注里程桩号，为质量鉴定创造条件。

公路施工管理是一项复杂的系统工程，不同的工程项目，所采取的管理措施应有所不同，作为施工单位的现场管理者要与时俱进，大胆探索新的管理思路，通过加强施工现场管理，使工程质量、进度和效益不断得到提高。

高速公路工程项目施工管理

一、公路工程项目施工管理

1. 施工项目管理的对象是大规模、大投资、一次性、团队和整体的活动，需要按科学方法进行组织管理。

2. 公路施工项目管理，目标是相对短期的、临时的，管理者是以实现效益为基础的目标体系。

3. 施工项目管理运行规律是一次性多变的活动，以内在规律为基础。

4. 施工项目管理内容是计划管理、质量管理、技术管理、财务管理、物资管理、劳动力管理、机械管理、信息管理、安全管理、环境保护管理等。很多项目经理，只从利润角度出发，忽略它多变的内在规律；只注重计划和技术管理，而忽略它的其他管理内容，造成延误工期，浪费成本或质量达不到要求等。

二、公路工程项目施工管理的控制因素

1. 事前主动控制根据施工图、设计、数量，所需劳动力、机械、资金投入、材料和当地地域情况，事先分析预测编制详细的进度计划并进行全方位的有效控制。

2. 事中偏差信息控制在施工过程中，根据实际工作情况以及各种干扰因素。如：人为因素、材料、机具、地域环境因素等的影响，与进度计划产生偏差情况的统计，信息真实反馈，立即采取相应的控制。

3. 矫正措施的控制根据产生偏差反馈的信息，偏差中各种原因而采取的一系列活动加以控制。目的是消除偏差，保证计划的顺利进行。在实际项目施工管理中，采取三种科学的控制手段，但必须注意计划控制标准这一循环活动过程。否则会产生很多重复劳动。

三、公路工程项目施工管理的核心

1. 定目标。首先，应确定工程施工项目管理的目标：如工期、费用、质量、控制在预期的目标内，实现有效控制的前提。根据工程规模大小，建立组织机构、职责、岗位及完成目标任务。审查考核实施体系，制定最低成本、各分项工程优良率、工程按计划完成率。平衡和协调各职能发挥最大潜力和作用。

2. 定计划。根据确定目标，所涉及的问题，结合实际进行周密的调查研究，收集资料并进行分析、预测。公路工程项目施工管理是点多线长，涉及面广，复杂多变，带有不确定性的性质，为了达到预期效果，有多种施工方法和施工方案，应进行科学分析、对比、评价，力争选出最佳方案，根据选出的方案、再修订计划，充分预测不利的干扰因素，影响实施计划的不利作用从而才能取得主动控制的关键。

3. 抓落实为了确保计划的实施，必须采取可靠的措施。在经济、合同、技术、质量、组织等多方面综合协调，信息收集反馈。很多项目施工管理在计划实施上是一团乱麻，那里出问题，先补那里，所谓头痛医头，脚痛医脚，根本不按计划实施。甚至在忙乱中是丢了西瓜拣芝麻，还会产生恶性循环结果。

4. 重分析通过实施过程中的计划及信息收集反馈，深入实际客观分析，认真查明原因，及时做出决策。采取相应合理调整，修正措施，完善计划。使目标更准确、各个职能职责更明确，进而克服施工中受气候、地质、水文、人为等因素干扰的复杂性，达到预期效果。

5. 重要素投入。施工项目的劳动力、材料、机械设备、技术、资金等生产要素，要优

化配置，适时适量、比例适当、位置适当的配置，这样才能满足施工需求。过多过早过量的投入，增加成本，全部是浪费。这是一种动态管理，平衡是相对的，不平衡是绝对的。

6. 施工项目现场管理具体实施中，应及时落实的方面：（1）复测复核、放样、反馈信息。（2）合理计划施工用地：如临时堆放场地，临时工棚用地，临时料场用地等。（3）在施工组织计划中，科学地进行施工总平面布置设计。如：劳动力、机械使用距离、材料运输距离等。（4）加强对现场各种使用的检查和考评：如人、工作量、各种材料的使用情况等。（5）坚持现场安全文明生产管理。（6）现场信息管理。（7）现场各种资料、试验的管理。（8）协调施工项目内、外的关系。

四、创新项目管理理念

以提高工程质量为核心，自觉遵循工程建设的内在规律，以科学的精神对待工程项目管理。

在实施科学管理的过程中：① 树立科学严谨的管理思想，把工程质量、工程进度、工程投资、工程廉政、安全生产、环境保障等置于一个有机的系统之中，通过严密的组织使之成为一种群体行为，凝聚为一种团队力量。② 依据管理对象和工程特点，高起点定位，确定总体思路、建设理念和要实现的目标，并使之成为团队的统一认识，统一行动，统一意志。③ 依据合同、规范和职能分工细化目标，优化方案，拟定创优大纲，落实具体措施。④ 加强组织协调，分级管理、分工负责，落实责任、严格奖惩，将工程建设的责任机制、监督机制、激励机制真正落实到各个环节和工作岗位，达到管理闭合。按照科学合理原则确定工期，通过科学管理，创建“放心工程”。

五、依靠科技进步和技术创新，不断提升项目管理的科技水平

实现项目管理创新，技术支持是关键。在工程实践中，要注重解决和处理好以下几个环节：① 要重视工程关键技术和前瞻性技术研究，依托工程建设，结合项目特点，确定研究方向、研究重点和控制目标。如高墩大跨径新结构桥梁技术，长、大隧道施工和运营管理技术等。把解决当前与谋划长远有机结合，为高速公路建设的跨越式发展，可持续发展提供强有力的技术支持。② 注重工程实用技术的研究。如新型筑路材料及施工工艺的开发应用，湿陷性黄土压实技术、膨胀土防治技术、软土地基处理技术及土石混填技术的研究。③ 注重工程质量通病的治理。如路基不均匀沉陷病害防治技术，路面抗车辙技术、高边坡生物防护技术，干旱半干旱地区绿化技术等。④ 注重跟踪和引进国内外先进技术和工艺，如排水性路面技术，特大型桥隧监控管理技术。⑤ 从实际出发，在遵守国家统一技术规范和标准的基础上，适当修改和提升部分工程技术标准，改变目前国家部分技术标准和规范落后于工程建设实际的状况，形成科技与生产良性互动，相互促进，共同提高。

通过多年公路工程项目施工管理工作，发现部分项目管理较为混乱，在合同工期上控

制不好，在质量上，不尽如人意的地方较多，在成本效益控制上浪费较大，不知从何下手去控制成本和效益。特别是公路工程项目，施工管理好坏，其质量等级，成本与效益等，非常明显体现出来。

管理作为一种力量，一种财富，它在提升项目管理整体质量水平的过程中，正在发挥着极大的作用。实现高速公路新的跨越式发展，不仅仅局限在数量的简单增加，作为项目直接管理者，我们要思考的是在内涵上、质量上的新突破。

公路施工管理相关问题

随着我国经济的快速发展，公路的建设项目在不断增加，我国公路的里程已居世界前列，但是公路施工管理在这个快速的发展过程中却没有及时完善，而是出现了越来越多的问题，比如安全管理的缺失造成很多施工事故，这不但使企业无法获得经济效益，也使国家蒙受巨大损失。因此，以现代理念完善公路施工管理体系，提高公路施工管理的质量，对提高企业的竞争力和经济效益有着重要的影响。

一、公路施工管理的意义

科学开展公路施工管理工作是保障公路施工质量的前提，使施工企业获得经济效益，使施工企业的各项工作顺利开展。随着人们对公路施工管理的深入研究，现代的公路施工管理涵盖的内容更加广泛，不仅包括对施工过程的管理还包括施工计划、施工进度和施工成本等一系列管理内容。如何科学地开展施工管理工作是公路企业面临的首要问题，对公路施工企业的未来发展具有非凡的意义。

二、公路施工管理的主要内容及过程

公路施工管理就是运用科学的方法指挥、组织和监督公路施工过程，有效的利用人力、财力和物力等获取最大的效益。公路施工管理的主要内容有以下几个方面：

（1）按照国家的基本方针政策，科学地组织施工建设，按时并全面地完成施工项目；（2）采用先进的生产技术，保证或者提高工程质量，严格按照合同规定完成项目；（3）正确指挥施工力量，合理调度施工人员，提高施工热情，促进生产力发展；（4）注重施工安全，节约施工原料，避免浪费，定时保养、检查施工器械，提高生产效率；（5）合理安排施工计划，加强施工过程中的监督和管理，协调各部门之间的工作。

公路施工过程复杂，按照施工开展的顺序一般分为以下几个阶段：

（1）接受任务阶段；（2）开工前的规划组织阶段，该阶段主要任务是熟悉和核对设计文件、补充调查资料、组织先遣人员进入工地和编制施工组织设计；（3）开工前现场条件准备阶段，该阶段的主要任务有征地和拆迁、技术准备、施工人员进入场地、开工报告和临时生产、生活等；（4）正式施工阶段；（5）竣工验收阶段。施工管理贯穿于这五个阶段，只有完善管理结构，才能按时、保证质量的完成施工项目。

三、公路施工管理中存在的问题及原因

公路施工管理中存在的问题主要表现在以下几个方面。

1. 施工管理程序存在的问题

第一，一些施工企业不重视施工程序，存在开工前不打报告或者一边施工一边报告，有些是虽然交了报告但未经批准就开始施工，这些都严重违反了施工管理程序。第二，有时会存在先检验后提交申请报告的情况，企业没有提出质量检查的申请，而监理部门却已经做了检查工作，这也违反了施工管理程序。第三，在路堤和桥背、墙背和涵背的施工过程中，需要按照要求控制填筑分层的厚度和压实度，当填筑完一层时，施工企业必须对该层的压实度进行自检，并报告监理部门进行抽查，检验合格后才能填筑另外一层，但是很多企业只注重施工的进度，并未按照有关的规定进行自检，而监理部门也没按照规定的频率进行抽检，这显然是施工管理不到位，会使工程存在安全隐患。

2. 施工管理资料存在的问题

技术资料不完整是企业的一大通病，因为技术管理人员的经验不足等和未能及时更新资料，使有的资料可靠性和真实性不足且存在有些资料和其他施工企业的资料完全一样的现象。

3. 施工管理自检环节存在的问题

企业需要先自行检查工程后报告监理部门，但有些企业的自检体系不健全，自检机构形同虚设，自检人员不足，常常发生不自检而直接报告给监理部门的情况。

经过总结不难发现上述很多问题出现的原因就是施工管理不到位造成的。因此我们有必要对施工管理不到位的原因就行分析：1）施工管理意识不强。在工程建设中长期存在重技术轻管理的思想，虽然施工企业都建立了各自的管理部门，但是管理被置于可有可无的位置，对管理者定位模糊。由于管理经常出现问题，相似的问题经常出现，经常影响施工的进度和质量。因此管理意识不强是造成施工企业管理混乱的首要原因。（2）施工管理制度不健全。通常一个企业健全的管理制度是企业高效运行的保证，企业中的每个部门都应该受到制度的约束，公路施工企业也应该如此。但在实际中，施工企业的管理制度流于形式，各部门协调不一致，互不统属，绩效考核制度也不健全，生产队伍工作积极性降低，管理部门的威信受到质疑，最终致使工程延期且质量存有隐患。

四、提高公路施工管理质量的策略

提高公路施工管理质量的策略主要有以下几个方面：（1）完善管理体制。政府部门要严把法律关，按照建筑法、公路法和合同法等对公路施工企业严格管理。公路施工企业要通过科学的分析方法完善自我管理体系，从自身的实际情况出发，对已有的管理体系和管理流程进行分析和论证使管理体制能够达到施工管理的目的。（2）明确管理部门职责。明确管理部门职责和权限是完善施工管理体系的首要重点，对管理部门建立威信和促进施工过程中的管理工作具有巨大的促进作用。公路施工企业首先要明确各部门的权利和职责，促进各部门对本职工作的完成，以此为基础促进施工管理部门管理质量的提高。（3)优化施工管理系统。现代施工企业应对各个部门进行系统的整合，促进管理流程的畅通，减少不必要的程序，以此提高管理效率，促进管理工作的系统进行。（4）完善管理体系信息通畅。完善的信息通信系统能够将公路施工过程中的遇到的问题及时传递给管理部门，这些问题通过管理部门与其他部门的协调可得到及时的处理。同时信息管理通畅还可减少企业施工成本，可为企业财务管理创造良好的条件以此促进公路施工企业良好运行。（5）管理体系创新。我国公路施工管理体系还远远没有实现内涵型和集约型的发展。因此，我国的公路管理体系要依据我国的基本情况进行创新，采用科学的管理办法，现代化信息技术，规范化的市场行为和加强源头治理，使公路管理体系法制化、系统化和信息化。

完善的管理体系是现代公路施工企业提高企业素质和自身市场竞争力的有效手段，现代施工企业要以科学的分析为基础，优化管理的流程和结构，以此提高施工工程的质量，促进企业的可持续发展。

高速公路施工项目管理

一个国家高速公路的建设水平，在一定程度也反映了其社会发展程度的水平。为适应我国经济发展的需求，国内高速公路的工程建设也在大力推进。一条高速公路的好坏能直接影响到国家的经济建设 。因此，有必要加强高速公路施工时的项目管理，建设一条高质量的高速公路。

一、高速公路施工项目的目标管理

在高速公路项目管理中直接控制的管理目标有工程进度、工程质量、施工成本、施工安全、施工环保。它们同样都是工程管理的核心。在高速公路施工项目管理中应该将这五个大的目标细分为多个子目标，落实到每个负责人，建立起一个科学，完善的管理体系。

1. 进度目标管理

首先要制定一个科学、合理的进度目标，编写保证工程进度所需要的材料供应计划，控制进度。因为在一个工程的计划实施过程中，其目标管理是明确的，但因资源有限和施工过程中存在的不确定因素，导致在工程中经常会出现工程变更，所以在施工中管理人员需不断掌握工程的实施状况，确保工程进度目标的实现。

2. 成本目标管理

在项目施工前，进行成本分析，亏盈预测，严格按照规范编制计划书，企业中标后，要对施工环境，交通状况，材料成本等进行调查。然后根据甲方对工期要求，结合自身施工水平，编制出一份能保证质量、按时交工和经济的施工方案，方案要细分到每一道工序。对施工成本管理包括以下两方面措施。

（1）建立完善的机构跟责任控制制度

对施工成本的控制管理一直贯穿着整个高速公路施工周期，完成项目管理机构的建立后，以项目经理为主建立起成本控制管理体系和成本控制责任体系。

（2）按照规范严格控制支出

一般施工材料费用支出是所有支出中占据比列最大的，在不影响工程质量的情况下让材料消耗降到最低，其是节约成本的关键所在，所以在项目设计阶段，要严格参照预算来计算材料支出费用；合理地控制施工人数，提高生产效率，提升项目管理机构的管理水平，严格控制成本支出；依计划安排施工顺序，避免施工机械设备闲置；对机械规范操作，定期维护，确保其在施工中能正常运作；对间接成本进行严格审核。确定其真实性，避免谎报跟多报的情况出现。

3. 安全目标管理

对工人进行安全教育培训，提高他们的安全意识，对在特殊岗位的工人，要加强安全操作培训；在执行特殊操作作业时，做好安全防护措施；安检人员需对大型的机械设备进行定期维护和检查；工地的生活区和工作区不能靠得太近，施工设备和材料的放置要整齐、合理。保持通行道路顺畅；制作安全标语并放到醒目位置。

4. 质量目标管理

采用全面的工程质量管理机制、建立完善的质量保证体系。在施工前让所有的施工人员了解自己岗位的质量目标，根据资料分析在高速公路施工过程中所有可能会出现的质量问题并制作成表。在日后施工过程中如果出现问题马上通报并处理。

5. 生态目标管理

在一般施工过程中，往往会产生如废水、化学物质、燃油、噪音等各类污染，应该采取有效举措，最大程度减少在施工中产生的污染，降低其对周边环境的影响。

二、高速公路施工项目管理中存在的问题

1. 不正当竞争和有效竞争力不足

在现有建筑行业中，普遍存在“不正当的竞争”问题，部分地方政府跟主管单位出于自身利益的考虑，不按照相关法律法规，插手工程项目的投标，干扰了项目投标的公平竞争原则。这样的情况可能会造成高速公路工程施工项目被一些施工水平较低的单位承包。致使另外那些施工水平高的企业不能很好地融入到市场竞争机制中，导致企业缺乏对自身竞争力能力培养的动力。

还有一些部门或单位有意或无意地降低标底。使得施工企业的利润空间很小，有时甚至可能会出现亏损的状况。但一些企业为了占领市场，明知会出现亏损还进行承包。把希望寄托在工程变更和其他手段上来弥补出现的亏损甚至以此盈利。因此，许多项目管理开始都是在目标偏离的情况下进行的，在工程成本无法保障的情况下，想要使施工质量、施工进度和施工安全达到预期效果已经不可能了。

2. 业主和施工单位的自主性差

合同管理是项目管理的基础，依据是双方签订的施工合同，但某些地方政府为了自身需要，要求施工单位在工程施工设计程序还未完善的情况下开工，还有一些业主利用自身有利条件，不顾法规，在施工合同添加许多不公平的条款；有的还公然违反合同规定，比如没有按合同规范及时向施工人员提供技术资料，导致施工不能正常进行；项目款没有及时支付，致使施工单位资金周转困难，而且还在工期结束后拖欠款项。

3. 施工单位的管理水平、施工效率低

施工单位本身施工水平不高，缺乏核心竞争力和专业的人才，由于业主将工程项目划分得过细，致使竞争激烈，造成标价过低，施工单位为了生存，在外大量承包工程，导致单位的管理人员不够用，经常出现一个管理人员同时在多个工地挂名，这样必定会对工程的正常施工产生影响。

高速公路施工的技术管理

公路施工作为一项复杂的施工工作，需要多工种以及多技术进行相关的配合才能达到良好的效果，因此，建筑施工企业为了更加顺利地进行施工工作，必须进行层层管理和把关，公路工程施工管理的目标就是在保证施工合同规定的工期和质量的前提下，尽量降低施工成本以及追求施工的最大化利润，并保证工程的施工质量，因此要想掌握建筑工程的施工重点，必须做好施工技术的管理工作，从而为工程的顺利实施提供好的服务和保障。

一、公路施工技术管理的重要性

公路工程的施工管理的目标以及其他建筑项目的管理是一样的，在确保建筑质量以及工期的前提下，最大程度降低成本并实现利润的最大化，这就需要我们做好建筑施工前的准备、施工中的重点环节严格控制，现场管理实现科学化，也就是说掌握重心，为项目做好相应的服务保障工作。公路施工技术需要按照相应的组织系统与规范程序，运用科学的方法，将合同条款与技术规范逐步落实到施工项目当中，最终的目的是公路工程质量达到设计需要和既定的标准要求，公路施工技术管理需要依据技术保障与技术数据和相关技术文件作为工作管理的重要组成部分，这其中的主要工作任务包括：制定施工技术方案、相应的技术管理，施工中的试验、测量及相应的管理，数据的记录和档案管理等，公路施工技术管理工作是否过关会影响到企业的经济效益，严重的会影响到企业的生死存亡，因此，我们需要科学进行施工管理，严格按照相应规章制度进行文明施工，让技术管理为企业经营效益发挥最大的作用，这样才能有效地促进施工企业朝着健康的方向发展。

二、技术管理工作的主要内容和实施原则

建筑施工技术管理工作要立足于保证施工过程的技术秩序，并为当前生产服务，同时要为施工企业的技术储备和以后项目的施工打下基础，这其中包括技术建筑施工管理的相关制度、档案管理、技术培训、图纸会审、技术交底以及相关的安全技术等，通常情况下，对于建筑工程技术管理的工作可以从内业以及外业这两个方面进行详细的分类，其中内业方面的主要包括对相关技术管理制度的制定以及相关技术标准规范规程的完善，还有岗位的技术培训以及相关的技术档案管理，而外业主要包括有建筑施工前的相关技术准备，在具体的施工过程中的技术实施情况以及相关的施工技术的更新，施工技术管理实施原则要讲究从建筑企业的实际情况以及需求出发，在正确贯彻国家以及地方相关规定的技术政策，要保证做到实事求是。

三、当前公路施工技术管理的现状

通过对国内外多个公路施工技术管理项目分析来看，我国公路施工技术与发达国家相比，还比较落后，当前的施工管理和技术已经很难满足现在形式的需要，国内公路施工技术管理将技术文件管理与施工参数控制作为工作的两个重要方面，而相对滞后的公路施工技术管理无法很好地保证施工技术的实施；在施工过程中，技术管理工作未能发挥其真正的价值，由于国内施工过程中存在分包现象，各个分包商的技术管理水平参差不齐，这就造成了施工技术管理无法很好地落实，这些会直接影响到中标企业技术管理工作，进而会直接影响到工程质量，管理技术人员相对缺乏也是制约施工管理发展的另一个不利方面。

四、改善公路施工技术管理的措施

1. 强化准备阶段的技术管理

在施工准备阶段主要是通过了解和分析建设工程的特点，摸清施工的客观条件，编制施工组织设计以及制定合理的施工方案，同时为施工的顺利进行从技术、物资、人力以及组织等方面创造一切有利的条件，即为施工任务的顺利进行创造有利的施工条件，施工组织设计作为指导工程项目进行施工准备和施工的基本技术条件，首先应当对参加编写的人员进行明确分工并责任到人，然后统一规定编写依据，格式以及基本内容等以实现标准化管理。

2. 完善技术管理制度

在具体的施工中必须编写并不断完善各项管理制度，如企业生产、技术、安全质量、环保以及设备和计量等方面，对于生产过程中的重大问题进行有效的考核，建立以技术负责人为首的自上而下的统一领导和分级管理的系统，此外，对于施工过程中的隐蔽工程，在进入下一个工序之前，技术员必须通知监理工程师进行检查验收，确认后再进行。

3. 重视技术人员培训

人才是核心竞争力，所以在具体的工作中，各级领导不仅要支持技术人员的工作，更要定期、有计划并有目的地举办各种技术培训班以加强技术人员的再教育，使得他们能够更好地掌握新技术和新工艺以适应现代技术的发展要求，首先，除了有一套经过技术会审的图纸外，还要有施工计划或方案；其次，为了实现生产，技术以及安全有制度可依，应当健全岗位责任制；最后，做好施工现场的消防工作以及成品保护工作。

4. 强化施工过程中的技术管理

在具体施工过程中的技术管理也就是施工现场的技术管理，是施工技术的主要内容。作为项目部为了实现质量、工期、成本、安全的预订目标，必须加强施工过程的技术管理，其具体内容包括搞好图纸会审，坚持按图施工，编制并优化施工方案或施工措施，做好技术交底工作，严格按照施工组织设计和施工方案实施。

五、高速公路施工质量管理的解决对策

1. 应当针对当前高速公路施工存在的问题，制定相应的施工质量管理体系

通过将与质量有关的组织结构、过程和资源等组织起来，根据项目所处的不同的内外环境条件来制订施工质量管理的不同目标和计划，以此识别和预测必要作业过程，从而确保达到施工质量的最终目标。

2. 施工图纸的质量管理

高速公路施工图纸管理与整个项目的质量管理这两者间有着紧密的关联性，所以前期

对施工图纸管理把控是一项非常重要而关键的工作，因为图纸方案一经确立，整个工程的设计方案，施工布局，工程造价，等内容就已经基本确定。因此，在进行施工图纸管理时，需要以谨慎的态度来对待，注意以下两个问题：

（1）施工图纸的内容是综合性、系统性的工程规划外在表现形式，它集合了工程、地理、经济等多方因素的价值和意义。从现实实践角度来看，在施工建设期内，要定期进行图纸核查，确保留底存档，谨防丢失。如要到施工特殊情况，需要对图纸进行变更，则应该按照管理部门的程序进行办理，确保整个内容的变更在规范合法的范围内。

（2）在进行施工图纸管理时，按照专项性原则必须对图纸的进行备案。还需要根据工程量的大小、技术指标的高低、造价金额的多少等建立图纸保密管理制度。另外，应当充分利用现代化技术手段进行图纸管理，过程中要应用检索库以便快速查询。为了确保图纸管理的专业化，这就对管理人员提出了高要求。

高速公路施工技术管理工作的科学开展对企业的发展有着重要的意义，对公路工程施工质量有着重要的影响。施工企业必须认识到公路施工技术管理的重要性，运用现代技术管理理念提高公路施工技术管理水平，促进企业综合管理水平的提高，为企业的发展奠定坚实的基础。

公路施工管理要点及路基施工技术

公路工程建设对于建设地区的居民具有很大的影响，而且作为城市的基础设计，公路工程具备着连通城市，使城市形成网络，而且连通城市与城市之间的作用，为城市的交通以及运输提供较大的便利。

一、分析公路施工中工程质量管理问题

公路的设计标准和工程质量要求高，必须重视和加强公路现场施工中的工程质量管理问题。

1. 全员质量意识的提高

做好质量宣传工作是搞好质量管理的一种重要手段。由于参加施工的大部分工人的文化程度不是很高，你跟他讲大道理，很有可能他今天听进去了，明天却忘记了。所以质量意识的灌输，要分层次，一级一级地下去，使复杂的理论逐渐变得浅显易懂而且符合大众的口味。对质量的认识，有一个自下而上和自上而下的过程，这样经过多次循环，质量意识才能深入人心。

2. 工地试验室是现场施工中工程质量管理的保障前提

施工单位往往对工地试验室不加重视，试验室的房屋简陋，试验仪器残缺不全，完全

不能适应公路建设的需要。工地试验室在工程质量管理中是非常重要的一个环节，是企业自检的一个重要部门。施工产品符不符合要求，要由试验室拿出第一手材料，一切应以数据说话。不合格的资料，千万不能擅自修改合格后往上报，千万不能存有侥幸心理。密实度该是达到 90% 的，89.9% 就绝对不行。宁愿自己先返工处理，也比监理组、总监办抽查出来不合格后再返工要好，这样才能真正确保工程的质量。工程施工质量管理的实践证明，只有合格的施工员和试验人员，才能生产出合格的产品。

3. 现场跟踪检查是工程质量管理的基础

工程质量的许多问题都是通过现场跟踪检查发现的。要做好现场检查，质量管理人员就一定要腿勤、眼勤、手勤。腿勤就是要勤跑工地，眼勤就是要勤观察，手勤就是要勤记录。要在施工现场发现问题、解决问题，让质量事故消灭在萌芽状态中，减少经济损失。质量管理人员要在施工现场督促施工人员按规范施工，质量管理人员还应在现场给工人做正确操作的示范，遇到质量难题，质量管理人员要同施工人员一起研究解决；出现质量问题不能把责任一齐推向施工人员。质量管理者只有做深入细致的调查研究工作，才能做到工程质量管理奖罚分明，措施得当。

4. 现场施工要密切关注设计质量

目前，施工单位、监理单位都强烈要求提高设计质量。设计质量的优劣与施工质量的好坏是息息相关的。设计质量高，施工单位省心，监理单位和建设单位也省心。然而，由于目前国内公路上马较多，设计单位的工作量较大，因此很难做到精心勘探、精心设计，现在对设计单位相应的监督管理体制一时又无法跟上，所以就造成在施工中发现大量设计中存在的问题。把设计的最后一道关交给施工单位，这是非常危险的现象。施工单位水平高还好，如果施工单位水平低，预先发现不了设计问题，等到产品出来后才发现不对头，这就造成了许多麻烦和损失。

二、浅析路基的施工技术和方法

路基是路面的基础，承受由路面传递下来的行车荷载，其工程具有以下特点：工程数量大、耗费劳力多、涉及面广、投资高等。路基工程质量的好坏直接影响到公路使用品质、旅客的舒适和正常的行车交通。

1. 路基施工的技术要点

（1）级配沙砾垫层技术要点

级配沙砾是路面垫层较好的主要材料，但沙砾本身的质量优劣直接影响到垫层的作用及路面整体的工程质量，所以监理工程师应掌握对沙砾的技术要求，控制级配沙砾垫工程质量。这些技术要求包括：级配沙砾中砾石的压碎值应小于 30%。砾石含量 0.5~5 厘米的颗粒不得少于 50%，最大颗粒不得大于 6 厘米，级配沙砾中 0.074ram 的粉料数量不应大于 7% 且塑性指数不应大于 6，鉴于级配沙砾垫层的强度主要与颗粒级配和压实有关，所以对级配沙砾的级配应有所要求。

（2）级配沙砾垫层的施工工艺

级配沙砾垫层的施工可以分为碾压路槽、运输摊平、整形洒水碾压和初期养护等五个工序。级配沙砾是一种松散材料，为防止遭到行车破坏，监理工程师应提醒施工单位在进行施工组织计划时，要采用半幅通车半幅施工的方法，避免因施工造成行车混乱，使级配沙砾垫层的表面松散、平整度差和延长工期。

（3）水泥稳定沙砾基层根据施工方法

施工方法又可以分为厂拌法和路拌法两种形式。底基层可采用路拌法，上基层可采用厂拌法。水泥稳定沙砾作为高等级公路路面的基层是路面结构中的重要组成部分，关系到路面整体强度的高低和能否保证在路面设计周期内正常使用。

（4）水泥稳定沙砾基层的施工工艺

水泥稳定沙砾基层的施工工艺有两种。路拌法施工水泥稳定沙砾基层，工序分为：初平沙砾料、洒水闷料、摆放水泥、摊平水泥、机械拌和、整型找平、碾压成型洒水养生。厂拌法施工水泥稳定沙砾基层，工序分为沙砾备料、水泥剂量、加水拌和、运料上路、摊铺碾压和洒水养生等。

（5）公路路基的级配沙砾垫层。

路基复查，建立工程师在级配沙砾垫层施工前，必须对已竣工的路基进行复查验收，并向路面施工单位进行组织交接手续，交接手续应由驻地监理工程师组织，由路基、路面两个施工单位的领导和技术负责人参加，路基竣工后，由路基施工单位进行自检《路基自检报告》；材料试验，路面施工单位必须向监理工程师提交关于级配沙砾的各项材料试验。

2. 路基施工技术措施

（1）路基质量控制

在公路路基结构设计中土基的回弹模量影响结构层。路基上的控制，压实度控制保证土的最佳含水量，强度控制路基工程。

（2）水破坏的控制

水对公路路基使用性能的影响较大，它降低路基的强度，特别是夏天高温天气，雨水渗入整体道床。形成高温水，在行车荷载作用下，碎石剥落下来，两者分离，在行车作用下形成坑洞，表层施工按防水层处理，使水进入不到结构层内部，从而避免出现这样的破坏。

（3）裂缝的防治

公路通常采用整体道床，整体道床裂缝的种类基本上可以分为两大类：基层开裂所形成的反射裂缝和面层自身产生的温缩裂缝，这是第一类属于非荷载裂缝；另一方类是行车荷载反复作用而产生的裂缝，它是由于整体道床基层承受的拉应力超出其抗弯强度而产生的网状不规则的裂缝，这要在设计时充分考虑。施工时控制好质量就是为了解决第一类裂缝。

随着我国公路建设的迅猛发展，工程质量将会逐步走上系统法、法制化的轨道，电脑技术将会普遍地运用到工程质量管理中，施工人员和质保人员的素质将会有很大提高，全面质量管理体系将得到广泛推广应用，我国的工程质量管理水平将会提高到一个新水平。

如何加强公路工程施工管理

搞好施工项目管理，就必须抓好施工项目的队伍建设，建立健全有效的管理制度，制定一个切合实际的实施方案，正确处理安全、质量、进度、效益的关系，实现质量、效益双丰收。

一、建立有效的项目管理制度

项目管理制度就是项目最基本的管理方法，首先，制定一套好的管理制度是搞好项目的最重要前提之一。同时，施工项目管理制度也是企业管理制度的重要组成部分。一个好的施工项目管理制度首先应是合法的，它的各项规定、基本内容必须符合国家的法律法规及企业内部的各项制度；其次必须是行之有效的。一个施工项目没有一个有效的管理制度，就等于没有管理。一个没有管理的施工项目肯定不是一个好项目，而且还是一个亏本的项目；最后必须符合施工项目的实际。制度并不是越多越细越严越好，制度的制定要结合实际量力而行。

二、编制总进度计划与阶段性计划

进度计划与阶段性计划是保障施工能否按合同要求的工期完成的依据也是处理合同中有关变更、延期及索赔的主要依据。

1. 总进度计划

编制实施性总计划。在标书中规定了施工的总计划是在合同签订后固定天数内完成并提交监理工程师审核的。生产指挥系统要以计划为中心，加强施工现场管理，合理调配人力、物力、施工机械，确保关键线路施工畅通无阻。配合业主尽快完成征地拆迁、排除一切干扰，落实所有无阻挡施工措施。在业主和监理工程师审核同意的情况下，采用对工程质量有保障的新工艺、新技术，加快施工进度。

2. 阶段性计划

阶段性实施计划比总体计划更详细更切合实际，编制内容与总计划相同。阶段性计划一般为季计划和月计划，各施工班组可按月计划落实到每天的施工中去。对于因工程质量、施工机械不配套等内部原因，或者属于业主的原因、外界的干扰而拖延工期，打乱施工计划的，就要在季计划或月计划中进行调整，确保关键线路的施工项目不受影响。

3. 建立施工信息网和加强人本管理

为了达到快速准确的数据传输和信息共享，实现真正的动态过程管理。可以利用目前较成熟的互联网技术搭建网络平台并申请 ADSL 宽带专线。分别在项目管理处和分公司组建内部局域网，建立起处与各公司之间的信息管理网络，实现信息交换和资源共享。

人员作为管理结构中最基本的单元，是最活跃和最有积极性、创造性的因素。在项目施工管理中，各参建人员应该在原有的责任基础上进一步明确施工管理的重要性，树立主人翁的思想，抱着对企业和集体负责的态度为降低成本精打细算，为节约开支严格把关。

4. 加强施工成本控制

在事前控制中要做到“算了再干”，成本是控制体现在成本预测和成本计划编制阶段。在成本计划执行过程中的控制中，除注意本阶段人力、物力消耗的节约外，还应注意对工程成本的影响。在工程正式施工过程中，应坚决按成本计划进行费用开支，保证实现已拟订的降低成本的技术组织措施，并与施工过程、进度、质量、安全等控制结合起来，使成本控制成为施工过程全面控制的一个有机组成部分。为此，要注意抓好以下工作。

（1）完善成本管理制度，使采购、库存、发放、使用等每一环节在制度的约束下进行。

（2）根据施工定额对各分项工程进行成本控制力求使人工、材料、机械控制在规定的范围内。

（3）分项或分部工程完成后，要对照施工控制预算进行成本预测，对已经出现或可能出现的超支采取应对措施。

（4）工程全部完成后，要结合施工控制预算、计量支付进行效益分析，总结经验教训。

5. 加强施工质量管理

在项目施工中，实行“统一领导、分部管理”的原则，成立质量管理领导小组，建立质量保证体系，从落实责任制开始，层层深入、步步落实。

（1）施工准备阶段

1）材料进场控制

在备料阶段，根据设计文件对于基层面及其他部位材料的级配要求，严格制订备料计划，尽快确定各层次目标配合比来指导备料工作；深入材料生产厂家，本着货比三家、物美价廉的原则选择优质材料；通过实验验证材料质量，不合格材料要坚决抵制，严把质量关。

2）施工方案控制

在开工前组织技术人员进行图纸会审，认真研究施工方案，集思广益，共献良策，制定几种方案，从中选择最适合的方案，按照方案制定各个工序的作业指导书，并在施工生产前对责任人交底，并将各项要求传达到每个施工岗位上。做到责任到人、层层监督。

（2）施工生产阶段

1）自检体系控制。时刻注意自检体系的实施效果，使其在质量中始终发挥良好作用，并在施工生产中逐步使其改进、完善。

2）工序质量控制。严格工序间的交接检查并做到层层检查一道工序完成后，确认其质量合格后才能进入下一道工序。对发现的不合格品坚决返工，决不能马虎，否则将影响下一道工序的施工质量，造成更大的损失，而且要保证机械的正常运转及正常使用，并着重对隐性工程进行检查和质量控制。

只要施工单位运用现代先进的理念、突出技术和协调工作、组织合理、管理得法、加强成本意识、突出效益观念、整合好内外部各方关系，把整个项目部集成为一个整体，围绕一个目标始终如一地为工程服务，必定会有一个管理和效益的双丰收。

如何做好公路工程施工技术管理

我国正在不断推进关于公路工程的建设，在追求公路工程数量的同时，同样对质量有着高要求。施工技术作为保证其质量的重要一环，如何将其作用发挥出来是一个关键。想要通过加强施工技术实现公路工程质量的保证，就需要加强对施工技术的控制与管理。

一、进行公路施工技术控制与管理的意义

公路施工技术是整个施工过程的核心，它主导着施工环节的推进，在施工过程中进行施工技术的控制与管理十分必要，它能够促进施工环节中的施工参与者优势的发挥，也能够对机械以及材料的使用进行优化。

1. 保证施工顺利进行

加强技术控制和管理工作，能够帮助管理人员和施工人员及时的发现质量缺陷，以便能够在第一时间之内积极地采取有效措施处理，将问题消灭在初级阶段。这有利于企业和单位的安全施工，避免出现安全事故。从而保证工程的顺利、平稳的进行。

2. 提高公路工程建设效益

做好公路工程施工技术的控制与管理工作，能够更加合理科学地使用和配置物质和人力资源，让工作人员都能够充分发挥自身的作用和职责，能够节约成本，帮助施工单位和企业实现最大的经济效益。

3. 提高施工效率

能在一定程度上降低施工过程中的成本，提升施工效率，避免人力物力浪费。进行有效的公路施工技术管理，有助于施工方案的优化改进，减少公路施工过程中的缺漏和错误的发生，使公路施工进程更高效地推进。进行有效的施工技术管理，还可以使参与到公路施工中的技术设计与施工人员得到专业提升，使他们的施工技术更加科学高效。

二、我国公路施工技术管理现状

1. 施工准备工作不到位

在公路施工技术管理中，施工准备阶段的技术管理占有基础地位，做好施工准备阶段的技术管理工作，能够从整体上提高整个公路项目的施工质量。施工准备工作不到位，可从整体上降低施工质量。比如说，施工前材料准备不齐全会影响施工作业者使用，最终延缓施工进度。

2. 缺乏高素质建设人才

在激烈的市场竞争环境中，人才对企业发展起着关键作用。目前，多数公路施工单位存在建设性人才缺乏的问题。公路施工单位中，有诸多经验丰富的老员工，但多数老员工知识结构陈旧，学习新知识、新技艺的精力不足，难以满足新型高速公路的建设要求。此外，刚入职的员工虽然具备扎实的专业知识，但又缺乏丰富的实践经验。因而，施工企业从整体而言，专业、高素质的建设人才匮乏。

3. 施工技术管理机制不完善

目前，我国多数施工单位存在施工技术管理机制不完善问题，自上而下看，施工单位缺乏行之有效的施工技术管理机制，施工作业者对高速公路的建设十分熟悉，他们往往会提出诸多具有借鉴意义的意见，但多数管理者在进行重大决策时往往固执己见，难以吸取下级员工的建议或意见；自上而下看，施工单位的监督机制仍需进一步完善。除此之外，高速公路施工单位缺乏一个能够反馈上下级信息的中介机构。从政府角度看，政府并不能定期定时地对高速公路施工建设质量进行审核。

4. 施工工程对施工路段的生态保护不足

倡导社会和谐，不仅是人与人之间的和谐，人与环境也应该达到一个平衡的状态，因此，才能够实现持续发展，实现社会的长治久安。一般的公路施工对环境的影响较大，其中水泥、沥青、混凝土等路面材料的铺设阻挡了地下水的储存，地面设施的空间需求也对周边动植物颇具影响。而在目前的公路施工工程中，较多施工单位未注重对施工周边环境的维护，这种维护意识的缺失进一步对生态环境造成了破坏，这与人和自然间和谐共存的理念相违背，其施工技术也必然是不合理的。

三、施工全过程质量管理措施

1. 做好设计图纸的会审工作

施工单位和企业在施工过程当中是离不开施工图纸的。所有的施工工作将按照图纸来进行，图纸设计的优劣关乎工程的推进和质量，因此，在施工之前应当做好施工图纸的会审工作。应当由相关领导参与，抽调相关方面的专业技术人员做好图纸的会审工作。

只有通过会审的施工图纸才能作为施工的指导，不合格的图纸一律不能用于施工。

2. 加强人员培训

应通过各方面的努力，不断提升公路工程施工技术人员的技术水平和职业素养，对施工人员展开必要的培训工作。可以定期安排专业的技术人员开展讲座，向工程施工人员传授必要的知识技术，也可以按照技术工种对施工人员进行分组，各组内人员互相交流经验心得，共同进步。

3. 建立健全技术管理机制

施工单位应从自身实际出发，建立健全技术管理机制。施工单位不但需要在单位内部形成自上而下的管理模式，还要形成自下而上的监督与反馈。上级决策者在开展管理工作时，应注意听取下级员工的意见和建议。下级员工应提高自身责任感，把施工单位当成自己的家，当自身有公路施工技术方面的建议时应及时提出。从政府角度看，政府应派人定时或者不定时的对公路施工质量进行检查，以此来确定施工单位是否应用了合理的施工方法，是否应用了质量达标的施工材料。

4. 维护施工现场生态环境

严格监督现场施工的过程，对各施工材料的使用及堆放做出具体要求，并严格监督施工各环节，通过控制施工方法或利用新工艺以减少粉尘或其他污染物的产生和排放，将施工过程对环境的影响降至最低。另外，应根据施工地段采取分时段施工的方式，尽量减轻施工噪音和震动对周边民众的影响。

针对公路工程的施工技术管控，不仅需要有一个完善的管控体系还需要将其真正落实到具体的施工中，保证每一项施工符合国家标准的同时符合施工设计的要求。由于公路工程的施工技术控制与管理，在不同的公路工程有着不同的内容，同时还需要管理者有着十分丰富的施工技术控制与管理经验，因此，在实际过程中还需要不断总结施工经验，在此基础上结合更加有效的管理方法保证公路工程施工质量。

二级公路施工管理

我国公路的运输需求在我国经济的快速增长的刺激之下，公路里程的增多之下，公路服务时间的延长之下得到了强劲的增长。在进一步扩大我国基础公路的建设进程中，二级公路是组成新农村建设的重要内容和我国公路网的基础内容，同我国的干线公路比较，其运输速率和服务水平对我国整体公路的效能的分析和广大群众的利益密切相关，但是目前我国的二级公路的施工管理仍然存在着很多问题。二级公路的施工企业要想在激烈的市场竞争中占据优势地位，其中非常关键的一环就是努力加强施工管理。

一、二级公路概述

二级公路通俗来讲就是双车道公路。二级公路一般能适应按各种车辆折合成中型载重汽车的远景设计年限，年平均昼夜交通量为 3000 ~ 7500 辆。主要是连接着政治和经济中心的供汽车行驶的公路。二级公路的设计速度在每小时 60 ~ 80 千米，双向行驶且无中央分隔带的双车道公路。二级公路的计算行车速度根据地形地貌，分 80 千米 / 小时和 40 千米 / 小时两类。二级公路为双向两车道，其行车道宽度，根据上述两类计算行车速度，分别为 9 米和 7 米。二级公路当混合交通量大并且将慢行道分开有困难时，其行车道宽度可加宽到 14 米，并应画线分快、慢行车道。二级公路的路肩宽度，按上述两类：分别为 1.5 米和 0.75 米。停车视距分别为 110 米和 40 米，超车视距分别为 550 米和 200 米。路基宽度分别为一般值 25.5 米和 22.5 米，变化值 24 米和 20 米。

二、二级公路施工管理中存在的问题

1. 路基排水、防护工程及沿线设施与环境景观不协调。

2. 二级公路施工管理中成本管理中主观方面存在的问题，成本管理方法落后，成本管理观念薄弱。

3. 近几年来，建筑施工行业工程量清单计价实行，对施工企业成本管理提出了新的要求和规范。施工行业的不完全竞争现象制约着成本管理的发展。

4. 工程材料采购种类繁杂，环节重重，很多材料无法从厂家直接采购，并且新材料纷纷上市，使得价格不稳定从而加大材料成本。

5. 施工企业的责、权、利落实不到位，兑现不及时造成成本责任感不强。

6. 奖罚不够分明。

7. 宣传工作做得不到位。

8. 交通管制的力度和方法存在不合理因素。

9. 职工的质量意识和竞争意识淡薄。

10. 二级公路路基压实不够、沉陷，路面平整度差以及早期破坏等质量通病普遍存在。

三、二级公路在施工管理中需要采取的措施

1. 在施工管理中建立和健全二级公路质量保证体系，进一步加强工程质量检测方式。在开工之前必须依据操作详情对各个施工工序、技术误差、检测的频率和方法有清楚的认识和把握。二级公路在施工管理中必须完善路面的防水设计。

2. 二级公路的施工管理的重点是抓好工序管理。明确要求各级高层领导和管理者要在岗并且现场盯岗，跟随进度。必须高度重视底层人员的施工质量，以保证质量为前提基础，

尽量在开工之前进行技术的交底工作。强化现场工序方面的管理，明确好分工情况，责任下放到人。工序顺序进行合理的安排，做到施工文明，减少对自然环境的污染。

3. 安全生产在文明施工中是要作为一个极其重要的内容来对待并采取相应的措施。

4. 必须努力实施质量管理的操作规程，逐步实现质量管理施工操作的规范化进程。

5. 施工的交接验收办法及奖励和惩罚措施必须合理规划并制定出来，加强对原材料，施工工艺操作过程的控制和检测并用先进的施工设备，提高施工质量水准。

6. 实行高效的质量检查制度。为每条二级公路都制定实施方案，并将此方案发放到全体工作人员手中，使大家心中有明确的目标并向着正确的目标发挥自己的优势。

7. 对于在职工间存在的质量意识和竞争意识不高的情况，上层领导需要在关键岗位、关键工种等方面的奖金分配上体现出特殊的划定。与此同时，重视施工质量的动态宣传工作。要继续提高对管理体系的认识和强化全员培训质量管理体系顺利操作，领导层人员及员工要在思想上加强对管理体系作用的正确把握。并对质量管理体系做出系统、全面地诊断，并以此为基础制定正确的纠正措施和预防措施，从而保持质量管理体系的有效性。创新项目管理理念，以提高工程质量为核心，自觉遵循工程建设的内在规律，以科学的精神对待工程项目管理。依靠科技进步和技术创新，不断提升项目管理的科技水平，走在时代发展的前沿。

8. 在二级公路的施工管理中增强工程变更的前瞻性，在公路工程施工过程中，变更对整个工程项目的管理是极其重要的。工程变更需要该项目管理人员和专业造价人员的密切协作，需要做认真详细的技术分析，并对工程的成本投入做出合理评估，最后，综合各方建设性意见和建议，实施恰当的变更方式。

9. 在施工方面的预防策略：①努力加强施工管理建设，逐渐提高工序安排的合理性。需要做好抽样的合理性，数据具有真实性，对于沥青和砂石料的试验数据，要切实统计。②深度重视并且需要协调道路沥青路面的各种规定或要求的指标，十分重要的一点就是处理好沥青路面平整度和压实度之间的关系，逐步实现压实度和平整度的和谐统一。③对于二级公路的路面基层施工中要严格要求材料的选择，要选择稳定性的材料，并按照各种指标和配合比进行选择，对施工质量要加强严格控制和管理。与此同时要做好二级公路的养护工作。④进行基层施工时就应将基层的平整度、横坡、顶面高程进行精准控制，才能为在沥青面层施工时达到技术要求提供保证从而降低工程造价，确保施工质量。

10. 切实加强交通管制工作，公路的交通管制不仅和道路的交通行驶安全有关也和施工的成果密切相关，通常在二级公路的施工建设中场地受限，交通流量大，机械设备的周转利用时间受限，所以二级公路一旦开始施工后就应该严格进行交通的管制，待公路表面的温度降下之后，机械设备转场之后才能完全开放道路交通，但是仍然要布设标牌，保证交通道路的安全和路面的环境质量。

二级公路的施工管理作为一种无形的力量，它在提升项目管理整体质量水平的过程中，正在发挥着极其巨大的积极性和优越性。二级公路的建设工程，不仅要保证各项技术指标达到设计规范要求，还需要在施工时加大管理和协调力度。必须要不断地加强努力提高施工技术，及早地发现问题，及时地解决问题，必须严格根据公路施工要求完成施工，按照公路设计规范要求进行施工，从而确保建设具有质量优良，社会效益显著的公路工程。

高速公路施工管理

一、高速公路施工现场管理的主要内容

公路施工现场管理实质上是企业各项专业管理和基础管理工作在生产现场的深化和体现。加强施工现场管理就是追求企业专业管理和基础管理在生产现场的最佳结合，实现施工企业整体优化。施工现场管理的主要内容为施工作业管理、物资流通管理、施工质量管理以及现场整体管理的诊断和岗位责任制的职责落实等。具体优化措施有：第一，均衡地组织施工生产，实现施工标准化制度化管理。在不影响生产任务的前提下，结合市场供求，为用户提供经济环保的建筑材料，确保安全生产和文明作业。第二，科学合理的组织施工，从根本上杜绝施工生产中的浪费现象，现场协调作业，发挥其综合管理效益，尽可能地用最小的投入换取最大的产出，真正实现生产经营的经济效益和社会效益。第三，优化人力资源，组建高素质的施工团队。第四，加强定额管理，加强工程造价管理，物耗及能耗降到最低，减少物料积压占用资金。

二、高速公路施工管理过程中存在的问题

1 变更大，浪费多

由于地质条件、自然环境的变化，导致一些设计阶段的计划无法执行，实际施工过程中被迫修改，造成很多不必要的开支。以姜眉公路宝鸡段为例，该工程的施工地段在秦岭深山的古褒斜道上，地质结构复杂，路线沿红岩河、龟川河逆流而上，穿山跨河、桥、涵、隧工程项目多，雨水的冲刷使姜眉公路宝鸡段原工程设计在很多地方存在不完善或不尽合理之处，随着工程建设的逐步深入，只有变更原设计才能符合技术标准和质量要求。

2. 工期短，难度大

现阶段我国高速公路建设任务繁多，对建设的速度要求过快，往往是在紧张的施工建设中，就有很多高速公路在等待开工。然而，我国高速公路工程施工测绘管理方式还属于粗放式管理模式，这种管理模式难以精确控制土石方费用，耽搁工程进度，测量工程事故也时有发生。

3. 监督管理不严

有些公路监理责任心不强，承包人没有预先提出质检申请，监理却做了质检工作，出现先检验而后有检验申请报告的现象，违反了施工监理的正常程序。施工过程中，还存在不按规定频率检验的情况。如在路堤的填筑过程中，必须严格控制填筑分层厚度和压实度，要求每填筑完一层，承包人必须自检，监理要抽检，压实度合格后才能填筑上一层。但在实际施工过程中，有的承包人只强调施工进度，未按规定频率进行自检，监理也不按规定频率进行抽检，这显然有悖于施工监理程序。企业自检、监理抽检是工程质量保证的关键性环节，二者缺一不可。

三、高速公路施工现场管理的基本原则

1. 科学合理原则。施工现场的各项工作都应当按照既科学又合理的原则办事，以期做到现场管理的科学化。还要做到操作方法和作业流程合理化，现场资源高效合理利用，现场设备布局科学安全。

2. 经济性原则。采用先进技术，有效地使用各种资源。降低建筑运行费用，使建筑造价得到节约。也就是说，要使能源和资源的利用率达到最高、消耗率降低至最低。材料尽可能选用可重复使用的材料，尽量对工农业废弃物材料进行再利用。根据不同情况，力求回收利用，变废为宝产生循环经济效益。施工现场管理一定要克服只抓进度和质量而不计成本，从而形成单纯的生产观和进度观。

3. 标准化规范化原则。没有规矩不成方圆。施工现场涉及的人员多、部门杂，标准化、规范化是对施工现场的最基本管理要求。它可以高效地协调施工生产活动，规范工作人员的行为，充分发挥施工人员的聪明才智，克服主观随意性。从根本上提高施工现场的生产、工作效率和管理效益，从而建立起一个科学而规范的现场作业秩序。

四、提高高速公路施工管理质量的策略

1. 做好高速公路质量管理的前期准备工作

为使质量管理工作顺利开展，提高全体员工的质量意识，开工前要认真学习合同文件、落实岗位职责。各个单项工程开工前，要对参加施工的全体人员进行工程施工严格考核，做到工程施工严格按设计与“技术规范”操作。通过教育与考核，实现全体施工人员持证上岗、挂牌作业。

1）落实高速公路质量管理责任制

为了加强质量管理，施工企业中标后，要实行分级管理、层层负责。建立项目经理部、工程施工处、专业工程施工队三级质量管理体系。成立工地试验室、质量自检组、资料整理组，各尽所能、各司其职。项目经理作为质量第一责任人，质检负责人全面负责质量管理工作。工程施工处以各处处长为质量第一责任人，质量自检员负责该处的质量自检工作。

施工队以各队队长为质量第一责任人，由质量自检员负责该队的质量自检工作。制定各自的岗位职责，做到质量责任，层层落实。

2）严格执行高速公路质量控制程序

根据工程的合同要求制定严格的质量控制程序。在每个单项工程开工前，要先上报后开工，在施工中，要先由施工企业进行质量自检，自检合格后，申请监理工程师抽检，抽检合格方可进行下一步施工。

3）加强高速公路施工现场的质量控制

加强对原材料的质量控制，认真做好工地试验工作。项目经理部要成立工地试验室并配备业务精通、工作认真负责的专职试验人员，认真开展工地试验工作，为工程质量控制提供可靠的依据。在工程开工之前，项目经理部要组织技术人员对导线点、中桩和高程进行反复测量使之达到闭合要求。保证中线和高程误差在规定允许的范围之内。在施工过程中，要重点对公路路基中线及各个桥涵构造物的平面位置、高程、预制构件的几何尺寸等进行严格控制，使各项测量成果均控制在规范允许的范围之内。

4）认真做好试验路段的施工

在工程全线开工之前认真做好试验路段的施工，确定具体的施工操作方法，确定各项工程的施工技术方案及质量控制措施，用于指导全线工程的施工。便于制定切实可行的工程施工方案。

高速公路施工安全管理

高速公路作为保障人们生活生产出行的重要方式在新时期下呈现出迅猛发展之势，根据国家统计局所公布数据显示，2015 年我国高速公路通车总里程已达 12 万千米，这在很大程度上推动了我国经济社会的发展。然而根据笔者对高速公路建设研究发现，受诸多因素所影响，现阶段其施工安全管理中暴露出来的问题逐渐增多，这不仅导致施工安全事故呈现上升趋势，同时更会对我国高速公路建设形成制约。有鉴于此，采取相应措施解决高速公路施工安全管理问题就显得至关重要。

一、现阶段高速公路施工安全管理中所存在问题分析

通过对相关文献研究以及结合笔者实践来看，现阶段高速公路施工安全管理中主要存在着以下三方面问题。

1. 缺乏完善的管理机制

就现阶段高速公路施工来看，相关管理机制仍不够健全，缺乏完善的施工行为规章制度，导致部分管理制度流于形式，无法得到有效落实。此外，工作人员职责不明，安全管

理责任无法落实到个人，导致出现互相推诿的现象。施工安全管理力度薄弱，日常管理与监督工作力度不足，管理方式陈旧导致高速公路施工存在较多的安全隐患。不仅如此，施工人员安全管理与保护意识不强，疲劳操作、不遵守交规等现象屡见不鲜，加大了施工安全管理的难度。

2. 施工作业场地管理不够规范

在高速公路施工过程中，施工作业场地管理规范与否在极大程度上影响着高速公路交通运输安全以及施工人员人身安全。但在具体施工过程中，部分施工单位场地管理意识薄弱，施工标志牌设置不够醒目、作业反光标志不合规范、作业材料随意堆放、施工区域随意变更等现象屡见不鲜，不但给施工作业留下严重的安全隐患，而且还对正常的高速公路交通运行造成影响。

3. 缺乏施工安全培训

结合实践来看，施工人员作为高速公路各项建设内容实施主体，他们大多都是文化水平较低的农民工，因而确保其拥有良好的施工安全意识以及知识是确保高速公路建设安全性的重要因素。然而受到诸如节约成本、赶进度等因素所影响，现阶段部分企业在高速公路施工安全管理中往往缺乏相应的施工安全培训，如此一来势必会导致施工人员因此而安全意识以及知识匮乏，进而极易造成高速公路建设安全事故产生。

二、解决高速公路施工安全管理问题的措施探究

针对上述高速公路施工安全管理所存在问题，为了切实有效保障其建设安全性，笔者认为企业可以采取以下针对性措施予以解决。

1. 建立健全的高速公路施工安全管理体制

完善的安全管理体制是保证高速公路施工各项工作得以顺利进行的重要保障，其不但包括相关制度的建立而且还包括工作人员的管理等。首先，应该是施工安全工作标准制度以及安全行为规章制度，让施工人员有章可循，有据可依，以将施工安全事故降到最低。其次，应落实施工安全责任制，将具体安全责任层层落实，如若在施工过程中出现玩忽职守、规章操作的现象，一律对相关责任人以及责任单位进行责任追究，依照相关规章制度来对其予以处罚。应落实施工人员的上岗培训、安全教育工作，并将劳动保护措施以及人身安全防护措施落实到位。

2. 加强高速公路施工作业场地的管理

在进行高速公路施工时，施工单位必须在获得批准的时间与区域内进行施工，并设置醒目、清晰、美观的施工标志牌。如若标志牌不符合规范要求则必须及时予以更换。如若在夜间施工时，必须确保施工人员配备齐全各项安全保护措施，并使用反光标志筒来正确标识施工断面，每个标志筒间的距离控制在 3 米且采用环状沙袋进行固定。其次，应严格按照规定在安全作业区域或不对交通秩序造成影响的区域内摆放材料、工具、停放车辆等。

应在将施工材料堆放在高速公路行车道、超车道、硬路肩以及中央分隔带上，如若是在无法避免要放在硬路肩上，则必须摆放好安全警示标示。最后，每日施工完毕后，应将施工现场清理干净，保证路面清洁，严禁遗留杂物在高速公路上，将安全隐患在源头上进行消除。

3. 严格落实高速公路施工人员安全培训工作

鉴于施工安全培训缺乏而导致高速公路建设安全性受到严重影响，企业应严格落实事故人员安全培训工作。首先，企业必须根据国家相关法律法规在其高速公路施工安全管理体制中将安全培训工作纳入，从而使得企业在根本上重视起此项工作。其次，企业在中标某一高速公路建设项目后，应根据其内容以及安全管理要求与目标等制定出详细的施工人员安全培训计划，随后在高速公路建设前组织相关人员进行统一（或分批）施工安全培训，以此切实有效地提升安全意识以及知识。最后，为了保障安全培训工作成效，企业还应当采取考核上岗机制，即在施工人员安全培训完成后，对他们进行相关知识考核，只有合格者才能聘用，如此一来有助于保障高速公路建设实现良好的安全性。

鉴于高速公路施工安全管理所具有的重要作用，企业应当采取相应措施将其所存在问题予以解决，从而为保障高速公路建设打下坚实基础。为此，本节在充分结合笔者工作实践经验基础上，探究出一些高速公路施工安全管理措施，以供广大同行参考。

高速公路施工标准化管理与绩效评价

随即各地交通运输管理部门出台了高速公路标准化施工指南。施工标准化管理实施后，高速公路建设质量安全控制、管理效率、工程形象等得到跨越式提高，对高速公路施工标准化管理成果进行绩效评价十分必要。目前，国内学者对高速公路管理绩效进行了评价：张龙兴运用AHP－FUZZY模型，从进度、质量、投资和管理四方面对高速公路施工管理进行了综合评判；高贺等基于V－G－O－C&S逻辑推演法，从国民经济效益、财务效益、社会影响方面建立高速公路投资绩效指标，体现了项目的价值观；祝建华等建立了以经济效益、社会经济影响、运营、环境影响、决策过程、建设工程为指标的评价体系，完善了高速公路绩效评价指标。而对于施工标准化管理绩效评价，目前的研究较欠缺，主要集中于评价模型的构建，如宋皓运用灰色关联分析法建立了高速公路标准化管理绩效评价模型，何雄伟等结合层次分析法和模糊综合评价法对高速公路施工标准化管理进行了绩效评价。本节根据高速公路施工标准化管理内涵构建绩效评价指标，采用熵权法进行评价，提高评价的客观性。

一、施工标准化管理内涵

高速公路施工标准化管理就是依据国家高速公路建设规范要求，综合先进的科学技术和实践经验，对高速公路施工建立科学、系统的工程建设标准化体系，在保证施工质量、安全、进度目标的前提下，实现经济效益最大化，同时融合社会效益和环境效益。高速公路施工标准化管理主要包含施工、质量、安全、环保等 6 个方面的内容。

1. 工地标准化管理。施工现场建设因地制宜、统一规划、合理布局。项目驻地、集中加工厂和现场施工作业区三区分离；砼拌和站、预制场、钢筋加工厂材料存放区场地统一建设，砼集中拌和，模板、构件集中预制，钢筋集中加工，统一组织调配至各工点浇筑、安装，实现“规模化、专业化、集约化”；施工现场布置统一的标识、安全防护设施及其他临时设施，规范管理流程，保证施工质量。

2. 质量标准化管理。严格材料采购程序，优先信誉好、质量可靠的采购商，认真查看、检验材料性能说明和规格，如对钢筋厚度、直径、硬度进行多次检验，保证不合格的材料不进场；材料分类堆放，避免混淆，并标示说明牌，由专人负责保管。建立专门的质量监督小组，对每个环节进行严格检查，执行技术交底制度并进行归档；发现质量问题时，按通报—处罚—整改的程序进行处理；进行质量专项治理，找出质量通病的产生原因并采取防护措施；加大检测力度，并形成检测报告，确保工程质量。

3. 安全标准化管理。施工安全是第一要务，要求施工中遵守安全规范、安全操作。根据施工实际，制定统一的安全防护措施，对桩基施工、梁板吊装、高空作业、油库、消防等重点区域编制重大危险源一览表，实行专人监管，做好安全防范措施，如石方爆破时设置安全排架，加设钢丝绳网，配备相应的抢险器材；落实安全教育、安全检查制度，定期对施工人员进行安全教育培训，对施工现场安全措施实施情况进行检查，保证施工“零事故”，建设“平安工地”。

4. 施工工艺标准化管理。施工工艺标准化主要体现在：（1）路基施工测量放线、平整场地、填筑、摊铺、养护符合施工工艺流程要求；（2）路面摊铺、压实、接缝、维护实行标准化，保证施工质量；（3）防护工程砌筑、钢筋锚固、预应力和桥梁按规范施工；（4）隧道工程中的开挖、初期支护、铺底、爆破等按规范工艺进行。

5. 环保标准化管理。保护环境、文明施工是时代赋予的责任，施工中要促进工程建设与环境的相互协调。树立施工“零污染”的理念，制定并落实大气污染、水污染、噪声污染、固体废弃物污染等防治措施，如严禁在沥青层上堆放土或杂物，渣土和施工垃圾采用密闭式车辆运输，施工现场设置洗车池，及时对场地和施工设施进行清洗。

6. 廉政标准化管理。建立廉政监控体系，各级人员严格遵守“八项规定”和“反四风”规定，保证阳光运作，积极预控风险；加强法律法规教育、典型案例警示教育、思想道德和职业操守教育；建立一系列预防职务犯罪的有效机制，保证权力规范化、透明化；对易滋生腐败点加强监督检查与预防。

二、绩效评价指标体系

高速公路施工标准化管理的绩效评价是对实行标准化管理的高速公路施工项目的工程质量、经济效益和管理水平等进行综合评价，促进工程项目综合管理水平的提高。基于高速公路管理目标及前人研究成果，从质量管理、施工成本控制、进度控制、施工安全文明管理、廉政建设管理五方面建立评价指标体系。

三、熵权法绩效评价模型

熵在信息系统中是信息无序度的度量，信息熵越大，信息的无序度越高，其信息的效用值越小；反之，信息的熵越小，信息的无序度越小，信息的效用值越大。采用熵权法进行绩效评价，可深刻反映各指标信息量的价值，客观赋权，避免主观性，使评价结果具有可信度。

四、提高施工标准化管理的建议

1. 加强宣传，强调责任意识

通过内外宣传并重的方式推广施工标准化管理，对内包括公司网站、文件指示进行宣传，对外包括社会媒体的合作与宣传推广。积极组织学习经验交流会，提高施工人员的施工标准化管理意识，明确责任，落实到人，加强考核，确保施工标准化管理的落实。

2. 注重人才培养，提高管理水平

管理水平的高低与人才的培养关系密切，随着社会经济技术条件的高速发展，高速公路建设对工程师的综合要求越来越高，必须加强对项目人才的培养，提高其综合能力和素质，并合理调配专业人才，从而提高管理效率，促进管理水平的提升。

3. 创新项目管理模式并促进推广

施工标准化推行以来，高速公路施工企业的落实程度不高，其原因主要是标准化建设的投入大而产出小，如一条标段就几千米，合同总额小，甚至不足亿元，让其花费数百上千万元建设标准化场地显然不现实。标准化投入成本太高，很多项目部不愿意推行。因此，要积极创新项目管理模式：如大标段模式、项目群模式，让施工企业有推进施工标准化的内生动力，提高标准化管理水平。

高速公路实行施工标准化管理有利于实现管理规范化、秩序化、系统化，有利于质量监控、保障安全、提高效率，是中国高速公路管理标准化、科学化、系统化的发展趋势。本节基于前人的研究成果，构建了高速公路施工标准化绩效评价模型，采用熵权法进行综合评价，丰富和拓展了高速公路标准化管理绩效评价方法。大岳高速公路的实际运用表明该评价模型具有一定的可行性和适用性。

高速公路施工成本造价控制与管理

不管是哪一类建设工程，对于施工企业来说，在保证施工质量与施工安全的情况下，最主要的就是获得最大的盈利，在工程开始之前，应该对各项成本影响因素做出预测、分析，探索可能造成成本增加的地方，然后再方案中给出合理有效的预防措施，在施工过程中予以控制，将施工成本控制在合理范围之内，最终达到利润目标。在高速公路施工中，由于工程复杂，需要花费相当长的时间，施工成本也是包含了前期产生的各种费用，以及施工过程中产生的各种成本费用，尤其是施工中的费用，可控因素很多，接下来就分析一下这些因素。

一、影响高速公路施工成本的因素

1. 施工材料价格的变化

构成高速公路最主要的还是施工材料，其价格的高低直接决定着工程成本。由于市场的不稳定性，施工材料的价格受到很多因素的干扰，所以波动比较大，比如，原材料的价格、出厂价格、原材料的来源、运输单价、材料装卸费用等，任何一项价格发生变化，都会造成施工材料价格的涨或者跌从而影响着直接工程费用，导致总的施工成本发生改变。

2. 国家政策和社会环境的影响

由于环境污染的影响，国家倡导保护生态环境，加大水土保持，为了响应国家的号召与要求，在高速公路的建设过程中，必须采取绿色施工手段，同时还要加大水土保持的投资，比如，这几年，一些山区为了水土保持投资达到了 100 万元 / 千米，比 2000 年多出两倍甚至还要高。另一方面，由于高速公路的建设中对耕地、宅基地的占用情况很多，为了保护农民的利益，国家也颁布相关政策，加大赔偿力度，耕地的赔偿从原来的 3 万 / 亩增加到 12 万 / 亩，宅基地的拆迁成本也相对提高，达到 1000 元 / 平方米，有些地方甚至达到 4000 元 / 平方米。

3. 设计变更较多，管理不完善

在高速公路的建设中，经常会遇到一些不可控的因素或者是建设方对设计方案不满意的情况，加上施工条件与施工环境复杂，甚至有一些项目，为了抢工期出现边设计边施工的现象，在施工中又随意改动设计，同时缺乏对施工变更的监督、监管力度，导致出现变更的概率很大，施工变更造成的资金流失、工期延误问题严重，对整体经济效益产生严重的影响。

4. 忽视对各项成本的分析

在高速公路施工中，施工企业重视施工成本，注重对人工费的控制，却忽略了材料成本的控制，造成材料浪费，质量有缺陷等问题。由于工程的形象进度关系着工程款的支付，所以施工企业更加重视施工成本，但是却没有开展内部的成本分析，没有真正的核算成本。对于人工、材料、机械的消耗没有严格控制造成成本的浪费，另外，有一些企业虽然进行了成本分析，但是也只是简单地追求利润目标，没有想办法降低施工成本，获得最大的利润。

二、高速公路施工成本造价的控制与管理措施

1. 强化合同管理

在整个高速公路的建设过程中，施工合同具有指导性的意义，对于施工企业来说非常重要，尤其是合同中关于施工范围的界定，索赔条件的规定等。施工企业应该安排专门的合同管理人员，随时跟踪管理，一旦有与合同不相符的情况，立即提出，寻找索赔机会。同时，跟踪现场的施工情况，对于不属于合同施工范围内的工序，要求建设方发放工程指令单，办理签证。

2. 合理控制人工和机械费用

人工费在整个施工成本中，也有很大的比重，约占 10% ~ 12%，根据各个地方的经济水平有所浮动。在施工之前，制定严格的施工方案，规定进场人数、进场时间，保证施工人员工作效率最大化，避免人数过多造成窝工同时避免人数过少造成工期的延长。另一方面，所有进场的施工人员必须具备一定的专业技术，保证用工质量。同时，应该进行人机合作的方式进行施工，可以利用机械的地方尽量减少人工施工，加快施工进度，减少人工工日。合理安排施工时间，尽量避免工时浪费，降低非必要的中断时间；另外，对于零星用工要加强管理，发生零星用工时注意审核；加强施工队伍的技术培训、安全教育，提高施工效率，杜绝窝工现象。

3. 加强材料成本的控制

众所周知，材料成本是高速公路工程施工成本的主要组成部分，各类原材料的消耗是高速公路工程建设施工中最主要的消耗，要想控制高速公路工程施工成本，就必须严格控制施工材料的消耗，提高周转料的利用率，缩减材料成本的投入。可从以下几个方面来控制材料成本：首先，加强原材料采购成本的控制，由于高速公路工程施工项目所需材料量通常非常大，可直接与材料生产厂家签订采购合同，进而降低采购价格，同时要防止吃回扣的现象发生；其次，结合高速公路工程施工进度，编制科学的材料采购计划，避免现场材料积压；最后，加强材料的使用管理和堆放管理，减少材料的损耗，实现限额领料制度，对于可循环使用的材料要按时收回。

4. 加强现场签证的管理

在高速公路工程施工过程中，设计变更、方案调整等都会造成工程的返工或者增加工程量。现场签证是高速公路工程施工现场的一种特殊手续，是高速公路工程施工造价的重要组成部分，也是高速公路工程项目竣工结算的重要依据。高速公路工程现场签证需要留

好现场的影像资料以及图纸、变更单等。现场签证要做到随做随签，必须要有建设单位、监理单位以及施工单位的负责人或现场代表共同签字才能生效。在高速公路工程施工过程中，不可避免地会出现现场签证，如果不加以严格的管理与控制，就可能会给项目造成严重的经济损失。

随着我国经济的迅猛发展，高速公路工程建设蓬勃发展。公路工程施工企业要紧抓发展的大好机遇，加强对高速工程施工项目各个阶段的成本控制，加强合同管理，重点加强对人工费、材料费、机械设备费以及工程变更及签证的管理，从而实现公路施工企业的经济利益最大化。

高速公路施工机械选择与组合

一、高速公路施工机械的选择与组合原则

1. 与工程实际情况相适应的原则

高速公路建设会涉及许多方面，主要有软土路基的处理、路堤的修建、基层施工以及桥梁、隧道等。施工条件复杂多变，这样的实际情况要求施工中选用的机械设备不仅要完全适应现场的气候、地质条件、空间大小等基本情况，还要符合施工进度方面的需求，尽可能地提高机械工作效率，避免由于机械效率较低造成的工期延误。

2. 经济性原则

施工单价是高速公路施工机械经济性的表现形式，会受到机械运行费用以及资产消耗方面的综合影响。资产消耗与投入的资金成正比关系，此外，机械运行费用与实际的高速公路工程量同样成正比关系。施工机械的选择与组合方案，一般需要结合施工工艺，并满足工程设计要求的前提下，对实际所需的经济投入和运行费用进行权衡，从多种方案当中选择一个经济性最高的，进而做到合理选择与组合的目的。

3. 保障性原则

在高速公路建设中，对于那些施工技术要求相对较高的单项工作，应尽量使用性能优越的施工机械，以此确保项目的施工质量。同时，施工机械应具备一定的可靠性与安全性，以免出现危险事故，从而保证施工人员的生命安全。高速公路工程建设并不是单个施工机械施工的整合而是需要得到不同功能机械相互协同的，也就是集群作业。因此，在选择施工机械时，需对机械能否进行系统的集群进行细致分析和研究，从而提高施工机械的利用率和作用效果。

二、高速公路施工机械配置方法

1. 融资购买

为了准时完成施工任务，往往需要使用一些具有一定辅助功能的机械设备，如果这些机械设备全部由施工单位承担，将会为施工单位带来巨大的经济压力，而且在购买以后，设备的利用率并不高，如果承包的工程暗示完成，那么这批机械设备将长时间闲置下来，这样极有可能缩短机械设备的使用寿命。如果向社会租赁这些机械设备，由于高速公路工期较长，所以租赁费用相对较高，经济资源利用的合理性有待提高。因此，面对这样的情况，施工单位可以进行协商，融资购买机械设备。

2. 施工单位自购

对于规模较大的高速公路工程而言，施工机械的使用量也相对较大，此时施工单位可根据自身的实际条件和需求自主购买机械设备，这样不仅在机械型号、种类选择上十分自由而且在使用时也比融资购买方式方便，进一步保证施工的质量和效率。

3. 租赁

施工单位现有的施工机械在正常条件下的利用率一般不会超过 50%，无法满足经济效益方面的要求。施工过程中，如果施工单位忽视机械设备的先进性，将会明显降低机械设备的实际工作效率，进而提高施工所需成本，造成较为严重的浪费。因此，施工单位可向相关单位或机构租赁必要的施工机械，该方法适用于工期不长的工程项目施工。

三、高速公路施工机械选择与组合策略

1. 结合施工工期的相关要求选择、组合施工机械

高速公路施工中重要项目的施工进度与整体进度存在十分紧密的联系而且还将直接影响到实际进度完成情况，因此在配置机械设备时需要密切注意施工工期。比如，在高速公路建设工程中进行大型土方施工时，为了可以更好地满足进度要求，需选用大型或超大型的主导机械设备，并以此类机械设备为核心，配置其他种类的辅助机械设备。

2. 按照最佳运行条件选择、组合施工机械

在确定主导施工机械之后，还需要选择一些高性能的辅助机械设备并与主导机械设备进行组合，制定多个组合方案，从而进一步提升高速公路机械化施工水平，达到最佳的运行条件。

3. 根据施工对象选择、组合施工机械

在制定机械施工方案时，需要对施工对象的基本性质和特点进行综合考虑，从而更加合理的选择与组合施工机械。比如在对土方进行压实时，应对即将使用的压路机性能进行研究，确定该设备是否可以适用于各类土质条件，如果不适应，需及时提出处理意见和解

决对策，从而确保压实工作能够顺利完成。施工过程中，具有相同规格的机械设备时常在一些工程分项中得到使用，所以还应对此项目中选取的机械设备在其他项目中的利用实情进行研究。

4. 遵循施工方案选择、组合施工机械

高速公路工程不同，对应的施工方案也将存在一定差异，不同种施工方案对于机械设备的要求也将不同。因此，在选择、组合施工机械时，应尽量做到针对性处理，遵循施工方案，从而真正发挥出施工机械的效果和作用。实际情况中，应明确本次施工建设方案是否与过去的案例相符合、类似，如果相似率较高，则可按照规定的比例进行选择及组合施工机械。另外，在施工方案敲定以后，还需根据自身的实际情况和流程进行施工作业，当施工方案或组织计划一定时，其对应的机械设备选择方案也将是一定的。

5. 充分考虑招标文件及工程设计要求选择、组合施工机械

招投标是高速公路工程施工建设的重要环节，如今，工程建设方对于施工企业的要求不断提高，主要包括硬件实力、技术人员等方面，同时，施工企业为了在竞争如此激烈的市场中生存下去，都在不遗余力的提升自身实力，并引进全新的施工机械设备及专业的技术人员。建设方追求工程施工的总体质量，所以在设计、招标时，对工程施工的方法、计划以及主导施工机械的实际效率、规格提出了近乎苛刻的要求，并制定了清晰的行为准则。因此，从施工企业的角度讲，必须将建设方提出的各项要求落实到位，对机械选择、组合方案进行针对性的调整，必要时还需购进一些高性能的新型机械设备，进一步确保高速公路工程核心项目的施工质量。

高速公路施工技术与控制要点

一、路基高填方施工技术与控制要点

1. 高填方路基常见的问题

线性是公路工程的特点与特征，采用高填方的路堤，其施工环境大多较为复杂并且不稳定。而且公路工程大都是在露天环境下进行施工，此种路基无论是填土的密实度还是路堤的固结都需要时间的沉淀。在施工完成后，负荷载重所需时间较长，受外界的作用也较大，在这种局面下，会造成部分路基甚至是整个路基的沉降、塌陷，路基纵向裂开、边缘滑坡等现象也是屡见不鲜，主要是由于公路工程所在地的地质条件较差或者是使用材料的质量达不到要求，填挖结合部位是事故频发处。

2. 高填方路堤冲击压实工艺

对于公路工程的施工来说，路基的压实处理环节是整个施工环节中最重要、最关键的

一环，在实际的施工过程中，压实施工会受到多种因素的影响。比如，路基使用填料的质量、含水量以及松铺厚度和压实工艺。在路基压实处理的施工过程中，填土与填石是两种最常用的填料，在节约成本的基础上，想要保证填石施工的质量与效率，就需要对施工的现场与环境做出具体了解，并且根据实际情况选择最实用的施工工艺以及施工材料。随着机械技术的不断进步以及多年来对冲击压实工艺不间断的研究与实践摸索，从冲击压实的实际操作原理出发，传统的延时机械在不断地被更新与调整。例如通过改变压路机的轮型来改变压实方法，从圆形被改进为多边形。例如三边形，三边的线形为渐开线，在钢轮进行滚动时，滚动过程中利用钢轮自身的质量以及三边形的钢轮大小的半径差产生的势能对土基产生一个冲击力进而压实路基。冲击压实工艺属于新兴的碾压技术，相较于高频低振幅振动压路机，冲击压实工艺具备低频高振幅的优势与特点，在保证稳固性的同时，又能保证稳固的深度。尽管如此，该工艺仍然存在着缺点，即冲击的强度与力度较小，但是该方法便于持续施工，并且能够保证施工的高效率与低成本。

3. 高填方路堤振动压实工艺

振动压实是指应用振动轮的振动来对作用面进行连续的冲击与敲击，以达到压实路基的目的。每一次的冲击都能通过建筑材料将冲击力传输下去，对这种作用力的传输，会让填料的颗粒从静止状态转化为运动状态，并且由于施工材料中存在水分所保持的湿润度，会减小颗粒之间的摩擦力与阻力进而促进其运动。而为了让材料的密实度得到增强，则需要通过反复的振动夯实来让材料中的颗粒相互运动进而压实填料，增强材料本身的稳固性，也会加大材料之间的摩擦力，同时提高路基的稳定性和承载能力。在经过压实之后，材料的密度以及抗压能力会受到材料质量以及种类的影响，而压实的工艺和机械用具也会对其产生影响。总的来说，单层填料厚度、填料质量、压路机的自身重量、振动工作的质量、振动的效率以及振动振幅和碾压速度等是整个压实施工过程中最根本的影响因素。如果路基使用材料是砂石混合型，还会受到振动轮的大小以及数量的影响。

4. 强夯施工工艺法

强夯施工工艺法是用重锤从高处自由落体，给予地基强大的冲击力与振动，改善地基土的工程性质。此种压实方法，不仅适用性强而且操作简单，施工效果明显，广泛应用于碎石土、砂土、黏性土、湿陷性黄土及杂填土的较深层压实处理。在施工的过程中，首先需要确定路基的中心线，然后再用水准仪来测量出路基的高程，确定路基的稳定性和施工范围，再进行强夯压实施工。总的来说，需要经过布点、夯实、整平等工序。为了保证施工的质量，在施工前，要仔细了解压实处理部位的地下结构及地下管线的走向，对于一些比较重要的位置还要进行专门的防护处理或回避。

二、隧道施工技术与控制要点

1. 隧道洞口及明洞工程施工技术

在隧道洞口破土施工之前，首先要做得是对周边环境进行实地考察，实地调研，包括地质条件、天气情况、地下水变化等可能影响到施工的因素，而对于一些边仰坡及周边的情况，则需要查看是否存在悬石、危石等安全隐患，有必要时需进行钻探复核。如果遇到雨水较为丰富的隧道施工地区，为了让隧道周围的坡体免于雨水的冲刷，就需要在隧道的洞口位置设置排水通道。与此同时，为了保障施工人员的人身安全和施工安全，在进洞施工之前，首先需要在沿拱部 120° 的范围之内通过管棚等进行施工。在明洞的施工过程中，正常情况下，洞体和仰拱大多以明挖的方式进行施工而内洞则大多采用暗挖的技术进行，同时，大多还需要辅以喷射混凝土的方法来加固并防护洞壁。

2. 钻爆施工技术

用钻爆技术来进行高速公路隧道的施工，选择何种爆破器材很重要。目前，硝铵炸药是我国高速公路的隧道施工中运用最广泛的一种，而大中空孔型或者直眼型的掏槽则是最为合适的选择。在施工前，整体布局以及专业爆破人员的安排对钻爆施工技术的实施是否顺利起着关键的作用，所以，在施工前需要施工企业对此进行提前的安排与调整。在隧道钻爆施工的过程中，需要特别注意隧道的围岩，除了做好支护工作，还需要结合围岩的性质、级别来开展工作，只有这样，才能加强隧道施工的安全性与稳定性。另外，针对不同的施工工序，需要采取相应的施工方式，提高施工质量与效率的同时也要保障隧道的整体安全性。

3. 锚杆施工技术

在隧道工程的施工中，锚杆施工占据着极其重要的作用，所以施工企业应给予其高度的重视。在锚杆钻孔施工前期：①用岩凿机在预先设计的点位开挖修整，与此同时，还需要将杂质、铁锈、油污等污染物清理干净确保不会影响到施工。②在具体的施工过程中，需要根据锚杆施工的具体要求来清理岩屑，表面岩屑会影响锚杆施工。③清洁钻凿后的锚杆孔眼，满足了锚杆施工的清洁标准后，向孔内顶入锚固剂，在顶入要锚固剂时，需要控制力度，避免出现变形偏心等问题，从而保证锚杆与孔壁紧密黏合提高锚杆的抗拔能力。

4. 混凝土喷射施工技术

高速公路隧道施工的混凝土喷射技术包括潮喷与湿喷两大类。潮喷施工技术不仅可以改善工作环境而且能够通过节约速凝剂的用量来降低施工成本。提高混凝土喷射的支护性能与粘结性是湿喷技术的优势，湿喷的平均喷射厚度可以达到 0.1 米，其回弹率比较低，在提高支护力的同时，能最大程度地发挥围岩的自承能力。另外，为了能够提高混凝土的喷射效果，除了有效控制混凝土喷射的厚度、强度、附着度、密实度等，开挖断面的有效尺寸、清洁性以及混合料配合比会影响岩石与混凝土的黏结性，所以应该合理控制混合料配合比并且保障开挖断面的有效尺寸和清洁性，减少外加速凝剂掺量，提高喷射混凝土强度。同时应合理选择喷射机的参数，以保障喷射混凝土的均匀性、连续性及密封性，从而提高隧道施工的整体封水性能。

在我国经济不断发展的今天，我国的高速公路事业也在不断地发展，而随着建设工程数量的增多，对施工技术以及质量的要求就会越来越高。为了保障高速公路的整体质量，应该明确高速公路施工时所需要注意的模块以及其施工技术、施工要点，对于一些环境较为特殊的位置，应该根据当地环境来选择合适的施工技术，在保障施工质量的同时还需要做到高效以及节约成本，以促进我国高速公路事业的良性发展。

高速公路施工组织设计与质量控制

为了实现项目建设的工程效率，确保成本效益最优化，降低整体耗材量，建筑施工单位对项目进行前期的高速公路施工组织设计是一个关键性内容。高速公路施工组织设计对工程项目的顺利开展与建设具有非常重要的指导价值。同时，它能够提高管理水平、保障效益，对工程实施中出现的各种矛盾，如施工人员、器械、建筑材料、施工方法、环境及工艺设备、土建和安装协作、消耗与供应以及管理与生产等进行正确处理，确保项目能够在科学化的指导原则下实现项目有规划地施工。

一、高速公路施工组织设计的主要构成

1. 施工方案

高速公路施工组织设计最关键的问题是设计科学合理的施工方案，一定要对其充分重视，因为它将对工程进度、施工平面布置、施工质量和施工安全等方面有影响。施工方案设计主要内容有施工的各个流程、先后顺序、具体的施工方法、使用到的器械、如何组织开展施工等，综合分析切实可行的施工方案和施工方法，分析这些方案和方法在技术层面是否可行，是否符合经济条件和社会需求，分析比较之后选取一种既可以满足现有技术条件又符合现场实际的施工条件且同时满足经济条件和社会发展需求的一种施工方案和施工方法并做出施工方案设计。

2. 施工进度计划

确定了施工方案后，就要依据规定的工程期限和各种材料、人员、设备等的供应条件以图表的形式来制定施工进度计划。这种图表主要有横道图和网络图两种，表中标注各部分和各个分项工程在时间和相互衔接配合上的详细安排和相互关系。两种图表各具优点，横道图的编制直观性强，编写制作过程简单，内容上可实现资源的叠加，对识图人员的专业性要求不高。网络图对编写和识图人员的素质要求较高，但它可以将各项具体工作相互

间的逻辑关系标识得很清晰，实际施工过程中可以根据关键路线来实现有针对性的管理。

3. 施工平面图

预定要建设工程的规模、施工方案、施工进度计划，按照一定的设计原则来实现预定要建设工程同其他暂时性或者永久性存在工程之间的合理位置关系，将这种关系通过图纸的方式予以呈现，这种图纸就是施工平面图。依据施工平面图来实现施工现场的布置，其设计的合理与否决定了施工现场能否有计划、有组织地进行施工，是高速公路施工组织设计的有机组成部分。

二、高速公路施工组织设计的控制作用

1. 编制详尽的施工进度计划

在实现整体项目施工目标的前提下，依照阶段性项目施工标准和进度计划，结合现实项目的实际施工情况，制定具备可行性标准的项目施工进度计划方案。确保整个系统项目在各工序间实现效率、资源、成本等多维度的综合性协调统一，优化整体施工方案，确保实现整体工程施工目标。

2. 细化实施计划

在整个项目施工过程中，各分项阶段的效率、资源以及成本的控制管理都必须进行细化，分项分步列出控制实施的明细，对全过程进行全面监控管理。高速公路施工组织设计应当兼顾施工进度计划以进行更为完善的设计，在内容上要包括施工操作文件、资源配置结构图、资金分配计划方案等详细内容。

3. 加强跟踪检查

在整个项目的阶段性施工过程中，依照编制的项目进度计划方案，加强整个项目组的施工跟踪和项目检查，确保在实际操作中项目各工序间能够有效协调、同步推进。检查人员、材料、器械资源等计划有没有符合实际需要，如果没有就要按照实际需求将进度计划做出调整。这个针对进展计划跟踪和检查的过程对项目实施过程有着重要影响。

三、施工组织的重要性

1. 在招投标阶段的作用

招投标阶段是对投资进行控制最关键的阶段。高速公路施工组织设计中对施工和技术做出了具体规定，对工程的整体施工过程做出了细致的描述，对工程施工阶段在时间上做出了细致的安排，因此它为投标工作提供了生产、技术和时间上的依据，同时也为分包招标提供了参考依据。

2. 在施工阶段的作用

高速公路施工组织设计是施工企业对实施工程方案进行编制的依据，对施工单位实现

按进度完成施工，确保在工程期限内完成高质量的施工，实现经济、社会效益具有指导作用。

3. 对施工企业经营管理目标的作用

施工企业在工程施工中从开始到完工整个过程的计划、组织和控制中的投入、产出过程能否做出合理安排的关键在于高速公路施工组织设计是否合理。也就是依照基本建设程序和图纸的规定在制定工期内使用最先进技术，减少资金和能源消耗的前提下能够建成符合质量要求的工程；周密部署施工准备、设置合理的施工程序，将人员、技术、材料、机具和资金进行协调安排，最终实现快速节约、确保工程质量的目标。

4. 对提高施工企业经营管理素质的作用

高速公路施工组织设计在功能上确保了工程施工的有效开展和实施。一方面，它在一定程度上提升了企业技术开发的技能并且扩大企业进行再生产的能力。通过这样的完善措施，企业的综合竞争力被提升，经济效益的获得更易实现。另一方面，它也为提高企业的经营管理素质，完善现代化管理水平提供了相应的解决方案。

5. 高速公路质量控制

审查的目的是使设计符合公路开发建设和使用的要求，重点审查构造、结构标准和资金投入，保证公路项目施工过程的顺利开展。审查单位可按两个级别来对施工图纸进行分层审查：施工单位审查；项目建设单位审查。审查中，相关责任人需要做好详实的图纸审查记录，并进行分类整理、编制台账，以备后期查询交底，对于审查单位提出的问题，应及时与设计单位沟通协商，以在最快时间期限内给予解决。审查的顺序必须有序，做到有条不紊。通常审查顺序进程可以依照图纸的种类进行。在建设公路工程施工管理体系中，施工材料质量的品质等级与施工工程实体的质量有着密切的相关性，是工程质量得以保障的基石。施工材料质量的控制管理可由采购控制、贮存控制、ISO9001：2000控制合并组成。

（1）施工材料质量的采购控制

物料采购人员需持证上岗，具备专业的检测知识。在选择供货方时，通过资格预审初选出至少两家合格供应商。在这两家供应商进行比较待选时，考察几次供货情况，通过随机抽取样本检测以确保货物质量品质。

（2）施工材料质量的贮存控制

在施工过程中，因工期较长，整个过程不可避免地会遇到各种天气情况和突发状况。这就需要对施工材料贮存进行妥善管理，谨防施工材料出现生锈腐蚀等，确保物料的品质完好无损伤。

（3）施工材料质量的 ISO9001：2000 控制

业主自身应当按照项目招标文件的要求，确保本工程所有检验批次、分项、分部及单位工程达到国家现行的设计规范、施工规范和工程质量验收标准。项目内容所设计的一切施工程序都应当在高速公路施工组织设计的指导下实施操作。高速公路施工组织设计是指导施工的最关键依据，在整个工程施工体系中，高速公路施工组织设计发挥着核心价值作用。高速公路施工组织设计不但在理论上能够指导施工，在实际施工和管理过程中也具有监控作用。高速公路施工组织设计通过对进度、耗材、材料选用以及合理安排施工以提高施工效率等方面的控制可以节约成本，协助项目经理按照目标要求来对项目施工过程实现控制，最大限度地确保施工单位和业主的经济利益。

加强公路桥梁施工安全管理的措施

近年我国桥梁垮塌事故连发，社会各界对这些事故非常为关注，各种议论彼伏此起。作为公路桥梁建设行业的一分子，深感自己肩上的责任重大。也更加认识到公路桥梁施工安全管理的重要性。以下就加强公路桥梁施工安全管理的措施进行探讨分析。

一、公路桥梁施工安全事故的特点及产生原因

1. 公路桥梁施工安全事故的特点

（1）严重性

在桥梁施工中发生安全事故往往会造成重大的人员伤亡和财产的损失。事故的影响往往会比较大。重大的安全事故甚至会引起全社会的关注。一旦发生桥梁安全事故，往往会对施工人员和当地群众造成人身和财产损失。

（2）多发性

在桥梁安全事故中，事故往往发生在某一工作环节中，比如多发事故有：触电事故，高空坠落事故，坍塌事故，重物打击坠落事故或者机械故障事故等。所以针对这些多发事故，我们要从中吸取经验教训，在施工中主动采取有效的预防措施，在施工前做好准备工作，施工中严格按照安全生产规范操作来避免。

（3）复杂性

因工程施工的环境及其他各种因素的影响，往往造成施工安全事故的原因也比较复杂，即使同一类型施工其所引发的原因相差很多。例如同样的桥梁坍塌事故，往往因为施工的地质条件，施工工艺等原因而具有不同的诱发因素。这就需要我们具体问题具体分析，不盲目地下结论，如不同的地质条件所采取的施工工艺也是不同的，这些情况我们应及时做出判断，进而有效避免安全事故的发生。

2. 公路桥梁施工安全事故的发生原因

（1）施工单位违章作业和多工种不协调配合

在所有公路桥梁安全事故中，很多事故原因并不是因为技术问题，而是因为违章作业所致，现场各工种不能协调配合，擅自变更原有施工方案等。而在公路施工中，更多的是多工种混合作业形成交叉作业，而现场各工种不能协调配合亦是导致安全事故的重

要原因之一。现场各工种没有进行有效地协调配合，导致施工流程不能按照既定的方案实行，出现擅自变更原有施工方案。2007 年的湖南堤溪沱江大桥坍塌事故最主要的原因就是擅自变更原主拱圈施工方案，现场管理混乱，违规乱用料石，主拱圈施工不符合规范要求，在主拱圈未达到设计强度的情况下就开始拆架施工作业，最终导致事故的发生。

（2）施工材料不符合标准

一些施工单位为了节省预算，采用劣质的、不合格的施工材料，不论涉及安全生产的防护用具还是机械设备以及机器配件等，都没有使用符合国家安全标准的施工材料或者用一些陈旧的、没有防护功能的器械来替代，都是造成安全隐患和安全事故的原因。施工材料不符合标准也是湖南堤溪沱江大桥坍塌事故最主要因素之一。

（3）缺少安全生产资金的投入

在很多建筑单位和施工单位中，为了节省预算，往往挪用安全生产费用，把用来安全生产的费用作为他用，使得在工程中，用来投入安全生产的资金不足，不能保证正常生产中的安全措施，对于安全生产毫不顾及才导致安全事故不断发生。

（4）违规违法操作

在工程施工过程中，存在一些违法违规操作，例如无证设计或者无证施工，或者边设计边施工，还有自行修改设计图纸等行为，而这些行为将会引发大量的安全事故，造成严重后果。

（5）事故发生时不能及时应对

往往在安全事故发生时，施工单位都不能有效及时应对，这是应急救援制度不健全的体现。施工单位在平时没有落实应急救援人员，不发放设备器材，一旦发生安全事故将得不到有效及时的应对和处理，使事故结果扩大。

（6）其他因素

像人类不可抗拒的自然环境、天气变化、安全生产监督制度不健全、缺少监督管理制度和措施、不能明确安全生产责任都属于其他因素，对安全生产也有着重大影响。

（7）从业人员门槛过低

在工程施工中，主要劳动力是以农民工为主，绝大多数农民工都是才出农田直接到工地进行工作，没有安全意识，缺少相对的安全生产知识，缺乏自我保护意识。而管理人员往往身兼数职且专业水平都不高，对于生产规范和技术标准不能熟练掌握，很多显而易见的安全隐患不能得到及时的纠正和消除，留下安全隐患，最终造成安全生产事故。

二、加强公路桥梁施工安全管理的措施

（1）按章操作明确责任人

施工单位要结合现场和自身制定出符合现场情况的安全生产措施，明确责任人，各个工种之间相互协调作业，从根本上杜绝因不协调而导致的随意更改施工流程的安全隐患。

（2）杜绝使用不达标的施工材料

我国在建筑材料使用方面有明确标准，施工单位在采购和租赁施工材料时要注意采购和租赁具有生产（制造）许可证和产品合格证等的安全施工材料，保证施工人员使用的都是符合国家标准的施工材料，减少安全事故的发生。

（3）保证安全生产资金的投入

在施工过程中，安全生产资金的投入必不可少，只有保证施工人员以及施工过程的安全，才能保证建筑物在日后使用的安全。安全生产资金不可作为他用，只有在保证安全生产前提下才能保证施工过程中的安全。

（4）杜绝违规违法操作行为

施工单位要特别注意杜绝违规违法操作，不可无证设计、不可无证施工、不可边设计边施工，只有按照合理的、科学的施工程序才能减少安全事故隐患。

（5）制定应急制度

在平时生产过程中，我们要制定出如何应对安全事故的发生。首先要落实应急救援人员，购买设备器材，制定出有效的应急方案，在事故发生后，不论是应急救援人员和救援设备都要做到及时出现和使用。制定出好的应急制度，不仅在无事故时起到未雨绸缪的作用，也使事故发生后使事故伤害降到最低。

（6）对施工人员进行加强培训

由于施工过程中的主要劳动力来自农民工，他们具有文化低、安全意识薄弱等特点，这就需要我们施工单位在施工前、施工时对农民工进行安全培训。除此之外，对管理人员的专业水平也要进行评估并且有针对性地进行培训，使管理人员对于生产规范和技术标准能够熟练掌握，及时发现存在的安全隐患并及时消除改正，把安全事故的发生降到最低。

公路桥梁安全施工是公路工程重中之重，安全管理不仅可以保障人民生命和财产的安全，还能给社会带来巨大的经济利益。公路桥梁施工单位务必要增强安全意识，把安全放在第一位，坚持以人为本，保证施工安全的同时，保证工程的质量，提升工作效率。

公路工程施工合同管理的依据

公路工程施工合同管理的依据主要有以下两方面。

一、法律依据

公路工程施工合同管理的法律依据是指与公路工程建设及合同管理有关的法律、行政法规及部门规章，主要有：

（1）合同法；

（2）招标投标法；

（3）公路法；

（4）安全生产法；

（5）民法通则；

（6）担保法；

（7）建设工程质量管理条例；

（8）建设工程安全生产管理条例；

（9）公路建设市场管理办法；

（10）公路工程质量管理办法；

（11）公路工程施工监理规范；

（12）公路工程施工招标投标管理办法；

（13）公路工程施工监理招标投标管理办法。

二、合同依据

公路工程施工合同管理的合同依据为施工合同文件。施工合同文件主要由以下几部分构成：

（1）合同协议书及附件；

（2）中标通知书；

（3）投标书和投标书附录；

（4）合同通用条件；

（5）合同专用条件；

（6）技术规范。

公路施工技术管理及公路养护

公路施工的技术管理是保证公路施工质量的前提条件，公路养护措施则是提高公路运行效率的有效途径。进行公路施工的技术管理与公路养护措施的探讨与分析，是利国利民的重要举措。在公路施工技术管理及公路养护措施分析的过程中，应根据公路施工和养护的实际情况进行具体问题具体分析并得出相应的改进措施。

一、公路施工技术管理

1. 公路施工技术管理的作用

公路施工的技术管理是为在保证公路施工质量的前提下，按期完成公路的施工任务，以最小的人力、物力的消耗，建造出最大限度上满足市场需要的公共基础设施。进行公路施工技术的管理，需要施工人员做好施工前的准备工作和施工现场的管理工作。公路施工技术管理的作用主要体现在以下几个方面：第一，规范公路施工过程中的组织系统和管理制度。公路的施工是一项巨大的工程，其不仅涉及公路本身，还涉及往来的车辆与沿线居民的日常生活，在进行公路施工的过程中，建立严密的组织系统和管理制度有利于规范施工工人的行为，便利往来车辆的通行情况以及保障沿线居民的正常生活。第二，控制工程施工的进度与施工质量之间的关系。进行施工技术管理的目的即为高效、高质量地完成公路施工的任务，为求速度而不顾公路施工的质量容易导致公路在后期的投入使用中产生巨大的安全隐患和交通运行困难，为求质量而不顾公路施工的速度则容易导致人力和物力资源的浪费。第三，最大程度上增加经济效益、社会效益和生态环境效益。公路的施工单位一般为市场上的企业，根据企业的性质可以判断，公路施工企业是以盈利为目的的组织，其一切活动的开展均是以企业的经济效益为出发点进行公路施工中的技术管理，有利于企业利用最小的资源消耗，最大限度地满足人民的生产和生活需要，促进社会主义和谐社会的建立也能保证工程所在地的生态环境的安全。

2. 公路施工技术管理的主要内容

公路施工技术管理的主要内容包括以下几个方面：第一，施工前的准备工作。施工前的准备工作包括：首先，分析公路施工过程中的重点和难点项目；其次，制定公路施工的具体方案；最后，贯彻并执行公路施工的具体方案。具体来说，分析公路施工过程中的重点和难点项目是制定公路施工具体方案的前提。公路施工过程中的重点问题主要为工程原材料的购买和使用配比、工程施工人员的组织与管理、工程质量和工程进度的把握等，公路施工过程中的难点问题主要为保障沿线居民的日常生产与生活不受影响和保障工程所在地的生态环境的安全等。分析公路施工过程中的重点和难点问题有利于制定符合实际情况的工程施工方案。制定并贯彻实施公路施工的具体方案是控制工程施工进度和工程施工质量的根本途径。第二，公路施工过程中的技术管理工作。工程施工过程中的技术管理工作主要包括以下几个方面的具体内容：首先，进行公路施工过程的现场监理，贯彻并落实公路施工技术管理的相关技术标准；其次，实施严格的技术控制措施与管理措施，根据测量的数据进行准确无误的施工；最后，建立紧急的工程预案措施，严防工程施工过程中的意外情况的发生。公路施工技术管理应做好工程的对外交流工作，避免将注意力集中于工程本身的施工而忽视工程在施工的过程中对外界造成的影响，也避免由于工程施工考虑不周造成的外界对工程施工进度和施工质量的影响。负责公路施工的企业应借鉴和吸收其他企业的先进技术经验，引进其他企业的先进施工经验和管理理念，逐步提高自身的施工技术管理水平。

二、常见的路面故障和产生原因

（1）路面中出现坑槽和车辙。在不同的季节中环境对路面的影响是不同的，路面经常会因为气候问题产生细微的变化，再加上行驶车辆较多以及养护工作的不到位，就会让路面出现坑槽和车辙，出现这样的情况应该进行及时的补救处理，防止出现故障蔓延，减轻机动车的行驶压力，保证公路的安全性。

（2）路面出现波浪。在路面铺设的过程中如果没有细致地把握好细节问题和铺设材料，就会让路面在短期的使用之后出现波浪，这样的情况究其原因是因为铺设的技术不到位，养护工作相对来说就比较难，行车期间遇到波浪路面会有很大的安全隐患，车体可能因为震动而产生危害，而且不平整的波浪路面在后期的养护工作中是比较难处理的，需要养护人员针对不同的环境因素和技术来进行详细的养护方案设计。

（3）路面出现沉陷。当公路上大型车辆比较多时，路面会因为强度不足的问题而出现沉陷，车辙非常多而且痕迹深，对于养护人员来说，沉陷是一种常见又比较难以处理的公路故障，破坏的面积非常大，路面沉陷程度严重，如果想要对路面沉陷进行后期维护，就必须对大段的路面进行养护处理再维修。

（4）路面出现啃边。后期的养护工作如果不能有效到位，就会让路面出现啃边的情况，路肩在长期的养护过程中如果得不到有效的保护就会出现缺土的情况，而且在降雨之后路面还会被雨水冲刷，车辆碾压出现的沉陷等也会让路面出现连锁的灾害效果，啃边的情况会不断加重，所以在路面出现啃边情况之后，公路养护人员应该尽快进行维护补救以免灾害蔓延。

三、公路养护措施分析

公路建成投入使用一段时间以后，由于自身质量的问题和外界对公路路面的破坏，公路的运营效率降低，对我国交通运输业的发展和人民的生产与生活造成严重的阻碍，为提高公路运输的质量对其进行养护与管理迫在眉睫。

根据我国公路养护部门在公路养护过程中存在的问题，现提出具体的解决措施：首先，公路养护部门应对本部门的工作人员开展定期和不定期的培训，从整体上提升工作人员的职业素质。对工作人员进行的职业素质培训，不仅应包括专业素质方面的培训，更要包括道德素质方面的培训，既要包括公路养护标准的培训也要包括生态环境友好的培训。其次，开展公路养护权的转让与承包。我国实行的是具有中国特色的社会主义市场经济，开展公路养护权的转让与承包有利于提高企业的经营性收入，减少国家的财政负担和人民的税收负担。最后，提高我国公路养护部门对公路路面和路基情况的反应速度。举个例子，公路养护部门可以通过开通群众热线，鼓励并支持群众对公路路面的情况向有关部门进行反映，并采取及时有效的补救措施或者开展定期或不定期地对公路路面和路基情况的综合测量，杜绝意外情况的发生。

公路施工技术管理及公路养护措施的分析，我们分为两个部分对此做出了深入细致的探讨：第一部分是对公路施工技术管理的探讨，该部分从公路施工技术管理的作用入手，对公路施工技术管理的主要内容进行介绍，肯定了公路在施工过程中的技术管理方面的必要性。第二部分是对公路养护措施的分析，该部分是对从公路养护过程中存在的问题着手，提出了具体的公路养护的措施。我国的公路施工技术管理与公路养护都是为我国的经济发展和人民的生产与生活服务的，贯彻我国的施工技术管理与公路养护措施是利国利民的大事，应坚定不移地执行，为我们国家的经济建设做出贡献。

高速公路施工企业管理体制与运行机制

高速公路是一种现代化的交通设施，高速公路施工企业必须提高对健全和完善自身管理体制的重视程度，本节主要探讨高速公路施工企业管理体制与运行机制。

一、高速公路施工企业管理体制的影响

1. 影响功能及优势发挥

在经济快速发展以及交通线日益繁忙的情况下显得更为重要。高速公路具有通行能力强、功能完善、高速和科技水平高的特征，其功能在于安全高效、快速和畅通，能够满足快速运输和通行的实际需求，同时由于高速公路是全封闭和全立交的，因此它区别于一般公路，同时必须建立完善的管理体制来确保其优势功能的发挥，通过有效地管理才能够确保其秩序以及有效应用。如果高速公路施工企业缺乏对管理体制创新和发展的重视程度，就会造成管理水平落后，从而出现多头管理、混乱管理或者职责交叉等问题，这也会直接影响到高速公路功能和优势的充分发挥。完善的管理体制对于提升企业竞争力、提高企业收益有着积极作用，同时也更能保证建设有质量保障的高速公路项目。

2. 影响多方的合法权益

高速公路的建设会涉及多方人员的参与，从投资设计一直到施工和投入使用会有投资者、施工者、运营者以及使用者的普遍参与，通过多方参与的形式来确保高速公路功能的有效发挥和实践应用，而为了保障各方的合法权益，必须要完善高速公路施工企业的管理体制，为各方权益的实现提供根本保障。我国的高速公路大多建于经济发达、人口密集的地区，能够有效带动周边经济的发展，从而以此为基础形成经济发达的产业带，这不仅体现出高速公路建设的辐射带动作用，同时也能体现出高速公路为各方带来的经济效益。这

同样也需要管理体制来提供根本保障，否则不仅会损害高速公路沿线群众的合法权益，也会影响到施工地区经济发展水平的提升。为了确保未来高速公路的平稳持续发展，必须有与之相适应的管理体制作为推动和支撑。

3. 影响国家经济的发展

高速公路建设是国家经济发展的重要组成部分，而高速公路施工企业的管理体制的完善和创新也会进一步推动我国经济体制的改革，同时也会推动我国市场经济的全面发展。高速公路施工企业必须充分提高自身的使命感和责任感，充分认识到高速公路管理体制的完善对于国家建设和经济改革的重要影响力，进而在管理体制改革中不断完善其重要的组成要素。管理人员和管理机构是管理体制赖以推进和发展的物质形式，也是实体要素当中最为关键的内容。而管理规则、体制职能以及运行机制则是确保管理职能有效发挥的软件保障和无形要素，是预定管理目标实现不可或缺的内容。高速公路施工企业在完善管理机制时需要从自身管理运营的实际出发的同时，也要结合国家经济发展现况通过完善和创新管理体制来为国家经济发展提供动力支持。党的十八大以来，国家更多得指出公路基础设施建设的重要性，并突出其在新城镇建设中的积极作用。高速公路是同铁路运输同等重要的运输媒介，在供给侧结构调整的背景下，高速公路的建设必将会有更大的发展。

二、高速公路施工企业的运行机制分析

1. 竞争机制

竞争机制是一种优胜劣汰的选择机制，指的是在工程建设当中各种管理机构、企业以及人员之间相互竞争和比较进而由中选优的一种机制。在高速公路的运营与建设当中会涉及多个环节，而在大多环节上都需要主体间进行不同程度的竞争，进而以此为基础建立完善的竞争机制时非常必要的。竞争机制能够大大促进高速公路资源的科学配置，并在竞争中促进创新发展和持续进步。高速公路企业必须要认识到建立竞争制度的必要性和意义，从企业内部的管理出发，从人事工资以及劳动三个方面着手深化制度性改革，有效导入竞争机制，促使干部之间竞争上岗，促使其通过不断提高和完善自身素质的方式来更好地满足岗位需求；通过绩效考核的方式来进行薪资设置，在竞争中促进员工工作积极性的提升。竞争机制也可以从企业内部拓展到企业外部，可以在同一项目的不同施工段与兄弟企业进行技术、管理等层面的竞争对比，在实践中更能客观地发现自身短板并做出完善调整。

2. 约束机制

约束机制从根本上是一种责任机制，在高速公路建设的过程中，施工企业需要与各方经济实体间签订合同或者订立契约等，以便来明确双方职责，并督促双方按照合约规定履行职责，因此，约束机制是高速公路施工企业运行机制不可缺少的环节同时也是落实各方责任的保障。而在高速公路施工企业的内部管理中，同样需要建立一定的约束机制，最为关键的是在安全方面，施工的安全是必不可少的，而施工企业可以建立一岗双责制，要求

员工在承担岗位职责的同时也要担负与之相对应的安全责任，并有效签署安全责任保障书以及承担一定的风险抵押金，从大局上保障企业安全生产和管理。

3. 协调机制

高速公路施工企业的管理内容十分丰富广泛，管理的主客体也有着丰富的种类，这就需要从整体上把控和协调管理，因此建立完善的协调机制尤为必要。高速公路施工企业的协调机制涉及以下几个内容：第一，上下级管理机构之间的纵向协调。第二，管理机构以及其他政府部门的纵向性协调。第三，管理机构以内部要素间的协调。在完善企业的协调机制过程中，首先必须确保各个要素之间需要在管理目标上达到共识，确保共同为既定目标的实现而努力，并形成上下合力和相互支持的协调机制，从而自如地应付外部环境和经济环境的变化。

4. 反馈机制

高速公路管理体制是一个开放性系统，包括很多分系统和子系统，通过建立反馈机制的方式，能够将各个系统中的资源信息进行交流分享，使得管理行为主体能够科学灵敏地做出反应，从而确保管理工作的质量和效率。进入 21 世纪以来，信息化技术取得了显著进步，在各行各业的生产中得到深入应用。为了提高高速公路施工管理的资源和信息共享水平，高速公路施工企业要建立完善的信息化反馈机制，有效利用现代化的计算机网络技术来确保各级之间联络的畅通，有效提升信息传递效率，及时妥善地处理突发事件。同时，要配备专门的信息员来对反馈机制进行管理和优化，并定时通报多方重要信息，实现资源的有效共享。例如针对某路段的施工作业中，实际地质情况有所变化，同施工设计书的要求存在差异，这时通过企业内部的反馈机制及时反馈到设计部门，及时进行施工变更，最大限度地减少企业损失。

高速公路施工企业要想获得持续发展的动力和保障，就必须不断探究符合现代企业发展的、科学化的管理体制以及建立有效的运行机制。因此，高速公路施工企业必须将资产经营作为管理工作的中心内容，将运营管理作为主导方向，全面推进多元产业建设，在促进国有资产保值增值的同时，要将各项科学化的运行机制融入管理体制当中，运用现代化的管理理念和管理办法完善管理体制，促进企业长效发展。

公路施工项目实施标准化管理

公路施工项目标准化是指公路施工企业对公路施工项目寿命周期内重复性事物和概念通过制订、发布和实施标准达到统一，以获得施工项目最佳秩序和实现施工项目预期目标的运动过程。推行标准化是搞好公路施工项目管理的必由之路，然而我国公路施工企业开展标准化工作较工业企业晚得多而且差别又很大，借鉴工业企业比较困难。因此，探讨公路施工项目如何开展标准化十分必要。

一、公路施工项目标准化的特点

公路施工项目标准化不同于一般的工矿企业标准化，这是由于公路施工项目的特点所决定的。为了搞好公路施工项目标准化，就必须把握公路施工项目的特点，针对这些特点，才能制定出比较切实可行的各项标准。公路施工项目的特点主要体现在以下几个方面。

1. 公路施工项目的多样性、复杂性

公路施工项目管理的对象是公路工程，按照公路工程的使用功能不同，项目的类型是多种多样的而且即便是使用功能、结构类型相同的项目，建造在不同地区，也因建设条件不同，在施工方法、施工工艺、地基处理等方面也就有所不同。

2. 公路施工项目的一次性

一次性是公路施工项目的最主要特点，也可称为单件性。其含义是没有与此完全相同的另一项任务，不同点表现在任务本身与最终成果上。

3. 公路施工项目目标的明确性

公路施工项目的目标有成果性目标和约束性目标。成果性目标是指公路项目的功能性要求，约束性目标是指限制条件。

4. 公路施工项目作为施工项目管理对象的整体性

一个施工项目是一个整体管理对象，在按其需要配置生产要素时，必须以总体效益的提高为标准，做到总体优化。

5. 施工队伍的分散性、流动性

公路产品是固定的而操作人员是流动的，这与工业产品的生产正好相反；一个公路施工项目确定后，施工队伍就要进入不同的现场进行施工操作，一个公路施工企业还可能同时要在若干个工地上进行作业，这就给管理带来很大的困难。因此，如何制定切实可行的施工项目管理标准是一个比较突出的问题。

6. 施工涉及面广、综合性强

从施工项目经理部内部来说，组织施工是多工种的综合作业，各工种的配合衔接，各种材料、施工机具配套供应，协调组织，要得到企业的全力支持；从外部来说，往往需要一些专业化企业、公用事业、运输、市政设施、劳务等其他部门的配合协作，涉及面很广，而且有很强的综合性，在这种情况下要取得比较理想的预期效果，就必须有各个岗位人员的工作标准。

7. 施工的条件变化大，可变因素多

施工的条件有自然条件，如地质、地形、水文、气候等；有技术条件，如结构类型、技术要求、施工水平、技术装备，材料和半成品质量等，这些条件常常是多变的，因此施

工生产的预见性、可控性与工业产品相比就较差。譬如工程建设施工大部分是露天作业，受冬季、雨季等因素的影响，因此掌握冬、雨季施工的特点，对冬、雨季施工应采取哪些技术措施，这都涉及技术标准的问题。

8. 施工方法的落后性

目前，我国的施工技术水平还比较落后，机械化程度不高，手工操作仍占有很大的比例，给管理带来很多困难。

二、公路施工项目标准化的内容

公路施工项目标准化的内容是关于技术标准、管理标准、工作标准的制定以及实施和考核。

1. 技术标准

公路施工项目主要是贯彻执行国家、行业颁发的各种工程建设施工及验收规范、设计规范、建筑安装工程质量检验评定及安全卫生标准；各省、自治区、直辖市颁发的施工操作规程、分项工程工艺标准；国家、行业和地方颁发的各种建筑材料、半成品质量标准和检验试验方法标准等技术标准。对于目前尚无国家标准、行业标准或地方标准的施工新技术、新工艺，要进行科学研究并在取得大量实践经验的基础上，制定施工项目技术标准。但是，由于开展施工项目标准化工作无论从广度、深度或标准化意识等方面都尚未达到应有的程度。目前，制定技术标准的数量很少。在合同情况下执行合同标准。技术标准是对“物”而言的。

管理标准是“对企业标准化领域中需要协调统一的管理事项所制定的标准”。也就是说管理标准是包括生产、经营活动中的全部管理内容、管理程序和管理要求等方面的标准。施工项目主要贯彻执行管理基础标准、信息管理标准、方针目标管理标准、计划统计管理标准、合同预算管理标准、生产管理标准、技术管理标准、物资管理标准、设备管理标准、能源管理标准、运输管理标准、试验检验管理标准、劳动工资及人事教育管理标准、安全生产管理标准、财务成本管理标准、审计管理标准、档案管理标准、计量管理标准等管理标准。这些标准要在施工项目管理中贯彻执行但又有侧重。管理标准是对“事”而言的。

2. 工作标准

工作标准为“对企业标准化领域中需要协调统一的工作事项所制定的标准”。施工项目一般应制定生产、技术、经营管理干部通用工作标准（包括决策层、中层、一般干部工作标准）；生产岗位工人通用工作标准；生产岗位工人专用工作标准等。工作标准是对“人”而言的。

农村公路工程施工现场管理

伴随我国经济迅猛发展，公路作为重要基础设施正日益发挥着极其重要的作用，尤其是农村公路更是受到广大农民的欢迎。公路工程施工是一项复杂的技术、经济活动，会受到物质、技术条件的制约。因此，如何根据公路施工的特点，加强施工现场管理、将施工各要素进行科学、合理地安排，实现工程项目快速、优质、低耗。已成为公路建设者普遍关注的焦点。本节着重就公路工程施工现场管理中应注意的问题进行阐述。

一、进行充分的施工准备

施工现场管理贯穿于工程施工的全过程，充分的施工准备是管理好施工现场的基础。施工单位只有通过充分的施工准备，才能保障施工过程的连续、协调、均衡和经济。在进行施工 准备工作中应注意以下问题：

（1）要建立严谨、规范的内部约束、考核、激励机制，用制度管人，用规章管理工程。

（2）要补充调查工程沿线影响施工的因素，标注出平面位置图，并进行分析、论证，写出调查报告，作为修订施工方案、编制施工控制预算的依据。

研究施工图纸，吃透设计意图，澄清图纸中的问题，恢复定线和施工放样。对所有控制点进行加密、保护、记录。

（3）根据施工合同协议和现场调研认真编制施工控制预算，作为控制支出、进行成本预测分析、经济核算以及统计工程进度的依据。

（4）进行业务、技术培训和技术交底，使相关人员对工程的技术标准、操作规程、质量控制、资料整理有全面的了解。建立工地试验室，并申请临时资质。对施工中拟使用的各种原材料取样试验，建立相关技术参数的数据库。

（5）绘制关键工序施工工艺流程图和试验操作规程、质量检查评定、计量支付、设计变更、事故处理等操作管理框图，并使图表上墙。根据工期要求、技术标准、机械设备能力、材料供应、自然条件等进行综合分析，选择最佳施工方案，完善施工组织设 计。

二、精心组织施工，严抓现场管理

1. 合理配置施工资源

合理配置施工资源是保证施工现场动态投入生产要素达到最佳组合，完成阶段施工任务，获取较大经济效益的关键。在施工过程中，人力、材料和机械需求量不断变化，在配置施工资源时应力求均衡。要根据进度计划编制人力、材料、机械进场计划；根据材料供应与使用情况决定材料储备量；根据主导机械配置与之能力相适应的附属机械；根据天气情况和实际进度对资源进场计划进行调整。做到人、机、料和环境协调统一。

2. 认真做好试验段

开工后，施工单位对自然条件、施工工艺、质量控制都有一个适应的过程。通过试验段施工，可以初步掌握工程的质量控制要点、主要技术参数、施工进度、机械组合以及施工过程中的协调情况。试验段施工之前要编制施工计划，明确施工方法、技术要求、试验检测内容以及达到的质量标准。施工中发现问题应及时调整，做好记录、分析、总结，为大面积施工提供理论和实践依据。

3. 适时调整机械组合

在施工过程中，要保持机械组合的相对稳定。由于受进度、天气等方面的影响，机械的使用数量发生变化时，现场管理者必须适时改变机械组合。组织机械施工应注意：

（1）根据进度计划、质量要求和机械的生产能力选择主导机械，并留有适当的余量。

（2）全套机械的生产能力是由其中生产能力最小的机械决定的，因此，加强机械的统一调配，始终保持机械的最佳组合，提高机械的使用率。

（3）要组织维护、抢修小组，备有关键配件，定期维护，随时随地排除故障，提高机械的完好率，确保工程正常进行。

4. 切实做好防洪排水

施工受自然因素影响较大，应针对性地采取预防和应急措施。在自然灾害中尤以水害最为严重，施工中若对防洪排水工作措施不力，将造成工期拖延，费用增加，故应注意以下问题。

（1）施工前，要结合施工方案和施工图中的排水设计，制订防洪排水方案，做到永久性排水设施与临时性排水设施相结合。

（2）路基路面施工要选择合适的位置和方式，始终保持纵横坡度和碾压的平整度，使雨水能迅速排走，防止边坡坍塌堵塞水沟。对排水困难或地质不良地段，应尽量避开雨季施工。

（3）合理安排桥梁施工次序，主河槽基础应尽量在枯水季节施工，桥梁预制场应建在洪水位以上，汛期施工时，机械、材料、设备用过后尽快撤离现场，减少灾害损失。

（4）下雨期间要经常上路巡查，及时疏通水沟，减少路面积 水。要了解天气变化情况，采取应对措施，减小雨水对施工的不利影响。

5. 重点治理质量通病

工程质量是公路建设永恒的主题。公路工程中的质量通病有：桥头涵顶跳车，路基不均匀沉降，路面平整度差等。加强现场质量管理，要以治理质量通病为突破口，重点抓好以下工作。

（1）彻底处理软弱路基，确保路基整体稳定

路基不均匀沉降会导致路面开裂、路基失稳，危及行车安全。主要原因是路基未充分

压实。为此，现场质量控制要抓好地表清淤和路基分层填筑及压实；在路基填挖方交界处、施工分段接头等非连续地段要作为质量控制的关键点加强控制。

（2）认真处理路基与桥涵接头，防止桥头涵顶跳车

桥涵与路基施工往往不能同步进行，在路基与桥涵之间形成接头，若施工质量控制不好就会造成跳车，一般设置桥头搭板，铺设土工隔栅或土工布，改换填料等，这些措施如果没有严格的质量控制和合理的施工工艺保证仍然不能达到满意的效果。因此，现场管理的重点是确保碾压到位，压实度符合质量标准。

（3）严格控制路线的线型与标高

随着公路修建等级的不断提高，施工中对路线线型与标高的要求也越来越严。纵横坡不适、平整度差等直接影响公路的外观质量和使用品质，影响服务对象的舒适度，故这些问题要从路基开始层层检查验收，达不到要求及时返工，谨防积重难返。

（4）确保结构物的内在和外观质量

公路是暴露在野外的线形构造物，既要满足行车要求，又要与周围的景观相协调，满足行人的视觉要求，达到内在质量与外观质量的统一。满足结构物的内在质量，必须控制关键材料、关键工序、关键工艺；满足结构物的外观质量，必须做到工艺精细、线条分明、线型顺适、层次清晰。

6. 加强进度控制

进度计划是控制工程进度的依据，施工组织中的月、旬作业计划以及材料、机械使用计划都要服从进度计划的要求。进度计划反映工程从准备到竣工的全过程，反映施工中各分部、分项工程及工序之间的衔接关系，是现场管理者统筹全局、合理调配施工资源、正确指导生产活动的基础。当工程进度受到自然和人为因素的影响而与计划偏差较大时，现场管理者要结合实际，对进度计划进行调整，对滞后项目的施工方案，适当增加资源投入，科学安排施工顺序，采用多作业面的平行流水作业或立体交叉平行流水作业，加快施工进度；合理压缩关键线路上的作业时间，尽量保证总工期实现，必要时倒排工期。

7. 搞好成本管理

成本管理就是通过成本核算来计划和控制经济活动。施工现场管理要达到的目的就是通过对工程进度、质量的控制来降低工程成本，提高经济效益。工作中应注意抓好以下几点：

（1）完善成本管理制度，使采购、库存、发放、使用等每一环节在制度的约束下进行。

（2）根据施工定额对各分项工程进行成本控制，力求使人工、材料、机械控制在规定的范围内。

（3）分项或分部工程完成后，要对照施工控制预算进行成本预测，对已经出现或可能出现的超支采取应对措施。

（4）单位工程完成后，要及时进行成本核算，根据实际发生的工、料、机及管理费计算出该工程的实际成本，与施工控制预算比较，查找成本管理中的问题。

（5）工程全部完成后，要结合施工控制预算、计量支付进行 效益分析，总结经验教训。

三、施工保通、初期养护及交工验收

施工现场保通关系到施工能否正常进行。无论是新建还是改建工程，如果便道、便桥、边施工边通车的路段不能通行，机械、材料、人员就无法进场开展工作，同时还会打乱施工秩序，造成经济损失和质量问题。

1. 做好施工保通

（1）便道、便桥的通行能力和承载标准要与施工规模及机械通过量匹配。要加强养护，使便道、便桥始终处于完好状态。

（2）边施工边通车的路段要设立安全标志，且由路政管理人员指挥交通，避免交通事故，减少堵车现象。

2. 加强初期养护，配合交工验收

为了保持路容、路貌，保证公路各项能力的正常发挥，使工程顺利通过交工验收，施工单位要加强工程的初期养护，对工程外观进行整修，并注意以下问题：

（1）全面检查路基、路面、桥涵、构造物、交通安全设施，存在问题要及时处理。

（2）清理路基、路面上的施工废料；按路基标准横断面整修路肩、边坡；清理桥涵、构造物上的附着砂浆；修补路面及构造 物的局部损坏；使公路线型顺适、整齐美观。

（3）按照《公路工程竣工验收办法》的要求，写出施工总结，恢复路线控制点，标注里程桩号，为质量鉴定创造条件。

公路工程施工的现场管理是一项复杂的系统工程，不同的工程项目，所采取的管理措施应有所不同，作为现场管理者要与时俱进，大胆探索新的管理思路，通过加强施工的现场管 理，使工程质量、进度和效益不断得到提高。

高速公路施工企业管理制度创新方法

作为一个国家重要的基础设施，它承担着对国家以及各地区的经济建设的促进作用。尤其是在近年来我国经济发展迅速，人民对于交通的需求更加迫切，这就促使国家加大了对于基础设施建设的投入，从客观上大大加快了我国高速公路的建设。

在这种情况下，人们开始关注高速公路管理体制出现的问题，并对于如何改革高速公路企业管理体制十分重视。

一、当前我国高速公路建设企业管理现状

1. 管理制度的缺乏

尽管我国高速公路建设发展迅速，但是与之相关的法律法规却很不完善。在现在这个阶段，我国没有一部高速公路管理法律能够适用于所有省市，因而在实际的管理过程中，主要的依据就是各地方指定的高速公路管理条例。这种相对滞后的状态，不利于高速公路的管理，很容易与其他部门发生冲突。另一方面，由于行政条例的执行能力远不及法律法规，所以在进行高速公路管理的时候，高速公路管理者常常不能对一些违规现象进行有效的处理。这种情况十分不利于管理者对于高速公路的管理，严重的还会影响我国高速公路的长远发展。

2. 管理行为较为混乱

收费、养护、路政、交通安全以及相关的配套设施服务这是高速公路管理的五大主要内容。这五大内容本应当是相互补充，相互依存，但是在实际的高速公路管理过程中，这几项职能却被分割成几个部分由不同的部门分管。交通部门主要负责对于公路设施的修建以及养护和路政。公安部门主要有维护交通秩序，保障行车安全等职能。这种管理的分化，使得各个部分分割开来，不能很好地起到整体作用。高速公路管理将交通安全管理交由公安部门进行管理，就很容易导致在管理过程中缺乏针对性。两个部门对于事件处理的方法以及依据都有所不同，对于同一时间以不同的角度进行处理也会得出不同的结果，这十分不利于高速公路的法制化管理。

3. 管理效率较低

在现如今市场经济的大背景下，如何有效地对于高速公路进行企业管理仍然是我们急需解决的问题。高速公路建设企业管理中，常常会有效率不高的问题出现。管理机构人数虽多，也有较为明确的管理方法，但是在运营企业内部的管理运作过程中，由于管理人员自身以及外部的种种原因，常常不能有力地执行。效率低下，服务态度差，几乎成了一些地区高速公路管理人员的常态。这种情况的出现，不仅会影响对于高速公路的管理，还不利于和谐社会的建设。

二、高速公路建设企业管理制度创新方法

鉴于高速公路的封闭特性，道路的养护、行车的安全管理以及事故处理的及时性都与普通公路不同。因此，高速公路建设企业制度管理也应与普通公路管理区分开来。在保障高速公路行车安全的基础上，积极采取措施增强管理效率，加大管理力度，使得高速公路的社会效益获得增强。

1. 管理养护方面的制度创新

由于一些道路养护部门质量不过关，在养护过程中常出现问题，高速公路建设企业可以在企业内部设立下属的养护部门。选择一支经验丰富、责任心强的养护队伍专门负责高速公路的养护，从而实现对于养护部门的直接控制。这样一来，高速公路建设企业一方面可以提高管理的效率，另一方面也可以提高养护的质量。另外，对于养护设备采购以及养护中心单位等也要积极建设，力求实现对于高速公路及时、高质量的维修。只有将养护这一环节做好，结合养护的实际过程中出现的问题，创新养护制度，才能够实现对于高速公路建设的合理管理。

2. 管理收费方面的制度创新

收费部门有两种，一种是高速公路企业管理内部设置的管理部门，另一种则是委托他人进行这一项目的承包。由于不同地方选用不同的收费部门，这就导致了收费过程十分混乱，难以实现收费标准的统一以及收费秩序的有序。因此，在企业管理内部开设专门的部门负责相关地区的管理收费，一方面可以保证收费标准相同，规范了收费体系，大大减少了乱收费的现象；另一方面还能够实现对于收费口的垂直化管理，有利于高速公路建设企业管理制度的完善。

3. 管理路政的制度创新

在高速公路建设企业管理中，十分重要的一环就是对于路权的维护。路权的维护十分不易，但是高速公路管理者可以通过在企业内部设立专门的机构的方式负责路政的管理。严格按照交通厅对管理高速公路路政的要求，对路权进行维护，保障路政的进行，并实现对于交通施工的及时营救。可以将具体维护工作落实到个人的身上，实行责任到人。这样一来就能够激发工作人员对于路政维护的积极性以及责任心，为路政的维护打下良好的基础。

4. 管理交通安全的制度创新

交通安全是整个高速公路管理的重中之重，也是急需各个部门之间相互合作的重点。但是，由于高速公路建设企业管理与公安部门管理秉性的情况存在，并由此导致了责任不清，对交通安全的管理十分松散，交通安全难以获得保障。对于高速公路建设企业管理有大致两种建设模式，一种是通过在高速公路建设企业内部设立专门的机构实现对于高速公路安全问题、路政问题等的及时解决。最大程度上提高了对于交通安全管理的效率以及力度。另一种情况则是根据地方对于交通安全管理权利的分配，各个部门分管安全事故的不同类型，这种方法是目前我国普遍使用的方法。

虽然近些年我国高速公路建设企业管理获得了一定的成就，但是在实际的运作过程中仍然会暴露出一些问题。我们应当结合实际的管理过程中出现的问题，具体情况具体分析，提出相应的解决办法，努力在制度层面实现创新。也只有这样，才能让我国的高速公路建设迈上新的台阶，更好地为经济发展做出应有的贡献。

2013 年公路监理师道路与桥梁之公路施工质量管理

随着公路建设的发展和经济制改革形势的深化，各种经济承包责任制扩大了施工管理的内容，同时也使数量、成本与质量的矛盾愈显突出。因此，现代公路建设施工质量管理的内涵比过去更为丰富，它不仅受到思想、技术、组织、经济等方面的制约，并兼有咨询、顾问、参谋、控制的含义，还涉及工程法规、行为科学及技术美学等诸多因素。探索适合我国国情和现时特点的施工质量管理方式和质量保证体系就显得更为重要，已成为当务之急。本节结合长江红阳码头、固镇绘河桥、凤台淮河桥等工程施工实践，围绕工程质量管理这一课题，作粗浅的探讨。

一、建立以工程监理为核心的质量管理体系

建立一个严密的强有力的质量管理体系，是确保质量的关键，有利于工程监理工作的开展和全过程质量管理的监控作用。为此，即要加强“三个层次”的控制和各层次的职能，即政府监督，项目（施工）监理和企业自检，要在建立公路监理制度上，逐步建立起三个层次的管理体制，又要理顺“三者”的关系，即建设单位、监理单位（监理工程师）和承包单位三者的关系。并概括为：

（1）建设单位与承包单位的关系，是依据工程建设发包和承包合同或协议，构成承发包的关系；

建设单位与监理单位的关系，是委托与被委托的关系，通过监理服务协议或合同确认职责、权限和经济关系；

监理单位与承包单位之间没有合同关系，也没有任何经济关系，而仅仅是监理与被监理的关系。

（2）同时，还要建立以工程监理为核心的监理、检验和质管组织；

监理工程师依据监理办法和监理合同、独立、公正地行使监理职权，对建设单位和承包（施工）单位均具有监督权，以负责保护双方利益；

建设单位要组织检验小组，对施工单位进行质检和抽检。

（3）施工单位要成立各施工点质管小组，负责自检、专检和互检。

二、加强质监基础工作

基础工作是有计划、有目的、有步骤地实现质量管理总目标，也是为质量管理创造前提条件的最基本的工作。只有重视基础工作，才能坚持做到施工中的“四有”“五化”，即：有方案、有标准、有制度、有目标；施工规范化、操作规程化、技术标准化、管理制

度化、数据科学化，才能确保建设总目标最合理的实现。

1. 明确技术标准、强化标准工作

（1）各项工程的设计资料、施工规范、操作规程、工艺要点，质量检验方法和评定标准，以及工程监理办法和实施细则等文件资料，统一印发至建设单位和施工单位，使人人目标明确，有章可循，有法可依。

（2）现代工程建设要注意技术美学，强调审美功能和实用功能的统筹考虑。

（3）各施工单位编制的施工组织设计和施工方案等文件，在开工前送交建设单位和监理工程师。

2. 强化检测手段

计量检测工作直接影响工程质量和质量检验评定的准确性。为强化检测手段，要求各地、市公路部门和施工单位建立健全试验室，配专职人员负责常规试验和抽验工作，省公路局对各地、市拨发专款配置仪具。

3. 重视质量信息

用数据指导施工项目建设在开工前，由建设单位（指挥部）将各种原始记录表、检验记录表、测试报告表及统计表格等发至施工单位，并规定向建设单位和监理单位（监理工程师）定期报送各种资料。通过检验测试人员提供的资料，及时掌握现场随时发生的质量情报和数据，以便及时分析质量动态，采取应急措施。

4. 重视技术培训

加强质量教育各级领导要尊重科学，支持技术人员的工作，有计划、有目的地举办技术培训班。还利用施工现场举办工程质量研讨会，总结交流正反两个方面的经验教训。同时，要加强工程技术的继续教育，更新知识，掌握新技术、新理论、新材料、新工艺，以适应现代科学技术迅速发展的需要。

（1）加强施工质量控制对工程质量起着保证作用，其核心是贯彻“预防与把关相结合，以预防为主”的方针，其目的是控制影响工程质量的各种因素，以保证工程质量达到预定的目标。影响工程质量的直接因素主要有设计、材料、施工及检验四个方面，实施在全施工过程中进行有效的事先控制、中间控制和事后控制。其他因素也是不可忽视的。

（2）设计质量的控制对路基、路面和桥涵结构设计的图表、资料文件因未经施工实践，不尽合理及遗漏、错误部分往往不易暴露，除开工前通过设计文件会审控制外，在施工过程中发现的问题应要通过以下途径解决：

1）重大变更应要严格按设计变更报批手续，按规定程序办理。

2）非重大变更由设计、施工、监理三方现场会审处理，也可以由设计单位授权监理工程师审处。

3）对设计中不详、漏误及容易引起误解的问题，监理工程师可以书面明确解释或补充规定。

三、把好材料质量关

材料质量的控制原材料是工程实体的组成部分，对工程质量有着直接关系。因此，要求施工单位：一是把好材料采购关；二是对各种原材料进行测试鉴定；三是严禁使用不合格材料和半成品。

1. 施工质量的控制

（1）抓好各施工阶段，以防患于未然。对施工单位的各施工阶段要通过定期检查评比，有的放矢地对重点突击的问题进行现场检查、评比和交流，对存在的问题，施工要点、注意事项等，质监部门以书面形式发至施工单位，目的是为了提高工程质量。

（2）对影响质量的要害问题或带普遍性问题，要坚持质量第一，例如凤台淮河大桥的 0# 箱块和固镇县浍河桥 35 米预应力桥梁质量差，都下决心打掉，重新预制，保证了工程质量。

（3）对虽未发生但根据质量情报信息预测可能发生的问题，要及时采取预防控制措施，避免事故发生。例如，长江红阳渡口码头栈桥础基，质监人员在现场发现问题及时同施工单位协商解决，避免了工程质量事故的发生。

2. 对检验判断准确性的控制

质量检验属于质量管理中的把关环节，往往因为检验人员的素质不高及工作中的误差和检测仪具的精度不高做出错误的判断，影响和危害了工程质量。为此，要选用素质高的检验人员，并对他们进行必要的技术培训，对仪具要经常校正，以提高检验工作的质量。

3. 其他因素的控制

民事纠纷，报酬不合理，劳动强度高，劳保条件差，干部作风不深入，施工人员情绪不佳，都可能导致人为的工程质量事故的发生，这些因素不可忽视。因此，领导干部要深入施工现场，做好思想政治工作，及时解决实际问题。监理人员和检验人员也要经常深入施工现场抓好质监工作。

（1）严格质量检验

质量检验是评检施工质量能否保证工程质量达到预定目标的重要手段，也标志着质量好坏的程度。

要明确质量检验标准、内容和手段检验标准主要技术规范、操作规程和质量检验评定标准。即达到规范化、规程化、标准化、管理制度化。检验内容主要对原材料、半成品或成品、结构整体和部件进行物理、力学性能检验，使质量事故尽可能地消灭在施工过程中，这样使工程质量符合规定的标准。检验手段是通过仪具测试和试验数据将结果反映出来。对技术标准高、工艺较复杂的项目，其检验标准另有设计规定的要求，并经质量监理人员检查后方可签认。

（2）检验的组织形式

质量检验应坚持专职检验和群众自检相结合、日常检验和重点抽验相结合、定期和不定期的自检、互检和全面检查相结合。专检人员必须从施工准备、竣工交验各个环节进行严格检验。

高标准、严要求、把好质量关无论管理制度、工艺措施、规范、规程、规定要求；还是从平时检查到具体指导，从关键部位到每道工序，都必须强调一个“严”字；对出现的质量问题，更要严肃认真，一丝不苟地进行妥善管理，该返工的一定要返工，该停工的也一定要停工，不能迁就。检查和评定，评估和建议，都是为了提高工程质量，各级技术负责人，对质量管理，要做到事先指导、中间检查、成果评审和信息反馈工作，纠正过去往往偏重事后把关，管结果，不管中间检查和因素的习惯。

为加强公路工程质量管理，确保工程质量，必须加强基础工作、施工质量控制和检验把关工作。目前如何围绕这三个环节，结合当地条件，尽可能充实、丰富其内容，强化其手段，建立一套科学和适合国情、省情的、行之有效的质量保证体系，乃是当前我们面临的重要课题。从我省重点工程施工实践证明，要想建立科学的、严密的质量保证体系，我们还受到许多条件的限制，仍有许多困难。公路工程线长面广，有些工程施工季节性强，施工队伍的条件和素质要求还不相适应，工程监理工作起步晚，缺乏成熟经验，检测手段还不先进，都有待于我们做出更大的努力去探索，逐步加强完善质量管理工作。工程监理，负责监督工程质量、进度、造价、保护双方利益。建设单位要充分发挥监理工程师的作用，支持监理工程师的工作，监理工程师要严格履行自己的职责。

公路工程机械施工设备管理与维护建议

公路工程施工是一项系统且复杂的工作，为保证施工进度，施工过程中就有必要采用机械设备。同时，为促进机械设备作用的有效发挥，加强设备管理及维护是十分必要的。影响公路工程机械施工设备管理及维护的因素是多方面的，例如，施工现场条件、管理维护人员、管理维护制度等。随着公路工程建设数量不断增多，人们生活水平不断提升，在这样的情况下，加强机械设备管理与维护，提高管理维护水平无疑具有重要的现实意义。虽然目前施工单位注重管理维护工作，但由于相关制度没有严格落实，一些工作人员管理维护责任意识淡薄，导致管理维护仍然存在缺陷与不足，因此，有必要进一步采取改进和完善措施，从而预防施工机械设备质量和安全事故发生，降低不必要损失，确保施工进度，提高公路工程施工效益。

一、公路工程机械施工设备管理及维护常见问题

机械设备管理及维护是公路工程施工的重要工作，做好这项工作能确保机械设备处于良好性能，实现对质量和安全事故的有效预防。并促进机械设备管理维护水平的提升，推动各项制度措施有效的落实，提高管理维护人员的责任意识。还可以将设备故障和安全事故消灭在萌芽状态，避免出现不必要损失，保证施工进度，促进公路工程质量的提升。

1. 思想重视程度不够

一些施工单位将工作重心放在市场拓展、加快施工进度、提高工程建设效益方面。对机械设备管理维护重视程度不够，未能结合具体需要采取有效的管理维护措施，管理维护制度没有严格落实，相应的资金、设备管理维护的投入不足，管理维护人员较少，制约施工建设顺利进行，还可能给公路施工带来不必要的损失。此外，尽管公路工程监督工作在保证施工安全、提高设备性能方面起着十分重要的作用，但也存在问题与不足。总的来说，表现在以下方面：没有对管理维护单位和工作人员的责任和义务进行详细规定，没有明确管理维护的地位，尚未完全确定其职能，没有清晰认识其作用，导致机械设备管理维护不到位。

2. 管理维护措施没有落实

虽然公路施工单位普遍建立机械设备管理维护制度，明确管理维护的目标、流程和相关工作人员职责。但由于管理维护人员责任意识淡薄，没有严格落实这些制度措施，施工中也未能采取有效的机械设备管理维护方法，难以及时发现设备隐患，不利于提高管理维护水平。此外，机械设备故障防范工作不到位。一些施工人员进入现场施工时，没有严格遵循规范要求进行机械设备操作，预防性养护不足，日常巡视和维护不足，施工现场管理维护不到位，存在安全隐患，制约机械设备性能的有效发挥。

3. 设备管理及维护方面的不足

为保证公路施工安全，加强机械设备管理维护，落实管理及维护制度是十分必要的。管理维护制度在保证工程质量、工期等方面发挥重要作用，也得到社会普遍认可。但这些制度未能有效落实，面临不少问题，机械设备管理维护工作面临更多问题和更严峻的挑战。例如，施工单位的业务竞争越来越激励，随着管理维护制度的建立，施工单位数量越来越多，它们之间的业务竞争愈演愈烈。在这种情况下，施工单位不得不探索新的方式方法，以便在竞争中占据有利地位，促进自身发展，有可能忽视机械设备的维护与管理。但一些施工单位的机械设备管理维护人员素质不高，主要表现为专业知识缺乏、实际经验不够、业务素质不高以及不认真履行职责，影响机械设备管理及维护水平的提升。

二、公路工程机械施工设备管理及维护的完善建议

为有效应对公路工程机械施工设备管理及维护的不足，结合公路工程施工建设具体情况，笔者认为应该从以下方面采取改进和完善措施。

1. 提高设备管理及维护的思想认识

施工单位和相关领导应该提高机械设备管理及维护的思想认识，认识到加强该项工作对推动施工顺利进行，提高工程建设质量和效益的重要意义。并制定和完善机械设备管理及维护措施，在资金、人员等方面加大支持力度，为提高管理维护水平奠定良好基础。

2. 严格落实设备管理及维护的各项制度

结合公路工程施工需要，健全机械设备管理维护的各项制度措施，促进施工顺利进行，推动管理维护的制度化和规范化。同时还要明确相关单位和工作人员职责，严格落实管理维护各项制度措施，建立严格的责任制，将制度有效落到实处，促进机械设备管理维护水平不断提升，使机械设备综合性能得到最佳发挥。重视机械设备管理，合理摆放，满足施工需要。重视各种检测设备和检测手段应用，掌握设备运营基本情况，提高机械设备管理维护效果。加强机械设备检查工作，开展现场巡视和检查，及时排除存在的隐患，促进机械设备综合性能得到最佳发挥。

3. 明确职责并提高管理维护人员素质

公路工程施工机械设备管理及维护工作的主要职责是：负责检查和巡视施工机械设备，定期和不定期开展检查工作，掌握设备运营基本情况，及时发现和处理存在的缺陷，使机械设备更好地运营和发挥作用。为此，机械设备管理及维护应该贯穿于工程建设全过程，对保证公路施工工作安全有序进行，促进员工遵守管理维护各项规定，保证公路工程质量和效益具有十分重要的意义。结合公路工程建设实际情况，可以采取以下措施来落实管理维护的各项措施：引进和培养高素质的管理维护人才，不断提高从业人员素质。加强公路施工管理维护人员职业道德建设，不断提高工作人员职业道德水平，严格遵循规章制度进行机械设备管理维护工作。加强管理维护队伍建设，建立高素质、高水平的工作队伍，为提高机械设备管理维护水平提供保障。注重施工人员培训，使他们严格遵循规范要求操作，预防故障发生。

4. 加强施工现场工程机械设备的管理与维护

注重设备管理维护人员的管理培训，提高安全防范意识，严格按照规范要求进行设备维护，及时发现和处理存在的缺陷。完善机械设备管理及维护各项制度措施。事实上，公路工程机械设备管理及维护工作面临很多问题与挑战，根据这些问题与挑战，结合公路工程建设实际情况，应该提高思想认识，确保机械设备处于良好性能和工作状态。加强公路施工现场巡视和检测，定期和不定期开展巡视，做好施工机械设备日常巡视工作，确保设备处于良好性能和运营状态，有利于保证施工进度，提高工程建设质量和效益。建立并落

实机械设备管理维护措施，及时排除存在的各种隐患，促进机械设备管理维护水平提升。

5. 优化管理维护体系并注重动态管理维护

例如，优化机械设备管理维护体系，对管理维护现状进行全面掌握，明确管理维护任务。改进管理维护方案，明确管理维护组织职能，完善相应的报告机制，提前采取预防和控制措施，减少现场机械设备安全事故的发生概率，提高安全事故预控能力，有效预防机械设备安全事故发生。进行机械设备动态管理与维护，加强现场基本情况调查，利用信息技术和现代计算机技术，进行动态管理维护是十分必要的。建立机械设备管理维护数据库，全面掌握基本情况和现状，分析相关数据资料，为健全和完善管理维护体系提供参考和依据，为提高机械设备管理维护水平提供有效的数据和技术支撑。

在工程建设中需要做好管理维护工作，重视管理维护措施的有效应用。然而，目前还有很多方面值得研究和完善。例如，建立管理维护预警机制，实施动态管理维护等，需要深入研究和探讨，并将其应用到管理维护实践中，进一步提升机械设备管理及维护水平。

基于 MRP 的公路施工采购管理

一、公路施工企业建立合理的采购管理制度的必要性

改革开放以来，国家不断加强公路网的建设，公路基础设施建设迅速发展，整个运输网络功能日趋完善，整体效率不断提高。尤其是近二十年来，我国公路事业得到了长足发展，公路总里程迅猛增长。2007 年完成固定资产投资 6926.6 亿元，是 1978 年 9.4 亿元的 737 倍。2007 年“五纵七横”基本贯通，初步构筑了我国区域和省际横连东西、纵贯南北、连接首都的国家公路网络。到 2007 年底，全国农村公路总里程达到 313.4 万千米，乡镇通公路率达到 98.5%，实现了 99.0% 的乡镇、88.2% 的建制村通公路。由于公路施工行业独有的行业特性，项目投资巨大、施工周期长、施工现场复杂、变动性大、项目涉及的单位广及人员多等特点，决定了其在规模扩张的同时，企业的管理费用也不断上升，因此，公路施工企业亟须明确物流管理思想，站在物流管理高度进行全方位改革。

一般来说在建设工程项目中原材料成本约占工程造价的 60%~70%，因此物资管理在整个工程造价中占有相当高的比重。同时，由于建材供应商大都是一些独立的生产和供货实体，其物资供应的时效性、质量的可靠性、价格的经济性都存在着很大的差距，所以物流效率的高低会严重影响到工程项目的施工进度和企业资金的周转速度。物资管理必须站在物流管理的高度来进行全方位的改革，切实加强对工程建设的管理，确保施工任务的顺利完成，全面提高企业竞争力。

建立健全合理的采购管理制度，是企业降低采购成本、提高经济效益的根本保证。常

用的采购流程存在反应慢，中间环节多，容易发生营私舞弊现象等，改革采购管理已非常有必要。

二、基于 MRP 对公路施工企业采购管理进行研究

进行公路施工企业采购管理研究的理论基础有物料需求计划（MRP）、高效客户反应（ECR) 和准时供应（JIT）等。随着经济的发展和科技的进步以及广大施工企业对物流管理的重视，逐渐加大现代物流采购管理的研究和应用力度，先进物流管理理念也将进一步得到创新和发展。本节围绕 MRP 在公路施工采购管理中的应用进行阐述。

MRP 是一种存货控制方法，也是一种时间进度安排方法。物料需求计划是建立在计算机处理技术基础上的生产计划与库存控制系统，为非独立需求存货（细项需求来自特定产品制造计划，如原材料、组件、部件）的订货与时间进度安排而设计。从预定日期开始，把产成品特定数量的生产计划向后转换成组合零件与原材料需求，用生产提前期及其他信息决定何时订货以及订多少货。因此，对最终产品的需求转变成了对底层组件的需求，使订货、制作与装配过程都以确定的时间进行安排，以及时完成最终产品，并使存货保持在合理的低水平上。其主要内容包括客户需求管理、产品生产计划、原材料计划以及库存纪录。因此，它是一种库存计划与控制方法。在公路施工项目中，其基本思路如下。MRP 需要输入的内容为：

（1）总施工进度计划——根据项目施工进度安排，确定施工量和完成时间。

（2）物料清单——从设计图纸中（独立需求）导出相关物料（钢材、木材、水泥、混凝土等建筑材料、设备）的需求量和需求时间（相关需求）。

（3）存货记录——统计持有多少建筑材料及设备，还需要订货量等。存货记录文件按照时间区间存储各细项的状态信息，包括需求总额、预期收货量以及期望持有量。它还包括细项的其他细节，诸如供应商、生产提前期、订货批量等。

要整理出物料清单，首先需要编写项目施工组织设计，通过整个项目的施工组织设计的细化得到众多分项施工组织设计，通过详细的分项工程施工组织设计就可以了解每个分项所需材料的种类和数量。单项工程的深化设计图纸类似于 BOM（Bill of MATIERIA）文件，可以知道此单项工程需要的各种材料的详细清单。通过把这些分散的信息再组合起来就可以得到总的物料清单。

在已知业主要求的主生产进度计划和存货信息的情况下，就可以编制采购方案，计算出所需建筑材料的采购数量和时间了。MRP 主要输出内容为以下几点。

主报告：订货计划时间安排、订货免除、变更。

二级报告：业绩控制报告、计划报告、例外报告。

（4）存货处理——对于施工单位来说，其施工任务一般是围绕某一分部或分项工程展开的，在不同的项目中，使用的建筑材料和设备会具有一定的通用性或专用性，对于通

用性的材料可以集中起来统一采购。而对于某个单项工程的专用材料则可以由项目自行负责采购。这是工程施工中与其他行业明显不同之处，即需要根据建筑材料的使用特性，采用集中采购和分开采购相结合，批发与零散相结合的采购策略。通过使用不同的采购策略，经米 RP 系统生成相应的采购订单。在此基础上进行工程项目物流的日常管理。

随着中国经济的进一步开放，公路施工行业的利润已经大幅降低，如何发掘潜力，增加利润是每一个公路施工企业当前面临的一个重要问题。而被视为“第三利润源泉”的现代物流管理是解决这一问题的有效措施。

计算机信息技术在公路施工管理中的应用

公路施工期间对其管理是为了保证和提高公路的质量，为人们的出行提供安全。所以说施工管理具有极其重要的作用，但是公路施工管理由于涉及的范围太广泛，导致管理的难度较大。公路施工管理所涉及的方面包括人员、材料、技术、机械及经费等。在管理期间需要多个部门之间相互协调与合作，由于涉及的方面广泛，而管理人员数量和精力有限，这就为管理加大了难度。但是近些年计算机技术不断成熟和发展，人们将计算机技术运用到了公路施工管理当中，并且发挥了十分重要的作用，计算机技术的使用方便了对于公路施工中所需的各种数据和信息的存储，还有利于对公路施工的质量、成本、效益等进行更好的监管。

一、施工管理对于信息技术应用中的利弊

就目前施工管理中对于信息技术的应用现状，可以分为以下两个大方面：

首先，在公路施工中，很多企业都在选择利用计算机和相应的工具软件来提高工作效率。计算机的使用实现了自动办公，为招投标系统和项目管理提供了方便。

其次，在一些施工领域使用了通过计算机进行管理的自动化控制技术，并且取得了较好的效果，例如，可以在大体积混凝土施工质量控制、预拌混凝土上料自动控制、利用同步提升技术进行大型构件和设备的整体安装和脚手架的整体提升、建筑物沉降观测和工程测量、建筑材料检测数据采集等施工建造领域通过计算机技术进行控制。

在公路建设期间利用先进计算机技术的企业，有效地提高了工作效率、技术和安全水平，有利于企业和同行竞争，同时，有利于降低施工建造所需的成本，减少工人的工作量，同时也提高了施工质量。但是，由于计算机技术在我国还处于起步阶段，还存在一些不足之处，主要体现在：

（1）应用范围还需要扩展，计算机技术对于施工过程中的进度、质量、成本控制这些领域覆盖得不够全面，有些管理人员在处理问题时习惯按照传统经验进行处理，缺乏科

学性。

（2）没有形成全国联网，各个地区的信息技术未能共享，缺少信息交流和数据库的资源共享，因此造成了局限性，制约信息技术在公路施工管理中的发展。

（3）企业对于互联网的使用较少，其实很多环节都可以通过网络进行，例如，可以网上采购原材料、招标，还可以进行项目管理、信息交换、信息发布等。我国的现状不利于促进电子商务的发展，同时也不利于人力资源的节约，还会延长施工时间，造成不必要的经济花费。

（4）我国对于公路施工管理的相关电子软件的开发力度不够，因此制约了计算机技术在施工管理中的广泛应用。

我们要针对出现的问题及时制定解决方案，才能够更好地为公路建设服务。

二、如何提高公路施工管理中计算机信息技术应用水平

随着科学技术的发展和人们对先进技术的需求程度越来越高，计算机信息技术和网络技术都对公路施工管理产生了很重大的影响，在该领域的应用也越来越广泛。先进技术在科技的发展中最终将代替传统的管理方式，要想使计算机技术在公路施工管理中发挥更大的优势就必须做到以下几点。

1. 开发相应的软件管理程序

由于公路建设涉及了很多方面，因此管理的难度较大，单纯地依靠人工管理需要大量的人力资源，否则就无法起到很好的管理效果，而且会延误工期，这时就需要一个先进的管理系统作为管理模式。

一个完善且先进的管理系统对于公路施工有着重要的影响，这就需要科技人员设计一款利用计算机技术，同时基于互联网平台的信息管理系统。该系统必须具有以下几种功能才能够有效的为公路施工建设服务：

首先是各部门的信息能够共享，这样才有利于各个部门对于工程的大小、施工单位、资金和施工条件等基础信息有所了解。信息资源共享方便各个部门之间的协调，有利于加快施工进度，减少人员浪费，节约资金等。

其次是实现网上运作，网络办公有利于调高办事效率，比如公路施工企业可以通过互联网进行网上投标、网上采购，网上查询、网上运作等，有利于企业的创收。

再次是实现数据报表的统计和分析，在施工过程中会有大量的数据进行统计，这些数据是该项工程的依据，是工程完成验收时对工程质量等多方面检验的重要参考依据。所以建立相关的数据库对于各种数据信息进行统计与分析是十分方便的，它有利于对施工的进度、质量进行检测，方便管理人员的评估和预测，有利于提高决策的科学性和时效性。

2. 对于国外的成功经验进行借鉴

计算机技术的发展很快，应用的领域也越来越广泛，但就我国而言，计算机技术在公

路施工管理中的应用还是处于初级阶段，缺乏成熟的经验作为指导，很多先进的技术都在探索阶段，因此，想要更好地将先进的计算机管理技术应用到公路施工管理之中，就需要对国外先进的技术进行借鉴，经常与外企进行技术和经验的交流，以便我国公路施工管理技术能够紧跟时代步伐。

目前在先进的发达国家中就能够将计算机技术与施工管理很好地融合在一起，以美国为例，美国对于信息化技术的应用与发展十分重视，这是因为企业只有做好管理才能获得最大的效益。外企将与建设项目相关的信息都进行了电子化处理并且及时地进行更新处理，并建立相应的数据库，同时还利用互联网将数据库进行共享，使得施工期间有大量数据作为参考。这样有效地避免了重复低水平建设，节约了成本，获得最大的工作效率。

由于近些年计算机技术应用不断广泛、发展越来越迅速，基于计算机的信息技术的公路施工管理技术也得到了更多的好处，为公路建造提供了更多的方便，对于提高施工企业管理水平、促进企业持续发展是十分重要的，所以说企业需要不断更新和发展管理技术，才可以与时俱进，推动公路施工管理技术的不断发展。

公路工程设计施工总承包管理办法

第一章　总　则

第一条　为促进公路工程设计与施工相融合，提高公路工程设计施工质量，推进现代工程管理，依据有关法律、行政法规，制定本办法。

第二条　公路新建、改建、扩建工程和独立桥梁、隧道（以下简称公路工程）的设计施工总承包，适用本办法。

本办法所称设计施工总承包（以下简称总承包），是指将公路工程的施工图勘察设计、工程施工等工程内容由总承包单位统一实施的承发包方式。

第三条　国家鼓励具备条件的公路工程实行总承包。

总承包可以实行项目整体总承包，也可以分路段实行总承包，或者对交通机电、房建及绿化工程等实行专业总承包。

项目法人可以根据项目实际情况，确定采用总承包的范围。

第四条　各级交通运输主管部门依据职责负责对公路工程总承包的监督管理。

交通运输主管部门应当对总承包合同相关当事方执行法律、法规、规章和强制性标准等情况进行督查，对初步设计、施工图设计、设计变更等进行管理。按照有关规定对总承包单位进行信用评价。

第二章　总承包单位选择及合同要求

第五条 总承包单位由项目法人依法通过招标方式确定。

项目法人负责组织公路工程总承包招标。

公路工程总承包招标应当在初步设计文件获得批准并落实建设资金后进行。

第六条 总承包单位应当具备以下要求：

（一）同时具备与招标工程相适应的勘察设计和施工资质，或者由具备相应资质的勘察设计和施工单位组成联合体；

（二）具有与招标工程相适应的财务能力，满足招标文件中提出的关于勘察设计、施工能力、业绩等方面的条件要求；

（三）以联合体投标的，应当根据项目的特点和复杂程度，合理确定牵头单位，并在联合体协议中明确联合体成员单位的责任和权利；

（四）总承包单位（包括总承包联合体成员单位，下同）不得是总承包项目的初步设计单位、代建单位、监理单位或以上单位的附属单位。

第七条 总承包招标文件的编制应当使用交通运输部统一制定的标准招标文件。

在总承包招标文件中，应当对招标内容、投标人的资格条件、报价组成、合同工期、分包的相关要求、勘察设计与施工技术要求、质量等级、缺陷责任期工程修复要求、保险要求、费用支付办法等做出明确规定。

第八条 总承包招标应当向投标人提供初步设计文件和相应的勘察资料，以及项目有关批复文件和前期咨询意见。

第九条 总承包投标文件应当结合工程地质条件和技术特点，按照招标文件要求编制。投标文件应当包括以下内容：

（一）初步设计的优化建议；

（二）项目实施与设计施工进度计划；

（三）拟分包专项工程；

（四）报价清单及说明；

（五）按招标人要求提供的施工图设计技术方案；

（六）以联合体投标的，还应当提交联合体协议；

（七）以项目法人和总承包单位的联合名义依法投保相关的工程保险的承诺。

第十条 招标人应当合理确定投标文件的编制时间，自招标文件开始发售之日起至投标人提交投标文件截止时间止，不得少于60天。

招标人应当根据项目实际情况，提出投标人在投标文件中提供施工图设计技术方案的具体要求。招标人在招标文件中明确中标人有权使用未中标人的技术方案的，一般应当同时明确给予相应的费用补偿。

第十一条　招标人应当根据工程地质条件、技术特点和施工难度确定评标方法。

评标专家抽取应当符合有关法律法规的规定。评标委员会应当包含勘察设计、施工等专家，总人数应当不少于 9 人。

第十二条　项目法人应当与中标单位签订总承包合同。

第十三条　项目法人和总承包单位应当在招标文件或者合同中约定总承包风险的合理分担。风险分担可以参照以下因素约定：

项目法人承担的风险一般包括：

（一）项目法人提出的工期调整、重大或者较大设计变更、建设标准或者工程规模的调整。

（二）因国家税收等政策调整引起的税费变化。

（三）钢材、水泥、沥青、燃油等主要工程材料价格与招标时基价相比，波动幅度超过合同约定幅度的部分。

（四）施工图勘察设计时发现的在初步设计阶段难以预见的滑坡、泥石流、突泥、涌水、溶洞、采空区、有毒气体等重大地质变化，其损失与处治费用可以约定由项目法人承担，或者约定项目法人和总承包单位的分担比例。工程实施中出现重大地质变化的，其损失与处治费用除保险公司赔付外，可以约定由总承包单位承担，或者约定项目法人与总承包单位的分担比例。因总承包单位施工组织、措施不当造成的上述问题，其损失与处治费用由总承包单位承担。

（五）其他不可抗力所造成的工程费用的增加。

除项目法人承担的风险外，其他风险可以约定由总承包单位承担。

第十四条　总承包费用或者投标报价应当包括相应工程的施工图勘察设计费、建筑安装工程费、设备购置费、缺陷责任期维修费、保险费等。总承包采用总价合同，除应当由项目法人承担的风险费用外，总承包合同总价一般不予调整。

项目法人应当在初步设计批准概算范围内确定最高投标限价。

第三章　总承包管理

第十五条　项目法人应当依据合同加强总承包管理，督促总承包单位履行合同义务，加强工程勘察设计管理和地质勘查验收，严格对工程质量、安全、进度、投资和环保等环节进行把关。

项目法人对总承包单位在合同履行中存在过失或偏差行为，可能造成重大损失或者严重影响合同目标实现的，应当对总承包单位法人代表进行约谈，必要时可以依据合同约定，终止总承包合同。

第十六条　采用总承包的项目，初步设计应当加大设计深度，加强地质勘查，明确重大技术方案，严格核定工程量和概算。

初步设计单位负责总承包项目初步设计阶段的勘察设计，按照项目法人要求对施工图设计或者设计变更进行咨询核查。

第十七条　总承包单位应当按照合同规定和工程施工需要，分阶段提交详勘资料和施工图设计文件，并按照审查意见进行修改完善。施工图设计应当符合经审批的初步设计文件要求，满足工程质量、耐久和安全的强制性标准和相关规定，经项目法人同意后，按照相关规定报交通运输主管部门审批。施工图设计经批准后方可组织实施。

第十八条　总承包单位依据总承包合同，对施工图设计及工程质量、安全、进度负总责。负责施工图勘察设计、工程施工和缺陷责任期工程修复工作，配合项目法人完成征地拆迁、地方协调、项目审计及交竣工验收等工作。

第十九条　项目法人根据建设项目的规模、技术复杂程度等要素，依据有关规定程序选择社会化的监理开展工程监理工作。监理单位应当依据有关规定和合同，对总承包施工图勘察设计、工程质量、施工安全、进度、环保、计量支付和缺陷责任期工程修复等进行监理，对总承包单位编制的勘察设计计划、采购与施工的组织实施计划、施工图设计文件、专项技术方案、项目实施进度计划、质量安全保障措施、计量支付、工程变更等进行审核。

第二十条　总承包工程应当按照批准的施工图设计组织施工。总承包单位应当根据工程特点和合同约定，细化设计施工组织计划，拟定设计施工进度安排、工程质量和施工安全目标、环境保护措施、投资完成计划。

第二十一条　总承包单位应当加强设计与施工的协调，建立工程管理与协调制度，根据工程实际及时完善、优化设计，改进施工方案，合理调配设计和施工力量，完善质量保证体系。

第二十二条　工程永久使用的大宗材料、关键设备和主要构件可由项目法人依法招标采购，也可由总承包单位按规定采购。招标人在招标文件中应当明确采购责任。由总承包单位采购的，应当采取集中采购的方式，采购方案应当经项目法人同意，并接受项目法人的监督。

第二十三条　总承包单位应当加强对分包工程的管理。选择的分包单位应当具备相应资格条件，并经项目法人同意，分包合同应当送项目法人。

第二十四条　总承包工程应当按照招标文件明确的计量支付办法与程序进行计量支付。

当采用工程量清单方式进行管理时，总承包单位应当依据交通运输主管部门批准的施工图设计文件，按照各分项工程合计总价与合同总价一致的原则，调整工程量清单，经项目法人审定后作为支付依据；工程实施中，按照清单及合同条款约定进行计量支付；项目完成后，总承包单位应当根据调整后最终的工程量清单编制竣工文件和工程决算。

第二十五条　总承包工程实施过程中需要设计变更的，较大变更或者重大变更应当依据有关规定报交通运输主管部门审批。一般变更应当在实施前告知监理单位和项目法人，项目法人认为变更不合理的有权予以否定。任何设计变更不得降低初步设计批复的质量安全标准，不得降低工程质量、耐久性和安全度。

设计变更引起的工程费用变化，按照风险划分原则处理。其中，属于总承包单位风险范围的设计变更（含完善设计），超出原报价部分由总承包单位自付，低于原报价部分，按第二十四条规定支付。属于项目法人风险范围的设计变更，工程量清单与合同总价均调整，按规定报批后执行。

项目法人应当根据设计变更管理规定，制定鼓励总承包单位优化设计、节省造价的管理制度。

第二十六条　总承包单位应当按照有关规定和合同要求，负责缺陷责任期的工程修复等工作，确保公路技术状况符合规定要求。

第二十七条　总承包单位完成合同约定的全部工程，符合质量安全标准，在缺陷责任期内履行规定义务后，项目法人应当按照合同完成全部支付。

第二十八条　总承包单位应当按照交、竣工验收的有关规定，编制和提交竣工图纸和相关文件资料。

第四章　附　则

第二十九条 本办法自 2015 年 8 月 1 日起施行。

公路工程施工监理管理信息系统设计方法

公路工程施工监理管理信息系统，是指设计符合公路工程施工监理基本性质、业务范围及工作特点等要求的系统功能与数据模块。利用计算机对大量监理信息进行采集、分类，并按相应标准对有关数据进行科学统计、计算与相关分析，及时、准确、客观地反映工程项目的建设质量、合理工期、投资效益等基本情况，为政府部门、建设单位和现场监理机构加强对建设项目管理、决策、调控等提供可靠依据的比较理想的现代化管理工具。随着我国建设体制不断发展变化、建设项目管理难度不断增加和工程施工监理制的不断完善，其管理方式和管理手段的变化、更新，这种先进的管理工具在建设管理领域的应用范围将会越来越广泛。

目前，从我国公路工程施工监理的业务范围来看，是十分广泛的。从宏观上看，有质量、工期、投资三大控制和施工合同的管理等。从微观上看，主要包括如下一些内容。

1. 施工单位情况调查

包括施工队伍状况、人员素质、技术力量、质量保证体系以及施工设备、机具等情况调查。

2. 分包单位情况调查和资质审查

包括人力、物力、财力和施工能力的调查，以及分包合同的审查与管理。

3. 施工准备工作情况调查

包括设计图纸、定线复测资料的审核，临时工程进度情况的调查，开工报告、施工组织设计及施工方案的审查等。

4. 工程质量检查

包括工程材料、成品、半成品及有关设备的检查和隐蔽工程检查、例行工程质量检查等。

5. 工程进度

进度情况的收集，进度统计、计算等。

6. 验收与计量

工程数量与工程价款的验收和审查。

7. 其他

工程质量事故分析与处理、变更设计、竣工验收、文档管理与其他监理业务等。

从上述管理业务来看，具有四个明显的特征。第一，专业分类及检验项目多；第二，涉及面较为广泛；第三，信息处理与科学统计、计算以及相关分析较为复杂，工作量较大；第四，各种监理报表具有较强的规范性与严肃性。面对上述情况及特点，传统的人工管理方法往往显得无能为力，难以适应公路工程建设监理手段现代化的要求。因此，研究与开发公路工程施工监理管理信息系统有着非常重要的现实意义。由于该系统的开发直接攸关工程，尤其是大中型公路建设项目的质量、工期与投资，所以不仅在其应用方面有着广阔的前景，而且也有着显著的经济效益和社会效益。

一、设计思想

由于公路工程施工监理管理信息系统的研究对象是一个内容复杂，内部相互关系较为复杂的、与大中型建设项目紧密联系在一起的管理系统工程，所以在系统设计与开发过程中，必须充分贯彻综合性、全面性与实用性等设计思想。

1. 综合性思想

这是系统功能设计的基本指导思想，公路工程施工监理管理信息系统不同于单项管理信息系统，其功能要求必须较为齐全。除了必须具备一般的输入、存贮、修改、查询、打印功能外，还要具备一定的处理较为复杂运算关系的统计、计算与科学分析的功能。另外，除应建立局部范围内的工程质量事故处理程序修改、查询、打印功能外，还要具备一定的工程质量评价方面的专家系统。只有这样，才能极大地增强系统功能的完整性、科学性与适用性，才有可能为大中型建设项目的管理、决策及调控等环节提供有效的服务。

2. 全面性思想

由于该系统的研究对象主要是大中型工程建设项目的质量、工期、投资等控制，所以在数据结构的设计中，要充分考虑其各方面信息的采集、存贮及较为宽广的覆盖范围。必要时可考虑结构的动态扩充。例如，公路工程施工监理，在初期主要是质量调控问题，后期在验收计量，工程进度及变更设计等方面又有了新的要求。那么，从系统设计来说，就不应该仅考虑近期设计目标的实现，而应该在实现近期设计目标的前提下，确立一定的符合客观规律和发展趋势的中、远期设计目标。这样，使系统设计既可以满足不同时期或不同阶段监理工作的需求，又可缩短整个系统的研制周期，还可避免多次开发必然造成的结构重复性等不利因素。因此，在数据结构或数据模块的设计中，树立全面性的思想是很重要的。

3. 实用性思想

主要体现在操作使用方面。也就是说，在系统设计中要尽量考虑用户的基本要求。操作使用方法要最大限度地满足不同层次、不同知识结构的用户实际情况的需求。各种操作使用方法的实现，要力求简捷、易学、易懂，屏幕菜单的层次一定要清楚，各种提示的含义一定要明了，菜单转换要充分体现其灵活性和机动性。

二、信息模型的建立

所谓公路工程施工监理管理信息模型，是指按照公路工程施工监理的基本性质与要求，完整、准确、科学地反映工程项目，尤其是大中型工程项目建设情况，内在联系用的图表、文字、数据分析所组成的一种抽象模型。这种抽象模型是设计数据结构的基础，对整个系统开发起着举足轻重的作用，因此，其模型的建立应体现客观性、真实性和可操作性等特点。

三、数据结构设计

Ⅰ级模型仅仅列出了一些主要的数据类型。其实在各项Ⅰ级模型中还包含有较多种类，相互间具有不同联系的更低一级或项目细分的数据类型。例如，工程进度中的日、月、季、年进度均与单位工程（如桥梁工程、隧道工程、涵洞工程、路基土石方工程等）进度有关。在单位工程进度中，还有类别划分，如特大桥、大桥、中小桥的进度等。在类别进度中，还包含分部工程进度，如挖基、基础圬工、墩台身灌注、墩台帽施工等。另外Ⅰ、Ⅱ级模型之间，还有特定的内在联系。如Ⅰ级模型都有这样一些共同属性：工程名称、施工单位等；在Ⅱ级模型中各类进度模型均又与验收计量模型中的工程数量模型、工程价款模型以及与变更设计、工程质量模型有关等。面对上述众多的数据类型，和较为复杂的关系，我们可利用层次数据模型和网状数据模型相结合的方式，对各类数据进度进行层层分解，找出各类数据的纵向与横向联系，表示工程进度的层次数据模型，它表示工程进度的分解与细分情况。

上述设计方法效果较好，其优点如下：

1. 能够处理较为复杂的数据结构；

2. 能够最大限度地降低数据结构的冗余度，有效地节约系统内存空间；

3. 使数据结构之间的关系明了，直观形象，有利于结构模块化；

4. 使数据传递方向或路径更加明确，可为系统功能设计奠定良好的基础。

四、系统功能设计

1. 功能设计

由于公路工程施工监理在大型工程建设项目管理中具有十分重要的地位，所以系统功能要尽可能地完备。一般来讲应实现如下一些基本功能。

（1）输入与存储功能包括按工序、工程类别、分部工程和施工单位的序列，以及分栏目、按指定记录等方式进行输入与存储等。

（2）查询功能包括查询工程开工与竣工日期，各类进度情况（JMAX、JMIN、J平均）、工程质量的情况（隐蔽工程、工程材料、事故处理等情况）、各类工程数量情况（SMAX、SMIN、S平均）、各类工程价款情况（KMAX、KMIN、K平均）等。

（3）修改功能包括按施工单位、工程类别进行修改和综合性修改，以及增删记录等。

（4）排序功能要考虑按进度大小、工程数量的多少、应拨款项的高低情况排序等。

（5）统计分析功能包括工程进度、工程数量、工程价款、变更费用与数量的统计计算及相关分析等。

（6）打印功能包括打印各类进度报表、验收计量表、隐蔽工程检查月报表和例行工程质量检查月报表、变更设计费用与工程数量表等。

（7）退出。

2. 系统功能设计应注意的几个问题

1）要力求人机界面的友好性输入、修改、查询等。均应配置美观应用、操作简单的屏幕菜单。

2）统计与分析要力求快捷、迅速、准确、要确保其数据的安全性与可靠性。

3）编码方式要尽量符合监理工作规律和人们的生活习惯如工程名称、工程分类等，应与各种报表约定俗成的章节顺序一致起来，其余应尽量采用汉语拼音的缩写形式，只有这样才便于人们记忆和掌握。

监理信息系统成功的开发，将对工程建设项目的质量、工期及投资控制等起着极大的促进作用，有着明显的经济效益。

隧道与公路施工现场人员定位管理系统

隧道与公路施工现场，在管理方面存在以下问题。

面对公路施工线路较长，管理人员无法掌握施工人员的位置；开放式的施工现场人员的考勤无法做到很好的管理；狭长的隧道和复杂的施工环境，管理人员无法保障施工人员安全。

针对以上问题，我们研发了基于位置信息服务的智能化管理系统：隧道与公路施工现场人员定位管理系统。为施工现场提供一站式服务，有效解决以上问题。

隧道内采用蓝牙定位、公路施工现场采用卫星定位，实现以下功能：通过数字地图实时查看施工人员和设备在施工区域内的位置，实时掌握现场的情况，记录所有人员的移动轨迹和每个施工人员的考勤统计。

1. 全局可视化管理

本系统利用数字地图作为施工现场可视化定位管理的平台，以不同颜色的定位点区分人员和设备，直观显示所有人员或者设备在岗情况、具体位置等信息，为安全管理提供可靠的信息支撑。

2. 人员可视化管理

现场所有施工人员配备可识别唯一身份的定位器，通过管理平台录入人员照片、姓名、性别、年龄、血型、所属部门、工种、作业记录及定位器编号等详细信息，在数字地图上直观显示现场人员位置。点击数字地图中任一人员的定位点，即可显示人员详细信息。

3. 设备监控可视化管理

现场重要设备配备可识别唯一身份的定位器，通过管理平台录入设备名称、型号、所属部门、检修记录、定位器编号等详细信息，在数字地图上直观显示现场设备位置。点击数字地图中任一设备的定位点，即可显示设备详细信息。

4. 重点危险区域安全可视化管理

本系统在数字地图中设置重点危险作业区域，形成电子围栏，与传统的电子围栏相比，无须在现场布设设备。系统对施工人员或设备设置权限，当非授权人员或设备靠近危险作业区域时，配备的定位器发出声音和振动报警，并同步在管理平台的数字地图上，实现双向报警功能，达到全面可视化管理。

5. 轨迹回放

本系统可提供任一人员或设备在任一历史时段的移动轨迹查询，为各种类型的行为分析和数据分析提供直观可视化的信息支持。

6. 应急救援

因发生重大破坏性事故，已有定位信标无法正常工作时，搜救人员携带特殊信标进行人员搜救，通过便携式的管理终端迅速确定佩戴定位感知器的人员位置，实施快速有效救援。

7. 无线布设

分布式蓝牙信标采用电池供电，定位基站利用原有的供电供网线路工作，无须任何布线施工，安装调试方便快捷。

8. 定位精准

GPS 定位与蓝牙定位相结合，室外定位精度设计为 5 米，蓝牙定位采用 RSSI 和 AOA 定位融合算法，精度可达分米级。

9. 重复使用

施工地点改变时，整体定位系统可快速拆除和重建，有效节约建设投入成本。

10. 低辐射

定位胸卡、安全帽采用专业穿戴式设计，电磁辐射低，不足手机辐射功率的十分之一。

11. 超强防水

定位基站和信标设计防水防尘等级为 IP67。

12. 低功耗

分布式蓝牙信标功耗极低，电池续航能力 4~6 年；定位器采用低功耗设计，电池续航能力可达 3~4 个月，可充电或更换电池。

水泥混凝土公路施工管理与质量控制

目前，我国公路建设中普遍使用水泥混凝土来作为基本材料。本节通过对混凝土路面的介绍及其种类并通过对水泥混凝土路面的构造以及质量控制，结合路面水泥混凝土是指满足混凝土路面摊铺工作性（和易性），弯拉强度耐久性与经济性要求水泥混凝土材料。根据材料组成，路面水泥混凝土分为：普通路面混凝土（也称素混凝土）、钢筋混凝土、连续配筋混凝土、预应力混凝土、钢纤维混凝土和碾压混凝土等。目前，采用最广泛的就是就地浇筑的普通混凝土路面，简称，混凝土路面。

一、水泥混凝土路面优缺点

普通混凝土（亦称无筋混凝土或素混凝土）路面是指除接缝区和局部范围（边缘或角隅）外均不配筋的水泥混凝土路面。

1. 强度高、耐久性好、养护费用少水泥混凝土路面具有较高的抗压强度，抗弯拉强度和抗磨耗能力。在实验室配置符合要求的高强度混凝土比较容易而在整个施工过程中稳定质量水平较为困难，一些在普通情况下不太敏感的因素，在低水灰比情况下会变得很敏感，这就要求在整个施工过程中必须注意各种条件因素的变化，并且要根据变化随时调整配合比和各种工艺参数。由于混凝土路面的强度和稳定性好，所以它经久耐用，一般能用 20~40 年，而且它能通行包括履带式车辆等在内的各种运输工具。

2. 水泥混凝土路面也存在一些缺点

一般混凝土路面要做许多接缝，这些接缝不但增加了施工和养护的复杂性，而且容易引起行车跳动，影响行车的舒适性，接缝又是路面的薄弱点，如处理不当，将导致路面渗水，导致路面板边和板角处破坏。水泥混凝土路面破坏后，开放限制困难，修补的工程量大，且影响交通，这对有地下管线的城市道路带来很大困难。

二、对混凝土面层用材料的要求

修筑水泥混凝土面层所用的混合料，比其他结构物所使用的混合料要有更高的要求，因为它受到动荷载的冲击，摩擦和反复弯曲作用，同时还受到温度和温度反复变化的影响，面层混合料必须具有较高的抗弯拉强度和耐磨性，良好的耐冻性以及尽可能低的膨胀系数和弹性模量，水泥是混凝土路面的重要组成材料，直接影响混凝土的强度，特重，重交通等级的水泥混凝土路面，应优先采用旋窖道路硅酸盐水泥，也可使用旋窖硅酸盐水泥或普通硅酸盐水泥，中、轻交通的路面，也可采用矿渣硅酸盐水泥，冬季施工有快凝要求的路段可采用R型早强水泥，一般情况采用普通型水泥。

三、施工前的准备工作

（一）选择混凝土拌和场地

根据施工路线的长短和采用的运输工具。混凝土可集中在一个场地搅拌制，也可以在沿线选择几个场地，随工程进展情况迁移，拌和场地的选择首先要考虑使混合料的运输最短，同时拌和场还要接近水源和电源，此处，拌和场应有足够的面积，以供堆放砂石材料搭建水泥库房。

（二）基层的检查与整修、补强钢筋网加工安装

面层摊铺前提供不少于足够滑模施工10天的合格基层并使用合格的基层料重铺，重做封油层，对基层上产生的非扩展性温缩，干缩缝和二级公路的纵向施工缝引起的沥青封层反射缝，面积较大的基层破损，用小碎石沥青表处找平压实。对局部封油脱落采取局部补封油，使表面平整，对基层断续的纵向缝，先灌沥青密封，再粘贴油毡，并在纵向缝的整个混凝土面板内，距板底、增补强钢筋网，补强钢筋网到端部的距离不短于5米。

四、施工工艺及质量控制

水泥混凝土路面一般按多一个车道宽度进行施工，这样有利于控制面板横向坡度和平整度，施工方便，有时也利用一侧基层或已建成的混凝土车道作为运输混合料的通道。

（一）边模的安装、传力杆设置及接缝

在摊铺混凝土前应先安装两侧的模板，并根据设计图纸样定出路面中心线和路面边缘线，并检查基层顶面标高和路拱横坡度。标高和横坡的偏差超出允许值时，应整修基层，模板宜采用钢制的，长度为 3 米，接头处应有牢固拼装配件，装拆应简易。模板高度应与混凝土面板厚度相同，模板两侧用铁钎打入基层固定，模板的顶面应与混凝土面板顶面设计高度一致，模板底面应与基层顶面紧贴，局部低洼处要事先用水泥砂浆铺平充分捣实，无钢模时，也可采用木模板，但厚度宜在 5 厘米以上，当采用机械摊铺混凝土时，安装前先对轨道及模板的有关质量指标进行检查和校正，施工时必须经常校验，严格控制，模板内侧应涂刷肥皂液废机油或其他润滑剂，以方便拆模。当两侧模板安装好后，即在需要位置设置传力杆，混凝土板连续浇筑时设置胀缝传力杆的做法，一般是在嵌缝板上预留圆孔以便传力杆穿过，嵌缝板上面设木制或铁制压缝板条，其旁再放一块胀缝模板，接传力杆位置和间距，在胀缝模板下部挖成倒 U 型槽，传力杆由此通过传力杆的两端固定在钢筋支架上，支架脚掐入基层内。接缝是混凝土路面的薄弱环节，接缝施工质量不高。因此，应特别认真地做好接缝的施工，纵缝采用三种方式设置，一是在模板上设孔，立模后在浇筑混凝土之前将拉杆穿在孔内，这种方式的缺点是拆模较费事；二是把拉杆弯成直角形，立模后用铁丝将其一半绑在模板上，另一半绕在混凝土内，拆模后将外露在已浇筑混凝土侧面上的拉杆弯直；三是采用带螺丝的拉杆，一半拉杆用支架固定在基层上，拆模后另一半带螺丝接头的拉杆同埋在已浇筑混凝土内的半根拉杆相接。横向缩缝可采用混凝土硬结后用切割机切割或在新鲜混凝土上以压入的方式修筑。

（二）水泥混凝土路面与构造物的衔接

相邻部位与一般路段有所不同，这些部位混凝土路面往往发生跳车现象，严重影响行车速度和舒适性，以及路面的寿命。其原因是多方面的，主要是由于这些部位的差异沉降所致，防治原则，一是减少这些部位的基础端施工后的沉降量，二是加强和提高路面整体的耐久性。

1. 混凝土路面与沥青路面相接

在混凝土路面和沥青路面相接处，由于沥青路面难以顶住混凝土面板末端的水平推力，因而首先沥青路面的一端，然后在混凝土路面的一端发生损坏，此处由于沥青路面与混凝土路面之间的沉降不同，使得接头处变得不平整，引起跳车。

2. 构造物横空公路、混凝土路面与桥梁相接

为了防止过路构造物如涵洞等上方的路面出现横向裂缝、错台和跳车等现象，应将构造物顶部及两侧适当范围内的混凝土面板采用钢筋网补强。或采用钢筋混凝土面板，对于箱状构造物，当顶面至板底的距离 d 小于 80 厘米时，其顶面及两侧 6 米范围内的混凝土板采用钢筋网补强。对于管状构造物穿越公路，当其顶部至板底的距离 d 小于 80 厘米时，

其两侧各 6 米范围内的混凝土面板应采用钢筋网补强。

（三）摊铺和振捣

摊铺主要强调一下洒水卸料的工序，摊铺前洒水是一个看似简单的工序，往往不被施工人员重视，但如果洒水处理不好会影响路面质量。洒水量要根据基层材料、空气湿度、温度、风速等诸多因素来确定洒水量，即保证摊铺混凝土前基层湿润而且尽可能洒布均匀，由其在基层不平整之处禁止有存水现象。从目前施工现象来看，大多数情况是洒水量不足。因为基层较干，铺筑后混凝土路面底部产生大量细小裂纹，小裂纹与混凝土本身收缩应力产生的裂纹重叠后使整个混凝土路面裂纹增多。另外，自卸车的卸料也是应该引起重视的工序，在施工中经常发生摊铺机前堆料过多使摊铺机行走困难，有些卸料过少使振捣箱内混凝土量不足，路面厚度得不到保证，摊铺机前这种混凝土忽多忽少现象会严重影响混凝土路面不平整。在施工过程中大多数施工者死板的间隔一定距离卸一车料而忽视了基层不平整的变化，这种变化在客观上是普遍存在的。我国目前施工水平不是很高，加大了混凝土路面施工难度。在实际施工中，我们可对基层表面与面层基层标高线隔段实测来决定混凝土的卸料量，这样会避免卸料不均的问题。当运送混合料的车辆到达摊铺地点后，一般直接倒向安装好侧模的路槽内，并用人工找补均匀。

（四）养生

为了防止混凝土中水分蒸发过速产生缩裂，并保证水泥水化过程顺利进行，混凝土应及时养生。通常的做法是混凝土抹面完后，当表面已有相当硬度，用手指轻压不出现痕迹时即可开始养生，一般采用湿麻袋或草垫，每天均匀洒水，使其保持潮湿状态。如果不具备麻袋或草垫养生条件可进行喷洒养生。当混凝土达到一定强度后，及时用 4 米直尺沿路面板块横向纵向进行平整度检测。养生到 28 天后，对混凝土路面进行取芯，检测混凝土强度、密实度和厚度。这些项目需及时进行，为下一步的施工提供数据参考，以便改进和优化施工方案。

水泥混凝土路面施工质量应符合设计和施工规范要求。为此，施工前对水泥、水、粗集料、钢材进行严格检查，施工过程中应对每一道工序进行严格的检查和控制。主要有土基完成后检查其密实度，基层完成后检查其强度，均匀性平整度，按规定要求验收水泥、砂和碎石，测定砂石的含水量，以调整用水量，必要时调整配比。只有每个环节都严格审查，强化管理，才有可能铺设出一条合格大道，一条民心公路。

公路施工企业的企业文化建设与绩效管理

当今世纪是经济全球化的时代，也是企业正向着文化管理阶段迈进的时代，企业文化作为新的管理理论受到了我国管理理论界和企业界的广泛关注，同时绩效管理作为人力资源管理的核心也受到管理者的广泛推崇。重新认识企业文化以及如何正确处理企业文化与绩效管理的关系，对企业管理者具有非常重要和现实的意义。

企业文化对绩效管理体系的实施运行起着一种无形的指导、影响作用。反过来，企业文化最终要通过企业的价值评价体系（绩效管理体系）、价值分配体系来发挥其功能，通过绩效管理有助于实现从企业价值观到在全体员工中形成相对统一的基本假设的转变过程。因此，企业文化与绩效管理之间是一种相辅相成的关系。研究发现，企业文化都无一例外地强调以下两点：一是绩效导向；二是无缝沟通。

一、塑造绩效导向的企业文化

为什么要强调绩效导向呢？一方面，我们中国人自古就有不得罪人的文化沉淀，反映到企业文化力就是一种“老好人”文化：大家在做绩效考核时都不愿意做反面的评价。因此，在考核时难免造成情感上的主观评价，所做的考评必定是含糊混淆，无法对员工起到正面有效的引导作用。

另一方面，我国许多企业由于长期受计划经济的影响，企业中形成了一种“重资历、轻能力”的文化。如果他是一名老员工，由于年龄和知识结构等各方面的原因导致绩效不佳，那么他的上级在考评时就要费一番思量了，但通常的结果都是“他是老员工，照顾点算了”。岂不知这对高绩效员工尤其是年轻员工的积极性造成了极大的伤害。一个真正有思想、有抱负的人才，肯定不愿意在这样的一个环境中工作。

以上两种文化在企业都是极其普遍的，它导致的后果就是，多数员工认为考核不公平，他们的上级并没有真正客观准确地评价他们的绩效，而是在努力寻找平衡。

因此，一个企业要是绩效管理体系得到顺利实施和有效运行，必须建立一种绩效导向的文化氛围，必须把有关“人”的各项决定——岗位安排、工资报酬、晋升降级和解雇——看成一个组织的真正“控制手段”。因为，有关人的各项决定将向组织中的每一个成员表明，管理层真正需要的、重视的、奖励的是什么？

在这方面，联想给我们做出了榜样。联想的企业文化中有一条就是要求员工“踏踏实实工作，正正当当拿钱”，反映到具体的管理措施终究是用人不唯学历重能力，不唯资历重业绩，一切凭业绩说话。在人才的选拔和任用上，他们有一套规范的手段和流程。不是以某个人的主观判断来决定人员的录用和选择，而是在对素质、能力综合评价的基础上，把合适的人放在合适的位置上。

联想有一套从战略目标到组织到岗位责任的可操作化要求，针对业绩管理制定出可衡量指标和激励机制，在赛马中识别好马。每个员工进入联想的时间可能有先后，学历也会有高低，但只要有能力，创造出了显著的业绩，都可以得到重用，都能够有所发展。在联想，因为业绩突出，一年之内提升三次者有之，进入联想仅三个月，能力强得到重用者有之。在联想，你永远会是“小马拉大车”，因为一旦你长成大马，就会有更大的车让你拉，这也迫使员工不断给自己提出更高的要求，在提高中去应对工作的压力和挑战。

二、塑造无缝沟通的文化

沟通是绩效管理的一个重要特点在大量的、有关绩效管理的专著、文章中作者们也都不约而同地强调了沟通对效管理的作用，更有的人把沟通称作效管理的“灵魂”，可见沟通对绩效管的作用是多么的重要。

为什么沟通如此重要？这是因为在设定绩效目标时，管理者需要同员工沟通，于是双方就目标达成一致；绩效目标制定以后，管理者要做的工作就是如何帮助员工实现目标的问题。绩效目标往往略高于员工的实际能力，员工需要跳一跳才能够得着，所以难免在实现的过程中出现困难。另外，由于市场环境的千变万化，企业的经营方针，经营策略也会出现不可预料的调整，随之变化的是员工绩效目标的调整。所有的这些都需要管理者与员工一起，通过沟通帮助员工改进业绩，提升水平。这个时候，管理者就要发挥自己的作用和影响力，努力帮助员工排除障碍，提供帮助，与员工做好沟通，不断地辅导员工改进和提高业绩。帮助员工获得完成工作所必需的知识、经验和技能，使绩效目标朝积极的方向发展；在绩效考核结束后，管理者还需要同员工进行一次沟通，通过沟通让员工明白自己的长处和短处，长处在今后的工作中继续发扬，短处在以后的工作中注意克服，这样不但可以使员工在以后的工作中更有目的性，而且可以有效地发挥绩效管理的激励作用。

然而，在企业实际的绩效管理过程中，沟通却成了最薄弱、最容易让人忽视的一个环节。在笔者调查的几家企业之中，有的企业仅仅在设定绩效目标时同员工做简单的沟通，有的企业甚至连基本的沟通都没有。在员工表现优秀的时候给予及时的表扬和鼓励，以扩大正面行为所带来的积极影响，强化员工的积极表现，给员工一个认可工作的机会在员工表现不佳，没有完成工作的时候，也应及时真诚地予以指出，以提醒员工需要改正和调整。这个时候，管理者不能假设员工自己知道而一味姑息、一味不管不问，不管不问的最终结果只能是害了员工，于自己绩效的提高和职业生涯的发展也无益。

因此，我们在此再次强调：沟通不是仅仅在开始，也不是仅仅在结束，而是贯穿于绩效管理的整个始终，需要持续不断地进行，这对管理者来说，可能是一个挑战，可能不太愿意做。但习惯成自然。帮助下属改进业绩应是现代管理者的一个修养，一个职业的道德，当然它更是一种责任，一个优秀的管理者首先是一个负责任的人，所以，贵在坚持。

所以，企业要塑造一种上下级之间的无缝沟通的文化氛围。首先，企业高层领导应该身体力行，养成主动沟通的好习惯。作为企业文化的建设者，也是企业文化的传播者，他们的一言一行都将直接影响下级的行为和对文化的认同。在此笔者建议，一些企业的高官人员不妨学学前通用总裁韦尔奇：“抽出时间到你‘大厦’的建筑现场看看那些辛勤工作的‘工人’们，慰问一下他们，并适时地传播你的文化，这非常有效。”通用电器在自己的价值观里，明确提出“痛恨官僚主义”，提倡管理人员深入基层，进行调查走访，韦尔奇经常找一些中层和基层主管进行沟通，他的一句名言就是“沟通、沟通、再沟通”。同时，形成一种高层领导的定期借鉴制度对于无缝沟通企业文化的形成也能起到很好的促进作用。不管是大型公司，还是小型企业，作为高层管理人员，安排一个固定的时间，单独会见一下那些来自公司基层的员工，可以是表现突出的，也可以是问题员工，倾听他们的意见和建议，不仅使你更具亲和力，而且使组织减少官僚作风，保持沟通的顺畅，让你更多地了解基层的真实情况。

对一些中层或基层的管理人员来讲，要接受这种文化并自觉地把它作为自己管理工作的一个部分，笔者认为需要做以下两个方面的工作：一是开展卓有成效的培训，在培训中一方面要讲清楚有效沟通的重要意义，另一方面也要传授一些沟通方面的技巧，消除由于方式不当造成的沟通不畅；二是通过绩效管理进行强化，通过设置这方面的指标引导管理人员重视沟通，因为考核的结果是要与其自身利益挂钩的，因此效果肯定不错。

本书中从价值观角度对企业文化进行分类，可以分为以下几类。

利润导向型企业文化：企业的全部管理决策和行动都围绕着如何获取最大利润这一标准来评价企业经营的好坏。

以人为本型企业文化：要求企业的所有活动都要本着关心人、爱护人的思想来进行，充分注意到了人的全面发展问题。

服务社会型企业文化：统筹考虑员工、企业和社会利益，企业采取的各种降低成本、提高效率、扩大市场份额的方法都是为了向社会提供更好的服务。

1. 不同企业文化下绩效管理的匹配

绩效管理应明确企业的核心价值观，建立与之相匹配的绩效管理体系。

2. 利润导向型企业的绩效管理

绩效管理主要以绩效产出来衡量员工的绩效水平，而不仅是能力与行为表现。目标管理是有效的管理方法。

企业采取各种手段来谋求利润的最大化，包括降低成本，提高市场占有率等，但是这种绩效管理往往过于注重企业的经营利润，只能鼓励企业的短期行为，不利于企业长期发展。

3. 以人为本型企业的绩效管理

绩效管理让员工参与到计划的制定并发表意见，同时赋予相应的权限和充分的信任，重视反馈和沟通，要与员工的薪酬、培训和晋升相挂钩，以此推动员工的工作热情和绩效的提高，必须兼顾目标管理和过程管理。

以人为本的绩效管理不单是对以往的绩效考核，更是为了员工和企业将来更好的发展，有利于员工的职业生涯规划和企业的长期战略规划。

4. 服务社会型企业的绩效管理

绩效管理不只考虑企业的利润、员工的发展，还注重企业上下游联盟和服务对象的整体利益，所以除上述经营业绩和雇员绩效指标外，还应从更多角度进行考虑。

顾客角度：顾客满意度、保持现有的客户的能力和顾客的忠诚性。

债权人角度：债权人满意度、资本成本、投资密度、负债率与还债能力。

供应商角度：供应商满意度、与供应商的谈判和砍价能力。

国家角度：国家满意度、合理避税能力、向税务机关申请减免税的能力。

这种企业文化下的绩效管理需要定性和定量相结合，以对社会提供服务作为企业长期的战略目标推动企业更好的发展绩效管理对企业文化的影响。

现代企业有效的绩效管理不仅是技术问题，更是考核方法的选择，而这些考核的方法、流程和指标反过来又影响到员工对企业文化的认识。

KPI：可以使部门主管明确部门的主要责任和人员的业绩衡量指标，有针对性地制定目标和分配工作，同时也让员工明白企业对他的要求以及工作的报酬，有利于调动员工的工作积极性，促进员工开发自己的潜力。

360 度绩效考核：相较于单一考核，能防止因特定人的偏见而产生偏差，进而影响评价的结果，所以拥有比较高的信度及效度。此外，由于员工参与整个考核的过程，考核结果容易取得员工的信任，让绩效的考核更加公开和透明。

平衡计分卡：BSC 的框架体系包括四部分，通过财务指标与非财务指标达到过程管理与目标管理并重，兼顾短期和长期目标的目的，保持了两者之间的平衡。

绩效管理是提高组织员工的绩效和开发团队、个体的潜能，使企业文化不断强化和优化的管理方法。通过绩效管理可以激励员工，促使员工开发自身的潜能，提高他们的工作满意感，增强团队凝聚力，改善团队绩效，不断的工作沟通和交流，建立学习型组织的文化。

文化决定了表现形式，企业文化是绩效管理体系设计和运作的前提，为绩效管理提供一种道德约束和行为准则；而绩效管理对企业文化也产生很大的影响，可以产生维持和优化企业文化的效果。绩效管理是一种绩效导向的管理思想，其最终目标是建立企业的绩效文化，形成具有激励作用的工作气氛，以文化的方式提高人员素质和企业的经营业绩。

企业文化包括企业物质、行为、制度和精神文化等，它有助于增强组织系统的稳定性和凝聚性，而价值观是企业文化的核心。

绩效管理是按照一定的指标和标准，对被评对象在一定时期内的工作进行考察、评定、奖励以及相关的培训活动，实现其总体战略目标的一系列管理活动，桥梁施工与管理。

公路养护

一、基本内容

“公路养护”就是对公路的保养与维护，保养侧重于从建成通车开始的全过程养护，维护侧重于对被破坏的部分进行修复。公路维修养护工作分类：1. 按养护对象和部位分为路基、路面、通道、桥涵、隧道、绿化及公路附属设施；2. 按养护性质和规模分为专项、日常、大中修；3. 按养护手段和方式分为人工、混合、机械；4. 按养护体系和专业分为：道路、桥梁、交通、隧道、机电、绿化等。

为保持公路经常处于完好状态，防止其使用质量下降，并向公路使用者提供良好的服务所进行的作业。

公路建成通车后，因承受车轮的磨损和冲击，受到暴雨、洪水、风沙、冰雪、日晒、冰融等自然力的侵蚀和风化，以及人为的破坏和修建时遗留的某些缺陷，公路使用质量会逐渐降低。因此，公路建成通车后必须采取养护维修措施，并不断进行更新改善。公路养护必须及时修复损坏部分，否则将导致修复工程的投资加大，缩短公路的使用寿命，并给用路者造成损失。公路维修还必须注意进行紧急服务和抢修，保持公路畅通无阻。在中国及其他发展中国家，公路养护还要对原有技术标准过低的路段、构造物和沿线设施进行局部改善、更新和添建，以提高公路的通行能力和服务水平。

20 世纪 70 年代以来，许多国家都把加强养护作为公路工作的重要技术政策，养护投资占全部公路投资的比重迅速增加，有的已大大超过用于修建的投资。国际道路会议常设协会（PIARC）于 1979 年设立养护技术委员会，多次召开会议研究养护问题。1983 年在悉尼召开了第 17 届世界道路会议。

二、发展过程

中国自古就有养护道路的优良传统。西周时期就设“司空”，负责按季节整平道路，并规定“列树以表道，立鄙食以守路”“雨毕而除道，水涸而成梁”。此后，这些规定历代相传，逐渐在人民中树立起修桥补路是美德的传统观念。

高速公路养护管理工作的顺畅进行是保障高速公路可持续发展的必要条件。做好高速公路养护管理工作，提高高速公路的使用效率和服务水平，是高速公路管理部门和经营企业一项长期而艰巨的任务。

然而，目前我们在高速公路养护管理方面还存在许多问题，如养护管理政策不健全，养护管理体制不顺畅，“重建轻养”思想严重，缺少定额和规范，养护资金投入不够，养护工区规划与高速公路发展不够协调等问题已经突出出来，并将成为影响高速公路运营管理的障碍，影响高速公路养护水平的提高和养管机制的创新。

据前瞻网《中国公路养护行业市场前瞻与领先企业经营分析报告前瞻》调查数据显示，20 世纪初，中国开始修建通行汽车的公路，那时多数省的公路部门只管修路不管养路，只有个别路线如湖南省长潭公路于 1927 年设立养路道班，进行经常性的养护。19 世纪 30 年代，华东、华南各省陆续建立了养路组织，一些有关公路养护管理的规章制度陆续颁布。1939年公路管理部门开始征收公路养路费，作为公路养护的主要资金来源。19世纪40年代，西北、西南、中南等地区的主要公路统一建立了养护组织。但在华北平原地区和东北地区，仍采取农闲季节动用民工养路。19 世纪 50 年代，各级人民政府交通部门普遍设立了公路养护管理机构，交通部公路总局制订了各项公路养护的规章制度和技术规范，改进了养路费征收办法。1955 年国务院颁布了《关于改进民工建勤养护公路和修建地方道路的指示》。中国的公路养护不仅保证了公路的完好畅通，并将许多不合乎标准的公路和大车道逐步改建成符合一定技术等级的公路。

2010 年 12 月 28 日，交通运输部部长李盛霖在全国交通工作会议上介绍：截至 2010 年年底，我国高速公路通车里程已经达到了 7.4 万千米，仅次于美国，居世界第二位。在新建高速公路的快速增长的同时，原有的很多高速公路却出现了不同程度的病害与破损。而且这些病害、破损得不到及时、合理的路面养护，导致了部分高速公路路况急剧下降，对车辆行驶的舒适性、经济性和安全性产生了不小的影响。因此，近些年来高速公路路面养护管理及其相关问题受到了越来越多的关注。

随着国家高速公路网的建设，高速公路总里程的加长，公路养护的需求与日俱增，公路养护行业发展前景广阔。因此，国内优秀的公路养护运营企业愈来愈重视对行业市场的研究，特别是对企业发展环境和客户需求趋势变化的深入研究。正因为如此，一大批国内优秀的公路养护运营企业迅速崛起，逐渐成为公路养护行业中的翘楚。

三、分类

公路养护的分类各国并不一致。按养护作业范围和工作量划分，中国把公路养护分为小修保养、中修、大修和改善四类；苏联分为保养、小修、中修和大修四类；日本分为保养和维修两大类，维修中包括更新改善的内容；英、美等国则分为具体养护和交通服务两类（不包括改善工程）。国际道路会议常设协会于 1983 年建议，公路养护统一划分为日常养护、定期养护、特别养护和改善工程四类。

四、日常养护

对公路各组成部分（包括附属设施）每年按需要进行频繁的日常作业，其目的是保持公路原有良好状态和服务水平。日常养护的作业项目主要有：路面及其他部分的清扫；轻微损坏的修补和设施的零星更换；割草和树枝修剪；冬季除雪除冰；以及为恢复偶尔中断的交通进行紧急处理。

五、定期养护

在公路使用期限内所进行的、可编制程序的、较大的养护作业。定期养护作业主要项目有：辅助设施的改进；路面磨耗层的更新或修复；路面标线、涵洞及附属设施的修复；金属桥的重新油漆等。

六、特别养护

把严重恶化的路况改善到原有状态的作业。特别养护作业项目有：加强和改建已破损的路面结构；修复已破坏的路基和涵洞；防治外部因素对公路的损害，如稳定边坡、防治坍方、添建挡土墙、改善排水设施、防治水毁、预防雪崩以及砍伐树木等。

七、改善工程

对公路在新建或改建时遗留下的缺陷进行的改善作业。改善工程项目主要有：改善卡脖子路段，提高通行能力；校正路拱和超高，改善行车视距；调整交叉道和进入口，消除事故多发点，以策安全；采取防噪声措施；扩建和改善建筑物和其他设施；添建路旁休息区，以提高公路服务水平等。

八、相关组织

世界各国都根据自己的公路分级和管理体制设置公路养护专业机构和作业组织。中国将全国公路划分为国道、省道、县道、乡道四个等级。此外，还有专用公路。公路养护相应实行分级管理，国道、省道和重要县道由省级公路管理机构负责养护：一般县道和乡道分别由县、乡政府负责养护；专用公路由专用单位自己负责养护。中国的公路养护专业机构的基层单位是县级公路段和养路分段，一般管辖 100~200 千米。段下设若干个养路道班及其他班组进行日常养护修理工作。其他国家的公路分级管理体制同中国相似。

但苏联、日本等国的主要国道由中央政府设直属机构养护。中、苏等国的各项公路养护工程均由专业养护机构自行施工，只有少数大型项目采取招标发包形式实施。英、美、日、法等国养护机构只直接办理日常养护和交通服务工作，工程项目采取发包形式实施。

九、经费

世界上多数国家的养路经费是从公路资金中拨付的。养路经费占公路建设总投资的比重，一般为 30%~50%，高的达 60% 以上（如瑞典），低的为 20% 左右（如日本）。苏联等国的养路经费主要由国家和地方财政拨款。中国则采取由公路管理部门自行征收公路养路费的办法，专款专用以收抵支。

养路费的支出项目有：

1. 养护工程费（包括小修保养、中修、大修、改善工程、水毁修复、道班房屋以及渡口、绿化等），约占 80%。

2. 养护专业费（包括机械设备购置、小型厂场建设、科研、培训、段站房屋及行政管理费等），约占 15%。

3. 养护其他费用，约占 5%。养路费收支计划及其实施均由省级公路管理机构负责。近十多年以来，多数省的养路费收入可以保证公路养护需要，有的还可抽出一部分资金，用于公路和桥梁的改建和补助地方修建新的县乡公路。

十、技术要求

早期的公路多是土路或低级路面，桥涵以木制和石砌为主，交通量也很小，故养护技术比较简单，要求也不高。随着交通量的增长，高级路面以及高速公路的出现，养护技术要求也不断的提高。为此，各国都制定了养路条例，如苏联制定有公路养护技术规范，日本制定有道路养护维修纲要，美国有公路养护手册。这些技术条例的共同要求可以归纳为以下几点：

1. 贯彻预防为主的方针，努力消除导致公路损毁的因素，增强设施的耐久性，提高抗御自然灾害的能力。

2. 重视日常检查、定期检查和特殊检查，积累技术资料，加强科学分析，针对病害产生的原因，采取正确、有效的技术措施。

3. 因地制宜，充分发掘原有工程设施的潜力，以达到适用、经济的目的。

4. 尽量采用国内外先进的科学技术成果，推行科学管理方法，加强情报系统，及时处理公路上发生的问题。

5. 革新养路机具设备，相应地改革操作方法和劳动组织，提高效率，保证工程质量。

十一、质量考核

一般采用定期检查路况变化的方法来考核公路养护的工作质量。一些工业发达国家，主要检查路面的使用性能，包括破损率、不平整度、抗滑能力和整体强度等技术指标，据以确定科学的养护对策。中国自 19 世纪 60 年代起，对每千米公路的路面、路基、桥涵、标志和绿化等五项每月进行检查评定，综合按百分制计分。总的养护质量要求是：路面平整、路拱适度、行车顺畅；路肩整洁、边坡稳定、排水沟畅通；桥涵构造物完好清洁；标志完善鲜明；路旁绿化、宜林路段路树齐全。

对不符合上述要求的部位和数量进行详细记录，按统一的规定扣分。各项的最高分数规定为：路面50分，路基20分，其他三项各10分。并按每公里所得分数将路况分为优、良、次、差四等，将每个养路单位所管路段中优等和良等路占总里程的百分比（好路率）作为考核该单位养护工作质量的主要指标。根据好路率的升降和差等路的增减来评定其成绩，并据此掌握路况变化，积累资料，以便制订下一步养护工作计划。

公路养护标准

公路养护定员标准

（1991年12月30日交通部、劳动部〔91〕交人劳字945号发）

一、主题内容与适用范围

该标准按照“先进、合理、科学、规范”的原则，规定了公路养护专业机构的生产人员、管理人员和服务人员的定员。

本标准适用于各省、自治区、直辖市交通部门设置的公路养护专业机构的定员管理。

二、引用标准

JTJ01-88公路工作技术标准

JTJ073-85公路养护技术规范

三、定员

1.生产人员：指生产工人、生产技术和安全技术人员，养路费征稽人员，其中生产工人按照中级工人技术水平确定。

1）养路工人：指在公路上从事经常性的路基、路面、桥涵、隧道和附属构造物、设施等等小修保养和公路绿化；养路机具的操作、日常维护；自行采备养护材料等直接生产的工人。

定员：见《养路工人定员表》

2）桥梁养护工人：指对特大桥、特殊结构桥进行日常保养的工人。

定员：

a.桥长在500米以上的永久性桥：每100米为（0.4~1.0）人；

b.钢结构桥：桥长在1000米以下的，每100米为（1.5~2.5）人；桥长1000米以上的，每100米为（1.0~1.5）人；

c.悬吊、斜拉桥：桥长在1000米以下的，每100米为（2.0~3.0）人；桥长在1000米以上的，每100米为（1.0~2.0）人；专设桥梁养护机构的大、中型桥每100米为（0.6~1.5）人。

3）隧道养护工人：指对长500米以上的隧道及附属设施进行日常维护的工人。

定员：每100米为（0.5~0.7）人。

4）渡口工人：指载运车辆的机动或人力渡船的驾驶、轮机、水手、保养等工人。

定员：每班每渡船（7~12）人。

5）机动车辆、养路机械驾驶和维修工人：指由地（市）级和县（区）级公路管理部门，集中使用的汽车驾驶员和养路机械驾驶操作员及维修工人。

定员：

a. 汽车驾驶员：每辆为（1.0~1.2）人；

b. 养路机械驾驶操作员：每辆（台）（0.5~1.0）人；

c. 维修工人：每辆（台）为（0.3~0.7）人。

6）养护工作施工工人：指从事公路养护大、中修和改善工程的专业施工队伍的工人。

定员：养护里程在 700 千米以下的，每 100k 米为（10~15）人；养护里程在 700 千米以上的，每 100 千米为（15~25）人。

7）沥青储运站（库、池）工人：指在沥青储运站（库、池）从事路面施工，养护用沥青（渣油）的储存、分发、出入库。加温、设备维修的工人。

定员：

a. 储量在 3000 吨及其以下：每 1000 吨为（8~16）人；

b. 储量在 3000 吨以上：每 1000 吨为（8~12）人。

8）沥青混合料拌合场（站）工人：指在沥青混合料拌合场（站）从事机械化操作和日常维护搅拌设备的工人。

定员：每工作日拌合能力 1000 吨为（4~6）人。

9）乳化沥青站工人：指在乳化沥青站从事乳化沥青生产的工人。

定员：年产量每 1000 吨为（1~2）人。

10）苗圃工人：指在苗圃中从事公路绿化用苗木培育的工人。

定员：每 1000 平方米为（0.3~0.6）人。

11）交通量观测工人：指从事交通流量观测、计数、汇总、统计的工人。

定员：

a. 连续式观测站：每站为（8~12）人；

b. 间隙式观测站：每站为：人。

12）收费工人：指在收费路、桥、隧道、渡口从事收费工作的工人。

定员：每个车道、码头每班岗为（2~3）人。

13）生产技术人员

a. 专职工程技术人员：指在县段级公路养护单位具有技术职务并专职从事土木、机械、绿化技术工作，不兼任行政领导职务的工程技术人员。

定员：每 100 千米为（5~8）人。

a. 生产安全技术人员：指在县段级公路养护单位从事养路生产安全技术工作的专职人员。

定员：每个县段为（1~2）人。

14）养路费征稽人员：指直接从事公路养路费征稽工作的人员。

定员：

a. 机动车辆比较集中的大、中城市：每 100 辆车为（0.3~0.5）人；

b. 其他地区：每 100 辆车为（0.6~1.0）人。

2. 管理人员和服务人员：指地（市）级和县（区）级公路管理部门的管理人员和服务人员。

定员：按本标准定员职工总数的 12% -18%。其中路政管理人员定员：每 100 千米为（1~3）人。

其他规定见附录 A

附录 A 其他规定（补充件）

A1　本标准不包括高速公路定员。

A2　等外公路养路工人定员可参照四级公路养路工人定员标准。

附加说明：

本标准由交通部提出。

本标准由全国劳动定额标准化技术委员会归口。

本标准由交通部组织云南、辽宁、北京、吉林、江西、河南、山西、陕西、青海、四川、广东等省（市）交通厅（局）起草。

本标准主要起草人：文俊华，陶培启、史殿英、李江、赵长松。

本标准由交通部负责解释。

编制说明

一、任务来源

遵照交通部（90）交函人劳字 127 号《关于修订汽车运输企业定员标准和公路养护定员标准的通知》，交通部人劳司一九九〇年四月在昆明召开公路养护定员标准修订工作会议并布置工作，由云南、辽宁、北京、吉林、江苏、江西、河南、山西、陕西、青海、四川、广东十二个省、市交通厅（局）组成标准修订组，云南、辽宁省交通厅担任组长。

二、编制过程

这次修标工作从调查研究入手，经过科学论证，反复测算拟定出《公路养护定员标准》讨论稿、征求意见稿送审稿和报批稿。十二个省、市交通厅（局）的调查研究工作历时三个月，开调查会一千余次，调查各种不同等级的路段五百余段，总里程长达三万一千余公里，翻阅资料上千件，收集数据近十万个。在调查研究的基础上，一九九〇年八月，在四川会议上分别拟定了高等级公路和一般公路养护定员标准（讨论稿），并下发各修标单位进行测算验证。在综合平衡吸收各省合理意见的基础上，十月在辽宁会议上形成一个内含一、二、三、四级公路的公路养护定员标准（讨论稿第二稿）。十二月由交通部人劳司组织云南、辽宁、北京、河南、陕西、青海、四川七个省、市交通厅（局）在北京会议上进行补充完善，形成了《公路养护定员标准》（征求意见稿），并增加修标说明及需要进一步探讨的几个问题的附件。经交通部人劳司批准，于一九九〇年十二月二十八日以（90）人劳计字1100号文印发全国三十个省、市交通厅(局)征求意见，并收到二十五个省、市交通厅(局)的复函和意见，经研究采纳和部分采纳9条。在汇总各省意见基础上，一九九一年三月，在广州召开了由标准修订组和山东、浙江、安徽、湖北、甘肃、福建、广西、海南省交通厅参加的《公路养护定员标准》定稿会。这次会议对征求意见稿所拟定的各项定员标准进行了认真讨论，并按国家标准化法的要求进行复审修订，形成了《公路养护定员标准》送审稿。一九九一年十一月二十日，全国劳动定员定额标准化技术委员会对《公路养护定员标准》送审稿进行审定，经过充分评议，通过了核标准送审稿。我们按照审定意见认真进行修改，形成本标准报批稿。

三、技术内容论证

本标准按照“先进、合理、科学、规范”的原则，规定了公路养护专业机构的生产人员、管理人员和服务人员的定员。

本标准引用了JTJ01-88《公路工作技术标准》、JTJ073-85《公路养护技术规范》。《交通行业工人技术等级标准》、《交通系统劳动工资统计主要指标解释》等有关规定，重新划分修订了养路工人、桥梁养护工人、渡口工人、机动车辆养路机械驾驶和维修工人、养护工程施工工人、沥青储运站（库、池）工人、苗圃工人，专职工程技术人员、生产安全技术人员、管理和服务人员的定员标准。

本标准与1979年部颁《公路养护定员标准》比较，按可比口径养路工人定员标准降低0.1~0.2人／千米在定员范围上新补充了隧道养护工人、沥青拌合场（站）工人、乳化沥青站工人、交通量观测工人、收费工人和养路费征稽人员的定员。现对定员标准技术内容论证如下：

（一）养路工人

公路养护是保障公路运输畅通的重要环节。我国有公路养护工人近四十万人，担负着全国102万千米公路的养护任务。公路养护工作点多、线长，室外作业，条件艰苦。养路工人负责清理路肩、杂物、边坡，处理翻浆、啃边、修补坑槽，刮铲路面搓板，疏通涵洞，修补路面，绿化，备料等工作。因此，确定养路工人定员是制定公路养护定员标准的核心。影响公路养护工人定员标准的因素很多，主要是，交通量、公路技术等级、路面类型三个要素。

1979年我部制定养路工人定员标准时，高等级公路很少，交通量不大，当时公路交通量最高日通车5000车次，因此标准仅规定了5000车次以内8个序号和沥青、砂石路面两个类型的定员标准，仅适用于一般公路。改革开放以来，我国国民经济飞跃发展，公路交通流量倍增，原标准交通量序号的划分已不适用。因此，根据一九八九年部颁《公路工程技术标准》的规定，将原交通量序号调整为：（1）10 000车次以上；（2）7001~10 000车次；（3）5001~7000车次；（4）3001~5000车次；（5）2001~3000车次；（6）1001~2000车次；（7）501~1000车次；（8）201~500车次；（9）200车次以下九个序号，比较符合我国公路运输的现状。

按照部颁《公路工程技术标准》的规定和要求，公路技术等级和路面类型分列为：一级公路含高级路面一个档次；二级公路含高级、次高级路面两个档次；级公路含高级、次高级、中级路面三个档次；四级公路含次高级、中级、低级路面三个档次。

定员标准测的主要依据是交通流量。交通流量是造成道路技术状况下降的最主要因素。公路技术等级和路面类型是公路抗灾抗损和养路难易的重要相关要素。从全国公路的现状看，三级路所占比重较大，约占等级公路的23%，故在实际调查中，以三级路为基数，对各个等级的公路也进行了普查。养路工人每公里定员按下列公式计算得出。

全年计划用工工日数

养路工人定员＝25.5 × 12 × 平均出勤率 × 平均出工率 / 调查里程数；

按上述公式测得的定员，在各个不同交通量，公路技术等级和路面类型之间均有差异；如受其他可变因素的影响；气候、海拔高度、地理环境、机械化程度、公路超期、超负荷等，则差异更大。鉴于上述原因，为使标准更实用，每一个档次之间一般保留 0.2~0.3 的幅度；四级公路和低等级路面因路况较差，可变因素多，定员幅度相应增大，一般在 0.2~0.5 之间。

《养路工人定员》表是通过实际调查、综合分析、反复测算形成的。测算时以二、三级公路规定的交通量标准为基础，按中级技术工人水平，其地理环境以微丘平原为主，海拔高度在 2500 立方米以下，小修保养机械功率以每公里二千瓦为基数进行测算的。上述影响因素超过极限时，为了使本标准的适应性和可行性更强，在《养路工人定员》表内规定了调整系数。《养路工人定员》表附注中的有关规定是根据以下情况确定的：

1. 因水泥混凝土路面、石块路面的日常养护工程量和路面上各种病害处理难度比沥青混凝土路面小，故乘一个系数相对减少了定员。

2. 我国地域辽阔，有一部分公路是在高原上，海拔高度直接影响了养路工人劳动定额的完成，根据对青海省二十八个路段调查材料分析，海拔在 2500~3000 米范围内，两点之间人数平均系数为 1.12；3000 米 ~4000 米两点之间人数平均系数为 1.2；4000 米 ~5000 米两点之间人数平均系数为 1.4；以此为依据确定的系数，经测算后是适用的。

3. 由于我国目前一部分公路存在超期超负荷问题，当交通量超过或达不到标准时，可按序号增减定员。

（二）桥梁养护工人

公路桥梁的维修养护具有成本高、技术性强、多工程配合等特点。目前大吨位车辆比过去增多，对桥梁损坏程度也日渐明显。据对河南、江苏、四川、广东、山东、福建等六省的调查（见表 C），大、中型桥梁普遍缺少专业桥梁养护机构、技术人员和养桥人员。这对桥梁的正常养护，保证安全畅通是不相适应的。我们调查 23 座特大桥共 19 329.4 延米，有桥梁养护人员 260 人，平均每百米 1.34 人，其中福建省最低仅 0.36 人，山东省最高达 2.1 人，在综合考虑全国情况后定为每 100 米按 0.4~1.0 人配备。特殊结构桥梁调查 8 座共 5，251 延米，有养护人员 93 人，平均每百米 1.77 人，根据调查情况定为桥长在 1000 米以下每 100 米按 1.5~2.5 人配备。桥长在 1000 米以上每 100 米按 1.0~1.5 人配备。由于各类型桥梁承载力、使用年限、交通流量差异较大，因此制定标准时，按桥的类型和长度分档比较合适。

（三）隧道养护工人

近十年来，在交通量较大的公路主要干线上，修建了一些隧长在 500 米以上的隧道。由于设置通风、通讯、警报、消防、装配照明设备和监测设施等。本标准增列了隧道养护工人定员标准。经在福建省盘拓岭隧道验证，隧长 822 米，需配备 7 人，达到每 100 米 0.85 人，现标准按每 100 米配 0.5~1.0 人是适用的。

（四）渡口工人

由于渡口交通量、运输设备、设施增加，人员也应有所增加，经过对云南、辽宁、四川、陕西、江苏、广东、福建等七省 20 个渡口的调查（见表 D），共调查渡船五十九艘，渡口工人 1109 人，平均班次为两班次，按照计算公式：

现有渡口工人数　1109

调查船数 × 平均班次　59 × 2

另据广东省的抽样调查，机动船每班人员配备：

（1）载重六车的机动船需配备 8 人，驾驶 2 人，轮机 1 人水手 4 人，船上安检 1 人。

（2）载重八车机动船需配备 9 人，驾驶 2 人，轮机 2 人，水手 4 人，船上安检 1 人。

（3）载重十车机动船需配备 10 人，驾驶 2 人，轮机 2 人，水手 4 人，船上安检 2 人。

（4）载重十二车机动船需配备 12 人，驾驶 2 人，轮机 2 人，水手 6 人，船上安检 2 人。

如小于载重六车的机动船可减少 1~2 人。

根据以上情况，本标准对渡口工人定员按每班每渡船 7~12 人配备。

（五）机动车辆、养路机械驾驶和维修工人随着养路机械化程度的不断提高，各省、自治区、直辖市对大、中型养路机械和运输汽车多已采用集中管理使用的办法，提高了经营管理水平。在修订该项定员标准时，参照了汽车运输企业的定员标准，并进行了适当的调整。

1. 养路工程汽车的使用率一般均低于专业运输汽车，其定员标准比专业运输汽车驾驶员定员低，一般按一车一人或五车六人，基本上可以做到定车定人留有机动。比一九七九年标准上限降低 0.2 人。

2. 由于近年来，各养路段都增配了养护机械，种类也增加了。在养路过程中，每台机械并不是每天使用，按一人多能定机定人的原则，制定的定员标准为每辆（台）0.5-1.0 人。

3. 养路机械维修工作量不太大，因而新标准比一九七九年标准下限降低 0.4 人，比上限降低 0.5 人。

（六）养护工程施工工人

养护工程施工人员主要负责公路养护大、中修和改善工程。

根据云南、吉林、河南、山西、青海、江苏、四川等七省二十一个总段的调查（见表

E）共调查管养里程46255公里，现配有养路施工工人6839人，平均每百公里为14.8人。而本标准规定养护里程在700公里以下，按每百公里10~15人配备，养护里程在700公里以上的按每100公里15~25人配备，比一九七九年的标准下限降低5人，上限升5人，上、下限幅度较大，原因是：

1. 据已调查的十二个省、市公路现状看，普遍存在三超现象：一是一般公路的油路超期服役比重较大，二是随着交通量倍增，公路技术状况得不到及时改造，超负荷运输现象严重；三是大吨位车辆增多，超重运输严重，加速对道路桥梁技术状况的破坏。由于以上原因，即使按照实际工作量计算定员，上限人数仍显不足。

2. 鉴于我国国情和各省的财力情况，公路的大、中修和改善工程需有步骤地进行，定员水平过紧，不利于养护工程施工队伍的发展。

3. 目前一些省、自治区、直辖市对公路建设已引起重视，并多方集资，加强了公路的整治和技术改造工作，因此把定员上、下限幅度适当放大是必要的，这有利于加强养路专业队伍的建设，更好地发展现代化公路交通事业。

（七）沥青储运站（库、池）工人

沥青储运站工人负责公路养护作业所用沥青的接卸、储存、加温、采样化验、泵油摆桶灌装、运输到各养路段、道班等工作。一般总储量在1000吨的沥青储运站，正常运转所需工种人数为：空压机11人，泵房11.5人，灌装工2.5人，装卸车1.5人，锅炉工1.5人，车辆驾驶员2人，计量放油11人，化验工1人，维修等其他工人3人，共计：15人。经我们对云南、辽宁等七个省十三个油库（站）的调查（见表F），总储油量为55 500吨，现有人数838人，每1000号储油为15.1人，储油量在3000以上的库站，其空压机工，泵房工，计量放油工，化验工等人员可适当减少，因此每1000吨储量按8~12人配备。

（八）沥青拌合场（站）工人

随着我国公路里程的增长，机械化修路，养路作业日益增多。为了提高修建公路的速度，各省相继建立起沥青拌合场（站）。沥青拌合场（站）的主要工作是将沥青熔化后恒温，放人相应大小的石料，由机器拌合。根据北京市公路的调查，现北京市共有十个县、每县公路平均管养上等级公路460公里，每县都建起了一个沥青拌合场，一台拌合机日能力一般达到2500吨，最大能力为3100吨。沥青拌合机开机后是连续作业，不停机。经拌合的沥青砂石料铺设路面，提高了公路的路面质量，降低了工人的劳动强度，也降低了原材料的消耗。定员标准的制定是根据一台拌合机的日拌合能力及其岗位确定的。一台拌合机按日拌合能力2500吨计算，需配守机人员三班6人，进、出料人员三班4-9人，经大多数省的认真测算，标准定为每1000吨按4~6人配备是合适的。

（九）乳化沥青站工人

乳化沥青站是负责生产乳化沥青和沥青乳化材料的，这是一项新工艺。经乳化后的沥青，可直接修补路面。由于有了乳化沥青，大大提高了修补路面的质量，减少了养路工人的工程量。乳化沥青站的定员标准是新增加的，定员是根据乳化沥青站生产能力确定的。

经北京市等有关省、市的调查年生产2000吨乳化沥青的车间需2~4人，年产量按每1000吨1~2人配备。

（十）苗圃工人

苗圃工人主要从事公路绿化苗木的培育。由于高级公路和出现，要求公路两旁和中间隔离带绿化植物品种增加，因而育苗难度加大；另外公路延长，树苗的需求数量也增加；由于技术进步，合理密植，加强管理，因而也增加了用工，从我国目前情况看，一般每个县公路段有1~2个苗圃基地。近十年来，全国各县管理的公路均有不同程度的延长，相对于苗圃基地运送树苗的路程加长，人员也相应有所增加。

一九七九年所定标准为每亩0.1~0.3人，折合每1000平方米为0.15~0.45人，现标准的高、低限都上升0.15人。另外根据辽宁、河南等八个省的调查资料看（见表G），现有育苗工人253人，共育苗733.13千平方米，平均每1000平方米为0.35人。由于我国南北地区之间气候、土壤条件及出苗率的差异，新的定员标准仍保留有一定的幅度。

（十一）交通量观测工人

过去公路交通车流量统计因通车数量不大，多数由公路养护人员采取间隙式观测统计的方式。近几年来，由于公路事业飞速发展，上等级公路比一九七九年增加1.44倍，各种车辆的类型增加。尤其是大吨位车辆的增加，使得主要交通干线公路损坏程度加大。为了解交通流量情况和路面损坏程度，以便计算公路投资，各省在主要交通干线相继建立连续式观测站。连续式观测站为一年365天昼夜24小时连续观测。观测方法大多数为人工计数测定，目前国内只有少数几条高速公路所设观测站为仪器观测。连续式观测站由于交通量不同，所设观测点的人数也不同。因连续式观测站的工作不能间断，各省均按四班制配备，每班2~3人。经对云南、吉林等八个省三十二个连续式观测点调查（见表H），共有观测点人数300人，日平均混合交通量达5457车次，观测点平均人数达9.4人。间隙式观测点每月只观测三天左右，累计全年需0.5~1个人的工作量，但大多是由养路道班工完成，时间隙式观测点的定员，一般由交通量观测的养路道班再增设1人。

（十二）收费工人

“七五”期间为适应改革开放和国民经济的发展，各省、自治区、直辖市采取了贷款、集资等方式，修建了一些高等级公路、桥梁、隧道等。为了搞好这些贷款集资修建的公路的养护，及早收回投资，各省、市按照交通部，财政部，国家物价局（88）交公路字28号《贷款修建高等级公路和大型公路桥梁、隧道收取车辆通行费规定》的通知要求，相继在这些路、桥、隧道的出入口处，设置了收费站，并配备相应的收费工人。收费站主要负责售票、检票、指挥交通、维持秩序等项工作，一般为三班作业。现按照每个收费车道每班岗2~3人配备，经测算是合适的。

（十三）专职工作技术人员

专职工程技术人员在各县养路段负责土木工程，机械工程和绿化等项技术工作。现定标准比一九七九年部颁标准每100公里低限提高：人，高限提高2人，原因是：

1. 根据调查的 9 个省 163 个公路段，共养护里程 29948 公里，有工程技术人员：1185 人，平均每百公里 4 人。与 1979 年部颁标准上限持平，其中四个省低于原部颁标准下限，2 个省高于上限，发展很不平衡，主要原因是边远地区工程技术人员没有来源。

2. 近十年来，公路建设发生了根本性变化，公路技术等级相应提高，交通量倍增，社会上对公路技术状况要求越来越高。因此养护工作中的技术问题特别突出，技术改造和修建任务越来越重，现有的工程技术人员明显感到不足，还需进一步加强工程技术人员的力量。

3. 现定员标准工程技术人员的范围，比原标准增加了绿化技术人员。为达到交通部提出的国、省干线公路实现标准化、美化、绿化要求，各公路段相应配备一名专职绿化技术人员。

（十四）生产安全技术人员

各县段的生产安全技术人员是负责施工现场安全，机电设备安全，和设立安全标志等工作。根据 8 个省调查的资料，180 个公路段现有生产安全技术人员 252 人，平均每段 1.4 人。公路养护、修建的特点是：点多、线长、面广，每个公路段养护里程都在 100 公里以上，有的公路段养护里程长达 500 多公里，因此生产安全工作难度很大，定员标准按照每个县段 1~2 人配备。

（十五）养路费征稽人员

公路的养护修建和技术改造资金来源于征收的公路养路费，为加强养路费的收缴工作，现定员标准增加了养路费的征稽人员。目前全国应收缴养路费的车辆有 450 人万辆，养路费征稽人员两万多人，平均每百辆车 0.45 人。现定员标准是根据实际需要制定的。理由是：

1. 近几年社会车辆急剧增多，仅私人拥有各种汽车达 70 万辆，摩托车 270 万辆，因各种车辆颁地域广，给养路费征收稽查工作带来一定的困难，稽查工作设卡检查比过去多了，工作量、人员也相应增加，但仍离实际工作量的人员需要差距较大。

2. 目前全国 80% 的养路费征稽机构是按行政区划设置的，有些边远地区一个县社会拥有车辆不到二百辆，但每县养路费证稽所最低需配置 3~4 人，按现标准上限还感到不够。

（十六）管理服务人员

经调查的 9 省 33 个市（地）公路总段（处）及所辖的公路段，职工总数为 67087 人，管理服务人员为 12853 人，占职工总数的 19.2%，已超过原部颁标准的上限，原因是：

1. 近几年来公路部门合理增设了一些机构，如路政、审计、监察、党办、微机等部门，因此管理人员相应增加。

2. 幼儿园，食堂等服务人员增加。

现定标准适当考虑了合理增长因素，但是根据精简高效的原则确定为职工总数（按本标准定员）的 12%~18%。

（十七）路政人员

根据中华人民共和国《公路管理条例》规定，路政人员负责维护公路的路产、路权。对损坏、破坏公路设施的人有权立案审理。现我国有上等级公路一百多万公里，专职路政人员：万多人，平均每 100 公里 1 人，另外还有一部分兼职人员。由于公路里程的增加，损坏公路设施，违章道现象经常出现，比较严重地影响了正常交通。目前全车每个公路段养护里程都在 100 公里以上，最低需设 3 名路政人员才能正常开展工作，为适应全国范围的需要，定员标准确定为每 100 公里 1-3 人。

四、经济效果和社会效益的预测

制定本标准的目的在于更好地贯彻执行“全面养护，积极改善，防治结合、预防为主，按章征费、依法治路，强化管理、保障畅通”的方针，加强公路养护的基础建设、强化劳动组织、合理配置人员，提高生产效率，降低养护成本。

1979 年颁布的《公路养护定员标准》，限于历史条件，定员只考虑了沥青、砂石两种路面结构范围较小，部分工种、岗位未予定员，致使在配置人员时无章可循。本标准完善了这部分内容，补充了隧道养护，沥青储运场（站），乳化沥青站，收费、交通量观测工人，路政、征稽人员等方面内容。这对于促进专业化公路养护队伍建设，完善公路养护编制定员管理、提高养护质量、将会起到积极的作用。《公路养护定员标准》也是公路养护劳动管理的一项基础工作，由于新标准比原标准更先进、合理、科学、规范，它的实施将对促进公路事业的发展；对保障公路畅通；对社会运输提供良好的服务条件；对推行公路养护经济承包责任制；对公路养护现代化管理，起到积极的推动作用。同时，也为公路修建的规划、计划和投资提供可靠的依据。

五、其他说明

1. 本标准是在云南、辽宁、北京等十二个省、市调查研究基础上，制定的《公路养护定员标准》，由于各省、市实际情况较复杂，应在本标准定员水平范围内制定相应的实施细则。

2. 参加本标准编写工作的主要成员还有：罗荣如、诸民华、肖涟、折益宁、游子兰、郭学武、兴边瑞、陈俊佳、刘振声、史应怀、李根培。

3. 帮助本标准编写工作的有交通部人事劳动司许义、袁青同志，交通部工程管理司张春岩同志，交通部标准计量研究所姜开友同志。

六、主要参考资料

交通部（79）交人字 1801 号《关于颁布汽车运输企业定员标准和公路养护定员标准的通知》。

交通部公路养护定员标准修订组

一九九一年十一月二十二日

公路养护协议

甲方：____________

乙方：____________

根据高速公路养护工作的特殊性，为加强对临时用工人员的安全管理，强化用工人员安全生产意识，经甲、乙双方协商，就明确甲、乙双方安全责任制达成协议如下：

一、乙方在高速公路进行养护、维修等作业时，应当按照《______省高速公路管理条例》的规定，实行作业交通安全控制。现场应当按有关规定设置施工标志，并采取安全防范措施，作业人员应当穿反光服；作业车辆应当设置明显的作业标志；车辆在行驶时应当遵守《高速公路交通管理办法》，不得随意调头、逆行、带人、违章停车等危及交通安全的行为；乙方不得随意请人顶班。若乙方不按规定作业，造成了人身伤亡，按《道路交通事故处理办法》处理，甲方不承担任何责任。

二、甲方要定期开展安全教育工作，组织乙方学习相关的法律、法规，提供必要的安全标志服、养护标志牌等安全生产设施。乙方在按规范作业中所发生的交通伤亡事故，甲方负责协助乙方，配合公安交警部门追究肇事者责任。

三、甲方支付给乙方的工资总额中含用人单位应缴纳的人身意外伤害险部分，乙方委托甲方依法代缴，甲方将为乙方在中国人寿保险股份有限公司__________公司办理人身意外伤害综合保险。因此，乙方在甲方指定的作业区生产期间发生伤亡事故，依法向__________保险公司索赔。

四、本合同在用工期间内有效，本合同一式三份，甲、乙及公证处各执一份。

甲方代表：____________

乙方代表：____________

担保人：______________

______年_____月_____日

公路养护承包合同书

发包方：公路管理所（以下简称甲方）

承包方：××××（以下简称乙方）

为确保农村公路安全、舒适畅通，保证路产路权不受侵犯，以便更好地为“三农”服务，为明确甲、乙双方在公路养护中的责任，权利和义务，使本段公路养护任务能保质、保量、安全和按期完成，根据有关规定，经甲乙双方协商，特签订如下合同以此共同信守。

一、承包事项：农村公路日常养护承包。

二、承包地点及桩号 ××× 公路K＋至K＋，路段全长 ×× 公里，路面类型为 ×× 路面。

三、承包责任范围：本路段的路基、路面、水沟、桥梁、涵洞、公里碑、百米桩、安全警示设施、沿线两侧绿化和路产路权的维护管理。砂土路面配备碎石路料（硬风化石和石灰石）平均每公里50立方米以上，颗粒控制在2厘米以内，要求在十月三十号前完成。合同指标为良等路 公里，次等路 公里，控制差等路 公里。

四、承包造价：根据本路段的工程量和行车密度的实际情况，平均每公里承包经费 ×× 元，全年该路段总承包金额（×× 元/公里 ×× 公里）为 ×× 万 ×× 仟 ×× 佰

××拾××元（××）。

五、承包期限：××年××月××日至××年××月××日，合同期为12个月。

六、承包形式：按包工包料（全包）方式由乙方承包施工。

七、双方责任

1. 甲方责任

（1）根据合同承包经费结合任务分解到各月份或季度，并成立验收小组，按月度或季度进行验收，验收合格后，将月份或季度的承包经费按有关规定手续支付给乙方。

（2）按合同承包内容指导督促乙方工作。

（3）监督乙方养护施工质量和施工进度、施工安全，检查验收质量。

（4）甲方有权根据乙方养护施工进度调整人员，如乙方不能在甲方规定的时间内完成承包工作任务的，甲方直接安排人员帮其完成任务，费用从乙方承包款中支付。

（5）如甲方发现乙方其不正确的施工作业，经教育指正后仍不见整改且工作滞后被动的，甲方有权终止乙方合同和拒付余下的承包工程款。

2. 乙方责任

（1）乙方应本着“百年大计，安全第一”的方针，精心施工，按所承包的内容逐项完成，在施工中如不慎造成安全事故，或造成其他损坏的，所有损失均由乙方负责。

（2）乙方如雇请临工，必须做好所请零工的安全教育，采取有效的安全防护措施，配置安全防护用品，严格遵守各项安全操作规程，并自觉接受甲方的监督。上路作业时，两端要设置明显的施工标志牌，施工人员要穿上标志服，戴好安全帽。在施工中要保证和维护本施工段的一切安全，经常检查、督促安全生产，消除事故隐患，采取有效的安全防范措施，避免安全事故发生。

（3）乙方在日常养护中应达到的要求：

①清扫路面，保持路面清洁。

②清理水沟、涵洞，保持排水畅通，无淤塞，铲割水沟边坡草1.2米高。

③培整路肩线型化、割路肩草及路肩1米外高草。

④公里碑、百米桩、安全警示桩保持清洁整齐、醒目，起警示作用。

⑤清理路缘石上杂物、修剪路树、路树刷白、路缘石刷白。

⑥写公里桩及百米桩。

⑦清理3立方米以内废方。

（4）质量标准不祥的参照《公路养护技术规范》实行。

（5）在十一月三十号前一定要完成良等路任务及各项指标，十二月份进行检查验收。

3. 付款方式

本工程从签订协议之月起，甲方按月度或季度组织验收小组到场检查验收，认可合格后，将月份或季度承包经费按有关规定手续支付。如检查不合格达不到要求，视为完不成任务，甲方则拒付或扣除养护工程款。

合同期限

本协议经双方代表人签字公路所盖章后生效，合同期为一年，验收付款后，本合同失效。

本合同一式四份，甲乙双方各执一份，财务执一份，局办公室存档一份。

甲方（盖章）：　　乙方（盖章）：

乙方代表（签字）：

甲方代表（签字）：　　电话：

身份证号码：

__年_月_日__年__月_日

公路养护工程管理办法

交通运输部关于印发《公路养护工程管理办法》的通知

各省、自治区、直辖市、新疆生产建设兵团交通运输厅（局、委）：

为进一步加强和规范公路养护工程管理，提高养护质量和效益，部对《公路养护工程管理办法》（交公路发〔2001〕327号）进行了修订，现印发给你们，请认真遵照执行。

交通运输部

2018年3月2日

（此件公开发布）

第一章　总　则

第一条　为加强和规范公路养护工程管理，提高养护质量与效益，根据《中华人民共和国公路法》《公路安全保护条例》《收费公路管理条例》等法律、行政法规，制定本办法。

第二条　本办法所规定的公路养护工程是指在一段时间内集中实施并按照项目进行管理的公路养护作业，不包括日常养护和公路改扩建工作。

第三条　本办法适用于国道、省道的养护工程管理工作。县道、乡道、村道和专用公路的养护工程管理可参照执行。

第四条　养护工程应当遵循决策科学、管理规范、技术先进、优质高效、绿色安全的原则。

第五条　养护工程管理工作实行统一领导、分级负责。

交通运输部负责全国养护工程管理工作的指导和监督。

地方各级交通运输主管部门或公路管理机构，依据省级人民政府确定的对国道和省道的管理职责，主管本行政区域内的养护工程管理工作。

第六条　公路经营管理单位和从事公路养护作业的单位应当根据交通运输主管部门或公路管理机构提出的养护管理目标，按照标准规范、有关规定及本办法要求组织实施养护工程，并接受其指导和监督。

第七条　各级交通运输主管部门、公路管理机构和公路经营管理单位应当筹措必要的资金用于养护工程，确保公路保持良好技术状况。

非收费公路养护工程资金以财政保障为主，主要通过各级财政资金解决。收费公路养护工程资金主要从车辆通行费中解决。

第八条　养护工程资金使用范围包括公路技术状况检测与评定、养护决策咨询、养护设计、养护施工、工程管理及质量控制、工程验收、项目后评估、监理咨询等。

任何单位和个人不得截留、挤占或者挪用养护工程资金。

第九条　各级交通运输主管部门、公路管理机构和公路经营管理单位应加强信息技术在养护工程中的应用。

第二章　养护工程分类

第十条　养护工程按照养护目的和养护对象，分为预防养护、修复养护、专项养护和应急养护。

第十一条　预防养护是指公路整体性能良好但有轻微病害，为延缓性能过快衰减、延长使用寿命而预先采取的主动防护工程。

第十二条　修复养护是指公路出现明显病害或部分丧失服务功能，为恢复技术状况而进行的功能性、结构性修复或定期更换，包括大修、中修、小修。

第十三条　专项养护是指为恢复、保持或提升公路服务功能而集中实施的完善增设、加固改造、拆除重建、灾后恢复等工程。

第十四条　应急养护是指在突发情况下造成公路损毁、中断、产生重大安全隐患等，为较快恢复公路安全通行能力而实施的应急性抢通、保通、抢修。

第十五条　组织实施各类养护工程所涉及的技术服务与工程施工等相关作业，应当依照有关法律、法规、规定，通过公开招标投标、政府采购等方式选择具备相应技术能力和资格条件的单位承担。

应急养护，可以根据应急处置工作需要，直接委托具备相应能力的专业队伍实施。

第十六条　养护工程应当按照前期工作、计划编制、工程设计、工程施工、工程验收等程序组织实施。应急养护除外。

第三章　前期工作

第十七条　公路管理机构或公路经营管理单位应当结合安全运行状况，按照公路技术状况评定、养护需求分析、养护技术方案确定等工作流程进行前期决策，并作为制定养护计划的依据。

第十八条　公路管理机构或公路经营管理单位应当按照标准规范规定的检测指标和频率，定期组织对公路路基、路面、桥梁、隧道、附属设施等进行检测和评定。

鼓励运用自动化快速检测技术开展检测工作。

第十九条 养护需求分析应当根据检测和评定数据，按照相关标准规范、国家或者本地区养护规划，科学设定养护目标，合理筛选需要实施的养护工程。

第二十条 公路管理机构或公路经营管理单位对于需要实施养护工程的路段、构造物或者附属设施等，应当及时开展专项调查，根据公路技术状况、病害情况、发展趋势，综合考虑技术、经济、安全、环保等因素，合理确定养护技术方案。

第二十一条 公路管理机构或公路经营管理单位应当建立养护工程项目库。项目库按照滚动方式实施动态调整，每年定期更新。

第四章 计划编制

第二十二条 地方各级交通运输主管部门、公路管理机构或公路经营管理单位应当根据年度养护资金规模、养护目标要求、项目库的储备更新情况，合理编制养护工程年度计划。

第二十三条 养护工程计划编制应当优先安排以下项目：

（一）严重影响公众安全通行的；

（二）具有重大政治、经济意义的；

（三）技术状况差、明显影响公路整体服务水平的；

（四）预防养护项目。

第二十四条 养护工程计划应当统筹安排，避免集中养护作业造成交通拥堵。省际养护作业应当做好沟通衔接。

第二十五条 地方各级交通运输主管部门、公路管理机构或公路经营管理单位应当加强养护工程计划的编制、审核和报备工作。

第二十六条 养护工程计划应当及时下达，与养护施工的最佳时间相匹配，保障工程实施效益。

第五章 工程设计

第二十七条 养护工程一般采用一阶段施工图设计。技术特别复杂的，可以采用技术设计和施工图设计两阶段设计。

应急养护和技术简单的养护工程可以按照技术方案组织实施。

第二十八条 养护工程设计应当遵循以下要求：

（一）因地制宜、就地取材、循环利用、绿色环保；

（二）针对不同病害的分布特点进行分段、分类设计；

（三）做好交通保障方案设计，降低养护工程施工对交通影响，保障运行安全；

（四）做好养护安全作业方案设计，保障养护作业安全；

（五）做好配套附属设施的设计。

第二十九条 养护工程设计应当以专项检测或评估为依据，加强结构物承载力和旧路性能评价，强化对显性、隐性病害的诊断分析。

第三十条 养护工程设计文件应当符合法律、法规和强制性标准的要求。

第三十一条 养护工程设计文件应当对施工工艺和验收标准进行详细说明。

鼓励养护工程采用新技术、新材料、新工艺、新设备。对涉及工程质量和安全的新技术、新材料、新工艺、新设备，尚无相关标准可参照的，应当经过试验论证审查后方可规模化使用。

第三十二条 设计单位应当保证养护工程设计文件质量，做好设计交底，及时解决施工中出现的设计问题，并对设计质量负责。

第三十三条 养护工程设计实行动态设计。设计单位应当及时跟踪公路病害发展情况，并根据需要进行设计变更。

第三十四条 养护工程设计文件应当通过审查或审批后方可使用。

第六章　工程施工

第三十五条 养护工程施工前，公路管理机构或公路经营管理单位应当根据设计文件和相关要求，组织对交通保障、养护安全作业方案进行审查，并按规定报有关部门批准。

第三十六条 养护工程施工时，公路管理机构、公路经营管理单位、养护施工单位应当建立、健全养护工程质量检查管理制度，通过抽查、委托专业机构检查、自查等方式确保养护工程质量。

规模较大和技术复杂的养护工程可以根据需要开展监理咨询服务。

第三十七条 养护工程应当按照审查通过的设计文件进行施工，对施工中发现的设计问题，应当书面提出设计变更建议。一般设计变更经公路管理机构或公路经营管理单位同意后实施，重大设计变更须经原设计审查或审批单位同意后实施。

第三十八条 养护工程施工应当严格执行有关技术规范和操作规程，保证安全。

除应急养护外，养护工程施工应当选择交通流量较小的时段，并按照有关规定向社会公告。

鼓励提前将养护施工信息告知相关公路电子导航服务企业，为社会公众出行做好服务。

第三十九条 养护工程应当加强成本控制和管理。项目完工后，按照有关规定及时进行财务决算。

第七章　工程验收

第四十条 养护工程具备验收条件后应当及时组织验收。具体验收办法由各省级交通运输主管部门制定。

第四十一条 技术复杂程度高或投资规模较大的养护工程按交工验收和竣工验收两阶段执行，其他一般养护工程按一阶段验收执行。

第四十二条 适用于一阶段验收的养护工程项目一般在工程完工交付使用后 6 个月之内完成验收；适用于两阶段验收的养护工程项目，在工程完工后应当及时组织交工验收，一般在养护工程质量缺陷责任期满后 12 个月之内完成竣工验收。

养护工程质量缺陷责任期一般为 6 个月，最长不超过 12 个月。

养护工程验收及质量缺陷责任期具体时限应当在养护合同中约定，并符合有关要求。

第四十三条 养护工程完工后未通过验收的，由施工单位承担养护责任，超出验收时限无正当理由未验收的除外。验收不合格的，由施工单位负责返修。

在质量缺陷责任期内，发生施工质量问题的，施工单位应当履行保修义务，并对造成的损失承担赔偿责任。

第四十四条 公路养护工程验收依据主要包括：

（一）养护工程计划文件；

（二）养护工程合同；

（三）设计文件及图纸；

（四）变更设计文件及图纸；

（五）行政主管部门的有关批复文件；

（六）养护工程有关标准、规范及规定。

第四十五条 养护工程验收应当具备下列条件：

（一）完成设计文件和合同约定的各项内容；

（二）完成全部技术档案和施工管理资料整理归档；

（三）施工单位按相关标准、规范和规定对工程质量自检合格；

（四）工程质量缺陷问题已整改完毕；

（五）参与养护工程的相关单位完成工作总结报告；

（六）开展了监理咨询的，监理单位对工程质量评定为合格；

（七）按规定需进行专业检测的，检测机构对工程质量鉴定完毕并出具检测报告；

（八）完成财务决算；

（九）法律、法规、规章规定的其他条件。

第四十六条 公路养护工程通过验收后，验收结果应当及时向交通运输主管部门报告。

第八章　监督检查

第四十七条 各级交通运输主管部门和公路管理机构应当依据职责采取定期检查或抽查等方式，加强养护工程监督检查并督促及时整改。

公路养护作业单位应当接受相关管理部门和机构的监督检查。

第四十八条 养护工程监督检查主要包括以下内容：

（一）养护工程相关法规、制度和标准、规范的执行情况；

（二）养护工程前期、计划、设计、施工、验收等环节工作规范化情况；

（三）养护工程质量和安全；

（四）养护工程资金使用情况；

（五）其他要求的相关事项。

第四十九条　省级交通运输主管部门应当结合本地区实际情况分类细化养护工程管理要求，加强质量监督管理。

第五十条　各级交通运输主管部门应当加强对公路养护从业单位及人员的管理，逐步推行信用管理。

第九章　附则

第五十一条　日常养护工作由各省级交通运输主管部门自行制定相关管理办法。公路改扩建工作，执行公路建设管理的相关规定。

第五十二条　公路养护工程分类细目附后，具体内容可由省级交通运输主管部门结合管理需要细化。

第五十三条　省级交通运输主管部门可根据本办法制定实施办法。

第五十四条　本办法自 2018 年 6 月 1 日起施行，有效期 5 年。原交通部发布的《公路养护工程管理办法》（交公路发〔2001〕327 号）同时废止。

公路整体性能良好但有轻微病害，为延缓性能过快衰减、延长使用寿命而预先采取的主动防护工程。

路基：增设或完善路基防护，如柔性防护网、生态防护、网格防护等；增设或完善排水系统，如边沟、截水沟、排水沟、拦水带、泄水槽等；集中清理路基两侧山体危石等；其他。

路面：针对整段沥青路面面层轻微病害采取的防损、防水、抗滑、抗老化等表面处治；整段水泥混凝土路面防滑处治、防剥落表面处理、板底脱空处治、接缝材料集中清理更换等；其他。

桥梁涵洞：桥梁涵洞周期性预防处治，如防腐、防锈、防侵蚀处理等；桥梁构件的集中维护或更换，如伸缩缝、支座等；其他。

隧道：隧道周期性预防处治，如防腐、防侵蚀处理、防火阻燃处理等；针对隧道渗水、剥落等的预防处治；其他。

修复养护

公路出现明显病害或部分丧失服务功能，为恢复技术状况而进行的功能性、结构性修复或定期更换工程

路基：处治路堤路床病害，如沉降、桥头跳车、翻浆、开裂滑移等；增设或修复支挡结构物，如挡土墙、抗滑桩等；维修加固失稳边坡；集中更换安装路缘石、硬化路肩、修

复排水设施等；局部路基加高、加宽、裁弯取直等；防雪、防石、防风沙设施的修复养护等；其他。

路面：改善沥青路面结构强度，如直接加铺、铣刨加铺、翻修加铺或其他各类集中修复等；水泥路面结构形式改造、破碎板或其他路面病害修复等；整路段砂石、块石、条石路面的结构修复及改善等；配套路面修复完善相关附属设施，如调整标志标线、护栏、路缘石，路口及分隔带开口等；其他。

桥梁涵洞：桥梁涵洞加固、病害修复，如墩台（基础）、锥坡翼墙、护栏、拉索、调治结构物、径流系统等的维修完善；桥梁加宽、加高，重建、增设、接长涵洞等；其他。

隧道：对隧道结构加固、病害修复，如洞门、衬砌、顶板、斜井、侧墙等的修复；其他。

机电：对通信、监控、通风、照明、消防、收费、供配电设施、健康监测系统等进行增设、维修或更新；其他。

交安设施：集中更换或新设标志标牌、防眩板、隔音屏、隔离栅、中央活动门、限高架等；整段路面标线的施划；集中维修、更换或新设公路护栏、警示桩、道口桩、减速带等；其他。

管理服务设施：公路养护、管理、服务等的房屋、场地和设施设备的维修、改造、扩建或增设；其他。

绿化景观：更换、新植行道树及花草，开辟苗圃等；公路景观提升、路域环境治理等。

专项养护

为恢复、保持或提升公路服务功能而集中实施的完善增设、加固改造或拆除重建等工程，针对阶段性重点工作实施的专项公路养护治理项目。

应急养护

在突发情况下造成公路损毁、中断、产生重大安全隐患等，为较快恢复公路安全通行能力而实施的应急性抢通、保通、抢修，对自然灾害或其他突发事件造成的障碍物的清理；

公路突发损毁的抢通、保通、抢修；

突发的经判定可能危及公路通行安全的重大风险的处治。

注：1. 修复工程大修、中修、小修由各地结合自身管理需要，按照项目规模自行划分。2. 专项养护具体作业内容由各省结合阶段性重点工作自行确定，如灾害防治工程、灾毁修复工程、畅安舒美创建工程等。

现代公路养护中预防性公路养护技术的应用

随着现在车辆的逐渐增多，现代公路养护中预防性公路养护十分必要。其不仅较好地提升了公路的质量，还让其使用寿命也得到了全面的提升。但是，在实际的养护过程中依旧会出现很多问题，尤其是在预防性的养护方面，经常会出现很多细节问题，在养护技术方面依旧存在不成熟等问题，所以为了能够有效地提升公路的养护效率，对公路养护技术进行全面的分析，十分重要。

一、现代公路养护中预防性公路养护技术应用的重要性

1. 有利于后期养护工作安全性的加强

经过相关人员的调查，可以看到，目前公路桥梁损坏的现象十分严重，从而导致公路桥梁使用的寿命大大减少，经过分析，造成公路桥梁损坏的原因主要有以下两个方面：（1）人为因素，在运输过程中，一些货车超载的现象十分严重，从而对公路桥梁造成一定的损坏；（2）自然因素，由于一些公路桥梁周围环境的影响，从而对桥梁造成损坏。由此可见，公路桥梁的维修和养护工作就显得十分重要了，做好养护和维修加固的工作，不仅可以延长公路桥梁的使用寿命，还可以加强公路桥梁运输过程中的安全性。

2. 有利于公路的管理及维护工作

当前，我国的公路桥梁修建水平已经较为完善，但是目前正在使用的一些公路桥梁，仍然存在着很大的问题，尤其是一些早期修建的公路桥梁。早期修建的公路桥梁，在技术方面、管理方面、建筑质量以及养护的技术方面都不够到位，从而导致公路桥梁在实际应用的过程中，出现一些比较大的问题。加强公路桥梁的养护以及加固技术，对公路桥梁的管理及维护工作是十分有利的。

3. 可以进一步完善公路养护和维修的工作

近些年来，我国的经济得到了非常快速的发展，人们的生活水平也得到了很大的提高，从而导致公路的运输量也不断增加，这就需要在进行公路建造的过程中，对其中的修建技术进行一定的更新和完善，对于一些修建时间相对比较早期的桥梁，就更加需要完善养护以及维修的技术，并根据桥梁运输的实际情况不断开发新的技术，以适应人们对公路桥梁运输的需求。

二、公路在进行养护过程中存在的一些主要问题

1. 软土地基的影响

公路在养护的过程中很容易出现一定的问题，首先就是软土地基的影响。其会大幅度的增加公路养护的难度。在进行养护的过程中，很多施工人员并未注意到其在一次施工的过程中，为软土地基。虽然采用边坡技术对路基进行了一定的加固，但是并没有起到本质性的效果。所以，软土地基依旧处于松散的状态，久而久之，混凝土板块无法获取足够的支撑力，从而会让公路的养护施工未能取得较好的效果。

2. 边坡养护的问题

很多公路都是因为在长期碾压的情况下，其延展性不足，从而使得内部预应力呈现不

规则的变化，引起公路的损坏。所有为了能让公路得到有效的养护，首先就要对其边坡进行加固。但是在实际的加固中其依旧会出现诸多问题，尤其是边坡加固上的可靠性依旧有待提高。

很多施工人员在进行施工的过程中，并没有对边坡的延展情况做出具体的分析，而是采用统一的方式进行加固，长此以往必然会现问题。很多公路的边坡不仅仅只是靠加固混凝土，夯实地基那么简单。其内部结构体系，内部预应力的变化也很重要。在公路养护的过程中一定要对其进行综合性的控制。但是在实际的施工中，很少会有施工人员做出这种预防性的养护技术，大多数依旧采用传统的施工方式进行边坡养护，从而使得其养护的效果大打折扣。

三、公路养护与加固的主要措施

1. 要重视路面铺装层的工作

在进行运输的过程中，路面的铺装层会与行驶的车辆进行直接的接触，因此，路面的铺装层就会受到比较大的摩，时间久了，就会出现一些路面损坏的现象。那么这个时候，可以根据路面铺装层的损伤不同采取相对应的措施，例如，水泥混凝土就可以采用沥青进行修补，进行一些表面处理，严重的话，可以进行重新翻修。同时，做好路面伸缩缝的工作。伸缩缝装置在整个路面的构造中，是一个相对比较薄弱的部位，因此，当路面伸缩缝发生一定的损伤时，也可以根据实际情况采取不同的方法，例如，比较轻微的损伤更换跨缝材料，若损伤比较严重，就需要更换伸缩缝装置了。最后要做好路面的加固改造工作。现在公路的交通量一直处于一个不断增加的状态，许多公路的承载能力几乎都已经达到比较饱和的状态了，那么这个时候，路面的加固工作就显得非常重要了。除了要定期做好量的检查，还定时定期对路面进行一定的整治加固和更新，以延长使用的寿命。

2. 针对边坡的预防性养护技术

公路的边坡养护是沥青公路养护的一个重要部分，也就是要预防公路边坡的坍塌造成公路路面的损害。当前的公路边坡主要是采取浆砌片石边坡或者是土工格植被方式。这两种方式的养护方法分别就是对浆砌片石的防护网进行养护。防护网要定期检查更换，防止出现防护网锈蚀断裂；在土工格植被方式，最好的方式就是增强植被的覆盖率。对于植被要进行养护，定期喷洒农药，防止植被死亡以致降低当段路段的植被覆盖率。这样一来，不仅仅防止了边坡的坍塌，达到了巩固边坡的目的，而且防止了水土流失，绿化了空气。

3. 针对软土地基的公路养护技术

在进行软基处理过程中，选择合理的处理技术对效果具有很大的关系。在选择软基处理技术时，应该综合考虑路基状况、道路性质、施工环境以及施工路段所处位置等因素，路基状况是选择软基处理技术的重要参考因素，在进行软基处理过程中，如果路基软土层较浅，一般用表层处理法即可，而重要的建筑物构造地基常用垫层换填法。如果路基软土层较厚，应该使用表层处理技术与其他技术相配合实施处理。如果路基软土层较厚并且没有砂层，那么固结沉降需要花费较长的时间，一般采用固结排水法。而稳定地基不适用的情况下，常常利用强夯法。因此，在对软土地基进行处理的过程中一定要根据实际情况对其各种土质进行相应的处理。同时还要结合不同的方法进行科学的养护。最后在养护的过程中，还应对公路受力性质进行全面的分析，让其内部预应力保持在一个平衡的状态。只有这样，软土地基养护的效果才能得到全面的提升。

现代公路养护中预防性公路养护技术的应用十分关键，其能够让公路的质量得到全面的提升。而且对于一次施工中已经损坏的路基，一定要进行重点养护。然后采分析出养护中的重点以及难点，尤其是在软土路基的养护上，一定要采用多种方式进行路基的夯实。同时还要对其内部预应力的变化情况进行全面的分析，保证预应力的平衡，从而有效地提升公路养护的水平。

加强高速公路养护成本管理的思考

当前，随着国家对基础设施的投放不断加大，全国高速公路的通车里程也在不断增长，截止到2004年高速公路的里程已经突破了30 000千米。同时，随着思想观念的改变（建养并重），养护维修资金投入也在不断地加大，高速公路的养护工作也越来越被运营者所重视，但高速公路的养护在我国相对来说是一个新的学科，在养护成本控制方面的技术资料还不十分完善。如何有效地控制养护工程的成本达到 养护投资使用最佳，是值得大家认真深思的一个问题。因此，开展高速公路养护维修项目成本管理能够起到节支增效，提高资金使用效率，降低维修养护成本的目的。提高高速公路设施完好率，使之服务于司乘人员的功能得以充分发挥，推动地域经济建设发展。

一、加强养护单位成本管理的必要性

根据国内现在高速公路养护投资情况来看，养护投资费用在高速公路运营管理费中占了绝对的比例，如某省按其《公路养护工程预算定额》来计算，一年每1千米的费用大约在30 000元，这一项是小修保养估算的费用，实际投资有可能更大，若再加上实施的其他工程，则该省高速公路的养护投资费用远远大于这个数字，所以如何努力地降低高速公路的养护成本，最大限度地发挥投资的效益，是我们每一位高速公路养护工作者应该认真总结的问题。

二、加强养护成本管理

改革开放引进了市场经济，目前事业单位管理模式与机制在市场经济条件下是难以求生存、求发展的。长久以来高速公路的养护维修资金一直依赖财政投资，拨多少用多少，管养单位靠吃“皇粮”过日子，平均主义、大锅饭使职工的责任意识、竞争意识、效率意识等没有得到应有的提高，单位缺乏适应形势发展的生机和活力。在此情况下，积极实施以提高效益降低成本为目标的养护成本管理，并把养护成本管理的好坏同职工的收入挂钩，带动单位内部的各项管理工作是势在必行的。

三、加强养护成本管理的建议

1. 提高思想认识，增强成本意识

思路决定出路，要结合高速公路养护行业的特点，宣传开展养护成本管理的重要性，使广大职工都树立成本第一、节约增收的思想。在项目准备、施工方案的选择、施工方法、工艺技术以及设备材料、劳动力、质量等方面的确定、使用、要求以及成品的保护、验收等，都应以最少的投入，最大的产出为出发点，控制成本的增长，以达到节约增效的目的。

2. 建立科学有效的养护成本管理体系

养护成本管理是一项综合性很强的管理工作，它是全员的、全过程、全方位的经济管理活动。因此，要遵守纵向到底、横向到边的养护成本降低责任制，在指标体系上形成相互约束、相互协调的养护成本管理体系，以便实现预定的养护成本，使养护成本管理活动有条不紊地开展起来。

3. 运用科学管理手段和方法进行养护成本管理

养护成本管理是一项科学性很强的活动，只有遵循科学的管理手段和方法才能搞好这项工作。首先要进行成本预测管理即事前管理。在项目成本发生之前，根据项目的结构类型、工期等情况，运用科学的方法，如盈亏平衡分析法、分解估算法、定额估算法等进行成本指标的测算，编制养护成本计划，在直接管理费上要确定适当的成本降低率，作为项目成本的行动纲领和日常控制成本开支的依据。其次要进行养护成本的控制和核算。根据成本计划和成本降低率，通过与实际成本进行比较，检查成本计划的完成情况，进行分析，找出成本升降的主客观因素，总结经验，制定下步降低成本的具体措施，寻找最佳途径。

4. 深化经营机制，引入竞争体系

竞争是市场经济的基本特征，也只有竞争才能有发展和提高的压力和动力，才能优胜劣汰，形成适者生存的环境。因此，高速公路管养单位走企业化管理的道路，培养和建立内部竞争机制是大势所趋。如在高速公路大中修项目中，实行对外投标机制，在人事管理上实行量化动态管理，在分配上真正实行按劳分配，多劳多得。只有这样，才能促使各高速公路管养单位深化改革，实行企业化管理，全力挖掘人力、物力与财力等所有资源潜力，为全面实施养护项目成本管理创造良好的经营机制。

5. 建立健全养护成本管理的基础工作

项目目标成本管理是一项较为复杂的管理工作。要从定额管理、计量管理、原始记录、内部价格和验收管理工作抓起，制定科学的管理制度和方法，建立规范的图表、账簿和文档资料，实行项目成本档案管理，不断积累资料，提高管理水平，把养护工程成本管理好。

6. 精简养护机构，合理配置养护工作人员

养护机构的设置要根据养护工程的具体规模和难易程度等因素，按照因岗设人，各司其职，各负其责的原则合理配置人员，最好选一些一专多能的复合人才，以达到降低人员经费的目的。

7. 合理配置机械类型和设备数量

随着高速公路通车里程不断增多，新的管理公司也不断应运而生，新公司在考虑养护设备及机械配备时，应根据本单位的实际情况和管养长度，尽可能地选用单位需要且利用率高的设备，对不常用的设备尽可能地少购多租，减少设备的空置率，以降低机械费用的成本，从而降养护的总成本。养护单位应努力提高设备的配置率，在养护项目上能使用机械设备维护就尽量不使用人工维护，以提高公路机械化养护水平。

8. 重视养护作业的安全工作

施工单位应必须严格地按照国家和有关部门的要求摆放标志，圈定作业区域，以保证养护安全作业的过往车辆的安全，施工单位要努力避免因标志摆放不标准、作业不规范，引发养护作业安全责任事故，造成不必要的费用支出等现象发生，增加养护成本。

9. 进一步提高科学技术含量

人类的社会发展和经济进步是离不开科学技术力量的推动的。新技术、新工艺、新设备及新材料的应用能够节约支出，减少人财物的消耗，提高生产效率，这是社会实践所证实的。因此，要努力宣传科技知识，不断提高职工的文化素质和技能水平，对有发明创造的科技人员实行重奖。经常掌握行业科技信息，对适用于本单位的不断吸取创新，进一步提高专业工作的科技含量，提高科技服务水平，这是至关重要的，也是搞好养护工程成本管理的有力武器。

养护工程成本管理是一门科学，我们要掌握其特有的规律和运行程序，结合实际灵活运用，才能使高速公路养护管理工作取得更好的成效。

公路养护市场化

党的十八届三中全会明确提出全面深化改革的核心问题是“使市场在资源配置中起决定性作用”。作为公路行业，如何使公路养护走向市场化，使养护市场在公路资源配置中起决定性作用，这既是理论问题，也是实践问题。这是摆在公路部门在深化改革进程中无

法回避且必须解决的重大课题，也是公路深化体制机制改革，实现职能转变和公路可持续发展的重要举措。

一、公路养护市场化改革的历史沿革

公路体制改革，各地都在进行有效的探索与尝试，到目前为止，还没有一个可推广、可复制、可操作的成功模式。养护市场化更是形式多样，从20世纪80年代起到21世纪30多年来的探索过程中，概括起来基本上都走过以下几个阶段：一是在改革开放后，公路部门和各行业一样进行改革，在农村联产承包制的召唤下，公路养护也开始了养护承包责任制探索，在当时传统的养护生产条件下产生了一定的经济效益。二是随着工程建设走向市场，公路养护市场化的呼声也越来越强烈，公路内部模拟市场化运作也呼之欲出。养护从业资质也在公路系统内部申报办理，开始了养护市场化准备工作。公路内部成立不具法人资格的养护公司，在内部实行养护招投标，由养护公司负责养护生产、管理、考核，在养人与养路的矛盾中多少缓解了养路费严重不足的问题。三是随着人工费、材料费增加，养人与养路的矛盾更加突出，养护质量和效益低下，传统的养护生产也满足不了日益增长的公路发展的需要，实行“定性”“定量”的养护工程费制，考核养护生产任务和养护质量。这些改革在调动生产积极性，节约养护成本，提高路况质量方面发挥了一定的作用。到后来这种模式还是解决不了养护生产中的深层次矛盾，公路养护又回到了以前的原点，公路养护市场化一直在养人与养路的矛盾中兜圈，始终没有走出这个圈子，养护始终没有走向市场化。

二、公路养护市场化的现状及存在问题的原因

我国公路行业发展到今天，公路等级的提升有目共睹，安全、便捷的出行条件改变了公众的生活。旧的养护生产机制已经不适应当前公路发展的需要，有的地方几乎没有在职的专业公路养护工人了，过去是人浮于事，现在是养护工人大都退休了，有的基层单位还有部分的养路工，在养护中还要聘用一部分的临时或季节养护工人，由于聘请的临时养路工工资少，多数是“老弱病残”或当地女工。因此，目前养护主要有以下几种形式：一是大中修采取的劳务外包的形式，基本实行了“半市场化”，大中修工程只是劳务外包，也不是有资质的专业施工队伍。二是示范路建设、小修、水毁修复、公路绿化等养护工程，在某种意义上基本实行市场化，有招投标包工包料的、劳务外包包工不包料的等多种运作形式，多数为包工不包料的形式，不是真正意义上的市场化。三是日常保养，市场化各地不平衡，有的将全部或部分路段外包给社会上有能力、有经验的实体或个人进行养护。日常养护当前存在“自管自养”“养护外包”“自养与外包相结合”的多种形式。“自管自养”仍然是“小而全”的“等靠要”，已不适应当前公路养护的需要。“自养与外包相结合”是当下不得已而为之的模式，作为事业单位的正式在职职工，在目前的体制下既是宝

贵资源，也是深化改革的难点。“养护外包”有两种方式进行养护费的支付，一是“总价承包”，二是“单价计量”，两种方式优劣利弊比较，“总价承包”利多于“单价计量”。

养护市场化存在的困难及问题的原因主要有以下几个：一是体制问题没有解决，机制就无法发挥其活力。目前，各地体制改革多数都停留在“下放”再“下放”的层面，一放了事。即由省管下放到市管或下放到县管这一单纯的改革层面，也就是解决了一个“谁来管”的问题，而真正涉及公路内部的深层次矛盾，如人员身份、养护机制、市场培育却没有发生任何变化，仍然是计划经济模式，没有解决“怎样管”的问题。公路养护还是报计划、下计划、完成计划任务的计划经济下运行。二是市场发育不健全。拿江西来说，养护资质、养护资源都在公路系统内部，社会上很少有养护资质的专业化养护机构和企业。公路养护市场还没有放开，没有形成一个市场化的动作体系，就目前的体制机制下，还谈不上市场在资源配置中起“基础性作用”，更谈不上起“决定性作用”。社会主义市场经济条件下的改革浪潮将公路远远甩在后头，公路养护市场化需要补课的内容还有很多。三是事业单位分类改革进展缓慢，社医保、养老相关政策又不能出台配套到位，公路系统参保标准各不相同，公路系统职工“进（入）退（休）两难”。“事企分开、管养分离”就无法取得实质性进展。公路职能太多，肩负的职责有“建设、养护、管理、治超、应急、服务”，政、事、企职能交叉，公路“百年老店”积重难返，艰难运行，效率低下，没有活力。四是重建轻养，养路费投入严重不足，养人与养路矛盾日益突出。现在谈养护市场化是非解决这一矛盾不可的时候了，刻不容缓，这也是养护市场化最突出的一个深层次矛盾。如何解决这一深层次矛盾问题？是公路人必须跨过去的一道坎。

三、全面深化公路养护市场化改革

公路养护市场化，看起来仅仅是养护机制层面的问题，其实养护市场化所涉及的改革内容却是方方面面，牵一发而动全身，涉及公路体制、市场准入、市场培育、市场管理、公路职能、社会保障以及法律责任等，这正是养护市场化难以改革的障碍和改革的难点。因此，养护市场化改革是一个全面系统的工程，而不仅仅是养护生产层面的单一问题，更不是一蹴而就就能解决的问题。要解决这种老大难的改革问题，必须坚持“统筹兼顾，协调各方，顶层设计，上下联动”的原则，走“开放、创新、绿色”的公路养护市场化改革方向，推动公路系统全面深化改革，解决公路内部多年存在的体制机制问题。以市场为导向，使市场在资源配置中起决定性作用的潜能释放出来，为公路事业发展注入活力。

1. 树立开放理念，内外联动培育养护市场

公路养护市场化首先是必须有市场，市场在哪里？市场就在我们公路系统内部，这种市场却没有形成市场化。首先是养护资质资源没有市场化，养护资质没有放开，要让社会上有实力的团体或企业无歧视性申请办理养护作业资质，把市场准入的门槛放在同一标准上，让全社会都来公平参与养护市场竞争。其次是公路养护资源市场化。目前除了大中修、

示范路建设、公路绿化、水毁工程等实行了市场化（不是真正意义上的市场化），养护小修保养还没有实行市场化。其实我们探究的焦点问题就是小修保养的市场化，公路养护小修保养为什么难以市场化的一个关键问题就是：长期以来，公路养护作为社会公益事业的定位根深蒂固，由于是公益事业性质，所以就决定了它的非营利性，非营利性的公益事业哪里还能市场化，这就是公路养护难以推向市场的根本原因。因此，要让养护市场化，必须建立全面的市场化，树立开放的理念，内外联动培育市场，让养护市场发育成熟，真正使市场在资源配置中起决定性作用。一是开放发展思维。坚持“与时俱进”与“解放思想”并重，打破固有格局和偏见的思维，扩大开放深度和广度。用开放的发展思维看“竞争”，建立“良性互动”培育市场。有竞争才有动力，有动力才有发展。开放就是要坚持“依托外部”和“提升内力”并举，依托市场这只无形的手来推动“事企分开、管养分离”。激发内生动力，形成有机循环。二是内外联动。充分利用各种资源、资本、技术与市场，改变现有的养护生产模式。理念的转变和革新才能带来制度的转变和革新，只有制度转变和革新真正落实了，才会由外部助力转为内生动力，才能起到推动公路体制和养护机制深化改革和发展的重要作用。

2. 勇于创新制度，自上而下全面深化改革

养护市场化的实现，源在上面，本在下面。如果不解决制度的顶层设计，养护市场化就是无源之水，无本之木。养护市场化改革涉及体制机制、人财物。马凯副总理在调研公路交通工作时指出：“公路养护工作的难点是体制机制，核心是资金保障，关键是推进市场化改革。”因此必须先解决体制机制问题，如何解决体制机制？交通运输部早就制订了“事企分开、管养分离”的指导原则。“事企分开”就是体制问题，是顶层设计，“管养分离”就是机制问题，是市场化模式。而目前体制机制都没有落实，没有实质性的进展。怎样创新制度？笔者认为：作为上级公路主管部门，必须解决市场化过程中除上面提到的开放和培育市场外，还必须解决“事企分开”的宏观指导意见，制度原则，技术标准和定额，资金保障等基层无法解决的问题，为市场化操作打牢和扫清障碍，把市场的基础性作用打牢，这是职责使然，也是现实中无法回避的问题。决不能通过下放再下放，一放到底来走过去的老路子，越下放到底层养护投入越少，车购税、燃油税分成越少，地方财政大多都困难。如现在公路建设过程中的地方配套资金到位就十分困难和到位不足就是一个非常现实的问题，目前的县乡和农村公路养护几乎没有日常养护，多数是无人管养和弃养的状态。一旦下放到县级管理，势必挤占国省道公路养护经费贴补县乡公路的养护投入，使本来就投入不足的国省道养护雪上加霜。“放”不是管理的层级的下放，而是管理内容的开放。“谁来管”是形式，是外因，“怎样管”是内容，是内因，外因是变化的条件，内因是变化的根据，外因通过内因起作用，这是一个最简单的唯物辩证法原理。因此，深化体制改革要在如何完善养护市场化的整体构想，也就是顶层设计上下功夫，做好制度设计的整体规划，把如何“事企分开”的操作方案制订出来，把如何界定行政、事业、企业的职能以具体的文本固定下来，把市场准入、市场管理及定额标准制定出来，以利基层操作和养护市场化管理，不然“事企分开”又是一句空话。作为基层如何探索养护运行机制的问题，从微观上解决养护市场化的操作模式，可以实行因地制宜，循序渐进，实现“管养分离”的市场化。笔者认为：公路养护的焦点和难点就是养护的投入不足，养人与养路的矛盾日益突出，公路养护的社会公益性而非赢利性的问题。要解决这样问题，必须综合施策，统筹兼顾，不能单纯将养护的小修保养独立起来市场化，而是必须将养护的所有项目进行“打包式”市场化，即将养护大中修、水毁修复、示范路建设、公路绿化以及小修保养全面捆绑在一起进行市场化，因为小修保养是没有利润的公益性的，因此，在市场化时必须将大中修、水毁修复、示范建设、公路绿化、小修保养进行全面打包才能实行市场化，这样养护才能真正走向市场化，单一的养护市场化不是真正意义上的市场化，只有全面的市场化才是真正的市场化，实现责权利相统一的整体。整体市场化可以以“总价包干”模式推向市场，总价包干的标的要根据养护计划、里程、经费、养护内容、养护难易、养护定额标准、考核要求经科学测算，确定标的，通过招投标形式，进入政府采购系统平台，公开公平公正竞争择优，选择有资质的养护企业或团体作为养护单位，签订合同，实行合同管理，中标单位负责养护生产，公路业主负责检查考核验收，真正实现“管养分离”。把公路管理职能从生产中分离出来，把公路职能真正定位在管理和服务上。目前，可以实行全包形式或半包自养并存的形式，实行“渐进式”的养护市场化，因地制宜，根据市场发育成度进行市场化。

3. 坚持绿色养护，转变职能提升公路形象

随着社会的发展，公路等级不断提升，公路交通环境不断改善，绿色养护提上议事日程，也是公路发展的标志和必然要求，是生态文明建设的重要内容，其核心是公路可持续发展。养护市场化后公路管理和服务职能得到提升，把工作重心从养护生产转移到公路管理和服务上来，首先是强化公路养护市场化的养护质量考核。建立完善绿色养护考核标准和办法，通过市场这只无形的手来规范绿色养护，推动绿色养护，从而实现公路可持续发展。其次是加强公路交通环境管理。重点整治公路交通环境，以治理超限为重要内容，对全路域进行畅通能力的大提升，把管理的职能提升到突出位置，实现安全畅通，将工作重心转移到公路执法上来，缓解长期以来路政执法力量薄弱的矛盾。再次是突出公路应急服务保障。公路应急服务保障是公路事业发展的客观要求，将公路服务驿站，应急保障服务职能提升到一个新的高度，真正实现以人为本，为用路者、为纳税人服务。不断地提升公路信息化水平，强化智慧公路建设，以科技兴路为公路发展注入动力。公路市场化后应急服务保障职能将得到进一步强化，公路整体形象将得到大幅提升。公路职能将发生根本转变，“事企分开、管养分离”将得到实质性落实。

全面深化公路体制机制改革，既是制度创新，也是利益调整。既要有责任担当，又要有使命意识，每一个层级都要拿出政治勇气，为国家、为社会、为行业、为职工负责。兼顾各方利益，实现共赢。在改革过程中剔除公路旧体制机制中不利于和阻碍生产力发展的弊端，建立以社会主义市场经济相适应的体制机制，正本清源，趋利避害，通过公路养护市场化改革，自上而下，把每一个层面的职能通过市场化改革来厘清，来规范，实现职责明晰。把该交给市场的交给市场，把属于公路管理的职能突出提升，真正实现“放、管、服”，“使市场在资源配置中起决定性作用”，让“事企分开、管养分离”落地生根，为公路事业发展注入强劲内生动力，实现公路事业可持续发展。

公路养护工程中微表处技术的应用

一、微表处技术概念与适用性

微表处技术就是进行道路的预防养护，从而保证路面的整体有效性。这种微表处技术比较适合公路养护工程的应用，这也是由于其良好的施工质量，以及优良的施工工艺水平，以此被广大公路养护工作者所重视，通过对该技术的应用，更有利于公路交通运营效益的提升，进一步提高道路的使用寿命。该技术在列养县道西扬线养护工程项目中进行了应用，取得了良好的效果，现就该技术优越性及其在道路养护工程应用实践环节的组织协调进行分析探讨。

在微表处公路养护技术应用过程中，需要应用于专门的设备，如进行矿物、填料、水等添加剂的应用，再按照相关的比例要求进行沥青混合物的配置。在公路养护施工环节中，需要将其进行路面的铺设，并且保证其薄层的适当厚度。在现阶段公路养护工程应用过程中，微表处技术扮演着非常重要的角色，其具备良好的应用优势，比如，独特的施工简易性，良好的施工效果，是现阶段我国公路养护工程中应用较为广泛的养护新技术。

通过养护工程实践可以得知，微表处路面施工的整体施工效果比较好，能够在一般常温下进行施工，其施工作业具备较快的施工速度，工后交通恢复也具备很好的开放性实时性及迅速性。该技术既能实现较好的施工质量，也可避免因为沥青熬制而导致的一系列的环境污染问题，适用于多种路况的应用。在公路路面养护施工中，为充分发挥该技术的优势，确保微表处技术的良好施工效果，需要完善施工步骤，从而保证微表处形成较大粘贴力，以更好地提高路面封层效果，保证公路路面承载能力的有效提高，提升道路整体养护效果，延长公路使用寿命提升公路运营效益。

在微表处路面施工过程中，需要进行常温作业特点的分析，从而降低施工作业的负面影响力，提高养护施工作业质量水平。在微表处施工环节中，能够有效避免对日常交通的阻碍性，保证公路交通的正常有序。在微表处路面施工过程中，该技术能够快速形成路面的封层效果，比较适应于公路养护工程的路面施工特点，避免施工过程中的路面厚度增加及施工应力积聚，更有利于保持原道路排水系统的稳定性。通过对微表处技术的应用，有利于进行养护工程中常见的路面裂缝及其车辙的处理，保证路貌的恢复和路况的有效改善，提升道路整体使用品质。同时通过对微表处技术的应用，也可以有效提升路面的平整性及其摩擦系数，保证行车过程中的安全性及其舒适性。

二、微表处公路养护施工技术的应用

公路养护工程质量第一，为了提高公路养护施工的质量水平，进行微表处公路养护施工作业时，温度的控制是必需的，将施工温度控制在一定限度内，从而保证养护工程在有效温度下进行施工。在施工过程中，要避免进行雨天施工。在微表处公路养护施工过程中，需要做好路面基层的强度控制工作，避免基层破损。如果路面基层的结构强度不能满足要求时，就需要采取相应的补强措施进行处置，保证施工环节的优化，提升该法在道路养护施工过程中的技术优势。

该法在处理养护工作中常见的车辙病害时，针对厚度小于 15 毫米的路面，可以采取微表处罩面的处理方法，针对厚度在 20 毫米左右的车辙，需要做好车辙的填充工作，再进行双层微表处施工的处理，针对厚度在 30 毫米以上的车辙，需要进行多层微表处技术的应用，保证裂缝灌注的有效处理。

该法在路面养护施工过程中，需要针对路面的松散情况及其坑槽进行积极的处理，保证挖补过程中的彻底性。针对破损路面的不同隆起情况，需要做好施工的准备工作，认真做好前期的处理工作，保证路面的强度及其平整性得到有效恢复。由于公路养护工程具有边施工边通行的特殊性，微表处技术在施工正式进行前，需要进行安全准备工作的落实。在施工准备工作中，应设置必要的路面施工安全防护设施，更好地进行施工安全性的控制。在施工前期，也要进行相应技术工作的培训，落实技术交底制度，保证施工操作人员具备优良的专业素质及良好的职业道德，配备一定数量的专职安全员及交通疏导指挥人员，保证施工工序的有序开展。

在微表处公路施工前应做好试铺工作，保证混合材料的良好配合比。除此尚需要做好相关设备的调试工作，比如摊铺机的应用，针对机械设备进行性能试验，确保满足施工过程中的技术要求。另外在施工前期针对路面破损处如坑洞或者裂痕需要进行修补。做好路面的清洁工作也是重中之重，可采用人工配合鼓风机械进行。在路面修补施工完毕后，仍要继续进行清洁工作，清除路面的泥块、材料和杂物等，同时避免油污影响到路面和微表处的粘贴效果。

施工前做好沥青混合料的试配与质量鉴定工作尤为重要，积极做好试配前的准备工作，比如，进行混合材料配合比的设计。在试验室工作环节中，需要落实好微表处材料的配比要求。要保证施工过程中的混合材料的质量要求，做好沥青配比的优化工作，认真地进行混合料的设计，保证集料级配环节及其配合比设计环节的配合与协调。

微表处技术施工过程中大规模的摊铺施工工作的开展，需保证车辆行驶的顺直性，需要进行摊铺机的速度的控制，将其控制在有效的范围内，并安排适当的人员做好清洁工作，切实提升摊铺路面的清洁性，做好清洁环节及其质量检查环节的配合协调。在质量检查过程中，针对漏铺或者摊铺粗糙的问题进行认真分析，做好积极的补铺工作。

在微表处施工摊铺后，进行压路机碾压，根据先前试铺确定的压实参数做好碾压施工。在高温作业状态下，可以采用洒水形式控制粘轮情况的发生。在常规的微表处公路施工过程中，需要进行施工时间的控制，保证道路的通行，同时控制好施工混合料的挥发性，确保道路面层强度的形成。

在微表处混合料的摊铺施工过程中，要禁止相关车辆的通过，保证前期养护的有效性，在微表处路面施工过程中，需要进行碾压的密实性的控制，提升微表处施工的质量，保证施工路面的交通有序运行。同时也要做好工程质量的相关验收工作，保证微表处施工过程中的整体结构稳定性，保证混合料的有效硬化，从而满足施工路段的质量验收标准要求。公路的养护工程已成为公路交通有效运行的重要保证，是确保交通顺畅安全运行的关键。微表处施工技术在公路养护工程施工实践应用中，不仅具有较好的施工质量，而且便于施工阶段的交通疏导，对于道路交通的影响性较小。从公路养护微表处施工实际效果来看，预防为主的养护在公路路面质量的提升上、在路面病害的削减上具有十分重要的意义。

公路养护工程中微表处技术通过近年来的实际应用已越来越成熟，工艺越来越规范，广大公路养护工程技术人员应充分重视这一新技术，并在今后的工作中推广应用，注重积累施工经验，以期适应更大范围更宽领域公路养护工作实践应用，促进我国公路养护技术再上新台阶，更好地为经济建设和社会发展服务。

公路养护维修施工安全防范措施

结合公路养护维修施工中特点：一般不能随意封闭交通，作业面偏小、相对分散，受人流、车流的干扰较大，现场安全管控的内容、要素复杂多变，规范性要求常被忽视等；而且养护维修项目都存在抢修的性质，工期普遍较为紧张。通过施工现场采集统计，发现在养护维修工程存在一些问题和严重的安全隐患：部分公路养护作业现场管理较差，组织无序，同一条主线上多个路段距离连续作业，管理不规范，养护作业控制区不规范设置，安全管理人员不到位、指挥不规范，安全教育和投入不及时，受施工影响的路段路况较差。

一、公路养护维修施工安全生产事故的特点

在养护维修工程中，如何消除施工隐患、避免安全事故的发生？通过认真分析事故，发现有以下特点。

（1）事故突发多发：公路工程建设安全事故具有突发性，表现为事故征兆不明显，连锁反应强烈、破坏性强、后果严重。在施工的每一个环节、每一道工序及每一个时刻都有可能发生，安全生产事故也具有多发性特征。

（2）领域相对集中：根据公路工程施工安全事故类别分析，桥梁、路基和隧道施工施工事故分别占事故总数的46%、31%和21%，占死亡人数总数的46%、25%和23%。五大伤害事故从高到低排名依次是坍塌、高处坠落、车辆伤害、触电和物体打击，占事故总和的81%。由此可见，安全事故存在一定的规律性。

（3）事故后果严重：事故往往造成人员伤亡、设备损坏和成品破损。为配合调查、解决善后，轻则造成工施工单位经济损失，个人接收纪律处分；重则可能被追究刑事责任，处理不好还会埋下隐患，必然影响后续工作推进，后果非常严重。

二、公路养护维修施工中防范措施

针对公路养护维修工程中的施工特点和安全生产事故的特点，要提升施工安全管理水平，要以保护劳动着的健康与安全为最终目的，从对施工生产中所涉及的人、物、环境因素现状进行管理，对人和物的不安全状态以及不安全行为进行确实有效的控制，从而避免或者消除安全生产事故的发生，因此，在施工管理中必须做好以下防范措施。

1. 强化安全教育、落实制度管理

安全教育和培训对公路施工企业安全管理工作尤为重要，也是从最根本上杜绝人的不安全行为的重要措施。所有参与施工人员必须参加三级安全教育（公司级、项目部级及班级）的安全培训学习，对安全施工规程和所涉及具体项目的专业基础知识，必须结合实际需要有目的地学习，从而加强自身的保护意识，不进行违章操作，不违反劳动纪律。这不仅是岗位职责的基本要求，而且是保证安全生产的重要基础。由此，才能最大限度减少和避免工作失误，降低因自身业务能力不足而带来的安全风险。

通过培训学习，要将施工安全生产制度落实到位，防止在执行过程中产生偏离和走样——“事前、事中、事后”全过程控制变成了事后处理，事前部署止于文件往来，事中追踪缺乏跟进手段，事故处理“四不放过”原则流于纸面。

2. 树立提高安全防范意识

公路养护维修项目施工过程中，常常雇佣民工，他们的安全意识相对比较单薄，并且有很强的流动性，根本不懂得项目工程安全的知识以及操作规程。部分管理人员安全技术以及能力十分匮乏，项目的安全管理人员严重不足，从而无法满足项目安全生产的培训以及教育需要。因此，要做好施工安全管理，必须一切同生产相关的人全员参与，尤其是现场施工人员和监管人员，首先必须从思想上树立牢固安全意识，高度重视施工安全防范问题，提高对施工安全防范重要性的认识。只要在思想上重视了，行动才会更自觉，方法才会更多样，措施才会更科学。这就是先辈们提出的“安全第一，预防为主”“安全为了生

产，生产必须安全”“安全生产必须人人时时处处讲，人人时时处处抓，人人时时处处管”等重要论断的正确性所在。

3. 合理增加安全资金和技术投入

受当前国内安全形势和公路养护维修工程客观条件方面的影响，现阶段公路养护维修形势致使安全生产投入增加，工作保障经费需求也会水涨船高。但在实际工作中，安全生产投入难以满足现实需要。一是卖方市场和最低价评标价法挤压了合理的利润，安全生产投入来源不畅。二是安全生产事故具有一定的偶发性，不宜量化，在监管不力时易滋生侥幸心理，资本逐利本性驱使安全生产投入减少。投入减少造成必要的保障措施难已到位，同时先进的安全监控技术无法引进，在外部条件日趋严苛时，“一增、一减”进一步恶化公路施工安全形势，风险进一步加大。

这就必须严格落实“党政同责、一岗双责、失职追责”的安全生产责任制，确定三方责任主体，即建设单位工程的法人，对该工程项目的整体施工建设安全负责；监理单位的主要责任在于承担工程安全监理责任，它是工程项目建设单位管理层的扩展和延伸。工程施工单位是安全施工管理的第一责任人，它对工程现场的各项安全工作进行管理和负责，即安全事故首要责任人。同时要提高执行力和监管力度，强化实施过程中的监管和定期通报，探索将安全生产纳入企业信用登记的办法和途径。同时改进事故追责导向，将填补制度漏洞、落实工作举措、改善工艺手段作为基本要求，尽量避免类似事故重复、多次发生。

4. 制定科学的规章，采取合理的措施

任何事情都是要靠人去完成的，人的行为必须遵循一定的规则，大到国家法律，小到内部工作监管制度、专业技术标准和规范等，只有必要的制度健全了，做事才不会盲从无序，人的行为才会得以规范有序，才能减少失误，避免产生不要的损失。所以，抓制度建设是做好施工安全防范的基础和重点。

在施工过程中，如果发现了某些安全问题，防控手段和措施不科学、不合理，那么防范工作也无法做好的，实践中的若干实例均能反映此类问题。在实际工作中，我们要善于探索、学习、思考和总结，面对具体的项目要具体分析，努力寻求科学、合理、可行的安全防范措施，做到有的放矢。

公路养护行业会计制度改革

在过去的公路养护行业会计制度背景下，一部分会计项目无法得以全面准确的体现，加之会计核算方法及科目运用都发生了根本的变化，原会计制度的行业性过强，缺乏社会通用性和普遍性，无法适应市场经济条件下公路养护管理工作的需要。只有通过改革，将原来的公路养护会计制度转变为目前社会通用的事业单位会计制度，才能适应新的财政管理体制下对公路养护会计工作的实际要求。所以，我们必须要对公路养护行业会计制度进行合理的改革，从而让其正确地指导财务管控工作和会计工作。在改革过程中，我们要结合现阶段我国的财政管理体制以及公路养护行业发展实际，不断探索、发展和完善，让会计制度能够符合时代发展的需求。

一、公路养护行业会计制度现状分析

一方面，现在所实施的公路养护行业会计制度往往存在业务反应不完整的问题。比如收付实现制，对每期收入与支出进行结转列报是当前预算会计体系的一个特征，而各期收入是年初预算的分解拨款，主要是人员工资及少量的公用经费；各期实际支出包括人员经费、公用经费及日常养护小修工程费及设施维护费等，月末收入与支出配比，不能真实反映当期的财政补助结转结余，无法真实准确地体现出公路养护事业单位的成本管控情况，对公路养护事业单位的实际经营情况也无法客观真实的反映。

另一方面，对于资产负债来说，公路养护行业会计制度尚不能够真实全面地反映出其实际的资产负债情况，无法真正督促资产负债管理工作效率的提升，不能够充分发挥出降低财政风险的目的。

三是目前的公路养护会计在单位预算执行过程中，国家对财政补助收入一般不予调整；当上级下达的事业计划有较大调整，或者根据国家有关政策增加或减少支出，对预算执行影响较大时，单位可以报请交通运输主管部门调整预算。但在实际执行过程中因层级过多，公路路况随季节性变化比较大，加之自然灾害的不可预见性，在实际中公路养护工程费用需要随时调整预算时，往往不能及时予以调整，资金不能及时到位，一定程度上影响了公路日常保通抢通工作，难以满足人民群众安全、高效、便捷出行。

二、公路养护行业会计制度改革的建议

（一）加强新财务会计制度的学习

新财务会计制度印发之后，公路养护单位领导必须引起重视，积极组织相关财务会计人员进行讨论学习，力求深刻理解文件内容。我们应对新财务会计制度的学习制定出合理的安排并将其落实。我局组织内部财务会计工作人员积极参与省局陕南片区新财务会计制度的培训学习班，进一步提升财会人员对新制度的理解，提升整体财务工作水平。此外，借助于 FrontPage 软件制作了丰富的学习课件，将制度依据及相关法律法规、公路养护财务会计制度体系、重点科目使用说明、会计报表和新旧制度衔接此五项内容作为培训的重点。只有这样，才能够确保所有的财务会计人员能够真正地对新财务会计制度进行全面深入的理解和学习，为新财务会计制度的全面实施打下了坚实基础。

（二）科学进行固定资产会计核算

第一，公路养护事业单位进行固定资产购置必须要严格按照政府采购制度，遵循规范的固定资产购置审批流程；第二，合理的调整固定资产入账价值标准，相关管理部门应努力提升工作效率，尽可能的简化审批程序，确保新增、减少的固定资产可以第一时间进行入账，确保账实相符、账表相符，全面准确地反映出公路养护事业单位的固定资产情况；第三，应当对固定资产进行账务核算与管理工作。为了能够更加准确地反映出公路养护事业单位资产的实际情况，固定资产要提取折旧，必须建立计提固定资产折旧制度，除了过去所规定的"非流动资产基金"（相当于固定资产净值）科目，还必须要同时设置"累计折旧"科目，将其当成备抵科目。在提取固定资产折旧的基础上适当地降低"非流动资产基金"。融资租入固定资产的情况下，固定资产科目应反映出原值，非流动资产基金科目必须根据已付款额做出调整，从而准确地反映出单位固定资产的新旧情况。

（三）对相关会计科目进行重新调整

随着近年来公路资金纳入财政管理，公路资金来源越来越多元化，2013 年，财政部出台了新的《事业单位会计制度》，我局也从 2014 年 1 月 1 日起执行这一制度，因此有必要建立新账套，设置新科目和新报表。新财务会计制度印发后，我们对本局经济业务反复进行模拟核算，充分征求了各公路段财务人员的意见，发现财务人员对"财政、非财政、财政专项、非财政专项收入和支出""财政补助结转、非财政补助结转、非财政补助结转结余"等科目概念混淆不清，对期末各科目之间相对应的结转关系也没有真正理顺，因此之后采用了不合账，按照新财务会计制度再建一套养护户，录入期初余额，再录入凭证的方案。

（四）加强电算化网络系统组织管理

在对公路养护行业会计制度进行改革时，必须要做好会计电算化网络系统的管理工作。我局会计信息化系统软件在今年年初完成了升级，因此必须加强会计电算化网络系统的管理，对会计工作人员的权限进行合理的设置与管理，才能够保证公路养护会计工作的安全性，确保会计信息的保密性。比如，说应控制上机操作会计人员的权限。虽然会计核算网络系统自身设置了用户登录密码来保证其安全性和保密性，但随着现代科技的发展，各种黑客入侵方法防不胜防，依旧要依靠我们加强对系统软件、电子设备以及操作人员的管理，从而避免病毒或者不法分子侵入会计网络系统内部，造成会计信息的丢失。另外应结合会计人员的不同岗位职责对其实施等级划分，规定各个等级的具体权限和操作执行范围，对相关操作进行记录等。

为确保公路养护行业会计制度的实效性，让其可以有效地发挥出对公路养护会计与财务管控工作的指导作用。公路养护事业单位应当根据新会计制度的基本内容来对会计工作进行合理的调整，帮助会计工作人员正确的认识与理解新会计制度的内涵，在确保公路养护行业会计工作实效性的前提下，为我国公路养护事业发展和会计工作水平的提升提供支持。

公路养护人才队伍现状及队伍建设

一、职工队伍现状、存在的问题及成因

（一）现状

以某公路总段资料为例，目前下设四个养护单位，全段养护职工582 人左右。其中男职工359 人，女职工223 人，其中本科以上学历56 人，占职工总数的10%；大专学历141 人，占职工总数的24%；高中文化程度266 人，占职工总数的46%；初中以下文化程度132 人，占职工总数的22%。

（二）存在的问题

1. 人才总量不足，复合型人才短缺 (部分专业门类长期缺岗，人才队伍整体缺乏专业门类的管理人才和技术精英)。在现有人才中，传统型人才多，党政、管理和高学历生产技术人才缺乏。

2. 人才队伍整体素质不高，知识老化严重。由于单位 80% 以上的职工是 20 世纪八九十年代通过社会招工和子女顶替进入行业的，这部分人员没有受过系统的全日制教育，自身知识理论匮乏、学习能力欠缺，接受新事物、学习新知识以及掌握新技能方面非常吃力。加之参加工作时间早，从业时间长，思想固化严重，工作视野不宽，创新意识和创新能力非常薄弱。虽近年来通过高校毕业分配进入了一批 70、80、90 后大中专学生，学历素质较低的窘迫状况有所缓解，但问题的根本并未得到有效解决。

3. 人才队伍结构不合理，影响团队整体作用的发挥。人才结构不合理，中高级技术人才老龄化现象突出，人才梯队形成断层，知识结构相对老化，多数年轻人才技术还不全面，功底不够扎实，不能独当一面。一是学历结构不合理。高学历人才较少，低学历人员较多，专业技术人员中，具有大学本科及大专以上学历仅占全段职工总数的 34%；二是能级结构不合理。全段高学历管理人员和专业技术人员仅有 140 人，管理人员和专业技术人员只占到职工总数的 24%。

（三）存在问题的原因分析

影响人才队伍建设的原因是多方面的，主要的原因有以下几个方面：

1. 传统管理模式给公路养护队伍的发展带来的负面影响由于管理体制原因，随着高速公路建设的发展，仍然保持传统的手工方式管养，养护队伍职工整体素质较低，技术经验

缺乏等问题较为突出。近年来，随着公路建设工程的投入逐步加大和现代化水平的提高，公路行业越来越重视“人才是发展的第一要素”的观念，采取多种形式，加大教育培训力度，不断加强人才队伍建设，但仍然不能从根本上解决快速发展的公路养护事业与养护队伍人员总体素质相对较低的矛盾。

2. 从政治思想素质层面上看，广大公路养护职工习惯在“温饱”状态下生活，安于现状、不思进取、不求创新，不谋发展表现在思想上，凡事都不会主动去做，也不主动去想，主人翁精神差，主动性差；表现在工作上，上级安排什么就做什么，不安排便不做，并且检查若不及时，便会出现偷懒耍滑的现象；表现在学习上，以为学不学都无所谓，学不学都一个样，这是公路职工文化素质偏低的成因之一。

3. 从学习教育人事层面看，在我们的广大职工队伍中，没有形成一个学习专业和先进科技知识的良好氛围和环境，使工作实践跟不上公路发展的步伐；由于技术力量有限，总段每年在科研攻关方面都下指标，但是没有出明显的科研成果，在专业技术人员当中，没有科技创新氛围，有些专业技术人员也没有科技创新能力，这严重制约着总段科技创新能力的提升。

二、如何加强养护人才队伍建设，提高综合养护水平的对策及建议

要从根本上提高公路养护系统人才队伍建设，必须树立和巩固以人为本的理念，本着“实事求是、标本兼治”的原则，采取切实有效的措施，加大工作力度，务求取得实效。

1. 提高认识，转变观念

一是领导干部要转变观念，树立起“科学技术是第一生产力”的观念。科学技术转化为现实生产力的关键是要有一批高素质的劳动者队伍，如果没有一支高素质的劳动者队伍，那么先进的生产工具就不可能充分发挥其功效，从而造成资源的闲置和浪费。二是职工要转变观念，改革是大势所趋，是不可逆转的历史潮流。要让广大职工清醒地认识到，公路系统今后也将存在竞争，也有风险。

2. 树立以人为本观念，营造公路工作和谐氛围

单位内部和谐包括上下级和谐、干部群众间和谐以及工作生活环境和谐三个方面。构建上下级和谐，关键要抓住“信任”二字，加强制度和纪律约束；构建干群间和谐，关键要抓住“理解”二字，维持公平正义；而构建工作生活环境和谐，关键要抓住“宽容”二字，实现互利双赢。当前，我们要以科学发展观为指导，结合公路工作实际，深入开展以“公路文化”为主题的公路精神和核心价值观的实践活动，为人才成长、人才锻炼提供空间和舞台，并结合文明创建和行风、政风建设，在潜移默化中引导干部职工牢固树立正确的世界观、人生观、价值观、权力观、地位观和利益观，从而达到外塑形象、内聚人心的教育目的。

3. 牢固树立“人才兴路”“人才资源”的理念，提高对人才工作重要性和紧迫性认识

单位领导要从讲政治的高度和推动单位持续发展的角度，进一步认识人才的重要性和紧迫性，牢固树立“人才兴路”“人才强段”“人才资源是第一资源”的理念，强化人才培养意识，把人才发展工作列入领导班子的工作职责，重点抓好培养、吸引、使用人才三个环节。坚持以人为本，提高人才综合素质。要始终做到“尊重劳动、尊重知识、尊重人才”，努力营造“人尽其才”的环境，不断推动公路养护事业又好又快发展，为公路养护事业发展提供坚强的人才保障。

4. 推进公路养护系统人才队伍优化配置，不断加强人才队伍建设

在养护队伍的建设过程中，一是要按照公平、竞争、择优的选人及用人原则，提倡“竞争上岗、择优录用”的用人机制，充分调动广大养护职工的积极性。二是要按照德才兼备的原则，结合养护工作的特点和属性，建立一支政治坚定、业务娴熟、素质优良、作风过硬的专业化养护管理人才队伍。三是要按照“缺什么”“补什么”的原则，积极开展技术革新、理论创新的攻关研究，促进公路“建、管、养”工作。四是要优化人才资源结构，做到各类人才的合理分布，协调统一，有效激发创造力。

5. 努力完善保障机制，要做到培养人才和吸引人才相结合，充分调动广大养护职工的积极性和创造性

一是要在现有机制下，营造宽松舒适的工作生活环境，吸引优秀人才投身公路养护事业，不断完善激励机制和保障机制，把人才留下来。二是要采取“请进来、送出去”的培训方式，加大对养护职工的培训力度，适时组织开展专业技术的培训。三是要做好“以老带新、传帮带”工作。公路养护职工队伍中多年从事养护工作的老同志有丰富的实践经验，要发挥好这些人的作用，对一些刚入行的新同志多一些指导和帮助。

6. 不断推进养护单位用人制度改革，建立科学合理的聘用与考核制度

科学合理使用人才，充分发挥人的主观能动性是保持公路养护事业健康发展的重要举措。一是要树立正确的用人观，做到“能者上、庸者下”，合理地使用人和严格地管理人，要不断地完善和制定有利于人才成长的长期规划。二是要全面推进养护单位用人制度改革，坚决摒弃计划经济体制下的平均主义，论资排辈观念。三是全面推进岗位管理制度，做到按事定岗、按能力上岗，按业绩定薪酬、用考核兑现奖惩。

面对当前养护行业发展的大好时机，我们养护单位应采取积极有效的“人才培养、人才评选、人才引进”措施，加紧培养自己的人才队伍，建立有序的人才梯队。要积极培育养护市场，力争培育一支技术先进、业务熟练、作风精良、能打硬仗的养护队伍。这样才能形成一支具有竞争力很强的养护队伍，从而积极参与到养护建设市中去。

公路养护单位人力资源管理

公路在建造完成投入使用以后，其质量将会受到很多因素的影响，例如，公路会受到暴晒、大雨、冰雪及风沙等自然天气因素的影响，另外汽车车轮也会对公路造成磨损，这些因素都会使公路使用寿命变短，情况严重甚至会出现交通拥堵的情况。因此，为了维护公路的质量，保持道路畅通，公路的养护工作就变得极为重要。然而，目前我国的公路养护单位人力资源管理存在相当多的问题，因此在当前大量公路急需养护的情况下，这些存在的问题，就导致公路养护工作无法完美进行，如果这些问题长期得不到解决，不但会影响到养护工作的进行，还会对我国的经济发展形成严重阻碍。

一、公路养护单位人力资源管理现状

1. 缺乏对工作人员的针对性培养

在目前阶段，道路交通十分发达，其中很重要的一个问题就是关于公路的养护工作，但是公路养护单位对于相关工作人员的培养比较欠缺，无法及时的提高工作人员的能力。而且在大多的公路养护单位中人才培训机构都不够完善，公路养护企业的中层人员和高层管理人员得不到专业的培训，但是在单位的发展过程中核心力量就是中层工作人员以及高层管理人员，在他们的专业培训都得不到保障的情况下，公路养护单位的发展很容易受到严重影响，公路养护工作也不会取得很明显的成效。从而造成公路养护单位的公路养护职能不能很好地体现出来。

2. 公路养护单位管理制度缺乏

在我国大多数地方，公路养护的工作基本都是由交通主管部门进行管理，以某种角度来看，他们的工作是公益性事业，属于事业单位，但是由于种种原因，公路养护系统的属性界定既不完全是事业，也不完全是企业。而且在各地公路养护单位的维护经费来源也不稳定，在燃油税费改革前，公路养护单位经费来源主要是公路稽征部门进行下拨资金。但是税费改革后，国家将燃油税作为税源纳入财政国库，然后从中按一定比例提供资金，用于解决公路养护单位人员的工资以及维护公路所需费用。目前，公路维护单位的性质一直没有进行明确界定，相关的人力资源管理也就陷入一个模糊的局面。因此，公路养护单位的体制模糊不清，造成其人力资源管理出现困难。

3. 公路养护单位的人力资源管理模式落后

随着社会经济的快速发展，公路养护单位的人力资源管理模式已不能满足其发展，人力资源管理模式的落后，就会带来一系列的问题。各个领域都在飞速的发展，传统的人力资源管理模式已经无法适用现阶段的工作。其落后主要表现在两个方面：其一是公路养护单位的人力资源管理理念还停留在传统理念上，干部掌握的权力过大，而权力的过度集中违背了公平公正的发展理念；其二则是公路养护单位的人力资源的管理活动与单位实际的公路养护工作存在严重脱节情况，而且公路养护单位所制定的人力资源管理制度存在缺陷，并不能够对现有单位的人力资源起到有效的管理作用，从而造成人力资源管理出现严重问题。

4. 公路养护单位的薪资不合理

无论在哪种行业，薪资都存在一定的差距，但是如果薪资结构差距过大，就会造成一系列的问题。薪资结构是单位进行人力资源管理中一项很重要的内容，公路养护单位想要企业员工留下、积极地为单位发展做出努力，首先要做的就是必须设置合理的薪资结构。但是就现阶段的发展情况来看，公路养护单位目前实施的薪资结构普遍存在着不合理的现象，管理人员的工作强度远低于维护人员，但是薪资却远高于道路维护员工，因此原本提倡的按劳分配原则并没有实施，导致单位员工心理出现不平衡，进而严重影响到道路维护员工的工作热情以及道路维护效果。

二、改善公路养护单位人力资源现状的管理措施

1. 完善公路养护单位人才培训制度

在现阶段的快速发展中，相关的工作人员的工作能力有着些许不足，因此公路养护单位需要对员工进行一系列的培训。但是进行培训之前必须针对每个单位员工的具体情况进行了解分析，并制定出具有针对性的人才培训计划以及内容，使每个人的能力都能得到针对性的提高，同时也需对整个培训系统进行优化处理。其次公路养护单位要建立一套合理的培训激励机制，使员工能够积极参与到培训学习中，并在其工作效率提高以后进行适当地增薪，最大程度上激发出员工工作的积极性。

2. 完善公路养护单位人力资源管理制度

在所有的企业建设发展中，都必须制定相关的管理制度，满足企事业单位发展的需求。首先来讲，单位领导任用制度最为重要，其必须建立起以直接聘任、选举聘任、招标聘任、考任及委任相结合的干部任用制度，避免干部的任用出现问题。与此同时，健全人才任用机制也是公路养护单位建设发展的重要一环，通过不断地调整单位的人才结构，在单位内部实现“能力优先”的原则。在公路养护单位的内部全面推行职位聘用制度，并对员工进行相应的岗位管理。最后则需要建立以岗位用人的制度，单位内部需求为基础，然后结合实际的市场及公路养护事业的实际需求，制定出一套科学合理的岗位管理制度，明确各个岗位的职责任务和权力权限，根据制度进行管理，使企业能够可持续发展。

3. 对现有的人力资源管理方式进行改善

现有的管理方式已经不能满足时代发展的需求，因此，我们需要对公路养护人力资源的管理方式进行改善。伴随着我国公路的快速建设，同时其建造所运用的相关技术、材料、

设备也在不断地发生改变，公路养护单位如果想要保证公路养护的质量，就必须拥有懂得如何运用这些新技术的相关人才，因此技术型人才对公路养护单位大发展就有着尤为关键的作用。首先，公路养护企业必须加大对相关技术人员的吸纳力度，保证企业不会缺少相关技术人员；其次，公路养护单位要加大对工作人员的培养力度，构建一套合理的人才培训体系，培训课程必须结合员工岗位技术的需求来进行，使员工学会理论知识，并且能够运用到实践工作中，再从实践中加深对理论的理解，提升自身的整体专业素质和能力，使其能够掌握运用最新的技术、设备和材料，达到培训的目的，从而确保公路养护单位的养护质量始终处于领先水平。

4. 优化公路养护单位的薪资结构

一个企业想要进行发展，就必须拥有合理的薪资发放机制，在公路养护工作的进行中，其薪资发放一定要坚持按劳分配，效率优先，兼顾公平的原则。员工付出的劳动必须与其得到的报酬成正比，避免员工出现心理不平衡、工作积极性不高的现象。

随着社会经济的发展，交通运输变得尤为重要，而公路作为交通运输的通道，则起着更为重要的作用。因此公路养护单位必须要做好公路养护工作，不仅仅是为了其自身发展，更是能够起到强化我国经济实力的作用，人力资源管理作为保证公路养护质量的重要因素，直接决定着公路养护水平。因此，公路养护单位必须重视对人力资源的管理，要改变以往传统的管理模式，坚持以人为本的发展理念，加强对员工的培养力度，建立完善的员工考核与激励机制，使得企业能够得到更好发展的同时，也能提高公路的使用寿命。

第二章　桥梁技术施工与管理

桥梁技术施工管理

一、影响桥梁施工管理的因素

1. 建筑材料因素

建筑材料是工程施工的物质条件，建筑材料的质量是保证工程质量的基础。建筑材料质量不符合要求，工程质量也就不可能达到标准。在我国目前的建筑工程中，有不少建筑材料的质量未能达到质量要求。例如，目前的住宅工程中，有 85% 是砖混结构，其中以烧结黏土砖作为主墙体材料，据统计，该类砖中有近 50% 是不合格产品。

2. 人为因素

人的因素主要包括领导者的素质及施工人员的技术水平等。近年来，我国建筑工程质量事故频繁发生的一个重要原因就在于甲方素质较低和行为不规范。项目法人或业主对工程质量的影响重大，有什么样的业主就会有什么样的工程。此外，施工人员素质较低也是影响工程质量的一个重要原因。

3. 施工机械设备的因素

机械设备是建筑工程施工中不可缺少的必备工具，现代化的施工离不开现代化的设备，设备的状况直接影响着建筑工程的质量和进度。同时，设备合理的使用，及时的维护保养是保证设备良好运行的关键。

4. 环境因素

环境因素对建筑工程质量的影响具有复杂多变的特点，影响建筑工程质量的环境因素较多，如气象条件就变化万千，温度、湿度、大风暴雨、酷暑及严寒都会直接影响到建筑工程质量。

二、桥梁施工管理方法

1. 强化培训，优选施工人员

工程质量是所有参加工程项目施工的技术管理干部、操作人员服务人员协同工作的结果，所以施工人员是形成工程质量的主要因素。要控制施工质量，首先要培训施工人员，提高他们的综合素质、质量意识。按照全面质量管理的观点，施工人员必须树立五大观念：质量第一的观念、预控为主的观念、为用户服务的观念、用数据说话的观念以及社会效益与企业效益并重的综合效益观念。其次是施工人员的技术素质。管理干部、技术人员都应具有较强的质量规划和目标管理的能力，组织施工和进行技术指导的能力以及识别质量和检查质量的能力；生产人员则应当具有精湛的技术技能，一丝不苟的工作作风，严格执行质量标准和操作规程的法制观念服务人员则应做好技术和生活服务，能以出色的服务，间接地保证工程质量。

2. 加强桥梁施工技术管理

桥梁工程施工技术管理是加快施工进度、确保工程质量、提高经济效益、降低成本的有效保证。桥梁工程项目签订施工合同后，工程技术部门负责编写施工组织设计，项目总工程师审定，最后报项目监理批准。其主要内容包括：主要施工程序和方法、施工总进度、各项资源需求计划、技术经济指标以及工程概况等。

项目部总工程师要组织工程技术人员，参加图纸会审。图纸会审要注意一些事项：（1）图纸设计是否清晰、明确、有无矛盾；（2）对于施工操作复杂的部分工程必要性和可行性进行研究，并采取放大样、详图的方法进行核对；（3）对新技术应做实物试验。

3. 加强桥梁施工质量管理

为了使桥梁施工人员完全领会图纸，技术部要向施工队进行技术交底，施工队技术人员要向施工班组进行技术交底。交底内容一般包括：设计变更、图纸、单项措施、作业指导书等。交底记录中应包括的内容是：技术文件主要内容、交底各方参加人员签字、对存在的问题如何处理。

为了加强对桥梁工程质量控制，应在施工现场建立工地实验室。试验主要包括：标准试验、材料试验、验收试验和施工工艺试验等。

桥梁建设施工质量的控制是一个不断变化的工程，是一个动态过程，是桥梁施工管理的灵魂。因为桥梁施工具有复杂性，所以在质量控制上相对比较困难。

加强质量意识的培养，制度合理的施工制度和施工方案。要经常进行集中培训宣传桥梁工程质量意识，使质量意识控制落实到每一个质量控制环节。建立科学考核机制，将考核成绩纳入年终考核中去。

对于桥梁建设工程来说，为了使建筑材料统一，可以进行统一招标，便于施工管理体系规范施工标准，规范化的操作大大减少施工成本。

桥梁工程建设中要加强监督检查，控制材料采购。一些大型机械设备采购成本较大，必须严格控制采购。采购材料的质量直接影响着工程质量，必须严格控制物质材料采购。在采购时要对供货方质量保证能力进行评定。对材料的运输、加工及存储建立管理制度，减少材料占用量，避免材料变质。加强材料检测验收，严格按国家规定的验收标准进行检验。

4. 安全控制

为了减少安全事故的发生，在公路桥梁工程的施工过程中，一定要严格操作规范和工艺流程，建立健全安全操作规章制度，并严格执行。采取有效的事故防范措施，对安全隐患坚决整改，加大对施工人员安全操作的培训力度，做到持证上岗。坚决杜绝任何挪用安全措施经费的行为，使员工养成安全生产的习惯，最终达到人人要安全的目的，提高公路桥梁施工的安全管理水平。

桥梁施工技术与管理

随着我国经济的飞速发展，公路桥梁的建设也发生着日新月异的变化。由于桥梁的造价较为昂贵，所以在桥梁的建设过程中，人们总是想方设法采取各种措施来确保工程的质量。公路桥梁施工过程的特殊性决定必须对其施工质量进行管理和控制。

一、公路桥梁基础设计的原则

桥梁的总体规划基本原则是：安全、美观、有利于环保、适用和经济。

1. 公路桥梁基础设计的安全性原则

在公路桥梁设计建设中要把握安全性原则。安全性原则体现在两个方面：一是公路桥梁本身的安全方面（结构尺寸和构造上）。在强度方面应有足够的安全储备；在刚度方面应能控制变形；在稳定性方面要能保持原形状和位置的能力。二是施工人员的人身安全，公路桥梁建设会遇到未开发过的区域，如山区等危险地区，因此要保障施工人员的人身安全。

2. 公路桥梁基础设计的美学原则

在满足功能的要求的前提下，要选用最佳的结构模式——纯正、清爽、稳定。质量统一于美，美从属质量。美主要表现在结构选型和谐与良好的比例，并且有秩序感和韵律感。过多的重复会导致单调。重视由于环境的协调。材料的选择，表面的质感，特别色彩的运用起着重要作用。模型检试有助于实感判断，审视阴影效果。美丽的桥梁应以其个性对人们产生积极的影响。美和伦理本是相通的，美的环境将直接陶冶人们的情操，大自然的，人为环境的美，对人们身心健康是必需的。

3. 生态环保原则

现代社会的公路建设不仅要求快速、舒适及安全，还对环境保护提出了更高的要求，在公路建设过程中，占用土地、破坏植被以及水土流失，甚至对沿途的自然和文物景观都会造成影响和破坏。多方面考虑环境要求，采取必要的工程控制措施，建立环境监测保护体系，将不利影响减至最小。在此基础上建立绿色公路桥梁。

4. 公路桥梁基础设计的适用原则

公路桥梁基础设计在使用上的要求：适用耐久。首先应保证在 100 年的设计基准期内正常使用。桥面宽度满足当前以及今后规划年限内的交通流量；还有所设计的桥梁应利于泄洪，通航（跨河桥）或车辆和行人的通行（旱桥）。在设计上桥梁的两端应方便于车辆的进入和疏散；在考虑到综合利用方面，应方便各种管线的搭载。

5. 公路桥梁基础设计的经济要求

公路桥梁基础设计在经济上要求包括如下内容：首先要选择造价和养护费用综合最省的桥型；遵循因地制宜，就地取材和方便施工的原则；桥位应考虑建在能缩短河道两岸的运距，促进该地区的经济发展，产生最大的效应；对于过桥收费的桥梁应能吸引更多的车辆通过，达到尽可能快回收投资的目的。

二、公路桥梁施工中常出现的质量问题分析

1. 桥梁选址、结构设计导致施工中存在质量问题

在公路桥梁施工中常出现的质量问题分析与公路桥梁选址、结构设计方面存在的问题密不可分。在我国有 50% 以上的交通事故发生在事故多发点和道路交叉口，其本质原因与道路桥梁的选址、设计等因素有关。所以在选择桥梁地址时应注意前期勘探与分析确保无误，公路工程的地质影响也是施工过程中常遇到的问题。对于不良地质地段要进行更深入的调查，还要注意这些地段的处理设计等。严格按照施工组织设计、施工程序文件、作业指导书及质量计划的内容施工。对已确定的“特殊工序”和“关键工序”必须编制符合本工程实际的作业指导书，对特殊和关键工序从工艺制定、材料物资管理和操作人员实行重点控制，以保证质量目标的实现。

2. 公路桥梁施工中裂缝的形成

桥梁施工过程中，很容易出现裂缝。裂缝的出现影响工程质量甚至会导致桥梁坍塌。混凝土开裂经常困扰着我们桥梁工程技术人员。其实，如果采取有效的施工措施是可以克服和控制的。混凝土裂缝的成因复杂而繁多，甚至多种因素相互影响，但是每一条裂缝均有其产生一种或几种主要原因。桥梁混凝土产生原因，大致可划分以下几种：（1）荷载引起的裂缝起原因为在施工过程中，不加限制的堆放施工机具、材料；不了解顶制结构受力特征，随意翻身、起吊、运输、安装等。（2）温度变化引起的裂缝。（3）冻胀引起的裂缝。大气气温低于零度时，吸水饱和的混凝土出现冰冻，游离的水转变成冰，体积膨胀 9%，因而混凝土产生膨胀应力，施工单位要严格按照国家建材标准采购材料，并由始至终保证水泥材料的质量稳定、不变质，对于大体积混凝土，要采用水热化低的水泥。以减少其在

施工过程中产生裂缝现象。

三、强化桥梁加固、桥梁养护施工技术与管理

1. 强化桥梁加固措施

桥梁加固方案主要包括梁体横向加固与梁体纵向加固。梁体横向加固是公路混凝土桥梁每跨由两片预制吨形简支梁组成，根据公路桥梁这一特点，采取化学植筋法在两片梁间增设水平隔梁，施加横向预应力进行梁体横向加固，以增强双片式梁的整体性，提高桥梁的刚度和自振频率。梁体纵向加固是在高低混凝土梁梁底粘贴钢板，以加强梁体抗弯强度，抑制梁体竖向裂缝的发展。

2. 强化桥梁养护施工技术与管理

相关部门应该从思想意识上重视桥梁养护工作，提高对桥梁养护管理重要性的认识，要在养护工作中克服“重建轻养”的思想。注重培养专业养护人员，提高现有桥梁养护人员的专业素养，打造专业化的施工和养护队伍。

建立公路客运专线桥梁施工质量控制体系，是确保公路客运专线桥梁施工质量控制的前提和基础，是桥梁工程项目管理科学化、标准化、制度化和规范化的必备条件。随之而来的就是对于桥梁的加固工程与养护工程提出的要求越来越高，因此工程人员和相关部门都要进一步地增强认识，增强安全的意识，切实采取各种有效的加固和养护措施，从而确保桥梁在施工和运营阶段的安全。

道路桥梁施工技术与管理

道路工程管理是一项长久的工作，一个工程能否顺利进行，很大程度上取决于这个工程的管理是否到位。我们在道路工程建设项目管理工作中，一定要抓住工作重点，保证工程施工的安全，抓好工程施工的质量，协调好各方面的关系，使工程项目达到质量高、成本低的目标，为我国的建设事业贡献自己的力量。

随着经济的发展，直接带动的便是道路桥梁施工技术的发展。我国的道路桥梁施工技术虽然在发展程度上有了很大的进步，但是，在桥梁技术施工方面在桥梁的质量和管理方面还存在严重的问题：道路桥梁质量不高，当下我国的道路桥梁在施工过程之中，使用材料不能同当地的环境适应，而且一些道路桥梁在投入使用之后还会存在一定的问题。出现这些质量问题，关键还是道路桥梁施工技术的欠缺。当前道路桥梁存在的主要质量问题便是对于环境以及材料的认识不充分，在施工过程之中由于技术存在差异，所建设的道路桥梁在结构以及质量之上便会存在一定的问题。最普遍的便是当前道路之中使用的钢筋混凝土技术不达标，从而很难保证桥梁在建设过程之中结构的紧密一体性，而且建筑的桥梁

负荷能力便会降低，如果长期承载过重的压力很可能造成道路桥梁局部或者大面积坍塌。同时当前我国的道路桥梁施工还是以使用传统的钢筋结构的材料为主，钢筋结构自身体积质量都比较大，而且由于其自身的金属特性没有一个很好的延展性和抗腐蚀性，这些都严重制约着道路桥梁的长期使用。当前，我国的道路桥梁的质量较差，无论从经济性能还是抗震性能方面来综合分析都比较欠缺。在日常生活中经常见到类似道路桥梁施工管理不足，对于一个工程项目而言，没有一个科学的管理便很难保证工程在一个科学的道路上进行。但是目前我国的道路桥梁施工方面，管理还存在着一些问题，从而直接制约着当前我国道路桥梁施工技术的发展。当前的管理方法没有一个科学的指导，而且管理理念落后，对于道路桥梁施工过程之中缺乏一个合理的监管系统，同时在路面的检测维修管理方面的发展存在着一定的阻力。道路桥梁投入使用之后，一旦在检修过程之中发现隐患便需要另行施工，所投入的费用会较之前的更多，而且也会严重影响到我国道路交通网的顺利运行，从而影响国民经济的发展。而且当前在道路桥梁施工过程之中，管理人员的整体素质不高，也是制约道路桥梁工程质量的一大因素。

桥梁施工技术控制与施工管理

随着我国经济社会的发展和进步，桥梁工程正在大规模的开展。按桥跨结构横截面形式的不同，可分为板式桥、T 型或工型梁式桥、箱型梁式桥和木行架式桥等。在桥梁施工的技术控制与施工管理过程中，桥梁的质量和安全是关键。保证桥梁的质量和安全，要从施工方法、施工和管理人员、建筑材料、机械设备和工作环境入手，减少桥梁安全事故的发生，提高桥梁安全性和管理水平。

一、技术控制和施工管理的几个方面

1. 施工方法

随着我国经济建设的发展，出现大规模的桥梁工程。传统的施工方法是采取支架的方式，但是，对于大跨度桥梁来说，支架的施工方法使得施工变得更加困难，甚至无法施工。在桥梁施工中，主要有三种施工方法：第一种是顶推法，顶推法主要应用于规模比较大的桥梁；第二种是悬臂法，悬臂法主要应用于跨径大的预应力混凝土桥梁；第三种是简支连续施工方法，简支连续施工方法在构造和受力上特点鲜明。无论选择何种的施工方法都需要根据实际的自然环境，具体问题具体分析，结合施工方案，进行桥梁施工。

2. 施工和管理人员

在桥梁的技术控制和施工管理中，施工人员和管理人员是关键。桥梁的管理人员决定桥梁施工的大方向，把控全局，而施工人员直接面向桥梁，是最直接的桥梁工作者。最近几年，桥梁安全事故频繁发生，从桥梁发生事故的原因可以知道，有一部分原因是管理人员出现问题。为了降低桥梁建造成本，追求桥梁建造速度和经济效益，忽视了工程的质量，把工程的质量放在次要位置。此外，施工人员的专业素养和职业水平低也是造成桥梁事故发生的另一大原因。施工人员的工作经验不足，没有足够的责任和安全意识。

3. 建筑材料

桥梁施工中建筑材料十分重要。合格的建筑材料能保证桥梁的质量和安全，如果建筑材料达不到规定的标准，就无法保证桥梁的质量，不仅危害广大人民的生命财产安全，也会造成巨大的经济损失，影响社会稳定和谐。以次充好的建筑材料，不仅加大了桥梁施工成本，也对桥梁质量构成了威胁。

4. 机械设备

桥梁的施工建造依赖于各种大型机械设备，科学合理高效地运用机器设备是保证桥梁施工的另一个因素。机器设备应用得恰到好处，可以给施工单位节省大量的人力、物力、财力和精力。一旦机器设备应用得不恰当，一方面对机器设备造成了损耗，资源浪费；另一方面无法保证桥梁的质量和安全。

5. 工作环境

桥梁施工时，周围的工作环境很重要。一年四季，季节上有差异。此外，各地区的季节差异也比较明显，如空气的湿度、温度、风力、土质条件等，都和桥梁施工存在着紧密联系。南方夏季气温高，就要调整工作时间，避免施工人员遭受中午的太阳暴晒，早上早点开工，下午工作时间延后，及时派发水、冷饮等降温物资。北方冬天寒冷，土会结冰，给桥梁施工造成了很大的困难，就要避开冬季，选择其他季节施工。施工人员的工作环境得不到保障，会影响桥梁施工的工期。

二、加强桥梁技术控制和施工管理的措施

1. 提高施工人员的专业素养

施工单位要对施工人员进行员工职业培训，旨在提高施工人员的专业素养和专业技能。施工人员直接面向桥梁，在桥梁施工第一线工作，对于桥梁的质量和安全起到关键作用。然而事实上，部分施工人员的安全意识和责任意识淡薄，在没有任何防护措施的保护下就上岗作业。面对这一情况，施工单位要主动担负起责任，做好施工人员安全教育工作。首先，对施工人员进行入职培训，要求施工人员熟悉施工现场，掌握施工技巧，具备一定的专业技能，快速适应当地的环境。其次，加大施工人员的进修工作。桥梁施工存在着挑战性，越来越多的问题会出现，要求施工人员有能力解决这些问题。施工人员除了要有能力解决问题外，还要教授其他的施工人员，帮助他们了解解决方法，这样做可以大大地提高工作效率和施工人员的专业素养。最后，由于桥梁是大规模工程，工期往往比较长，施工单位要保证施工人员的放假和休息。如果施工人员得不到良好的休息，就极易发生安全事

故，危害到施工人员的自身安全。

2. 做好建筑材料的管理工作

市场上的建筑材料多种多样，质量参差不齐。有些建筑材料以次充好，价格昂贵，所以有时候不能仅仅从价格上区分建筑材料的好坏。购买质量好的建筑材料对于桥梁施工来说十分重要，这对建筑材料的采购人员也提出了更高的要求。建筑材料的采购人员要具备专业知识和丰富的工作经验，能从许多的建筑材料中选出适合施工又保证质量的建筑材料，同时还要保证建筑材料的价格不能过高。

3. 做好机械设备的管理工作

机械设备是用来建造桥梁的工具，要做好机械设备的管理工作。桥梁施工现场十分繁忙，机械设备众多，要配备专门的设备管理人员对机械设备进行管理。机械设备的使用实行登记制度，如有施工人员需要使用机械设备，就要登记设备的种类、时间，便于机械设备的管理。机械设备长时间使用会老化，因此定期的保养和清洁十分重要。做好机械设备的管理工作，为桥梁施工提供良好的硬件环境。

4. 完善制度建设

施工单位追求经济利益和缩短工期，在宣传制度上投入比较少，施工人员的安全教育跟不上，造成施工监理工作和协调管理工作失调。良好的施工氛围依靠于一定制度体系，没有科学合理的制度进行工程管理，就没有安全可靠的施工质量。施工单位要制定出科学合理的规章制度，明确奖惩制度，要求每个施工人员都要严格遵守。对于优秀的施工人员，要对其进行褒奖；对于犯错误的施工人员，要适当地处罚。这样既可以提高施工人员的工作积极性，又可以保证施工质量和安全。对于施工监理工作和协调管理工作，要明确施工监理人员和管理人员的权利和义务，划分责任范围，在谁的范围工作，谁就要担当负责。这样做既避免了施工监理人员推脱责任情况的发生，又可以激发施工监理人员的工作积极性。

5. 提供安全的工作环境

工作环境是桥梁施工的一部分，包括桥梁施工的自然环境和人文环境。桥梁的建造尽可能避开雨季，雨水给桥梁施工带来极大的不便，会延迟工期，影响桥梁质量。当然，桥梁施工单位要给施工人员提供安全有保障的工作环境和必要的安全措施，以此确保工作环境安全可靠。不得超时作业，保障施工人员有足够的休息时间。如果施工人员的休息时间不够，极易造成安全隐患。

随着我国经济建设的发展，出现大规模的桥梁工程。传统的施工方法是采取支架的方式，但是对于大跨度桥梁来说，支架的施工方法使得施工变得更加困难，甚至无法施工。桥梁施工时，周围的工作环境很重要。一年四季，季节上有差异。此外各地区的季节差异也比较明显。空气的湿度、温度、风力及土质条件等都和桥梁施工存在着紧密联系。因此，提高桥梁施工技术控制与施工管理，离不开科学合理的规章制度。在社会经济发展的新形势下，桥梁技术控制和施工管理必须与时俱进，跟随时代发展的步伐，立足于桥梁施工，做好桥梁施工的质量和安全管理工作。

桥梁工程的施工技术与质量管理

桥梁工程的质量离不开施工技术和质量管理的大力支持。因而作为新时期背景下的桥梁施工企业，必须在桥梁工程建设过程中认真分析存在的质量问题，并采取相应的施工技术与质量管理措施；才能确保企业在竞争日益激烈的市场环境求得生存和发展。

一、桥梁工程质量问题研究

在桥梁工程建设过程中，经常会出现这样或那样的质量问题，不仅影响了工程进度，还会影响企业的效益。因而必须认真分析和研究桥梁工程存在的质量问题。一般来说，桥梁工程质量问题主要表现在以下几个方面。

（一）裂缝方面

桥梁工程中，裂缝是最为常见的质量问题之一，裂缝如果得不到有效的控制，不仅会影响桥梁外观，还会对桥梁工程质量产生影响，严重时甚至危及人民的生命财产安全。例如，目前被广泛适用于桥梁工程中的钢筋砼，往往由于其抗拉性能差经常导致裂缝的出现。这必须引起桥梁施工企业的高度重视。

（二）结构方面

在很多桥梁工程中，经常由于设计不当导致工程质量问题的出现。例如，当桥梁结构设计不当时，就会导致桥梁结构强度过低，难以承受巨大的压力而垮塌，有时由于桥梁尺寸设计不当，导致桥梁在轴向压力的作用下失去稳定性。

（三）接缝方面

桥梁接缝施工过程中，往往由于接缝设置不当或被破坏之后得不到及时有效的处理，经常会出现桥头跳车的现象，久而久之导致桥梁出现不均匀的沉降，这就给行车埋下了巨大的安全隐患。

二、桥梁工程的施工技术现状及发展研究

近些年来，以预应力砼施工技术为代表的先进桥梁施工技术在桥梁工程项目建设过程中得到了广泛的应用，桥梁工程质量也得到了有效地提高。但随着时代的发展，各种类型的桥梁工程的出现，尤其的大跨度施工更是家常便饭，因而桥梁施工企业要想适应时代发展的这一需求，就必须不断改进桥梁工程施工技术，建立健全具有自身企业特色的施工技

术体系，加强技术力量的扩张，引进现代化的专业技术人才，才能促进企业可持续发展。

计划经济时代的桥梁施工技术往往只注重如何施工，针对施工存在的问题采取硬性对接措施。例如，当桥梁结构需要加固时，往往只采取硬性的加固措施，哪里需要加固就直接加固，虽然能提高工程质量，但在一定程度上造成资源的浪费。因而新时期背景下的桥梁施工技术，应在结合传统施工技术的基础上，朝着智能化、信息化与高科技化的方向发展，例如应用信息仿真技术、优化建模技术、网络信息技术等现代化的桥梁工程施工技术。以其中的仿真技术为例，借助计算机对桥梁的相关数据进行模拟计算，直观地将计算效果体现出来，就能找出其是否与相关规范标准相符，尤其是内力仿真技术，能有效分析桥梁工程建设的安全性，对于提高工程质量和安全性能都具有较大的参考价值。

三、桥梁工程的施工技术与质量管理研究

分析了桥梁工程存在的质量问题和桥梁工程的施工技术现状及未来的发展方向。作为桥梁施工企业就应采取有效的施工技术与质量管理措施，提高桥梁工程施工技术水平和工程质量。以下笔者分别结合上述质量问题提出相应的施工技术与质量管理措施。

（一）裂缝方面的施工技术与质量管理措施研究

针对裂缝带来的危害性和裂缝的不可避免性。应采取相应的施工技术与质量管理措施。首先，应从源头抓起，确保混凝土原材料的质量，尤其是水泥的质量，必须是低热水泥，这是导致裂缝产生的主要因素；其次，应精心设计混凝土的强度等级和抗渗等级，并结合工程实际对设计的相关参数进行科学规范的调整；再次是浇筑混凝土时应尽量一次成型，及时振捣，振捣透彻，不多振，也不漏振，并做好混凝土的养护工作，采取针对性的技术措施严防各种裂缝的出现；最后，对于已经出现的裂缝应结合实际针对性的选用修补方式和修补材料，并应用诸如仿真技术、网络技术等对修补效果进行模拟，确保修补效果良好。

（二）结构方面的施工技术与质量管理措施研究

结构的稳定性首先源于设计，因而施工企业必须聘请具有专业资质的机构进行桥梁结构及其各种施工图的设计，并加强与设计方的沟通和交流，明白设计意图的同时敢于提出质疑，并与设计方一道解决设计问题，尽可能减少设计的变更。在工程开工之前还应加强技术交底工作，确保桥梁结构的施工具有先进的技术支撑，在施工过程中严格按照设计要求进行外，还应确保桥梁结构的外观和承载力达到设计标准。

（三）接缝方面的施工技术与质量管理措施研究

接缝处理不当不仅会影响桥面的平整度，还会出现跳车现象，降低行车的舒适度和安全度。一是应改进和应用先进伸缩装置，如伤毛勒式缝、V 型组合伸缩缝和吨 S 吨伸缩缝等；二是在条件允许的情况下，减少接缝数量，应用连续结构；三是加强桥梁结构的防排水，铺装防水层；四是有效地处理桥头地基、桥头路基，调整伸缩缝的位置，除特殊需要，尽量避免在桥头设置伸缩缝装置，进而防止因伸缩缝的破坏和路面水的渗漏导致路面结构

层的破坏造成的桥头跳车；做好台后防水和排水，以防止因水的滞留和渗漏造成的路基沉陷，进而引发的桥头跳车；五是考虑采用整体式无伸缩缝装置的桥梁结构，从根本上解决桥梁由于伸缩缝装置遭受破坏而带来问题和隐患。

在整个桥梁工程施工过程中，作为管理人员应加强质量管理，必要时实行旁站监理制度，加强技术指导，确保每一道工序质量达标之后方能进入下一道工序。针对出现的问题必须及时整改和跟踪检查，确保工程质量的同时裂缝、结构以及接缝等质量问题也能得到有效的控制。

探讨桥梁工程的施工技术与质量管理具有十分重要的意义。作为桥梁施工企业，应着力提高自身的核心竞争力，加强桥梁工程的技术与质量管理，着力提高桥梁工程质量，以适应时代发展的需要。

桥梁施工技术与发展

一、桥梁施工技术发展简史

1. 桥梁施工技术悠久的历史

我国在桥梁建造技术上有着悠久的历史和光辉的成就根据史料考证，在三千年前的周朝，就有在渭河上架设浮桥和建造粗石桥的文字记载。隋、唐时期，是我国古代桥梁的兴盛年代，在桥梁型式、结构构造方面有着很多创新，可谓“精心构思，丰富多彩”。宋代之后，建桥数量大增，桥梁的跨越能力、造型和功能又有所提高，在桥梁施工方面充分表现了我国古代工匠的智慧和艺术水平，成为我国桥梁建造史上的宝贵财富。中华人民共和国建立初期，我国的公路、城建部门改建和新建了数量可观的桥梁，使通车里程比新中国成立前有了成倍的增长。但由于起重设备的限制，装配式桥仅在简支梁桥上使用，其他类型桥梁的施工仍多采用土牛胎、竹木支架、拱架现浇或砌筑施工。随着科学技术的进步，施工机具、设备和建筑材料的发展，桥梁施工技术得到了不断的改进、提高。

2. 现代桥梁施工技术的发展促进了桥梁结构的迅猛发展

从武汉长江大桥到南京长江大桥，在桥梁工程技术发展上是一个大进步。在南京长江大桥桥梁施工中，通过试验研究并设计制造了一系列关键性的施工机具设备，创造了一些新的施工工艺，如管桩下沉、钻孔洗壁、循环压浆、悬拼调整及高强螺栓安装等，保证了工程按质量要求完成。20 世纪 60 年代中期，悬臂施工的方法从钢桥施工引入到预应力混凝土桥施工以后，摆脱了建造预应力混凝土梁桥只能采用预制装配和在支架上现浇施工的单一局面，促进了预应力混凝土桥梁结构的发展，相继有预应力混凝土吨型刚构桥、连续梁桥、斜拉桥等结构如雨后春笋般地在全国各地出现，从而使预应力混凝土桥成为我国桥梁工程的主要类型。桥梁的其他施工方法，如转体法、顶推法、逐孔施工法、横移及浮运法等都在 20 世纪 70 年代中得到应用。20 世纪 90 年代以来，我国的交通事业和桥梁建设出现了一个全新的时期，突出体现在高速公路建设和国道系统的畅通以及桥梁技术、桥型、跨越能力和施工管理水平的升华。

二、桥梁施工技术

1. 体外索加固法

体外预应力是一种有效的桥梁加固法，简单易行，不影响行车，受力途径明确，能显著提高结构承载力和抗裂度，有效改善结构的应力状态。为了满足加固后旧桥承载力的需要，体外索一般采用折线形，同时满足梁正截面抗弯强度和抗剪强度的要求。体外索材料一般由无黏结钢绞线、粗钢筋与槽钢组合而成。体外索加固桥梁受弯构件时，可按偏心构件验算梁的承载力，按无黏结部分预应力混凝土结构，认为截面受弯破坏时，梁内的非预应力钢筋达到屈服，而预应力钢筋达不到极限强度，验算使用阶段的应力及结构的变形；按加劲梁组合结构分别对其受力和使用性能进行分析。在正使用极限状态的各项指标计算时，按整体变形协调条件计算在外载作用下预应力筋的应力增量。

体外预应力加固法，加固后能达到荷载标准，加固效果是非常显著。体外索加固法有效改善了主梁在正常使用阶段的工作性能，裂缝宽度变窄，挠度明显减小，增强了结构的耐久性。体外索加固法是在使用过程中，具有加固、卸载及减小结构内力的作用，值得推广应用。

2. 真空压浆技术

传统的压浆法灌浆，是在 0.5~1.0 兆帕的压力下，将水灰比 0.4~0.45 的稀水泥浆压入孔道，这种做法容易发生水泥浆离析、析水、干硬后收缩，产生孔隙，留下隐患。为此有必要将传统压浆工艺进行改进，将真空辅助压浆工艺等技术应用于预应力施工中，使灌浆工艺更加完善合理。由于孔道内只有极少的空气，很难形成气泡；同时由于孔道与压浆机之间的正负压力差，大大提高了孔道压浆的饱满度和密实度。减少了水灰比，选用专用的添加剂，提高了水泥浆的流动度，减小了水泥浆的收缩，从而保证了浆体的可施工性、充盈孔道的密实性和提高硬化浆体的强度。

普通压力压浆一般是在孔道的压浆端对水泥浆施加 0.5~0.7 兆帕的压力，缓慢均匀地向孔道内压入浆体，直至浆体在孔道高点处的排气孔流出，而作为孔道压浆施工的一项新的技术，真空辅助压浆的基本原理是：在传统压浆工艺基础上，将孔道系统密封，在孔道的一端采用真空泵对孔道进行真空处理，使之产生 –0.08~ –0.1 兆帕左右的真空度，然后用压浆泵以≤ 0.7 兆帕左右的正压力将优化后的特种水泥浆从孔道的另一端压入，水泥浆从真空端流出，且稠度与压浆端基本相同，再经过特定的排浆、保压，以确保孔道内水泥浆体饱满，以提高预应力孔道压浆的饱满度和密实度。采用真空灌浆工艺是提高后张预应力混凝土结构安全性和耐久性的有效措施。

真空压浆与常规压浆相比，具有以下的优点：真空的形成能够较好地导引管道内浆液顺利通过管道，解决了常规压浆泵因压力不足等达不到理想注浆效果的问题；保证了预应力管道内水泥浆液的饱满度和密实度；工艺及浆体的优化，消除裂缝的产生，使灌浆饱满性及强度得到保证；真空灌浆是一个连续且迅速的过程，节约压浆时间，缩短工作周期；增强了固结水泥浆在孔道内的黏结力。

三、几项桥梁施工技术介绍

1. 预应力混凝土工程

《规范》12.6.6 预应力筋编束规定，预应力筋由多根钢丝或钢绞线组成时，同束内应采用强度相等的预应力钢材。编束时，应逐根理顺，防止互相缠绕。钢筋的冷拉工艺采用控制应力或控制冷拉率的方法。从受力分析来考虑，编束时，梳理顺直，可防止钢丝或钢绞线在穿孔、张拉时由于互相缠绕紊乱而导致的受力不均匀现象。当受力不均匀时，将使有的钢丝达不到张拉控制应力，而有的则可能被拉断，造成预应力损失。《规范》12.10.3 后张法张拉第 2 条规定，预应力筋的张拉顺序应符合设计要求，当设计未规定时可采取分批、分阶段对称张拉。主要从受力角度要求后张法多根（束）预应力筋张拉时，应使张拉的合力作用线处的构件核心截面以内，防止构件截面产生过大的偏心受压和边缘拉力。对称张拉可避免或减少偏心力矩，宜分批、分阶段对称地进行。

另外，按控制应力先张拉的预应力筋会因后批预应力筋张拉时所产生的混凝土弹性压缩而引起应力损失。综合考虑张拉力的影响，可减少预应力损失。预应力工程施工关键是如何正确地建立起设计要求的预应力（即结构的内应力）而其最大的影响因素就是应力松弛带来的危害。为保证施工质量，预应力张拉必须严格按照程序规定执行且张拉后立即做好灌浆的准备，这些对控制应力损失的减少都非常关键。张拉过程中不仅要控制好应力值，而且要随时抽查预应力筋的增长值，同时要按照对称、均匀的方法进行张拉，张拉完并封锚以后，即可开始灌浆的工作，灌浆不仅减少应力的损失，而且封闭孔道，减少预应力筋的损失，并且使其与结构共同作用，提高结构的抗裂性。

2. 临时支座的预制

在桥梁施工中，临时支座大多数采用预制的长方体混凝土块，在相应位置对称放置两块，待湿接头混凝土达到强度后，再凿除，这样施工由于预制的混凝土块薄厚不均，摆放位置错动，以及梁板本身制作尺寸的误差，容易把临时支座压坏、压碎、挤动，影响梁板的标高或造成梁板位置偏离。有些临时支座由于梁板的拖动，紧靠在台帽里侧不易凿除，即使凿除后也不易清扫，给施工带来不必要的麻烦。临时支座的作用是减小和防止支架产生有害于施工的沉降。是否需要给支架设临时支座，一要看支架落地处是否坚实；二要看支架的荷载是否大；三要看施工的周期是否长。一般雨天之后要检查支架、支座变形。这一点，常被经验缺乏者忽视。

在桥梁建设中，我们应该根据实际情况来选择适宜的施工方法和技术。现代桥梁建设的施工技术发展突飞猛进，不断地涌现出了先进的技术、设备和高科技材料。当然在建设的过程中，我们仍会遇到各种新问题，这就需要我们不断探求新方法、新技术。

桥梁基础工程的施工管理要求

桥梁工程的建设远比普通的公路建设施工难度要高得多，而且对技术的实施也有着较高的要求。桥梁一般建设在水面、江河或跨度较大的峡谷当中，作为交通运输系统的重要组成部分，提升桥梁工程的建设质量是施工管理中最为重要的内容。在桥梁工程施工中，基础工程的建设占据了重要比例，也直接决定了桥梁的承载力和结构稳定性。因此，应当将桥梁基础工程施工作为施工管理的重要内容，严格技术实施，并对关键项目的施工进行合理控制。

一、施工技术管理

1. 扩大桥梁基础

桥梁基础是保障桥梁承载力的重要项目，扩大桥梁基础能够有效地提升桥梁的承载力和抗压力，并保证桥梁结构的稳定性。基础底板是承载地基和桥面之间的结构，主要作用是传递桥面压力，将其传送到承载地基上。一般情况下采用明挖施工方法，施工项目有基坑排水、基地处理、基础定位放样、基础结构浇筑以及基坑开挖。

2. 桩及管柱基础施工

对于表层土质承载力较弱，持力层深埋地下的施工场地来说，需要适当加大开挖深度，采用深基坑施工，避免桥梁基础承载力过低，易发生变形问题，采用桩基础作为桥梁基础。桩基础施工主要包括木桩基础、钢筋混凝土桩基础和钢桩基础、预应力混凝土桩基础，其中钢筋混凝土和预应力混凝土的使用较为普遍，其成本低，承载力好，适应桥梁工程的特点和要求。

3. 沉井基础施工

沉井基础是一种具有较高抗震性能和耐压力的桥梁基础施工方式，一般被应用在河床冲刷严重和持力层埋藏较深的基础施工中，该施工方式下桥梁的基础承重结构是由开口的井筒组成的。该结构包括井筒、顶盖和封底混凝土三个部分，根据实际需求，可以将沉井基础设计成不同的形状。基础井分为单孔井和多孔井两种形式，井壁可以采用不同的材料搭建，比如混凝土、竹筋混凝土、木筋混凝土等。如果桥梁基础工程在陆地进行建设，为了降低刃脚土的阻力，会建设取土井进行排土，而后井筒依靠自身的重力下沉；如果桥梁基础建设在水中，则需要使用筑岛法或者浮运法，为了降低井筒的下沉阻力，可利用井壁后压气法、高压射水法或者泥浆套法增加下沉压力，加速井筒的下沉。

4 . 地下连续墙基础施工

地下连续墙基础施工是在地下挖掘深基坑，然后利用钢筋笼以及混凝土灌注让地下形成连续的墙体结构，以此作为桥梁工程的基础工程。一般情况下，应当将连续墙的厚度控制在 0.3~2 米。挖掘深度依据桥梁承载力、技术限度和基质情况而定，现代使用地下连续墙基础的桥梁深度最大达到了 100 米。槽壁法施工方式下地下连续墙主要有分散式板墙和闭合板墙两种结构。前者依据桥墩的形态和桥梁承载力解决板墙的排列问题；后者以多边形和四边形形式进行排列。闭合结构的地下连续墙在大跨度桥梁基础施工中使用较多，其优势在于：耗材少、成本低、效率高，而且结构性能好。

5 . 施工验收

施工验收是桥梁基础施工管理中的最后环节。施工队伍应当制定严格的验收管理机制，使用先进的检测设备和技术，对桥梁工程进行全面完整的核验，按照图纸设计对比实际施工，发现问题要及时反馈给相关部门，并监督问题的整改，实施二次验收。

二、钻孔灌注桩工艺分析

1. 护筒埋设

在钻孔灌注桩的钻孔中，通常选用钢护层。护筒埋设则起着导向、定位、保护管径的作用，护筒内径应当保持大于桩直径 20~40 厘米；如果基础施工在地面进行，护筒则应超出地面 0.3 米以上，如果基础施工在水平进行，则应高出水平面 1~2 米。对于存在冲刷河床的基础施工地区，应当保持护筒埋在冲刷线下 1~1.5 米。埋设护筒时，需经技术人员检查，确定作业位置之后才能埋设，衬板、管外壁与基坑之间的空间用黏土回填，并检查对沉筒位置进行二次检查确认，以确保嵌到位。

2. 钻孔

机械开钻前，需要复验光滑度，保持机械不产生位移和沉陷，并对主要机器和设备进行检查和维护，了解钻机性能是否完善，钻头以及其他部位的旋转是否灵活，能否达到各个钻进角度，检查润滑油是否足够，并要求现场管理人员检查签字，这样可以避免开钻前位移或沉降，有效保证孔的位置精度。在钻井作业中，钢丝绳和重锤的位置偏差应小于 5c 米，严格控制冲击锤的升降，避免与孔壁、护壁产生撞击碰擦。在钻入过程中，需要检查钻头的垂直度，同时不断钻探，做好施工记录，测试钻井液性能，不符合规范要求的，需要及时补充泥浆。保证水头始终停留在高于护筒 0.5 米或更多的位置上。如果钻孔过程中，发生塌孔或钻孔周围出浆失衡等情况，应马上中断施工，调整好钻进位置和设备后再施工。

3. 成孔、清洁及钢筋笼吊装

（1）钻孔桩达到设计标高后，停止钻孔，然后处理钻孔深度、直径及桩位等基本参数，仔细检查验收，而后进行清孔作业。

（2）一般使用换浆方式进行清洗。确定终孔后，停止钻机操作，切换到小中程模式将孔底沉渣捞起并清孔，第一次清孔后将撞击锤稍微提起，保持与孔底 0.1~0.2 米的间隙，并让泥浆保持正循环，而后施加一定的压力将纯度更好的泥浆慢慢推入孔底，置换原来的孔底泥浆。然后检查验收，最后再进行钢筋笼的吊装和混凝土的灌注。

（3）确认最后一个孔桩基础后进行第一次清洗，第二次清洗则在混凝土灌注之前进行。清洗时应将孔内泥浆比重控制在 1.03~1.1，含砂率应保持在 2% 以下，黏度则在 17~22 秒。

（4）钢笼完成后，需要放在平坦干燥的地方。贮存期间注意雨水和水分控制。当吊装钢筋笼时，需要用十字拉线法确定每一节钢筋笼是否在中心位置上，吊装完成后需要再次审查钢筋笼是否与中心位置存在偏差，如果不符合设计规范和要求，需要及时调整。

4. 混凝土灌注

连续灌注采用垂直导管灌注水下混凝土，导管壁厚应大于 3 毫米，适合口径在 0.2~0.3 米，根据桩型选择合适的导管长度，一般情况下选用 2.5 米标准节和底部断面不小于 4 米的导管。管道接头采用法兰管件加圆锥式。在安装导管后，需要进行管道试压，试压力一般控制为静水压力的 1.5 倍。灌注混凝土时，导管进入混凝土的深度取决于灌注体积、混凝土注入速度和性能，埋深约 2~6 米，灌注混凝土工作应连续进行，不得中断。此外，外桩的高度应高于桩顶高度。最后一段导管的拔出要保持缓慢，以防止泥浆堆积入管并形成泥芯。

三、提升桥梁基础工程施工管理力度的措施

1. 强化人员技能和素质的培训

为了提高桥梁基础工程的技术管理水平，必须加强桥梁施工人员的专业能力和综合素质。企业可从以下方面提高员工的职业能力和综合素质：①提高员工的安全意识和桥梁基础施工专业水平，施工人员自身的安全意识和专业水平直接影响到施工质量，它是桥梁施工顺利进行的根本保障，也是减少施工安全问题的主要途径。施工单位可以定期开展安全意识教育和职业技能培训。②提高桥梁施工管理人员的管理水平和综合素质。由于管理人员的管理水平与自身文化素质低下，组织能力、管理能力、综合培训能力等综合素质有待提高，对于他们的技能培训与素质培训可以有效提高桥梁基础工程的施工管理水平。

2. 优化基础施工技术管理制度

建立全面有效的规章制度也是改善桥梁基础建设管理的重要途径。所以要积极建立科学合理的制度，严格要求工作人员，才能使其按照桥梁施工技术管理制度约束自己的行为。在桥梁基础工程施工中，必须明确建设内容、设计图纸和施工管理规定，促进施工参与者

更好地了解施工情况，以保障施工技术和管理工作的顺利实施。

3. 做好勘察工作

根据地层、地质水文条件、岩层结构形式、场地条件，制定施工方案，编制施工组织计划，报监理工程师批准。深入阅读施工图、设计意向书，并结合现场情况进行检查，对地下结构标高和基础尺寸、桩位坐标和工程量计算进行复核。认真进行施工放样测量，控制桩基中心、平面位置和标高，审查其相对位置和坐标，保证基础施工准确，减少施工误差。

4 . 机械与材料准备

机械配备必须满足工程使用要求，施工企业应当根据桥梁基础施工要求核算所需的施工设备及其数量，同时对租赁或采购的设备进行性能检查，确认性能完好之后才能投入使用。施工过程中，也应对施工设备进行有效的维护保养，对于磨损较为严重的设备要进行更换维护。对于施工材料的管理要坚持客观公正的态度，发现材料问题要及时通报，并要求采购部负责，更换新的材料。

桥梁承载了大量的交通运输任务，如果桥梁工程施工出现质量问题，就会造成严重的经济损失和人员伤亡，并引发社会舆论。因此，必须严格管理桥梁基础工程的施工建设，规范技术的实施，对施工相关因素进行控制，稳保桥梁基础工程的质量。

道路桥梁施工技术现状与发展

随着社会的发展，科学技术的快速发展以及工业水平的持续不断的提高，人们对土木道路桥梁施工的质量的要求是逐步提高，特别是从二十世纪后期以来，人们比较重视桥梁和道路的施工质量，最后能否使得人们的出行更加方便是我们大家一直关注的问题。改革开放以来，我国在土木道路桥梁建设当中取得了优异的成绩。到目前为止，我国在大桥建设领域有了丰富的经验，但是这样是远远不够的，我们应当向前看，还应当继续努力，继续前进。

一、道路桥梁施工技术的现状

1. 桥梁普遍的施工技术大部分是满足不了高质量以及高品质的要求

目前道路桥梁施工工程的耐腐蚀性以及结构强度均满足不了实际的需要。详细来说，目前在施工的建筑当中使用的钢筋混凝土快速成形技术根本就保证不了其结构的完整性，强度也达不到要求，如果遇到了相当恶劣的天气或者是强度很大的压力，就会出现一定的坍塌现象。而且这种古老的钢筋结构抗拉强度比较低，耐腐蚀性也比较差，如果长时间使用这个结构那么之后一定要进行更换，否则就会造成一定的经济损失。

2. 桥梁施工的管理技术相对来说还是比较落后

要想确保施工桥梁工程的高质量，技术水平得到一定的提高，那么就一定要对这项工程进行科学正确的管理。但是到目前为止，许多的施工单位常常会忽略这个问题，施工管理技术相对的落后，项目相关的施工管理人员仅仅只是在对施工过程进行一个不是很详细的记录。此外，一部分施工管理者的基本技术不过硬，缺乏一套正确完整的管理的理念，甚至会出现一些普通员工替代施工管理者的情况，使得数据不准确，在施工项目具体的管理过程中得不到真正的技术资料。

3. 道路桥梁的钢筋比较容易被腐蚀

钢筋通常来说就是支撑道路桥梁的核心部件。如果道路桥梁的支撑钢筋出现一定的锈蚀状况，就会缩减桥梁的使用寿命，从而进一步威胁到人们的财产以及生命的安全。使桥梁的钢筋出现腐蚀现象的原因有很多种，例如施工的过程不够严谨、环境的因素以及材料的选择不够合理。所以，土木道路桥梁的施工是一项极其复杂的一个工程，需要多方统筹，综合管理。

二、道路桥梁施工技术的发展方向

1. 建筑材料的多元化

到现在为止，大部分的桥梁所使用的材料还是以钢筋混凝土为主，但是在目前的桥梁发展建设当中，越来越多的新型材料，如铝合金、碳纤维、玻璃钢以及纳米材料等慢慢地在桥梁建设当中被使用。如此可见，在未来的施工建筑材料的选择当中，主要还是以选用高强度、轻质材料为主。

2. 桥梁结构形式由单一化向多元化的逐步转变

在进入 21 世纪以后，我国的经济在快速发展，道路桥梁的基础性建设的水平也在慢慢地提升，随着纳米材料、玻璃钢、高强度钢以及铝合金等高技术材料在工程施工中的使用，目前人们已经不单单满足桥梁作为一条安全的通路，对其美观度以及外形也有了进一步的需求。在全国各地，我们都能够欣赏到多种多样的新型的大桥，悬索桥以及斜拉桥等也在许多地方开工建造。所以，将来的桥梁结构形式将会更加多种多样化。

3. 桥梁结构的多样化

现代建筑桥梁的结构形式多种多样化，但是随着社会的发展以及时代的快速变迁，桥梁的整体结构也在随着快速的发展。将来的桥梁结构有待于发展成为一种结合型的桥梁建筑结构，比如悬索桥、斜拉桥以及一些综合性的混凝土拱桥等。

4. 施工技术的清洁化以及节能化

我国在施工工艺、施工技术以及施工材料等一些方面的节能型研发逐步增加，从而进一步为道路桥梁的施工技术节能化发展提供了一种强有力的支持。主要集中地体现在防水技术、预应力、钢筋连接以及混凝土技术等几个方面。在防水卷材等方面，在沥青油毡的基础上研究出了改性的三元乙丙橡胶材质以及沥青油毡，并且表现出了一种朝向复合材料以及有机材等应用方向的一种发展的趋势。

5. 现代化以及人性化

施工建设当中桥梁的未来发展将会更加的趋于智能化以及人性化，通过现代化的计算机控制来方便迅捷地去掌握桥梁的变形和受力的情况，通过一些特殊的温度感应系统来准确地了解气温的状况，通过一部分特殊的传感器来检查风力的作用效果，通过一些地面的承载能力的变形感应出车辆超载的具体实施的情况。

6. 加强施工的稳定性和强度

在施工道路的路桥以及路面的具体的施工过程当中，其中路面的整体理应当具有很强的强度，这就是有利于抵抗外部作用的外力作用，例如剪切、压实以及拉断等外力作用。即使是存在着这些外部的作用力，也不会发生过大的变形、沉陷以及车辙等破坏。因为路面结构会通常受到降雨、日光、温度、湿度以及大气以及一些自然作用力的影响，使得路面结构的其他指标以及力学性能发生巨大的变化，所以为了保证路面的整体的强度应当具有一定的气稳定性、高温稳定性以及水温稳定性。

7、加固技术与深水施工技术的进一步发展

施工道路桥梁的建设不单单是要在陆地上进行，而且还要在海里施工，世界上的诸多国家也逐步地提出了建造跨海大桥的一种大胆的假想，这本身就需要在保证建造材料高性能的大前提下，拥有现代化的深水的施工技术。

在施工过程中，正确处理安全、质量、进度与成本控制的相互关系，是企业永恒的主题，工程质量直接影响企业经济效益和社会信誉，因此工程施工中应加强工程质量检验，杜绝工程质量事故的发生。建立完善的管理制度是当今建设发展的需要，也是保证其工程项目能够顺利实施的重要环节。

桥梁悬臂施工技术

目前施工控制在国内大型连续梁和连续刚构的建设中被越来越多地实施。在施工控制技术方面，主要包括两大核心：结构计算和误差调整。结构计算强调准确性，误差调整强调可控制性。下面就某大桥施工技术阐述桥梁施工控制理论在连续梁桥悬臂施工中的应用。

一、大桥主桥工程简介

通过多方案比较，大桥确定采用双层连续梁桥方案，打破了常规连续梁桥仅在箱顶设置悬臂的成规，通过箱梁底板挑出悬臂设置人行道和非机动车道，箱梁顶板仍作为行车道，

非机动车和行人与机动车道的完全分离保证了车道的快速无阻，并降低了人行和非机动车道的坡度，从而有效地降低了桥梁标高、减小了桥梁的宽度和长度，大大降低了工程造价。

1. 大桥主桥施工控制的特点

（1）大桥主桥采用双层桥面的箱梁，上层宽18米，下层宽20.2米，梁高4米，其规模大；下层悬臂6.5米，属国内首例。

（2）主桥采用55米+5×72米+55米七跨连续布置，跨径之多，在国内如此多跨径相连续的梁桥也不常见。

（3）主桥施工工期长（15个月），环境影响因素（温度、湿度、水量、风等）复杂，这给施工控制带来了诸多考验。合理的考虑温度等因素的影响，是保证大桥施工质量的重要条件。

（4）风对于双层桥面的预应力混凝土箱梁的作用是不可忽略的。风力的作用导致悬臂施工箱梁的横向挠度和扭转，所以，为了保证施工的安全验算悬臂施工箱梁的横向稳定是非常必要的。另外，风引起的横向挠度会引起梁体横向的变位，对于线形的控制要引起注意，对于这方面公开的报道还不多，还有待于更深层次的研究。

（5）箱梁上下翼板悬臂宽度大，合理的控制翼板的标高也是大桥施工控制的重要内容。

（6）该桥为七跨一联连续梁桥，从上部结构开始施工到全桥的合拢，经历了多次体系转换的过程，这导致施工控制结构分析的复杂性。比较三跨一联的连续梁桥，大桥的施工控制更有其特殊性。所以，结构分析中合理准确的模拟施工状态是保证施工控制成败的前提。该桥的结构分析采用《桥梁施工控制综合程序系统》（FWD），该程序实现了桥梁施工过程的仿真模拟，实践的成果证实这个程序系统是可靠的，准确的。

2. 大桥主桥施工控制的理念

大桥的施工控制理念可以归结为："一主，二辅，一中心"，以确保大桥建设的质量。

一主：以成桥线形的控制作为大桥施工控制的主线，以保证大桥成桥线形最大限度的逼近合理成桥线形。

二辅：以横向（轴线）控制和悬臂翼板的立模标高控制作为两条辅线，以保证轴线线形和翼板的流畅、美观。

一中心：把桥梁施工中当前节段的标高收敛于当前施工阶段的计算标高作为施工控制工作的中心，以减弱对于其他跨的影响，保证各跨的顺利合拢。

二、施工控制的目的、意义与内容

对于分节段悬臂浇筑施工的预应力混凝土连续梁桥来说，施工控制就是根据施工监测所得的结构参数真实值进行施工阶段计算，确定出每个悬浇节段的立模标高，并在施工过程中根据施工监测的成果对误差进行分析、预测和对下一立模标高进行调整，以此来保证成桥后桥面线形、合拢段两悬臂端标高的相对偏差不大于规定值以及结构内力状态符合设计要求。桥梁施工控制的目的就是确保施工过程中结构的可靠度和安全性，保证桥梁成桥面线形及受力状态符合设计要求。

大跨度预应力混凝土连续梁桥的施工控制包括两个方面的内容：变形控制和内力控制。变形控制就是严格控制每一节段箱梁的竖向挠度及其横向偏移，若有偏差并且偏差较大时，就必须立即进行误差分析并确定调整方法，为下一节段更为精确的施工做好准备工作。横向偏移可以通过精确测量控制和调整来达到要求，而影响竖向挠度的因素很多（如施工荷载、挂篮自重、温度变化等），施工时就要充分考虑影响挠度的各种影响，在各节段设预抛高，也就是控制立模标高。内力控制则是控制主梁在施工过程中以及成桥后的应力，尤其是合拢时间的控制，使其不致过大而偏于不安全，甚至在施工过程中造成主梁破坏。

悬臂施工属于典型的自架设施工方法。由于连续梁桥在施工过程中的已成结构（悬臂节段）状态是无法事后调整的，所以，施工控制主要采用预测控制法。连续梁桥施工控制主要体现在施工控制模拟结构分析、施工监测（包括结构变形与应变监测等）施工误差分析以及后续施工状态预测几个方面。

施工控制的最基本要求是确保施工中结构的安全和确保结构形成后的外形和内力状态符合设计要求。大桥采用悬臂浇筑施工，因其跨径较大、连续孔数多，最终形成必须经历一个漫长而复杂的施工与体系转换过程。通过理论计算可以得到各施工阶段的理论主梁标高值，但在施工中存在着许多误差，这些误差均将不同程度地对成桥目标的实现产生干扰，并可能导致桥梁合拢困难、成桥线形与设计要求不符等问题，因此，为了确保大桥施工安全，成桥线形符合要求，在施工中必须实施有效的施工控制。

三、桥梁施工控制系统的建立

任何产品的产生都是经历了管理流程、生产流程和技术流程，桥梁也可以当作一种特殊的产品，在桥梁建设的过程中也同样要经历着不同的流程。在桥梁的施工中，为了保证大桥的安全和施工中准确性所经历的流程就构成了桥梁施工控制系统。这个系统关系到业主单位、监理单位、监控单位、设计单位和施工单位等。这个桥梁施工控制系统主要由两部分组成：管理实施流程和施工控制技术流程。

管理实施流程建立了施工控制中的总体工作流程，说明了各单位间的工作关系。管理实施流程的运作直接关系大桥的建设进度和质量。

连续梁悬臂施工控制是 施工→量测→识别→误差分析→修正→预告→施工的循环过程。

四、施工控制的实现及其成果

结合大桥的建设，介绍该工程的挠度观测、施工中的挂篮及支架、立模标高的计算公式和部分施工控制的成果等。

1. 挠度观测

2. 施工挂篮

3. 施工支架

4. 应用灰色预测和曲线拟合法的施工误差调整

大桥的施工控制中，对于误差的调整采用曲线拟合法和灰色预测法的结合。在悬臂施工的 2 号 ~9 号块采用曲线拟合的方法对施工误差进行调整，以保证成桥线形的平顺；10 号 ~11 号块采用灰色预测法对误差调整。

从施工控制的结果来看，一般在 9 号块施工完毕，实际的梁体线形与计算的线形已非常的接近。在 10 号和 11 号块的控制中，采用灰色预测法可以使合拢段的标高接近计算值，而不致产生较大的偏差影响合拢施工。另外，合拢段标高的准确，也能够保证后合拢跨的施工质量，减弱对于后继施工的不利影响。

桥梁桩基施工与检测技术

桥梁桩基是桥梁建设施工安全至关重要、不可或缺的一个中间环节。在我国现阶段，桥梁桩基常见的施工技术有“人工挖孔桩”和“钻孔灌注桩”两种。人工挖孔桩是指用人力挖土、现场浇筑的钢筋混凝土桩。人工挖孔桩一般直径较粗，最细的也在 800 毫米以上，能够承载压力较大的结构主体，目前应用比较普遍。而钻孔灌注桩则是指在工程现场通过机械钻孔、钢管挤土或人力挖掘等手段在地基土中形成桩孔，并在其内放置钢筋笼、灌注混凝土而做成的桩，依照成孔方法不同，灌注桩又可分为沉管灌注桩、钻孔灌注桩和挖孔灌注桩等几类。对于不同的桥梁桩基技术，具体应用也各不相同。

一、桥梁桩基常见的施工技术

1. 人工挖孔桩

人工挖孔桩是现阶段中国建筑行业应用较多的施工技术，具有操作简单、技术含量低、施工设备成本少及桥梁桩基的检测方便等优点，非常适合我国目前建筑业的发展水平，在人工挖孔桩之后，加以钢筋的稳固，混凝土的浇灌，就能够形成质量安全的工程施工项目。人工挖孔桩虽然具有上述优势，其本身存在的问题也比较多，其中最大的弊端就是人员工作危险系数较大，人工挖孔桩是依靠工作人员进行挖孔，井下作业的情况较多，地下土质的不安全因素较大，当挖孔时，遇到空地积水较多时不仅会减缓工程的进度，还会降低工作的质量，对工作人员的实际工作产生威胁。另外，在发现桥梁的地下水文条件与地形存在和施工准备提供的资料明显不符时，还需重新进行调查，加大施工项目的投资。

2. 钻孔灌注桩

钻孔灌注桩技术是应用先进的设备仪器，利用机器来进行钻孔，具有成孔速度快、成孔质量高和应用类型广的特点，相比于人工挖孔，钻孔灌注的技术更加便捷，并且工作效率高，单位时间内完成的钻孔较多，因此，对于施工进度的缩短、施工质量的提升具有积极影响。对于钻孔灌注桩技术，在现阶段的发展中，还存在着一些问题。首先，就是建筑行业施工过程中常见的地质环境问题。钻孔灌注桩技术对于地质结构的要求非常高，不同的地层应使用不同的钻进方法，不能一概而论，这就要求相关技术人员着重关注地质问题；其次，就是泥浆的调和程度，钻孔灌注桩技术最为核心，最为重要的就是泥浆的孔内补充，泥浆要按照比例调和均匀，并且，及时地灌入到孔内才能够达到施工要求，增强桥梁的稳定性，提高建筑质量安全。

二、桥梁桩基施工工艺、内容

1. 开挖灌注桩孔开挖灌注桩孔是桥梁桩基施工的第一个环节，要把握几个步骤：

（1）将桥梁施工的设计方案和图纸进行系统的研究，掌握设计精髓，保证钻孔过程中顺利施工。（2）挖孔过程中孔桩中心点的选择。孔桩中心点的选择影响着整个桥梁施工的稳定，与质量的安全关系重大。（3）孔壁的保护。在挖孔完成后，要对孔壁进行强化和稳固，防止孔壁塌方，对孔壁的强化稳固通常情况下都使用混凝土来进行，进而防止影响整个施工项目。（4）要保持孔底地下整洁，如果孔底出现淤泥和施工残渣，要及时清理。

2. 制作钢筋笼制作钢筋笼主要涉及两点内容：（1）根据设计图纸和相关资料，并结合施工过程中具体的施工情况进行钢筋笼样板的制作。这主要是为了确定主筋之间的距离，保证钢筋笼的正确定位，提高桥梁建筑的承载能力。（2）焊条与钢筋笼的匹配状况，在桥梁桩基施工过程中，焊条与钢筋性能的匹配情况影响着桥梁建筑的稳定性，不同型号的焊条所对应的钢筋有所不同，因此在项目施工过程中，工程技术人员与项目操作人员要进行严格的把关。

3. 安装钢筋笼

钢筋笼在实际安装的过程中主要应注意两个方面:（1）对于钢筋笼的稳定性进行保护，因为在钢筋笼刚刚焊接完成之后，其稳定性相对较差，容易发生变形或是损毁。因此，针对这种情况，相关人员在对钢筋笼进行移动和搬运的过程中应采取相应的措施，防止钢筋笼受压变形。（2）钢筋笼的安装问题。钢筋笼安装在钻孔的孔内，并不能随意进行安装，要进行调整和匹配，在安装过程中，钢筋笼不能碰触孔壁，在调整好位置后，要及时进行固定处理，防止钢筋笼移动。

4. 混凝土灌注

混凝土的灌注起到稳定桥梁桩基的重要作用，在混凝土灌注工程中，首先，应对钻孔的质量以及孔壁、孔底进行检查，钻孔的质量要符合施工的标准，对于孔壁，应具备稳定性，孔底要干净整洁，不能存在淤泥、积水和施工残渣。其次，就是在钢筋笼安装后，检查相关导管的安装情况，因为混凝土会随着导管进入孔底，导管的安装一定要符合要求，不能随意穿插。

三、桥梁桩基检测技术

1. 成孔检测由于成孔检测是成桩检测技术的先决条件，成孔检测作为桥梁桩基检测的重要参数标准在整个施工过程中占据着非常重要的地位，在我国，相较于成孔检测，桥梁桩基检测的发展程度要更先进一些，但是为了保证施工的各个阶段的质量安全，对于钻孔的检测非常有必要。

2. 静载荷试验法静载荷试验法是指按照桩的使用功能，分别在桩顶逐级施加压力，观测桩的测验点的起伏沉降情况以及水平位移状态，以此判定单桩水平承载力以及竖向抗压承载力的情况。在目前的检测技术上来看，静载荷试验法是现阶段最为可靠、最为直观的检测手段之一。但是，由于我国科学技术发展水平还不是很完善，相关的检测设备存在问题，因此，导致静载荷试验法在对桥梁桩基检测的过程中存在误差。

3. 声波透射法声波透射法是指在预埋声测管之间发射并接收声波，通过实测声波在混凝土介质中传播的声时、频率和波幅衰减等声学参数的相对变化，对桩身完整性进行检测的方法。声波透射法对于相关技术的要求较为专业，并且设备质量的需求标准高，因此，在过去的桥梁桩基检测过程中并没有过多地使用。不过，随着经济全球化、技术全球化的深入，我国社会主义市场经济的发展，相关科学技术的进步，已经让声波透射法在桥梁桩基的检测上有了质的飞跃。声失时判读已不再是唯一的选择，声幅和声频已开始进入了分析判断领域，尤其令人欣慰的是，声波 CT 已步入实用阶段，为声波透射法的后续研究提供了广阔的前景。因此，对于桥梁桩基而言，声波透射法也是一项非常合适的技术检测手段。

桥梁桩基的施工技术和检测技术在运用起来都具有较大的技术含量，因此，在桥梁施工时，路桥企业应首先加强施工人员的工作技能，对于施工管理人员，增强施工安全意识，提高对于桥梁桩基整体的建设程度；对于专业技术人员，增强专业技能，提高工作素质，使之在施工检测过程中解决临时出现的各种难题；对于一般的施工操作人员，应加强他们对桥梁桩基的熟悉程度，按照工作流程，按部就班地进行施工，增强工程项目的质量安全。

路基与桥梁工程施工技术

一、道路路基与桥梁工程施工技术的不足

落实施工技术，加强质量控制是道路桥梁施工中不可忽视的内容。一般来说，施工单位必须重视质量控制，严格遵循工艺流程，加强质量控制。但不能忽视的是，目前在工程建设中，一些施工人员责任心不强，未能严格落实施工技术，对道路桥梁工程建设产生负面影响。

1. 道路路基施工技术的不足

例如，忽视加强路基填料质量控制，没有按要求选择粗细集料，原材料试验检测不到位，含水量控制被忽视。再加上施工过程碾压不到位，没有严格采用分层填筑和碾压方式，导致路基压实度不合格，容易出现下沉等质量问题。

2. 桥梁施工技术的不足

道路桥梁施工是非常关键的内容，桩基、承台、墩身、盖梁和上部结构等，都是施工单位必须加强质量控制的部位。但目前在工程建设中，一些施工人员未能严格遵循设计方案开展工程建设，施工现场管理不到位，施工技术没有严格落实。存在的质量缺陷没有及时修复和处理，进而降低施工效果和工程质量。

3. 道路桥梁过渡段施工技术的不足

过渡段是道路桥梁工程建设的关键部位，加强该部分质量控制。不仅可以弥补施工建设的不足，还有利于预防桥头跳车现象发生，保障车辆安全顺利行驶。但目前过渡段施工不到位，例如，填料质量不合格，软土地基处理不到位，过渡段排水施工质量控制被忽视，出现雨水下渗或积水现象，甚至引发过渡段不均匀沉降。再加上车辆的碾压，可能引发桥头跳车现象，制约车辆安全顺利通行。

二、道路路基与桥梁工程的施工技术

为实现对道路桥梁工程质量的严格控制，预防质量问题发生，落实施工技术，加强质量控制是必要的。根据存在的问题，施工单位可以采取以下技术措施保障工程质量。

1. 道路路基施工技术

路基是道路桥梁建设的基础，如果质量不合格，很容易出现下沉等问题。为预防这些问题发生，需要落实以下施工技术。

（1）路基清理技术

将路基表面的垃圾、杂物等清理干净，确保路基表面平整。然后整平和压实填方路段，再进行填方施工。

（2）路基排水施工技术

采用渗沟、暗沟、渗井等排水措施，根据当地降水和地下水位基本情况，采用合理的排水措施。如果路基所在路段地下水丰富，水流量大，采用渗沟排水，并设置排水管、反滤层、封闭层。如果地下水位较高，利用疏导、隔离、堵截等方式处理。

（3）路基土方施工技术

道路工程路基施工中，土方施工是关键环节，主要包括土方开挖、路基填料、路基压实等。开挖前要进行地质情况勘查，做好支护工作，将地下水顺利排出，保证施工安全。重视填料含水量控制，确保在最佳含水量状态下进行土方填筑和碾压施工。为实现对路基压实度的控制，常用分层填筑和碾压方式，每层厚度在20~30厘米之间为宜。土方碾压分为初压、复压和终压，速度在1.5~3.5千米/时之间为宜，进而实现对路基压实度的有效控制。

（4）路基防护施工技术

为保证路基施工质量，使其有效运营和发挥作用，防止地质灾害带来不利影响，加强路基防护是必要的。根据施工经验，结合现有技术措施和施工情况，常用坡面防护、冲刷防护和支挡防护技术。具体工作中需要重视现场调查，结合现场施工需要采取相应的施工技术，进而增强边坡的稳定性与可靠性，避免滑坡、坍塌等事故发生。

2. 桥梁工程施工技术

桥梁工程施工中，桩基承台、上部结构是最关键的部位，对工程质量和桥梁性能发挥产生重要影响。因此，施工单位应该完善方案设计，明确工艺流程和施工要点，实现对工程质量的控制。

（1）桩基承台施工技术

常用土石筑捣桩基或钢筋混凝土桩基，这样既能为桥梁施工顺利进行奠定基础，还有利于保证施工效果。桩基成孔施工中，一般采用人工挖孔方式。工程建设的关键包括桩位固定、桩位固定、垫层浇筑、挖孔、清理孔壁、支撑护壁模板以及浇灌混凝土。必须严格遵循工艺流程，预防质量问题，实现对工程质量的控制。成孔施工中要加强直径和垂直度控制，保证直径大小合适，严格控制垂直度偏差。重视钢筋笼绑扎和安装施工，按要求进行混凝土灌注，确保桩基施工效果。承台常用方法包括明挖法、简易板围堰后开挖基坑等。根据现场情况选用合适的方法，特殊地质类型可采用钢板桩围堰、钢管桩围堰、双壁钢围堰等施工。

（2）墩身盖梁施工技术

施工前按要求搭设脚手架，保证脚手架稳定可靠，提高刚度与强度，满足材料运输和盖梁施工需要，实现对安全事故的预防。按要求拼装钢筋笼，根据规范要求下料、切割、焊接，保证钢筋笼制作效果。模板安装后吊装钢筋笼，加强模板垂直度和刚度控制，保证施工效果。墩身混凝土常用分段浇筑方式，减少施工缝，保证工程质量。浇筑后进行养护施工，避免出现裂缝，混凝土强度合格后拆模。盖梁包括满堂支架式、抱箍挑架式及埋设托架式三种型式，结合桥梁施工具体内容选择支架型式。同时还要重视水泥、砂石、外加剂等材料质量控制，按要求进行配合比设计，保证混凝土浇筑和养生效果，预防裂缝现象，提高盖梁施工质量。

（3）上部结构施工技术

包括预制件安装和现浇法施工，加强该部分质量控制可以保证桥梁工程外形美观，预防质量问题发生，保证车辆顺利通行。当前，预制 T 梁、工字梁和空心板等技术的应用越来越普遍，并且施工经验不断总结，施工技术不断完善，标准化施工趋势愈加明显。上部结构施工中，需根据桥梁工程基本情况合理选择相应的技术措施，按要求开展工程建设，预防质量问题发生。

3. 道路桥梁过渡段施工技术

过渡段是道路桥梁工程建设的关键，也是质量控制的重点。加强该部分工程质量控制，不仅可以预防不均匀沉降，还可保证施工效果，预防桥头跳车，保障车辆安全顺利通行。

（1）施工准备工作

根据施工现场情况完善方案设计，有效指导过渡段工程建设。重视过渡段台背填料质量控制，按要求进行材料质量检测，保证质量合格，透水性良好。方案选用时要加强比较研究，认真对比分析，选用技术合理，成本低廉的方案，进而有效指导过渡段施工。

（2）保证材料质量并加强沉降控制

过渡段施工材料包括砂石、水泥等，要从质量可靠的单位采购材料，严格按要求试验检测，保证材料质量合格。合理安排材料和机械设备入场，按要求安装定位，促进机械设备综合性能最佳发挥，确保过渡段工程质量。桥台施工完成后尽快进行填土施工，保证路基压实度和工程质量，按要求设置排水设施，防止雨水侵蚀，保证过渡段结构稳固可靠，尽量降低沉降差，保障过渡段工程质量。

（3）重视过渡段碾压施工质量控制

碾压是过渡段施工和质量控制的关键，要选择合适吨位的碾压设备施工，重视填料含水量控制，确保在最佳含水量状态下施工。采用分层填筑和碾压方式，每层厚度在 20~30 厘米之间为宜。一层碾压完成且质量合格后才能进入下一层碾压施工。进而保证过渡段碾压效果，预防质量问题发生，提高结构的稳固性与可靠性。

为确保道路桥梁工程施工效果，预防质量问题发生，延长工程使用寿命，落实施工技术，采取措施加强质量控制是必要的。作为施工单位和施工人员，首先应该完善路基与桥梁工程方案，然后遵循工艺流程开展工程建设，把握技术要点。此外还要注重提高施工人员的素质，加强对他们的管理培训，让施工人员按要求开展工程建设。施工完成还要对路基工程、桥梁工程、路桥过渡段进行质量检测与验收，对存在的问题及时修复，最终实现有效保障道路桥梁工程质量的目的。

桥梁工程施工技能与监管

一、组建质量管控小组，实施桥梁技术全面研究

质量管控小组的组建为保障桥梁项目施工优质、高效、合理规范的主体组织形式与手段。通常来讲小组在进行桥梁工程施工建设的基础上一同组建，针对工程项目的重要环节、难点建设方位实施技术攻关。应就桥梁工程施工建设环节出现的技术难度实施研究讨论，并制定可行性、优质性、安全性以及经济性的应对方案与策略，令桥梁工程项目顺利开展，符合质量标准。同时应进行桥梁工程施工阶段中的各类建设方案与最终效果全面的论证、观测、验证评估及统计比选，借助有效的对比不断丰富经验，将该项过程视为试验工具手段，进而就各类理论以及实践方案实施检测验证。通过全面研究持续的令桥梁工程施工手段技术逐步优化更新，提升实践水平，进而降低经费支出，创设高水平的桥梁工程质量管理体系方案。

二、做好桥梁工程施工建设技术资料的全面汇总与有效整理

桥梁工程开始施工前期，应联合业主方、建设机构等部门就桥梁项目契合的价值化技术资料实施全面的汇总整理，而后应清晰合理地进行分类以及归档储存。应创建契合桥梁工程项目的质量管控与技术工作资料档案管理应用方式，为桥梁工程施工及管理提供科学的参考数据资料。伴随电子信息技术、现代化计算机手段的快速持续更新发展，桥梁工程施工技术核心资料的管控内容以及方式手段更为丰富、种类不断扩充，并对相关工作人员核心素质、实践技能水平提出了更高标准的要求。为此，应积极的引入信息化、现代化及电子化手段技术，创建建筑工程施工技术、管理资料数据库，并可快速地监督了解行业市场施工应用资料、设施的价格波动状况，完善采购管理，节约成本投入。另外应对技术、管理资料数据库进行定期的升级与维护管理，确保资料内容的整体性、科学性、管理储存及时性。应借助网络平台全面实现信息共享与高效的加工处理，进而符合工程建设以及科研开发的综合需要。

三、履行技术责任制，做好会审与交底工作

为提升桥梁工程施工建设水平，应履行必要的技术责任体制，进行基础制度的全面理解与科学解析，确保责任人享有必要的权利以及职能义务。进行规模庞大桥梁项目建设施

工阶段中，技术责任为终身性工作，进而为优质的施工建设与长效的服务应用提供完善保障。当施工方获取设计图之后应进行科学的会审管理。联系技术员工实施图纸分析，明确设计目标、具体制度与实践规则，探究图纸内容存在的错误偏差以及不充分之处，进行可靠分析及全面记录。应组织业主方、监理机构全面参与，制定科学的解决方案。另外桥梁项目开工前期还应做好技术交底，相关技术员工应全面了解图纸内容，掌控施工现场状况，并面向施工队进行技术交底，进而令桥梁工程所有参与方均掌握承担项目职责、遵循操作规范以及建设流程方案，进而基于严格的质量规范以及安全策略提升员工积极性以及主观能动性，确保桥梁工程建设任务的圆满完成。

四、完善桥梁工程施工建设质量管控

依据桥梁项目施工技术核心任务以及具体内容，应基于制度准则、规范要求，参照施工方案、案例研究，明确技术难点与重要环节，制定科学有效的质量管控策略。对于钻孔灌注桩，应做好护筒预埋以及材料准备、完善泥浆制作，做好系统安装连接，明确设备运行水平。同时应核准钻头尺寸以及钻杆长度。钻进阶段中，监理部门员工应及时的明确评测钻进状况，观察钻孔记录表，测试泥浆的比重以及质量状况，掌握土层状态，并应促进施工方实施定期的自检管理。桥梁项目施工技术及管理阶段中，对于接柱与系盖梁环节质量管控，应首先做好钢筋核查，而后进行必要的模板检验，令其具备充足支撑，体现良好的强度标准以及可靠稳定性，符合荷载标准，确保结构物的标准科学。另外应做好砼浇筑与帽梁施工的全面验收，并良好管控施工配合比率，保障浇筑施工整体质量水平。完成浇筑施工后应做好保养，预防质量隐患问题。梁板安装制作应做好计划编制，准备检查，确保仪器设施精准优质，桥面铺装施工，则应做好放样测量，依据图纸设计进行优质的线路布置，做好钢筋绑扎处理，提升整体施工建设水平。

城市化建设进程的持续深入令基础设施投资营建比例持续扩充。桥梁工程为交通管理、经济交流的核心内容之一。随着快速的城市发展建设，桥梁施工技术及管理则面临着严峻的考验与挑战。为有效的应对挑战，桥梁项目工程施工技术及管理应全面依据工程项目设计标准，遵循施工建设规程，并符合施工技术相关标准规范，进而对施工应用技术实施管控，进行有效的组织以及全面安排调配，创建出科学合理的桥梁工程施工技术范式，提升施工建设综合效益。

道路桥梁施工中预应力技术的施工质量管理

一、预应力施工技术的特征和优势

预应力即是预加力，是指结构在接受荷载力之前，对结构人为施加一个与荷载力方向相反但大小一样的效果力，这个反方向的效果力就能够抵消结构接受的荷载力，这样既能够提高结构的抗裂性以及耐久性，还能够加强刚度和强度，同时也能够减小结构的弹性变形。在对预应力的实际应用中，假如承重部位是十分重要的，从成本角度出发考虑，应用预应力技术不仅能够有效地降低道路桥梁在施工过程中应用的混凝土和钢材，并且能够有效降低桥梁本身的重量，还能从根本上节约建筑资料和建设资金，同时也能够提高道路桥梁的工程质量。

二、预应力技术在道路桥梁工程中存在的问题

1. 预应力钢筋管道出现堵塞

在我国的道路桥梁的具体施工中通常会进行野蛮的混凝土浇筑作业或者是对预应力钢筋管道没有做好维护和跟进工作，导致桥梁预应力钢筋管道经常出现阻塞现象，这将导致钢绞线穿索的时候不能极好地通过或者是勉强通过，严重影响了钢绞线的张拉效果，使预应力钢筋的实际张拉长度与理论计算长度出现了很大偏差，严重影响了桥梁的施工工期和施工成本。因而，在道路桥梁的具体施工中要仔细做好预应力钢筋管道的维护工作，来削减管道阻塞现象的出现。同时，在道路桥梁的施工过程中还要严格依据规划图纸进行钢筋管道的装置和定位，防止管道出现曲折、歪曲及松动等现象，还要把控好抽芯的具体时间点，防止在混凝土还没有凝聚到规定的强度时曲芯或者混凝土强度太大而拔不出或者拔断现象的发生。

2. 多跨的连续道路桥梁中张拉技术问题

在我国现浇多跨的接连道路桥梁中的预应力接连箱梁通常选用的是一端张拉的技术。多跨的接连道路桥梁通常指的是 3 跨到 5 跨，相邻跨度为 30 米到 50 米。比如，某个接连道路桥梁总共为 5 跨，第一联的总跨度是 66 米，第二联的总跨度是 88 米，第三联的总跨度则是 150 米，假如选用一端张拉的技术要把穿索钢绞线拉直的话，那么多的预应力钢筋管道跨过了多个箱梁的横隔板，其孔道的摩擦阻力需要在试验以后才能确定。而依据国外多例成功的多跨接连道路桥梁中，张拉问题的处理事例我们可以得出，在多跨或者跨度在 30 米及以上的接连桥梁中，对预应力接连箱梁全部选用两头对称的张拉技术，才能确保跨中存在的有效预应力与桥梁在恒载的效果下构成反抗弯矩。一端张拉就有可能出现因为

跨中的承载能力缺乏而导致正截面裂缝的出现。依据研究我国已建成的桥梁资料，可发现在我国通车运行的公路桥梁，多次出现了因为张拉技术问题而导致的裂缝现象。

3. 预应力张拉施工控制不严谨

因为在桥梁施工中选用预应力的技术在我国起步得比较晚，因而在当时我国的道路桥梁预应力工程的施工过程中出现了严重的违规操作行为。在对钢绞线预应力的张拉施工进行控制计量的时候，实际伸长与理论伸长的误差通常就大于 6%，甚至有小部分的桥梁工程在对液压千斤顶没有进行油表精度计量的情况下就应用到张拉施工中，这就使钢绞线的伸长量和持荷时间都存在明显的误差。因而，要提高道路桥梁预应力施工中的科学性以及专业性，就要聘用具有专业技术的张拉人员，坚决杜绝在张拉施工过程中存在不标准的施工行为。

4. 在张拉前出现裂缝

因为钢筋混凝土结构本身存在的干缩问题再加上温差等因素，就很容易出现裂缝，尤其是在道路桥梁中应用的大型预应力钢筋结构中尤为容易出现裂缝，经常在没有张拉之前就已出现了裂缝，这样使预应力技术的抗裂意图无法达到。要实现预应力施工技术的效果就要通过技术手法削减张拉前出现裂缝的可能性，就要控制预应力结构的温度，防止结构表里存在比较大的温差，而在气温比较低的时候采取一些保温办法。

5. 混凝土的收缩和渐变过大

在道路桥梁预应力的施工过程中，因为混凝土在凝聚初期或硬化过程中发生的缩短以及在荷载的长时间效果下发生的渐变过大，导致部分预应力损失，严重影响了道路桥梁工程的质量和安全。因而，在我国道路桥梁预应力的施工过程中，尤其是在预应力混凝土路面的施工过程中，应用其他的外加剂来提高混凝土的和易性，能够通过应用强度比较大、水灰比相对较小的混凝土的方法降低其本身的缩短和渐变而防止此类现象的出现。

三、提高预应力技术在道路桥梁施工中的应用

1. 提高道路桥梁施工人员的专业素养

落实质量管理制度需要对道路桥梁的施工技术人员进行专业的培养和素质的锻炼，普通的施工人员无法满足技术施工的要求，加上预应力专业技术的更新迭代不断加快，施工技术人员要学习新兴的预应力专业知识，同时加强施工技术人员的理论提升以及技术培训，培训完成之后对施工人员的掌握情况以及实施情况进行考核，使得预应力技术能够准确无误地应用在道路桥梁的施工之中。除此之外，施工单位还要做好建筑施工现场的质量管理，详细地落实每一个工作人员的岗位职责和工作内容，科学规划各项道路桥梁项目的工作时间以及项目结果，制定质量管理措施，规划施工技术人员的奖惩制度以及激励措施，实行绩效工资制度，提高施工技术人员的责任感和落实预应力技术的积极性。

2. 提高施工材料的质量

确保预应力技术的实施效果道路桥梁施工的过程中，建筑材料的使用对施工质量有非常关键的影响，施工材料与设备的管理，切实保障预应力技术的实施和使用，在使用预应力技术的时候要注意确保建筑材料的质量，对施工设备的管理效力也要时刻提升和完善。为了确保预应力技术的实施，建筑材料在保存的时候要注意存放在干净、阴凉以及干燥的地方，做好防潮和防晒的措施，并在使用建筑设备之前做好检查和核准的工作，确保建筑设备能够正常使用，并对施工设备做及时的保养和维修，确保道路桥梁的施工质量。

桥梁改扩建工程的施工技术与管理

一、工程概况

工程项目是改扩建桥梁的桩基及下部构造工程，以某桥改扩建工程为例，该桥原为一跨 16 米装配式钢筋混凝土 T 梁，桥宽 12 米，钻孔灌注桩基础，桥下净空约 4 米，此次道路改造的路基宽度为每边加宽 13 米，两侧共加宽 26 米，扩建新桥采用每边加宽 13.25 米，扩建后总桥宽 38.54 米，上部结构拟采用 16 米装配式预应力混凝土简支空心板，下部结构为薄壁式桥台，桥台基础采用 12 根 1200 毫米的 C25 混凝土桩基，桩长分别为 25 米和 28 米。

二、桥梁工程的施工技术

1. 承台的施工

由于在桩基的施工中为保证混凝土的浇筑质量，每根桩的混凝土多浇筑了 50~100 厘米，所以在系梁或承台施工前，先凿去桩基顶端的脆弱层至桩项的设计标高 +2 厘米，并报请测量监理工程师检验，合格后，按施工图纸进行墩柱的钢筋的焊接。同时对系梁或承台的基坑进行人工开挖，挖至承台或系梁底部标高以下 5~10 厘米初平，然后用低标号的碎石混凝土进行基坑底部浇筑抹平至承台或系梁底部标高。基坑两侧用钢模成型，标高、尺寸经监理工程师检验合格后，进行钢筋的安装制作，进行混凝土的浇筑，浇注完毕及时进行覆盖养生。

2. 桥台的施工

桥台的模板安装非常重要。为了保证混凝土施工时模板不变形，在必要的模板外部支撑外，还采取了如下辅助措施：

（1）在模板底部与基础连接处打入膨胀螺丝，将模板和基础连成整体。

（2）模板内部用 12 设置横向拉杆，将相对受力的两侧模板固定，拉杆套上直径稍大一些的胶管，以便拆模板后能拉出拉杆。

（3）模板上沿用两端开口的定型木撑固定，保证混凝土施工时模板上沿尺寸不变化。桥台的混凝土振捣工艺与基础混凝土浇筑基本相同，但由于桥台仅厚60厘米，3米多高且桥台内有大量的钢筋，这样给混凝土施工带来了较大的难度。因此，混凝土施工前一定要给操作人员强调质量意识，一方面要保证混凝土的充分振捣，另一方面要保证钢筋骨架不被扰动和破坏。为了保证混凝土的保护层厚度，在桥台钢筋两侧点焊上定位钢筋取代水泥垫块支撑在模板上，间距为1×1米。支座处钢筋设置应符合设计尺寸要求及钢筋制作规范。

3. 台帽的施工

为盖梁施工时模板架设的方便，在墩柱子施工时在距柱顶端500毫米处预埋二根钢管。钢管内填满砂子并封端。施工盖梁时将其掏空，并用φ70的钢棒插入其内，作为工字钢托架，钢棒两端头用工字钢斜撑，将两根工字钢纵梁架设固定其上，作为承力结构。两根工字钢之间用拉杆连接。在工字钢上，横铺15×20厘米方木，间距0.2米，再在其上铺设底模，底模铺好后，进行调平并注意盖梁的底部标高，并报请测量监理工程师检查，合格后方可投入应用。

公路桥梁混凝土施工技术管理必要性

高速公路桥梁混凝土施工工程的影响因素非常多，因此，一定要联系工程的实际情况，深入研究桥梁混凝土作业的特殊性，编制切实可行的施工方案，进而达到高速公路混凝土项目的整体质量标准。现今，大多数的高速公路桥梁都是大跨度桥梁，这种桥梁一定要有较强的刚度及强度，还要有很强的稳定性与可靠性。鉴于此，在实际作业的过程中，必须要对混凝土原材料严格要求，进而使桥梁的使用寿命得到延长。

一、高速公路混凝土施工技术管理的必要性

在高速公路桥梁项目作业开展之前，施工队伍一定要严格地审核设计图纸，在第一时间找出设计图纸中的不足与缺陷，最大限度地防止产生设计变更的问题。施工队伍应该切实联系施工工艺的相关标准，根据设计图合理地安设钢筋与预埋件，特别是钢筋密集位置，妥善布置施工缝与后浇带，进而为后续的作业做好准备工作。此外，施工队伍应该落实施工工艺交底，对施工人员进行培训，使所有施工人员都能够掌握施工现场的施工工艺标准与具体的作业流程，在相关技术规范的基础上进行施工，有效保障项目的整体质量与效率。混凝土的组成原材料种类非常多，其中水泥是一种胶结材料，其性能与黏性是混凝土工程水平与质量的决定性因素。鉴于此，准备水泥材料的时候，一定要深入研究水泥的化学结

构与作用，联系高速公路施工工艺指标与混凝土施工的特性与当地环境与项目的作业要求，严格控制水泥的采购。要想使混凝土的性能得到优化，并且有效减小水泥的用量，对混凝土强度等级进行有效的调节，在拌制混凝土的过程中，就应该配套运用适当比例的掺和料，进而使混凝土内部架构得到极大的优化，进而有效避免出现混凝土被侵蚀的现象。此外，施工人员应该联系高速公路桥梁项目的特殊性，适当添加外加剂，并且有效把握好混凝土硬化与凝固所需时间。

二、桥梁混凝土施工准备

施工团队应该根据项目当地的实际情况制定具体的施工工艺，运用先进且高效的施工方式，落实施工准备工作，有效强化桥梁项目的整体水平与质量。

（1）技术准备，负责人要吃透桥梁结构设计图，根据不同的外形尺寸制作模板，编制施工方案，进行人员培训技术交底；

（2）精确定位，桥梁结构必须精确放样，确保立体位置准确无误，钢筋安装也要准确；

（3）原材料检验，根据进场材料提前适配好不同标号的混凝土配合比，拌制混凝土前还要对砂石料进行检验，确定其是否符合配合比的参数；

（4）标准化设置拌和设施，确保混凝土经过原材料存放、拌制、运输到现场后能满足配合比规定；

（5）混凝土养生，做好混凝土浇筑后养生准备工作非常重要，在混凝土强度逐步提高的过程中，要保证合适的温度环境。

三、桥梁工程混凝土施工工艺

在桥梁混凝土项目实际作业的时候，一定要严格控制施工工艺，应该综合分析各方面的情况，严格控制混凝土作业流程，有效强化施工工艺的管理，降低施工风险，有效提升项目的整体质量。

1. 接缝施工

在一些构件实际作业的过程中，应该将横向缩缝设计在横向板块之间，在固定构筑物的周围，要设置胀缝。并且在邻近胀缝的设置时，应该选择假缝加传力杆型，进而使面层板的传荷性能得到强化，提升其完整性及稳定性。在新旧板块连接的位置，要运用膨胀螺丝与拉杆的方式进行施工缝的预留，有效强化荷载能力。鉴于此，要想强化混凝土性能，施工团队应该落实接缝作业管理，这就为后续作业做好了准备工作。

2. 施工材料组成及技术要求

就混凝土作业来说，项目整体质量的决定性因素之一就是施工材料，而施工团队应该联系项目的实际条件与环境，应该严格控制施工材料的质量，并且选择最优的配合比方案。

（1）水泥在项目设计的时候，施工材料的设计涵盖了下面几个层面：水泥选择硅酸盐水泥，强度等级应该控制在42.5级以上，这就能够使项目整体质量与水平得到保障。应该严格地检验水泥性能，对水泥的化学结构、物理性质等进行深入的分析，使水泥的强度与稳定性得到保障，有效提升水泥的质量与水平。在项目作业的过程中，水泥存储的时候应该按照等级、厂牌、类型及出厂时间进行。

（2）混凝土其他组成材料。在桥梁项目实际作业的时候，水泥混凝土的构成成分涵盖了原材料、掺合料与外加剂。

水泥运用硅酸盐水泥，有效保障水泥的高质量。

掺和料的构成成分有活性矿物掺合料与非活性矿物掺合料，并且应该预先借助试验设定实际的掺入量。

一定要控制外加剂的质量。想要提升混凝土作业的质量，施工团队就要处理好掺配试验，进而强化混凝土强度与性能。

（3）水泥混凝土的配合比。设计相关施工人员应该基于规范，运用合适的集料，并且设置最佳的混凝土集料构成比例，使项目的整体质量得到保障。在拌和物稠度测验的时候，应该有效掌控坍落度，防止出现混凝土浇灌振捣作业被影响的现象。

3. 加强对施工现场混凝土温度的控制

就混凝土温度、应力层面上而言，施工团队一定要运用切实有效的手段，有效调节温度，选择冷水降温的措施，使碎石的温度降低，进而满足项目实际所需温度，防止混凝土在凝固的时候，产生温度裂缝的问题。鉴于此，在实际作业的过程中，应该有效地调节入模温度，使高速公路桥梁混凝土工程施工的水平与质量得到提升。

4. 控制好混凝土窝蜂情况

在实际作业的过程中，因为混凝土内部空间较大，会使混凝土表面容易产生严重的蜂窝现象，从而在很大程度上影响项目的安全性与稳定性。此外，在混凝土运用引气剂的时候，极易产生较大的气泡，又由于不当的振动，就会使混凝土内部气泡不能全部排净，使表面出现蜂窝麻面的现象。

5. 混凝土模板施工技术工艺

如今桥梁领域高速发展，混凝土模板施工方式已经非常普及。在实际作业的过程中，因为模板在安装与拆除的两个过程中具备极大的便捷性，这就能够使模板支撑的质量与水平得到极大的保障，进而有效地强化其稳定性与强度；此外，施工团队应该联系工程的特殊性与当地的实际条件，运用优质的模板，进而使模板具备良好的刚度与强度，避免出现模板扭曲变形的现象，有效强化其严密性，防止出现混凝土浆流失的显现。

四、混凝土养护与管理

在高速公路桥梁混凝土项目浇筑完成之后，应该根据混凝土凝固硬化的特点，定期进行混凝土的养护与修补，避免产生裂缝的现象，使项目具备较强的安全性与美观性。

对于暴露在空气中的桥梁混凝土，施工团队应该结合桥梁的实际形状，进行防护支架的搭设，落实养护工作。要想使混凝土项目的整体质量与水平得到保障，就应该切实联系项目状况，在混凝土散热的时候，运用喷雾防护的手段。

操作人员应该基于项目当地的环境与气候，使混凝土养护工作满足相关的施工标准之后，才可以将混凝土构件模板拆掉，进而使项目的整体质量与水平得到保障。

在实际养护工作进行的时候，应该严格调节温度，使混凝土表面温度和内部结构不会产生较大的温度差。

在拆模操作完毕之后，应该基于实际状况，将浮浆与砂带清理干净，有效地调节混凝土凝固阶段中温度和气温之间的改变。

在高速公路桥梁混凝土项目实际作业的过程中，施工团队应该切实联系项目当地的条件，编制切实可行的作业方案，切实确定施工工艺的相关标准，落实施工工艺交底，深入研究混凝土的性能与物理特性，有效控制作业过程中的难点与重点，落实养护计划，有效提升高速公路桥梁施工项目的水平与质量。

交通道路桥梁工程常见病害与施工处理技术

一、道路桥梁工程中的常见病害分析

1. 路面和桥面的铺装层易产生裂缝

由于道路桥梁是长期暴露在外界环境下的，并且使用的次数是数以万计的，需要承载着不同重量的物体。在道路桥梁工程建设中，路面和桥面铺装层往往采用的是半刚性结构，这种结构虽然在某一程度上增强了铺装层的强度和承受能力，但这种结构易受温度的影响，温度差异越大，铺装层产生裂缝的可能性越大。尤其是北方寒冷地区，路面或桥面铺装层常常会产生裂缝。由于早晚温度差异过大，导致半刚性结构路面的受压性降低，最终在日常使用中出现裂缝，甚至导致崩塌。路面和桥面铺装层产生裂缝的另外一个原因就是长期的使用，相对于人行道路的铺装层，车辆行驶的道路更易产生裂缝，由于车辆在行驶过程中往往会出现超载或急刹车的现象，车辆会严重地挤压并磨损地面。因此容易发生路面凹陷，进而产生断裂层，在这样长期的磨损情况下，路面和桥面必然产生裂缝，从而使得道路桥梁工程出现质量问题。

（1）道路桥梁地基不均匀造成沉降问题

道路桥梁的地基质量决定了道路和桥梁的使用寿命，地基不均匀造成沉降的主要原因有以下几点：首先是在道路桥梁工程建设前期相关人员勘测施工场地不到位，导致道路桥梁的设计不合理，导致施工过程中施工技术存在一定漏洞；其次是一些施工人员在工程建设中为谋取利益而偷工减料，忽略了工程质量的达标成果，满足不了施工要求，最终导致道路桥梁地基发生沉降；最后是施工人员在施工过程中没有充分地考虑到施工地点周围环境的地质变化情况，建设道路桥梁是需要很长时间的，长时间下地表层会遭到破坏，地质发生变化，土质的软硬度不均衡，造成地基不均匀，甚至引发地基沉降。地基沉降不均匀，则会使路面和桥面受力不均衡，对人们日常生活和车辆的行驶造成严重影响。

（2）钢筋锈蚀出现断裂问题

在道路桥梁的建设过程中，钢筋是路基工程中重要的原材料，在路基的底层起着主要承重的作用。但是钢筋结构处于路基的内部，容易受到一些环境因素的影响而最终影响其原本的承载能力。比如说，钢筋和混凝土构成了桥梁的承重结构，若是混凝土施工过程或是后期受环境因素影响出现裂缝时，那么钢筋就相当于失去了混凝土这层主要的保护层，一些空气中的水分会大量侵蚀到钢筋结构的表面，钢筋表面会在长期的水分影响下而发生化学变化，也就是产生表面锈蚀，锈蚀情况严重时，继而会引发钢筋结构的断裂。在外界环境中若是存在一些硫化成分的化学品时，更会加剧钢筋结构的锈蚀程度，使得道路桥梁工程在短时期内发生严重的断裂现象。

2. 低质量的施工材料引发的桥头破损

桥头破损也是道路桥梁工程中常见的一种病害现象，桥头破损会使得道路桥梁的两端产生严重的变形，这种变形现象会使得整体桥梁的应力结构发生变化，进而使得道路桥梁原本的使用寿命和安全使用系数都在一定程度上有所降低。产生这种现象是由于施工材料的质量不合格引起的，施工材料的质量不合格，就不能满足道路桥梁主要结构部件的支撑力的要求，道路桥梁上面长年累月的载重车辆行驶，会使得桥头不堪碾压的重负而产生局部断裂，给道路桥梁的安全通行埋下了严重的隐患问题。

二、道路桥梁工程的施工处理技术分析

1. 裂缝修补技术

裂缝修补技术是专门针对道路桥梁铺装层的裂缝现象提出的一种施工技术，具体来说裂缝修补技术可分为表面修补、裂缝填充和裂缝灌浆等多种方法，具体方法的选择要依据表面裂缝的具体情况来确定。本节主要介绍表面修补技术。表面修补技术：这种方法适用于表面裂缝较浅的情况，其裂缝的宽度在 0.2 厘米以下的情况。具体方法是，采用环氧胶泥或是水泥浆每隔 5 分钟便对路面裂缝涂抹一次，使涂抹的厚度达到 1 毫米以后，再对其表面涂抹油漆或是沥青，以作防腐保护，最后采用玻璃纤维布覆盖表面，防止表面再次受外界环境的破坏影响。

2. 裂缝填充技术

这种修补技术相对于裂缝修补技术来说，更具有加固的作用，适用于裂缝较宽，裂缝现象较严重的情况。具体方法是，在路面的裂缝处进行纵深方向的挖槽，在槽位里边采用

水泥浆和环氧树脂胶按照一定比例的调配之后填充到路面的裂缝中，由于环氧树脂胶的性能较为稳定，其与水泥浆进行一定比例的调配后，性能稳固，对表面裂缝的修补更能起到稳固的作用。此外，在填充的工程材料中，还可添加一些防水性能较好的橡胶材料，这样更能使得裂缝在雨水天气时所受的影响较小。

3. 锚喷施工技术

锚喷施工技术是针对桥头破损提出的一种施工技术。锚喷具有凝结快、稳固性能高的特点，是处理桥头破损常采用的一种施工技术。具体的技术方法是，在借助锚喷设备超强喷射力的条件下，向裂缝部位喷射一定量的硅胶材料，然后在模板的加固作用下，用硅胶材料将桥体有效的粘结在一起。

4. 钢筋锈蚀问题的处理

钢筋作为道路桥梁承重系统的中心环节，之所以会出现锈蚀现象，主要是失去了混凝土的保护作用。作为主要的承重构建，钢筋一旦失去了混凝土这层保护层，很容易受到外界空气或腐蚀性因素的影响，进而使得钢结构的硬力和韧性降低。为此，在处理钢筋锈蚀问题时，首先需要做好混凝土的质量控制工作，对钢筋起到很好的保护作用。具体可行的办法可采用增加混凝土厚度的方式来加强对钢筋的保护，可在混凝土的表面涂刷覆盖层、封闭层、砂浆层等一系列的保护层来加强保护，或是在混凝土施工的初期阶段，通过改变施工材料配比的方式来加强混凝土的密度，通过掺杂一些矿渣、煤灰粉等来增强混凝土的防渗透性。

道路桥梁施工以及运营管理中，常常会出现各种各样的病害，这对道路桥梁的安全性以及使用寿命会产生巨大的影响。为此，要求相关道路桥梁建设部门应及时发现病害，并采取合理的施工处理方法，保证道路桥梁工程的安全通行，进而延长道路桥梁的使用寿命，实现我国交通事业的可持续发展。

公路桥梁钻孔灌注桩施工技术和质量控制

钻孔灌注桩作为一种基础形式以其适应性强、成本低与施工简便等特点被广泛地应用于公路桥梁领域。灌注桩属于隐蔽工程，桥梁钻孔灌注桩的施工大部分是在水下进行的，其施工过程无法观察，成健后也不能进行开挖验收。施工中任何一个环节出现问题，都将直接影响到整个工程的质量和进度，甚至给投资者造成巨大的经济损失和不良的社会影响。因此，要求基础施工队伍在施工技术措施上要落实，并加强施工质量管理，密切注意抓好施工过程中每一个环节的质量，并且对灌注桩在施工过程中可能会发生的一些问题进行分析后制定出施工质量标准、验收实施方案和每根桩的施工记录，以便有效地对桩基施工质量加以控制。

一、施工前的准备

1. 钻孔灌注桩施工方案的审核

根据设计图纸、地质报告、现行规范标准以及现场勘查结果，审查施工方案的编制依据、施工工艺流程、技术指标、安全措施等内容是否符合要求。同时还应审查施工方案中处置突发事件的应急预案是否符合要求。对于施工方案的审核应具有前瞻性，要善于提出问题、发现问题，避免在实施过程中处于被动境地。

2. 根据施工方案检查施工准备情况

检查灌注桩使用水源，泥浆循环系统应设置沉淀池、泥浆池；导管应检查其出厂合格证并做水密性承压试验；灌注混凝土的料斗尺寸应与方案中初灌量的要求相符合；原材料应按规范要求严把质量关，杜绝不合格材料使用于工程；督促承包商按照一放二复的测量程序实施放样复核工作。确保桩位的偏差符合规范要求；钻机就位前，检查护筒埋设高度、位置是否满足设计要求；钻机就位后，检查其水平、稳固情况；钻杆应保持铅锤线，成孔时应适当抽检进、出泥浆指标，发现超标时及时调整；施工单位须配备专职记录人员，及时记录成孔过程中的各项参数，记录必须真实、准确。

二、成桩的制作以及质量控制

1. 清孔

清孔的主要目的是清除孔底沉渣，而孔底沉渣则是影响灌注桩承载能力的上要因素之一。清孔则是利用泥浆在流动时所具有的动能冲击桩孔底部的沉渣，使沉渣中的岩粒、砂粒等处于悬浮状态，再利用泥浆胶体的黏结力使悬浮着的沉渣随着泥浆的循环流动被带出桩孔，最终将桩孔内的沉渣清干净，这就是泥浆的排渣和清孔作用。从泥浆在混凝土钻孔桩施工中的护壁和清孔作用，我们可以看出，泥浆的制备和清孔是确保钻孔灌注桩工程质量的关键环节。因此，对于施工规范中泥浆的控制指标：黏度测定 17~20 分钟；含砂率不大于 6%；胶体率不小于 90%等在钻孔灌注桩施工过程中必须严格控制，不能就地取材，而要专门采取泥浆制备，选用高塑性黏土或膨润土，拌制泥浆必须根据施工机械、工艺及穿越土层进行，配合比设计。

2. 钢筋笼制作质量和吊放

钢筋笼制作前首先要检查钢材的质保资料，检查合格后再按设计和施工规范要求验收钢筋的直径、长度、规格、数量和制作质量。在验收中还要特别注意钢筋笼吊环长度能否使钢筋准确地吊放在设计标高上，这是由于钢筋吊笼放后是暂时固定在钻架底梁上的，因此，吊环长度是根据底梁标高的变化而改变，所以应根据底梁标高逐根复核吊环长度，以确保钢筋的埋入标高满足设计要求。在钢筋笼吊放过程中，应逐节验收钢筋笼的连接焊缝质量，对质量不符合规范要求的焊缝、焊口则要进行补焊。同时，要注意钢筋笼能否顺利下放，沉放时不能碰撞孔壁；当吊放受阻时，不能加压强行下放，因为这将会造成坍孔、钢筋笼变形等现象，应停止吊放并寻找原因。如因钢筋笼没有垂直吊放而造成的，应提出后重新垂直吊放；如果是成孔偏斜而造成的，则要求进行复钻纠偏，并在重新验收成孔质量后再吊放钢筋笼。钢筋笼接长时要加快焊接时间，尽可能缩短沉放时间。

3. 灌注水下混凝土前泥浆的制备和第 2 次清孔

灌注桩成孔至设计标高，应充分利用钻杆在原位进行第 1 次清孔，直到孔口返浆比重持续小于1.00~1.20，测得孔底沉渣厚度小于50毫米，即抓紧吊放钢筋笼和沉放混凝土导管，沉放导管时检查导管的连接是否牢固和密实，以防止漏气漏浆而影响灌注，由于孔内原土泥浆在吊放钢筋笼和沉放导管这段时间内使处于悬浮状态的沉渣再次沉到桩孔底部，最终不能被混凝土冲击反起而成为永久性沉渣，从而影响桩基工程的质量。因此，必须在混凝土灌注前利用导管进行第 2 次清孔，当孔口返浆比重及沉渣厚度均符合规范要求后，应立即进行水下混凝土的灌注工作。

4. 水下混凝土灌注

钻孔灌注水下混凝土的施工主要是采用导管灌注，混凝土的离析现象还会存在，但良好的配合比可减少离析程度。因此，现场的配合比要随水泥品种、中粗砂、石料规格及含水率的变化进行调整，为使每根桩的配合比都能正确无误，在混凝土搅拌前都要复核配合比并校验计量的准确性，严格计量和测试管理，并及时填入原始记录和制作试件。

（1）水下灌注砼的性能参数

①砼原料。为确保成桩质量，要严格检查验收进场原材料的质保书（水泥出厂合格证、化验报告、砂石化验报告），如发现实样与质保书不符，应立即取样进行复查，对不合格的材料（如水泥、砂、石、水质），严禁用于混凝土灌注桩。②砼初凝时间。一般砼初凝时间仅 3~5 小时，只能满足浅孔小桩径灌注要求，而深桩灌注时间约为 5~7 小时，因此应加缓凝剂，使砼初凝时间大于 8 小时。③砼搅拌方法和搅拌时间。为使砼具有良好的保水性和流动性，应按合理的配合比将水泥、石子、砂子倒入料斗后，先开动搅拌机并加入 30%的水，然后与拌和料一起均匀加入 60%的水，最后再加入 10%的水（如砂、石含水率较大时，可适当控制此部分水量），最后加水到出料时间控制在 60~90 秒内。④坍落度选择。为防止发生断桩、夹泥、堵管等现象，在混凝土灌注时应加强对混凝土搅拌时间和混凝土坍落度的控制。因为混凝土搅拌时间不足会直接影响混凝土的强度，砼坍落采用 18~20 厘米，并随时了解混凝土面的标高和导管的埋人深度，气温高，成孔深，导管直径在 250 毫米之内，取高值，反之取低值。

（2）砼灌注操作技术

①首批砼灌注。砼灌注量与泥浆至砼面高度、砼面至孔底高度、泥浆的密度、导管内径及桩孔直径有关，孔径越大，首批灌注的砼量越多，由于砼量大，搅拌时间长，因此可

能出现离析现象，首批砼在下落过程中，由于和易性变差，受的阻力变大，常出现导管中堵满砼，甚至漏斗内还有部分砼。此时应加大设备的起重能力，以便迅速向漏斗加砼，然后再稍拉导管，若起重能力不足，则应用卷扬机拉紧漏斗晃动，这样能使砼顺利下滑至孔底，下灌后继续向漏斗加入砼，进行后续灌注。②后续砼灌注。后续砼灌注中，当出现非连续性灌注时，漏斗中的砼下落后，应当牵动导管，并观察孔门返浆情况，直至孔口不再返浆，再向漏斗中加入砼。③后期砼的灌注。在砼灌注后期。由于孔内压力较小，往往上部砼不如下部密实，这时应稍提漏斗增大落差，以提高其密实度。④砼灌注速度。在控制砼初凝时间的同时，必须合理地加快灌注速度，这对提高砼的灌注质量十分重要，因此应做好灌注前的各项准备工作，以及灌注过程中各道工序的密切配合工作。

钻孔灌注桩的整个施工过程都是隐蔽工作，每道工序都必须从严要求，保证施工质量，任何一道工序出现问题都将带来严重的后果。因此，要保证钻孔灌注桩的施工质量，必须选择先进的设备，合格的施工人员，严格把握每道工序质量，现场指挥人员要具有周密的组织协调能力，有高度的责任心，以防为主，各部门全面配合，对桩基各个施工环节要充分重视并精心施工，只有这样桩基的质量控制才能得到保证。

连续钢构桥梁的施工技术问题与质量控制

作为一种重要的基础交通设施，现阶段，随着我国交通行业的不断发展，桥梁工程的建设也实现了进一步的发展与进步。而就近几年的实际情况来看，随着科学技术水平的提升，我国的桥梁工程也具备了更高的技术保障，再加上人们思想观念的更新，使得其对于桥梁的要求，已经不仅仅在于其所具备的交通功能上，而是进一步对桥梁的性能、外观等提出了新的要求。因此，我们必须要强化桥梁的施工技术，加强施工质量控制，提高桥梁的应用性能。

一、连续刚构桥梁的基本结构

（一）受力结构

就针对连续钢构桥梁的施工来说，其通常是通过墩梁固结体系的方式，来进行桥墩和主梁之间的连接，若桥梁受到相应的外力作用，那么其固结体系，就可以确保跨中弯矩和竖向位移基本相等。在这个过程中，需要我们注意，若其主墩为薄壁柔性结构，那么，就要求我们确保墩顶截面的弯曲，能够始终处于同跨径桥梁之下。在连续钢构桥梁的施工过程中，通过运用墩梁固结体系，不但可以有效地控制桥梁的跨梁位置，同时，也可以有效地缩短主梁跨中截面的尺寸，这样一来，就能够有效地降低其自身的受力情况，进而增加主桥的跨径距离。

（二）桥梁主梁截面

就针对实际的连续钢构桥梁施工来说，在进行实际的工程建设前，要求我们必须要严格把握桥梁结构。通过对桥梁的受力特征进行准确的分析，来确保施工的准确性与科学性。此外，就针对大部分情况来说，其在进行桥梁的主梁截面施工时，主要采用的是变截面设计的方式，从根本上来讲，这对于桥梁的刚度与跨越性有着显著的影响。因此，如果我们运用变截面的形式，就需要加强对悬臂挂篮浇灌技术的运用，来实现桥梁结构形式与内里状态之间的充分结合。

二、连续刚构桥梁重点施工技术

（一）挂篮加载试验与校正

在连续钢构桥梁的施工中，挂篮的加载试验是其中一项非常重要的内容。并且从某种意义上来说，只有进行了有效的挂篮加载试验，才能确保挂篮可以顺利地完成。所以，在实际的工程施工中，要求我们必须要加强对该技术的重视，以此来促进挂篮性能的提升，从而有效提高挂篮的安全性。一般情况下，在钢结构桥梁施工中，挂篮的形式主要有悬挂水箱和沙袋堆载的形式，在进行实际的选择过程中，要求我们必须要依据实际的施工情况进行，来对挂篮和模板的标高进行严格的控制。

（二）悬浇块段梁体技术

在完成了基础的钢构桥梁施工之后，就需要进行悬浇块段施工与预应力管道的安装了。在这个过程的当中，要求我们必须要对其进行高度重视，并且必须要严格遵循平衡与对称的原则，来确保两侧的施工进度能够保持一致，对施工误差进行科学的控制。与此同时，在实际的浇筑过程当中，要求其应当做到由外向内、逐一推进。之后，再将模板进行适当的放松，并对挂篮进行适当的移动，通过进行多次的测量与矫正之后，再进行相应的浇筑与安装工作。在实际的施工过程中，所有的悬浇块段，都应当依据这个流程进行。

（三）预应力施工技术

在完成了分阶段模板的拆除工作之后，就需要我们进行相应的预应力施工。一般来说，预应力的张拉，需要严格遵循由纵向到横向的原则，并且，需要将混凝土的强度，设计为90% 左右之后，才能够开展实际的工程施工建设。与此同时，在进行实际的张拉之前，应当加强对各项施工设备的检验，然后进行桥梁的全面检查工作。在确保其没有损坏之后，才能够进行张拉。此外，要求我们应当充分注意，在进行实际的张拉过程中，不仅要确保其对称性，同时，也要坚持同时进行的原则，来确保千斤顶能够均匀的运行，以免其受到较大的冲击力。

三、预应力混凝土连续钢构桥梁施工质量控制

（一）施工材料的质量控制

就针对钢结构桥梁的施工来说，其最主要的质量控制环节，就在于对材料的控制上。因此，在实际的工程施工过程中，在材料进场前，应当对材料的质量保证书、出厂合格证等进行细致的检查，然后根据相关的操作标准，来对其进行抽样检查，在确保材料合格之后，才能够进场。一般来说，要求钢结构材料必须要满足一下要求：第一，应当具有较高的抗拉强度。从本质上来说，材料的抗拉强度，能够将其内部组织的好坏程度直接反映出来。若材料的抗拉强度越高，则工程施工的质量与安全性也就越高。第二，要求材料必须要具有较高的可塑性与韧性。若工程材料有着较高的韧性，那么，其在受到一定的载荷压力下，就能够形成相应的应变能力，这样一来，就能够对局部压力进行有效的调整，减少自重能力与破坏问题。第三，要求其应当具有较高的工艺性能。通过运用较高的工艺性能，能够使之快速地加工成各种形状，并且，其不会影响到结构的强度与塑性，进而提高钢材的适应能力等。

（二）预应力体系施工控制

首先，在进行实际的工程施工过程中，要求施工企业必须要安排专业人员，来对预应力体系的施工设备进行相应的操作，并且，要求其应当对设备进行长期的质量检测与维修保养工作。其次，在进行具体的预应力混凝土施工过程中，要求其必须要确保混凝土强度达到规范要求之后，才能够开展相应的工程施工。就针对现场施工来说，要求我们必须要通过相应的张拉工艺试验，来确保其能够达到相应的预应力标准，以此来促进施工的顺利进行。

（三）混凝土的质量控制

在实际施工程施工过程中，当我们在进行相应的配合比设计时，应当提高混凝土的耐久性，来确保其自身能够满足混凝土的强度需求。在实际的工程施工过程中，由于各个施工现场的情况不同，因此，我们应该归纳个根据实际情况，并参照施工标准要求，来强化对混凝土耐久性的关注，确保其能够满足相应的强度要求，并以此来确定混凝土的比值。此外，就针对梁段落间的误差来说，我们也可以通过测量的形式来获得。一般情况下，要求其误差应当在 –3%~+3% 之间。此外，若遇到特殊情况，则悬臂节段的混凝土可以分两次进行浇筑，不过，要求其浇筑的时间，应当间隔大约 6 天的时间。

（四）焊接焊缝的质量控制

在钢构桥梁的施工过程中，其所运用的连接方式，主要是焊缝连接的形式。这种形式具有很多的优点，因此，在实际的加工过程中，操作起来也相对来说比较方便。不过，其

自身也有一定的缺陷。比如说，当我们在进行实际的焊接过程中，如果遇到了高温现象，那么，相应的材料温度也会出现上升，并因此而影响到钢材组织整体结构，使得钢材变得比较脆弱。与此同时，如果其温度过高，也很有可能导致钢材出现裂痕问题，因此，在进行实际的焊接过程中，需要我们对其进行严格的检查工作，来确保焊接质量。

在进行实际的连续钢构桥梁施工过程中，要求我们必须要对各个环节的质量进行严格控制，强化施工技术的管理与创新，才能确保工程施工的质量，并进一步促进我国桥梁建设的发展。

桥梁工程顶推施工技术

近些年，我国国民经济不断发展，交通压力不断加大，桥梁工程已经成了重要的交通方式，这就要求在设计桥梁时应准确无误地计算它的规范要求和标准，在施工时也有着很高的要求。当前，桥梁施工广泛地应用了顶推这种技术方法，它具有较强的操作性与安全性，并且成本也很低，已经成为桥梁建设的一种基础工艺。如果是遇到混凝土结构的桥梁建设时它的连续性和结构性特征是不可比拟的，对此，在桥梁建设中得到了普遍的应用，同时也发挥出了应有的作用。

一、桥梁施工的重要意义

建设桥梁工程的目的很明确：一方面要保证顺利通航；另一方面也要保证交通有效连接以及泄洪等多方面的要求。所以在设计桥梁工程时必须要合理、科学、准确，从而确保桥梁在各项功能以及在尺寸要求方面都要达到要求标准，实现桥梁施工的真正意义。在现代桥梁的施工过程当中，顶推技术已经成为当前最为流行的一种施工手段，遇到预应力混凝土桥梁时它起到了非常重要的作用，并且也广泛地应用在各种桥梁施工当中，已经成为目前掌握的一项重要技术。这项施工技术不仅在成本上较为低廉，并且有着较强的操作性以及安全性。

二、顶推法的主要特征

在桥梁的顶推法应用当中，它具有四方面特征：

第一，它具有简单性和灵活性。在大型的桥梁建设当中，顶推法可以应用一些简便的设备，所以它的费用是相对较低的，并且在施工当中没有噪音，非常平稳，简单灵活，在一定程度上节约了成本，也缩短了施工时间。

第二，这项技术可以在山谷和水深的地方、弯桥等地理位置进行操作，可多用途发展。

第三，由于主梁是要进行连续作业和各项地段来预制的，所以它具有良好的结构整体性。

第四，由于在桥梁的节段施工时，必须要固定在一个预制场地，要方便管理施工，所以这项技术提供了很大的便利。与此同时，应用顶推法可以反复地使用设备和模板，可以缩短时间和使用周期。由于在顶推施工当中，桥梁会存在很大的受力，为了避免出现断裂的问题，此时就要加大钢量，如果要应用临时墩时，必须要设置一个前导梁，从而来降低内力。

三、顶推法的两种方式

顶推技术方法当中，一般包括两种方法：一种是多点顶推法；另一种是单点顶推法。

1. 多点顶推技术

多点顶推技术，也就是需要在墩台上设置一个小型千斤顶，并且把顶推力全部分散到不同的墩台上。同时也要考虑到在应用水平千斤顶时，如果在传墩台受到反力时，必须要平衡好梁体，避免出现在进行滑移时所产生摩阻力，让它所承受的水平力是非常小的。在多点顶推技术当中，由于应用的设备是小吨位的，更容易获取，对此，这种方法在我国目前的施工技术当中也得到了广泛的应用，尤其是在预应力的混凝土梁桥建设时，更多的应用了这种方法。但是，在应用这种技术时，也要从多方面来进行考虑，多角度来观察这种措施应用可能意外出现的问题，也就是说，如果在观测时或者在机组应用时，一旦发生故障必须要设置一个紧急按键，启动按键便可以让机组的工作立刻停止，避免隐患的发生。在我国近些年以来，多点顶推的技术已经得到广泛的应用。

2. 单点顶推技术

单点顶推技术，也就是通过在顶推装置当中所设置的主梁预制到相邻的桥墩以及桥台上，并且在各个桥梁上设置一个支承，同时把支承设置到混凝土的垫块上，它的组合主要是通过不锈钢板和聚四氟乙烯滑块组成。在进行顶推时，滑块会不停地在不锈钢板上进行滑动，也就是说在滑道后方会不停地有滑块滑出，从而来带动梁身。应用该方法时，其设备的数量是较少的，而且可以与施工同步进行，然而它有一个弊端，那就是所受到的功率是非常大的，还会受到一定的阻力。由于顶推装置主要是根据沿箱梁的钢杆进行牵动的，这也是千斤顶给的一个顶推力，为了让预制梁不断向前进。在应用这种方法时，必须要集中台后面的支承部位，从而让其向前方滑动，由不锈钢板不停滑出，而后面的一块钢板便可以不断向前进，如此循环操作。

四、顶推方法的技术关键

第一，在桥梁工程的应用过程当中，通过实践可以看出，进行桥梁建设时必须要做好各项工作，主要是为了加快施工进度和确保施工质量要求。作为施工技术人员必须要确定桥梁建设的目标，找出有力的可行性研究方法，并且深入地进行分析控制。从理论上来讲，如果要应用原料可以在不同阶段循环的利用，必然要充分地了解它的构造，才能更好地发挥出功效。

第二，在桥梁施工当中有预制场施工，也就是通过顶推过渡与预制箱梁之间的位置，一般包括有钢筋材料、砂石以及浇制平台等。施工当中在布置预制场和分段长度时，这项工作必须是一个整体，是相辅相成的，布置好预制场工作必须要合理有效，也就是说应遵循两方面特点：一方面，在布置预制场时必须要在桥台后，并且达到三倍以上的长度；另一方面，顶推操作到桥梁的主跨点时，必须要立刻设定一个渡孔，准确地计算出孔的长度和数量。

桥梁施工测量中的注意事项和管理

公路及市政工程测量技术工作是在工程中比较特殊的工种，有别于其他工种。它相对独立，自成体系，对于施工进度起着重要作用。测量工作中的失误会给工程质量和经济造成一定的损失，所以，要求测量技术人员要细心、周密、严谨和有较强责任心。

在以往的测量工作中都是项目负责，缺乏复核制度。测量人员自己控制，自己掌握数据。而现场监理人员监理责任缺失，往往一次放样成型就马上浇注施工。测量技术人员时间紧，压力大及任务繁重，是造成工作失误的主要原因。因此，工作中应采用施工队伍与项目部两级负责制，建立和执行测量工作程序和规范。这样的制度才能保证工程从始至终，贯彻如一。

项目部接到图纸后，应立即同施工队伍的测量技术人员，对图纸的每一个部位各尺寸都应该细致地了解。图纸审核后，项目部、施工队伍的测量人员应该分别对图纸重要部位和放样数据进行计算，计算结果经共同复核后方可用于施工放样。计算数据应采用计算机程序与手工验算相结合，数据成果表格中内容应清晰明确且不漏项，数据成果应在输入计算机 AUTOCAD 软件中形成图形复核，将数据成果报送设计单位确认。

测量工作分为控制测量和施工测量。施工测量按工序又分为灌注桩施工测量、承台施工测量、墩柱和盖梁（系梁）施工测量、箱梁及桥面系施工测量、测量内业资料的管理和竣工验收测量。

一、控制测量

平面控制测量的目的是精确测定桥梁的平面位置，根据测量工作需要，应首先在测区内选择首级控制网及加密网，在各控制点上建立地面标志和测量觇标。根据精度要求选择边角网和测角网，以独立网为桥梁首选，根据桥梁长度和结构类型选择测量精度，从而形成平面控制网。业主交接桩工作完成后必须马上开展控制点的复核、验收工作。控制点复核分为平面控制测量和高程控制测量。

1. 平面控制测量

以国家相关测量规范为依据，采用附和导线或闭合导线对现场的控制点做出复核。观测仪器使用全站仪，精度不低于2，要求在观测中前后视测站必须使用觇牌。

观测方法采用测回法，每个测站观测数不少于4个测回。观测结果按照规范进行控制，并要保证观测精度。观测结束后，立即对观测数据进行计算并制作《平面控制测量复核成果表》，测量结果合格后上报监理复核验收。当复核成果达到控制网等级精度后即可进行独立网的布控，由于地形限制在三角网布控不利的情况下可采用闭合导线控制。

接下来进行导线点坐标复测计算：一般来说，以前两个导线点和最后两个导线点为已知边进行方位角闭合计算，以规范要求的允许闭合差衡量其是否闭合。根据坐标和导线长度计算导线精度，看其是否满足导线要求的精度。如果满足精度要求，说明导线测量准确，同时整理出导线点成果表。

2. 高程控制测量

观测仪器应采用精密水准仪，水准尺采用铟钢尺，用普通三、四等水准测量的观测方法观测，要求进行往返测。观测完成后立即对观测数据进行计算并制作《高程控制测量复核成果表》，测量结果合格后上报监理复核验收，成果验收合格后即进行高程控制网的布设。编写测量方案依据，是根据工程建设项目的规模（等级）和对施工测量精度的要求（设计）及合同、业主和监理的要求，结合施工区域自然地理条件的特征，选择最佳布网方案和观测方案，保证在规定期限内快、准、好地完成复测任务。

二、施工测量

1. 灌注桩施工测量

灌注桩的开工也就是工程的开工。灌注桩施工前的测量工作，也是整个工程测量工作的重点。在灌注桩施工前必须把设计的定线图、纵横断面图进行全面的复核。根据设计墩位坐标、法线方位角和桩位布置图，计算每一个桩位坐标。坐标计算、复核完成后，进行现场桩位放样工作。现场的桩位放样用全站仪坐标放样的方法施放（后视法），然后用长钢尺测量每一个桩位的间距、相邻墩位的间距，核对无误后对每一个桩位用水泥墩进行护桩。放样完成后由项目部和技术部门组织进行桩位的复核。监理验收后，交给桩基施工队伍进行灌注桩的施工，施工放样中测量技术人员应严格执行测量放样规范工作，要求在每个灌注桩开工前必须由项目测量负责人确认桩位，并填写“桩位要素确认单”签字后方可施工。

2. 承台施工测量

承台施工前，首先进行承台放样数据的计算，按照惯例计算承台的每个角点的坐标。

承台现场放样完成后，开始承台的开挖工作。开挖至距承台底面大约 0.5 米时，要求测量人员用水准仪进行现场控制，并且随挖随测，以确保承台底高程准确，做到不欠挖、不伤底。其次钉木桩控制垫层顶高程，浇筑垫层混凝土。承台开挖完成后，开始进行钢筋绑扎的工作。钢筋绑扎完成后，由测量技术人员测量出承台顶高程，检查钢筋保层厚度，检验无误后，浇筑承台混凝土。

3. 墩柱及盖梁施工测量

墩柱施工前，应重新复核墩柱十字线的坐标数据，汇总墩柱顶高程、垫石厚度、支座厚度及箱梁底面高程的数据，复核设计给出的数据。重新测量、复核墩柱十字线的坐标点，并用长钢尺测量相邻墩柱的间距，确保墩柱位置的准确。墩柱支完模板后，测量人员必须在浇筑混凝土前复测墩柱顶高程，对模板垂直度的校核。对于有结构安装的墩柱，在浇注之前，应对墩柱柱顶中心十字线和预埋孔中心位置进行严格控制，核对无误后方可进行墩柱混凝土浇筑施工。

完成对盖梁中心十字线、盖梁梁底和梁顶高程的测量控制，对于有结构安装的盖梁，在浇注之前，应对盖梁顶中心十字线和预埋孔中心位置进行严格控制。

4. 箱梁及桥面系施工测量

箱梁的施工是桥梁施工最主要的部分，也是桥梁施工的重点。箱梁施工中测量数据，主要为箱梁的底板边线、防撞墙内边线和箱梁的底面、翼板、顶面高程以及防撞墙顶面高程。要求边线和高程数据必须由两个人对算，在计算过程中，要尤其注意箱梁结构中线和设计线路中线是否不重合的情况，箱梁底面有错台的情况，注意箱梁顶面的纵坡和横坡的变化。数据计算完成后交项目部技术部门复核后方可进行箱梁的施工。

箱梁高程放样完成后，检查箱梁底面和墩柱顶面的相对高度，边线放样完成后检查和墩柱的相对位置，确保箱梁测量工作的准确。经监理验收合格后进行钢筋绑扎工作，浇筑箱梁混凝土前测量人员给出箱梁顶面标高，复核无误后进行箱梁混凝土浇筑。

防撞墙施工主要控制防撞墙边线的准确，要求现场放样完成后必须复核后方可施工，用长钢尺测量桥面宽度，做到高程准确及线形圆顺。

5. 测量内业资料的管理

测量技术人员应对基础资料、原始控制点网数据等资料妥善保管。对于施工放样数据的资料管理,应施工放样数据资料经确认复核无误后,设电子文档管理。并打印出资料原件，分类装订成册。对于设计变更数据，应及时将其原件从各种管理文档中撤出，并记录变更和撤出日期。控制点网数据应单独成册，资料领用要签字并注明领用日期。施工放样数据资料应设专人管理，资料应注明日期、出处、部位、变更日期并复印备用。对于设计变更资料的管理，应及时了解设计变更情况，并从正确渠道领用签字的变更资料，对反复变更，应确定最后变更资料，方可将变更数据用于施工放样。对于测量基础竣工资料管理，应设专人管理，测量基础资料应及时填写基础资料。在验收之前，报送监理，杜绝验收后补交填写基础资料。测量人员应每天填写施工日志，记录完成工作部位、时间和基本状况等。

6. 竣工验收测量

建设工程项目竣工验收时所进行的测量工作。通过竣工验收测量，一方面可以检查施工是否满足设计要求，起到检查施工质量的作用。另一方面，在桥梁投入营运后，为保证桥梁的行车安全和使用寿命，需要定期地进行变形观测。由于变形观测的资料是通过与竣工资料的对比来分析变形的。因此，对变形观测而言，竣工测量也是不可少的。其主要是根据控制网点，测定已有建筑物的实际位置，以检验施工质量，为以后的工作提供依据。

竣工测量成果，主要是竣工总平面图、分类图、辅助图、断面图以及桥梁公路曲线元素、细部点坐标和高程明细表等。它们综合反映工程建筑场地竣工后，主体工程及其运输和附属设备（包括铁路、公路、地下和架空设施）的现状，它是今后生产管理和维修所必需的基础技术资料，也是该工程改建、扩建设计的依据。竣工测量随各阶段施工的完成而陆续进行，并对已建成的建筑物作最终测量。

工程建设竣工测量，除了使用常规仪器和方法外，近年来使用电子速测系统可以把施工测量内容进行记录、存储作为档案，用来随时使用及编制并且可以有效地提高作业效率和测绘质量。

现在桥梁工程种类繁多，而且各有各的特点及独立性，施工工艺复杂及测量要求更高。作为合格的测量技术人员，必须应对不同的桥梁工程，能够自如运用不同的测量方法，找出工程不同的测量重点，保证工程质量及工程进度。

高速公路桥梁混凝土施工技术管理

高速公路桥梁混凝土施工会受到各种因素的影响，需要结合具体的施工情况，重点分析桥梁混凝土施工的特性，然后制订完善的施工组织计划，从而满足当前高速公路混凝土工程施工质量要求。就目前而言，高速公路桥梁主要以大跨度桥梁为主，桥梁结构必须具有足够的强度和刚度，必须保证可靠的稳定性。因此，在进行高速公路桥梁混凝土施工过程中，需要控制好混凝土原材料质量，根据混凝土的配合比控制好混凝土的拌制质量，控制好混凝土振捣浇筑流程，严格按照养护方案控制好养护质量，做好施工技术交底工作，保证桥梁的稳定性和安全性，延长工程的使用寿命。

一、高速公路混凝土施工组织管理

在高速公路桥梁工程施工开始前，施工单位要重点做好工程项目设计图纸审核工作，及时有效地发现图纸存在的问题，避免出现设计变更。施工单位要结合具体的施工技术要求，明确钢筋和预埋件的具体位置，重点做好施工缝和后浇带特殊位置的布置，从而帮助施工人员创造良好的条件。施工单位还要做好施工技术交底工作，明确施工现场施工技术要求，保证每一位施工人员熟悉施工流程，满足具体的施工操作规范，从而提升工程施工质量。高速公路桥梁混凝土属于多种物质组成的混合物。其中水泥是重要的胶结材料，水泥的强度和性能在很大程度上会影响混凝土的施工质量。因此，在进行水泥材料准备过程中，需要重点分析水泥的化学性能，结合高速公路施工技术标准、混凝土工程特点、所处环境条件及设计施工的要求，分类采购水泥。为改善混凝土性能、节约水泥、调节混凝土强度等级，在混凝土拌和时，需要配套使用一定量的掺和料，从而改善混凝土内部结构，有效解决混凝土被侵蚀问题。同时，施工人员要结合高速公路桥梁施工特点，增加外加剂，控制好混凝土硬化和凝固时间，提升混合料的密度，保证桥梁工程的耐久性。

二、桥梁混凝土施工准备工艺

为了做好桥梁工程施工，施工单位需要结合实际情况，选择合理的混凝土，在保证工程质量的前提下，降低经济投资投入，不断扩大投入产出比，创造更多的经济效益和社会效益。根据工程设计规范，在实际施工过程中，需要明确混凝土施工质量标准，提升桥梁防水工作，做好施工缝和模板接缝设计，从而满足实际施工的要求。因此，为了保证桥梁工程施工质量，施工单位要结合具体的施工条件和施工技术工艺，选择合理的施工技术工艺，根据施工现场情况做好施工准备工作。第一，施工单位要充分做好施工现场地质水文勘察工作，重点分析影响桥梁施工的重要因素。第二，明确施工周围技术条件，结合自身施工技术水平，做好施工组织技术，为控制好混凝土施工过程中，创造良好的条件。第三，确定科学合理的施工方案，在实际施工过程中，需要做好施工材料准备工作，对施工机械设备进行重点检查，保持良好的性能。第四，加强对施工人员安全质量培训，由于桥梁混凝土施工涉及高空作业，为了保证施工人员的人身安全，施工单位要结合实际施工现场，提升施工人员安全文明意识，消除潜在的安全隐患，保证满足施工技术标准。

三、桥梁工程混凝土施工工艺

在进行桥梁混凝土施工过程中，对工程施工技术工艺要求比较高，需要施工单位结合具体的实际情况，控制好混凝土施工工序，加强对施工技术的控制和管理，消除潜在的不良影响因素，达到现场的施工质量标准。

1. 接缝施工

在桥梁施工过程中，横向板块之间设置横向缩缝。对桥梁工程施工而言，在临近固定构筑物处，或者相交处，施工人员应设置胀缝。在实际邻近胀缝设计过程中，需要采用假缝加传力杆型，从而提升面层板的传荷能力，保证面层板的稳定性和完整性。并且在纵向方向，要设置纵向缩缝，并设置拉杆。在新老板块相接处，预留施工缝均采用膨胀螺丝和拉杆形式，提升实际荷载能力。因此，为了有效提升混凝土性能，施工单位要重点做好接缝施工管理，从而为后续混凝土施工打下良好的基础。

2. 施工材料组成及技术要求

对混凝土施工而言，施工材料决定着工程施工质量，施工单位要结合工程建设的实际情况，科学合理地搭配施工材料，从而满足实际施工的要求。下面就针对混凝土施工材料技术要求展开论述。

（1）水泥在高速公路桥梁项目工程设计过程中，施工材料主要包括以下几个内容：水泥主要采用硅酸盐水泥，保证强度等级不宜低于42.5级，从而为工程施工打下良好的基础。为了保证水泥质量，需要对水泥性能进行检测，分析其化学成分、物理指标，保证水泥的强度和稳定性。为了保证施工顺利进行，在实际施工过程中，不同等级、厂牌、品种及出厂日期的水泥，不能混合储存。在不同的季节，施工人员要控制好散装水泥的入罐温度，不宜太高或者太低，从而影响到施工质量。

（2）混凝土其他组成材料在桥梁工程施工过程中，水泥混凝土组成材料包括原材料、掺合料及外加剂，下面就分别展开论述。第一，原材料具体包括水泥、粗集料、细集料和水组成。水泥采用硅酸盐水泥，保证在施工满足是技术标准。第二，掺和料主要包括活性矿物掺合料和非活性矿物掺合料，其掺入量应在使用前通过试验确定。第三，外加剂主要包括无氯盐类的防冻剂、引气剂和减水剂等，在实际应用过程中，需要满足行业技术标准和施工现场技术要求。为了保证混凝土施工效果，施工单位需要做好掺配试验，提升混凝土强度，提升混凝土性能。

（3）水泥混凝土的配合比设计为了满足实际工程技术要求，进行水泥混凝土配合比过程中，需要选择施工现场的集料，然后施工人员按照一定标准进行筛选，确定好混凝土集料的组成比例，保证满足实际工程施工技术标准和要求，保证工程施工质量。在进行混凝土拌和物的稠度试验过程中，要控制好坍落度，避免影响到混凝土浇筑振捣施工，降低工程施工质量。

3. 加强对施工现场混凝土温度的控制

针对混凝土温度应力问题，在实际施工过程中，施工单位需要采取相应的控制措施，控制好温度，有效改善相应的约束条件，采用冷水降温的方式，从而冷却碎石的温度，达到设定的标准，避免混凝土在凝固过程中，出现温度裂缝。并选用低水化热和凝结时间长的水泥，掺入可降低混凝土早期水化热的外加剂和掺合料，以降低温升，改善混凝土和易性，增进后期强度，提高耐久性。在具体施工过程中，就是把水管预埋在混凝土中，然后再在水管中，灌入冷水，从而实现降温的效果。因此，对混凝土施工过程中，要对入模温度进行控制，满足实际施工工艺标准，保证施工质量。

4. 控制好混凝土窝蜂情况

在进行工程施工过程中，由于混凝土含有较多空间，从而导致混凝土路面出现蜂窝情况，对整个桥梁工程的稳定性和安全性产生极为不利的影响。另外，在混凝土使用引气剂过程中，可能会出现较大的气泡，再加上振动不合理，不能把混凝土内部的气泡完全排出，就会在混凝土表面形成蜂窝麻面。因此，为了保证混凝土施工质量，在实际施工过程中，施工单位要结合实际情况，制订完善的施工组织计划，加强对施工过程的监督，控制混凝土含气量，科学合理地使用引气剂，控制好混凝土原料的配合比，避免出现窝蜂麻面的情况，影响到施工质量。

5. 混凝土模板施工技术工艺

随着桥梁工程行业的发展，混凝土模板施工技术工艺得到广泛的应用。在桥梁项目工程施工过程中，主要考虑到模板安装和拆除的便利，保证模板支撑质量，提升模板的强度和稳定性；同时施工单位要结合具体的项目特点和施工现场情况，选择具有良好性能的模板，提升模板的强度和刚度，防止模板变形，提升模板的严密性，避免混凝土浆出现流失的情况。另外，施工单位加强对模板材料质量的检查，提升模板的防腐蚀性，结合施工过程中构件不同，选择不同形状的模板。同时施工人要对模板进行有效的处理，提升模板的平滑度，做好抛光处理，采取相应的防护措施，避免施工对模板造成损害。

四、混凝土养护与管理

在高速公路桥梁混凝土施工完成以后，需要结合混凝土凝固硬化的性能，做好养护修补工作，防止出现裂缝问题，保持桥梁工程施工的美观性和安全性。第一，针对暴露在空气中桥梁混凝土，施工单位要根据桥梁形状，设置相应的防护支架，做好喷水养护。为了保证混凝土的施工质量，需要结合实际情况，在混凝土散热阶段，可以采用喷雾防护的措施。第二，施工人员要根据施工现场气候条件，在保证混凝土养护试块达到施工强度以后，才能拆除混凝土构件模板，从而保证高速公路桥梁施工质量。第三，在桥梁混凝土养护过程中，需要进一步控制好温度，保证表面温度与内部不能出现过大的温度差，要控制在 20 摄氏度以内。第四，在混凝土拆模以后，需要针对实际情况，清除表面的浮浆和砂带，控制好混凝土凝固实际温度与气温之间的差级变化，避免出现温度过高或者过低。

在进行高速公路桥梁混凝土工程施工过程中，施工单位要结合施工现场情况，制订完善的施工组织管理计划，明确施工技术标准，做好施工技术交底工作，分析桥梁混凝土施工性能，控制好施工的重点和难点，做好后期养护工作，从而保证高速公路桥梁施工质量。

公路桥梁装配式上部构造施工工艺与质量控制

桥梁装配式上部构造是公路桥梁上部结构经常采用的结构形式，采用预制安装施工工艺，具有节省施工器材、改善施工条件、加快施工进度与降低施工成本等特点。近年来，其应用范围从简支梁板桥逐步扩大到装配式连续结构和装配式连续刚构乃至下部墩台，成为中小跨径公路桥梁首选上部结构形式。装配式上部结构施工工艺，特别是预制梁吊装就位后各道工序的工艺，目前在施工技术规范中尚无详尽明确的规定，施工质量的检验也缺乏相应的标准，施工单位只能靠各自的经验进行施工。本节根据装配式结构在设计中考虑的因素，对预制梁吊装就位后各道工序的工艺和质量控制措施进行以下探讨。

一、预制梁安装后状态的要求

预制梁安装是装配式桥梁施工的重要一环，预制梁安装后状态直接影响到后续各道工序的施工质量，因此，预制梁安装时必须注意以下几个问题：

1. 施工技术人员应熟读设计图纸，熟悉预制梁吊装后空间状态的设计要求，在吊装时尽量做到一次到位，避免梁体空中移位。

2. 除设计有特殊要求外，相邻主梁顶面应保持在一个平面内，高差不得大于10毫米。

3. 对于装配式连续结构和装配式连续刚构桥梁，梁体安装后必须预留出墩顶现浇中横梁的位置，中横梁宽度不得小于设计文件的要求。

4. 伸缩缝处的预制梁梁端，应保持与桥台前缘线平行，以方便伸缩缝的安装。

5. 超高渐变段主梁横坡的设置，应以每跨跨中横坡设置，不能按梁端处横坡设置，以避免主梁在安装阶段出现扭曲。

二、纵向湿接头的施工

纵向湿接头的施工是先简支后连续施工的关键工序，是装配式连续结构体系转换的过程。施工中应注意以下几点：

1. 在结构设计计算中，装配式连续结构湿接头混凝土浇筑和负弯矩钢束的张拉工程均按单梁计算，不考虑其效果的横向分布作用，因此在预制梁吊装就位后，应先完成湿接头混凝土浇筑和负弯矩钢束的张拉，再进行横向湿接缝的浇注。考虑到主梁吊装和湿接头施工中的稳定，可先将湿接缝钢筋进行焊接。

2. 主梁预制时，负弯矩钢束波纹管应适当留出一定的长度，注意保持端口的完整；纵向相邻主梁的负弯矩钢束波纹管应位置对中；波纹管套接时，应保持接头处连接平顺。

3. 对于超高渐变段的相邻主梁，由于各自的横坡不一致，预留的负弯矩钢束波纹管在位置可能不完全一致，套接波纹管应注意采用圆弧过渡。

4. 湿接头混凝土应采用微膨胀混凝土。

三、伸缩缝安装

1. 沥青砼铺装施工时，应先将伸缩缝预留槽填满碾压，以保证伸缩缝边缘处的沥青砼施工质量，待沥青砼铺装完成后再进行伸缩缝的安装。

2. 伸缩缝安装前，应根据其宽度放样，用沥青砼切缝机对铺好的沥青砼进行切缝，切缝边口应整齐无缺损；切缝隙间的沥青砼用风镐凿除，将槽口内临时填料清理干净并冲洗，用高压泵冲洗槽口和构造缝内残留的杂物。注意不可将槽口以外的沥青砼破坏(包括破角和抬起)。

3. 安装前应认真检查预埋钢筋，特别注意预埋筋不得出现裂缝、折断及缺失现象，对有裂缝和折断的钢筋应及时按焊接要求补焊或补钢筋，对扭曲的预埋筋要理顺。

4. 梁端构造缝应塞入相应厚度的泡沫板，注意要有足够的深度和严密性，上面应和槽底相平，不能有松动和较大的缝隙，以防止漏浆。

5. 安装后，预留槽应采用高标号混凝土浇筑密实，必要时可掺加一定数量的钢纤维，减少混凝土裂缝。

四、泄水管的安装

桥面排水系统包括纵向排水盲沟、防水层、泄水管和用于排除铺装层层间水的泄水钢管等组成，施工时应注意以下几点：

1. 泄水管孔洞应在梁体预制时预先设置，浇注混凝土桥面铺装前安装泄水管，安装时注意泄水管管顶应略低于混凝土铺装层顶面，必须确保泄水管周围混凝土振捣密实。为保证经沥青面层下渗的雨水顺利流入纵向排水盲沟，要求在混凝土铺装层顶面压制深度为6毫米、间距为20厘米的三角形压槽。

2. 桥面防水层施工前，应对场地进行彻底清扫，如有油污、油迹必须刮洗干净，对混凝土表面的裂纹应进行填补。防水层施工时，应根据产品的要求进行喷涂或涂刷，为保证防水效果，必须保证喷涂或涂刷的遍数。施工完毕后，应注意防水层的养护。后续工序施工时，应采取措施保证防水层不受到破坏。

第三章　水利工程施工与管理

水利工程

水利工程是用于控制和调配自然界的地表水和地下水，达到除害兴利目的而修建的工程，也称为水工程。水是人类生产和生活必不可少的宝贵资源，但其自然存在的状态并不完全符合人类的需要。只有修建水利工程，才能控制水流，防止洪涝灾害，并进行水量的调节和分配，以满足人民生活和生产对水资源的需要。水利工程需要修建坝、堤、溢洪道、水闸、进水口、渠道、渡漕、筏道以及鱼道等不同类型的水工建筑物，以实现其目标。

一、分类

按目的或服务对象可分为：防止洪水灾害的防洪工程；防止旱、涝、渍灾为农业生产服务的农田水利工程，或称灌溉和排水工程；将水能转化为电能的水力发电工程；改善和创建航运条件的航道和港口工程；为工业和生活用水服务，并处理和排除污水和雨水的城镇供水和排水工程；防止水土流失和水质污染，维护生态平衡的水土保持工程和环境水利工程；保护和增进渔业生产的渔业水利工程； 围海造田，满足工农业生产或交通运输需要的海涂围垦工程等。一项水利工程同时为防洪、灌溉、发电、航运等多种目标服务的，称为综合利用水利工程。

蓄水工程指水库和塘坝（不包括专为引水、提水工程修建的调节水库），按大、中、小型水库和塘坝分别统计。

引水工程指从河道、湖泊等地表水体自流引水的工程（不包括从蓄水、提水工程中引水的工程），按大、中、小型规模分别统计。 提水工程指利用扬水泵站从河道、湖泊等地表水体提水的工程（不包括从蓄水、引水工程中提水的工程），按大、中、小型规模分别统计。调水工程指水资源一级区或独立流域之间的跨流域调水工程，蓄、引、提工程中均不包括调水工程的配套工程。地下水源工程指利用地下水的水井工程，按浅层地下水和深层承压水分别统计。

二、特点

①有很强的系统性和综合性

单项水利工程是同一流域，同一地区内各项水利工程的有机组成部分，这些工程既相辅相成，又相互制约；单项水利工程自身往往是综合性的，各服务目标之间既紧密联系，又相互矛盾。水利工程和 国民经济的其他部门也是紧密相关的。规划设计水利工程必须从全局出发，系统地、综合地进行分析研究，才能得到最为经济合理的优化方案。

②对环境有很大影响

水利工程不仅通过其建设任务对所在地区的经济和社会发生影响，而且对江河、湖泊以及附近地区的自然面貌、生态环境、自然景观，甚至对区域气候，都将产生不同程度的影响。这种影响有利有弊，规划设计时必须对这种影响进行充分估计，努力发挥水利工程的积极作用，消除其消极影响。

③工作条件复杂

水利工程中各种水工建筑物都是在难以确切把握的气象、水文、地质等自然条件下进行施工和运行的，它们又多承受水的推力、 浮力、渗透力、冲刷力等的作用，工作条件较其他建筑物更为复杂。

④水利工程的效益具有随机性

根据每年水文状况不同而效益不同，农田水利工程还与气象条件的变化有密切联系。影响面广。

⑤水利工程一般规模大，技术复杂，工期较长，投资多，兴建时必须按照基本建设程序和有关标准进行。

三、可供水量

可供水量分为单项工程可供水量与区域可供水量。一般来说，区域内相互联系的工程之间，具有一定的补偿和调节作用，区域可供水量不是区域内各单项工程可供水量单相加之和。区域可供水量是由新增工程与原有工程所组成的供水系统，根据规划水平年的需水要求，经过调节计算后得出。

1. 区域可供水量

区域可供水量是由若干个单项工程、计算单元的可供水量组成。区域可供水量，一般通过建立区域可供水量预测模型进行。在每个计算区域内，将存在相互联系的各类水利工程组成一个供水系统，按一定的原则和运行方式联合调算。联合调算要注意避免重复计算供水量。对于区域内其他不存在相互联系的工程则按单项工程方法计算。可供水量计算主要采用典型年法，来水系列资料比较完整的区域，也有采用长系列调算法进行可供水量计算。

2. 蓄水工程

指水库和塘坝（不包括专为引水、提水工程修建的调节水库），按大、中、小型水库和塘坝分别统计。

3. 提水工程

指利用扬水泵站从河道、湖泊等地表水体提水的工程（不包括从蓄水、引水工程中提水的工程），按大、中、小型规模分别统计。

4. 调水工程

指水资源一级区或独立流域之间的跨流域调水工程，蓄、引、提工程中均不包括调水工程的配套工程。

5. 地下水源工程

指利用地下水的水井工程，按浅层地下水和深层承压水分别统计。

6. 地下水利用

研究地下水资源的开发和利用，使之更好地为国民经济各部门（如城市给水、工矿企业用水、农业用水等）服务。农业上的地下水利用，就是合理开发与有效地利用地下水进行灌溉或排灌结合改良土壤以及农牧业给水。必须根据地区的水文地质条件、水文气象条件和用水条件，进行全面规划。

在对地下水资源进行评价和摸清可开采量的基础上，制订开发计划与工程措施。在地下水利用规划中要遵循以下原则：（1）充分利用地面水，合理开发地下水，做到地下水和地面水统筹安排。（2）应根据各含水层的补水能力，确定各层水井数目和开采量，做到分层取水，浅、中、深结合，合理布局。（3）必须与旱涝碱咸的治理结合，统一规划，做到既保障灌溉，又降低地下水位、防碱防渍；既开采了地下水，又腾空了地下库容；使汛期能存蓄降雨和地面径流，并为治涝治碱创造条件。在利用地下水的过程中，还须加强管理，避免盲目开采而引起不良后果。

7. 浅层地下水

指与当地降水、地表水体有直接补排关系的潜水和与潜水有紧密水力联系的弱承压水。

8. 其他水源工程

包括集雨工程、污水处理再利用和海水利用等供水工程。

9. 集雨工程

指用人工收集储存屋顶。

四、组成

无论是治理水害或开发水利，都需要通过一定数量的水工建筑物来实现。按照功用，水工建筑物大体分为三类：①挡水建筑物；②泄水建筑物；③专门水工建筑物。由若干座水工建筑物组成的集合体称水利枢纽。

1. 挡水建筑物

阻挡或拦束水流、拥高或调节上游水位的建筑物，一般横跨河道者称为坝，沿水流方向在河道两侧修筑者称为堤。坝是形成水库的关键性工程。近代修建的坝，大多数采用当地土石料填筑的土石坝或用混凝土灌筑的重力坝，它依靠坝体自身的重量维持坝的稳定。当河谷狭窄时，可采用平面上呈弧线的拱坝。在缺乏足够筑坝材料时，可采用钢筋混凝土的轻型坝（俗称支墩坝），但它抵抗地震作用的能力和耐久性都较差。砌石坝是一种古老的坝，不易机械化施工，主要用于中小型工程。大坝设计中要解决的主要问题是坝体抵抗滑动或倾覆的稳定性、防止坝体自身的破裂和渗漏。土石坝或砂、土地基，防止渗流引起的土颗粒移动破坏（即所谓“管涌”和“流土”）占有更重要的地位。在地震区建坝时，还要注意坝体或地基中浸水饱和的无黏性砂料、在地震时发生强度突然消失而引起滑动的可能性，即所谓“液化现象”（见砂土液化）。

2. 泄水建筑物

能从水库安全可靠地放泄多余或需要水量的建筑物。历史上曾有不少土石坝，因洪水超过水库容量而漫顶造成溃坝。为保证土石坝的安全，必须在水利枢纽中设河岸溢洪道，一旦水库水位超过规定水位，多余水量将经由溢洪道泄出。混凝土坝有较强的抗冲刷能力，可利用坝体过水泄洪，称溢流坝。修建泄水建筑物，关键是要解决好消能和防蚀、抗磨问题。泄出的水流一般具有较大的动能和冲刷力，为保证下游安全，常利用水流内部的撞击和摩擦消除能量，如水跃或挑流消能等。当流速大于每秒10~15 米时，泄水建筑物中行水部分的某些不规则地段可能出现所谓空蚀破坏，即由高速水流在临近边壁处出现的真空穴所造成的破坏。防止空蚀的主要方法是尽量采用流线形体形，提高压力或降低流速，采用高强材料以及向 局部地区通气等。多泥沙河流或当水中夹带有石渣时，还必须解决抵抗磨损的问题。

3. 专门水工建筑物

除上述两类常见的一般性建筑物外，为某一专门目的或为完成某一特定任务所设的建筑物。 渠道是输水建筑物，多数用于灌溉和引水工程。当遇高山挡路，可盘山绕行或开凿输水隧洞穿过（见水工隧洞）；如与河、沟相交，则需设渡槽或倒虹吸，此外还有同桥梁、涵洞等交叉的建筑物。水力发电站枢纽按其厂房位置和引水方式有河床式、坝后式、引水道式和地下式等。水电站建筑物主要有集中水位落差的引水系统，防止突然停车时产生过大水击压力的调压系统， 水电站厂房以及尾水系统等。通过水电站建筑物的流速一般较小，但这些建筑物往往承受着较大的水压力，因此，许多部位要用钢结构。水库建成后大坝阻拦了船只、木筏、竹筏以及鱼类洄游等的原有通路，对航运和养殖的影响较大。为此，应专门修建过船、过筏、过鱼的船闸、筏道和鱼道。这些建筑物具有较强的地方性，修建前要做专门研究。

五、规划

水利工程规划的目的是全面考虑、合理安排地面和地下水资源的控制、开发和使用方式，最大限度地做到安全、经济与高效。水利工程规划要解决的问题大体有以下几个方面：根据需要和可能确定各种治理和开发目标，按照当地的自然、经济和社会条件选择合理的工程规模，制定安全、经济、运用管理方便的工程布置方案。因此，应首先做好被治理或开发河流流域的水文和水文地质方面的调查研究工作，掌握 水资源的分布状况。

工程地质资料是水利工程规划中必须先行研究的又一重要内容，以判别修建工程的可能性和为水工建筑物选择有利的地基条件并研究必要的补强措施。水库是治理河流和开发水资源中普遍应用的工程形式。在深山峡谷或丘陵地带，可利用天然地形构成的盆地储存多余的或暂时不用的水，供需要时引用。因此，水库的作用主要是调节 径流分配，提高水位，集中水面落差，以便为防洪、发电、灌溉、供水、养殖和改善下游通航创造条件。为此，在规划阶段，须沿河道选择适当的位置或盆地的喉部，修建挡水的拦河大坝以及向下游宣泄河水的水工建筑物。在多泥沙河流，常因泥沙淤积使水库容积逐年减少，因此还要估计水库寿命或配备专门的冲沙、排沙设施。

现代大型水利工程，很多具有综合开发治理的特点，故常称“综合利用水利枢纽工程”。它往往兼顾了所在流域的防洪、灌溉、发电、通航、河道治理和跨流域的引水或调水，有时甚至还包括养殖、给水或其他开发目标。然而，要制止水患、开发水利，除建设大型骨干工程外，还要依靠大量的中小型水利工程，从面上控制水情并保证大型工程得以发挥骨干效用。防止对周围环境的污染，保持生态平衡，也是水利工程规划中必须研究的重要课题。由此可见，水利工程不仅是一门综合性很强的科学技术，而且还受到社会、经济甚至政治因素的制约。

六、政策

早在 2012 年水利部就出台了《关于印发鼓励和引导民间资本参与农田水利建设实施细则的通知》，对民间投资参与农田水利建设等做出具体可操作规定，包括民间资本可通过独资、合资、合作及村民“一事一议”筹资筹劳等多种形式参与农田水利建设，按规划建设农田水利工程可以享受政府财政支持政策，享受当地政府规定的农田水利工程用地、用电优惠政策；民间资本通过建设、承包、租赁、股份合作、拍卖等方式依法获得的农田水利工程的产权和运行管理受国家法律保护等。

国务院总理 2016 年 6 月签署第 669 号国务院令，公布《农田水利条例》，自 2016 年 7 月 1 日起施行。《条例》提出，农田水利工程建设实行政府投入和社会力量投入相结合的方式，引导和支持社会力量参与农田水利工程的建设和经营，引导金融机构推出符合农田水利工程项目特点的金融产品，加大信贷支持力度，建立健全基层水利服务体系，支持专业化服务组织开展农田灌溉、排水和农田水利工程设施维修工作。

七、发展

我国人均水资源并不丰富，且时空分布不均，这决定了我国是一个水旱灾害频繁而严重的国家。

据中经未来产业研究院发布的《2016—2020年中国水利工程行业发展前景与投资预测分析报告》显示，“十二五”时期，我国水利建设完成总投资超过2万亿元，再创历史新高，农村饮水安全、防洪薄弱环节、抗旱水源工程、农田水利、农村水电等民生水利建设成效显著，惠及亿万人民群众。“十二五”时期，我国172项节水供水重大水利工程建设加快推进，投资规模超过8000亿元；水利规划体系进一步健全，前期工作和立项审批明显提速；水利改革创新全面深化，长 期制约水利发展的体制积弊逐步破除。

民间投资用于水利建设的投资比重正在不断扩大，据初步统计，“十二五”期间全国民间投资用于水利建设资金964亿元左右，约为“十一五”期间5.4倍，非财政资金在水利建设投资中的比重进一步提高。

《2013—2017年中国水利工程行业领先企业经营策略与优劣势分析报告》显示，我国水旱灾害直接经济损失占各类自然灾害直接经济总损失的60%左右。1990年以来，全国年均洪涝灾害损失在1100亿元左右，约占同期GDP的2%；遇到发生流域性大洪水的年份，该比例可达3%~4%。水利工程行业是一个极度依赖政府投资的行业，而水利投资长期滞后导致了减灾效果的不理想。

数据显示，水利投资占FAI、GDP的比重在2002—2008年间持续下滑，2009年由于四万亿投资拉动而略有上升，占到GDP的0.56%，2010年水利建设投资为2328亿元，占到GDP的0.58%，但依然保持较低水平，无法适应经济高速发展，预计水利建设将全面加速。

国务院2010年11月份批复的《全国水资源综合规划》为未来15~20年间水资源的综合开发、利用、节约和保护等定下主基调，水资源正式上升到国家资源战略层面的高度。由于关乎通胀和粮食安全问题，农村水利将成为重中之重；而为达到节能减排目标，水电建设预计仍将持续快速推进。

水利行业从2009年开始已迈入了加速通道，上行趋势已经确立，“十二五”期间水利建设投资将达到2.11万亿，比“十一五”期间增长183.85%。

随着水利工程行业竞争的不断加剧，大型水利工程企业间并购整合与资本运作日趋频繁，国内优秀的水利工程企业愈来愈重视对行业市场的研究，特别是对企业发展环境和客户需求趋势变化的深入研究。

八、展望

当前世界多数国家出现人口增长过快，可利用水资源不足，城镇供水紧张，能源短缺，生态环境恶化等重大问题，都与水有密切联系。水灾防治、水资源的充分开发利用成为当代社会经济发展的重大课题。水利工程的发展趋势主要是：①防治水灾的工程措施与非工程措施进一步结合，非工程措施越来越占重要地位；②水资源的开发利用进一步向综合性、多目标发展；③水利工程的作用，不仅要满足日益增长的人民生活和工农业生产发展的需要，而且要更多地为保护和改善环境服务；④大区域、大范围的水资源调配工程，如跨流域引水工程，将进一步发展；⑤由于新的勘探技术、新的分析计算和监测试验手段以及新材料、新工艺的发展，复杂地基和高水头水工建筑物将随之得到发展，当地材料将得到更广泛的应用，水工建筑物的造价将会进一步降低；⑥水资源和水利工程的统一管理、统一调度将逐步加强。

研究防止水患、开发水利资源的方法及选择和建设各项工程设施的科学技术。主要是通过工程建设，控制或调整天然水在空间和时间的分布，防止或减少旱涝 洪水灾害，合理开发和充分利用水利资源，为工农业生产和人民生活提供良好的环境和物质条件。水利工程包括排水灌溉工程（又称农田水利工程）、 水土保持工程、治河工程、防洪工程、跨流域的调水工程、水力发电工程和 内河航道工程等。其他如养殖工程、给水和排水工程、海岸工程等，虽和水利工程有关，但现常被列为土木工程的其他分支或其他专门性的工程学科。水利工程原是土木工程的一个分支。由于水利工程本身的发展，逐渐具有自己的特点，以及在国民经济中的地位日益重要，已成为一门相对独立的技术学科，但仍和土木工程的许多分支保持着密切的联系。

九、建设

水利工程的施工有许多地方和其他土木工程类同。导流问题是水利工程施工中的重要环节，常常控制着工程进度。在宽阔河道，一般采用分段围堰的方法，先在河道一侧围出基坑进行这一段拦河闸坝的施工，河水由另一侧通过。这一侧完工后，便转移至另一侧施工，河水从已建的部分建筑物通过。用围堰拦截水流强令其转移至已建工程通过，称为截流。此外，还有采用 河岸泄水隧洞或坝身底孔导流，这些洞和孔有时专为施工期的导流而设，但也可在施工完毕后留作永久泄水设施。水利工程的施工周期一般都较长，短则 1~2 年，长则 5~10 年。水利工程的安危常关系到国计民生，工程建成后如不妥善管理，不仅不能积极发挥应有的效用，而且会带来不幸和灾难。运营管理工作中最主要的是监测、维修和科学地使用。为此，每个水利工程一般都设有专门的运营管理机构，它是管理单位，又是生产单位。一个大型综合利用水利枢纽工程，往往和国民经济中的若干部门有关。为更有效地发挥工程作用和充分经济、合理、安全地利用水力资源，必须加强协调和统一指挥。

水利工程建设项目施工进度管理与控制

随着我国国民经济的快速发展，水利工程作为保障国民经济可持续发展的重要基础设施，其项目建设也在日益增加。在水利工程建设过程中，施工进度是项目管理的主要目标之一，直接关系到水利工程建设的进度及成本，并对项目的投资效益具有十分重要的影响。因此，对水利工程建设项目的施工进度管理与控制展开探讨十分必要。

一、进度控制的概念

进度控制主要是指对水利工程不同环节的施工内容、计划、所需时间之间的逻辑关系，依照水利整体工程的设计方案及优化配置的方针，制订施工计划同时进行落实，此后在按部就班的过程中需要对既定方案的执行情况进行核查，及时纠正偏离方案的施工内容，并针对可能产生或造成的影响制定应对策略或者及时更改原有计划然后在执行，这项工作是一项连续不断的工作，一直持续到该项目的交付验收合格。这项工作的目标是为了保障该工程可以在计划时间的范围之内交付使用，而这项工作总目标则是工期。

二、水利工程施工进度控制和管理的重要意义

任何企业在预定时间内完成工作，才能够确保企业本身利润实现最大化。进度控制与投资及质量控制的总的目标是辩证统一的关系，即是对立的同时又是协调统一的。通常情况来讲，保证进度的唯一途径就需要追加投资，但是相反看来同样会为投资者带来更为丰厚的回报。进度的快慢直接关乎工程本身质量高低，反过来质量把控程度的高低也可影响整个工程的施工进度。同时如果质量把控工作较为完善，返工的情况必然会减少甚至不发生，间接的会促进施工进度的加快。不论施工的进度、施工质量还是工程投资三者不是单独存在的个体，而是协调统一的一个整体，而工程管理就是针对三者间可能或者已经出现会阻碍工程施工的情况进行协调，使工程进度要快，同时还要降低成本、把控好质量。这项工作从开始一直延续到整个施工完成。进度的快慢将会直接的影响到整个工程花费的时间成本、耗费的人力、物力与财力等，而项目能否按照预定计划交付使用，将会影响全局，同时也会对项目本身的获利情况给予很大影响。由此不难看出这项工作的重要性，如果工期控制不得当，那么施工成本必然会大幅攀升，进而有可能导致投资失败。

三、水利工程施工进度管理策略

1. 加强对水利工程施工进度合同与安全的控制管理

合同是制约甲乙双方的一个约束，作为施工进度合同来讲是保证在合同约定的时间范围内可以交付使用，是有法律效力的。因此，对这一内容的研究本质上也是对其进行监督的主要工作。在每项工作相互衔接的空档期，从施工者的角度应当将可能出现的非常规情况计算在内，针对可能出现的阻碍工程施工进度的因素深入研究，为工程的按期交工预留时间。除此之外，还应当在上述合同中明确甲乙双方的权责，目的是为了避免可能产生的矛盾。同时还应当将施工过程中的安全问题作为首要工作来抓，严防可能出现的安全问题，确保工程进度顺利。

2. 做好水利工程的实地勘查工作

在水利工程中往往会受到来自自然环境较大的影响，而往往这类因素是较难或者无法控制的。所以，在水利工程开工前应当对工地的客观环境进行实地考察和认真的分析，务必做到因地制宜。同时还应当做好相关方案的备选方案以应对可能出现的以外情况，科学合理安排施工进度，确保工程按时保质保量完成。

3. 科学设计施工进度方案

水利工程不像普通建筑工程那样可控因素较多，所以，水利工程在施工过程中要对风险进行科学的管控，分析潜在可能发生的风险显得十分重要。首先设计方案的科学合理性、施工方法的科学合理性对整个工程都是至关重要的。从现阶段的情况来看，用科学合理的方式来管控风险是最为行之有效的。

4. 加强对施工进度的经济管理

施工顺利与否与其本身的经济管理情况也有着密不可分的关联，例如，对施工人员的招聘、相关耗材的采办加之管理的必须费用等都需要资金来支持。所以由此可以看出资金在施工进度方面的突出作用，作为施工单位必须要对此常抓不懈。①作为施工单位应当按照既定方案，做出预算，确保各项工作顺利进行。②做好资金管理工作。③建立和完善激励机制。

5. 完善施工中的监督管理制度，监理人员要负起责任

强化监督管理制度，根据每个工程的各自特点和实际情况制定有针对性的管理制度，监督工作与相关责任人的利益挂钩，从内部挖掘原动力，不断地提升工作积极性和责任心，加强宣传和持续的培训工作，同时还应当对监理人员进行培训。作为监理人员本身来讲，只有个人的责任心提高才能有效担负起这项工作的要求，才能按照工作要求保质保量完成相关事物。作为用人单位来讲务必要强化这部分人员的专业技能及职责培训工作。同时还应当由能力进行设计，管理规划资金的使用。而监理人员在整个工作始末都应当对其工作

内容翔实记录下来，做好相关监理报告，在整个工程中起到积极的作用。

四、水利工程施工进度控制的方式

如果要确保水利工程的整体质量过关，凡是与工程相关的人员都应当和谐有序的参与到工程之中。通过资源、人力及财力的优化来实现经济及社会的利益最大化。作为政府等监管部门应当做好相关工作，促进工程有序健康的进行。

1. 制定科学合理的施工进度表

合理的施工进度表是确保水利工程顺利进行的首要条件，只有恰当合理的规划时间才能保证工程的进度不受时间的影响。施工进度从时间轴上可以将整个工程划分为两个单元。整体的工程进度由多个时间段来共同组成。

2. 完善水利建设技术

施工技术是影响施工进度及质量的主要因素之一。所以相关的部门应当进一步提升施工人员的专业技能，加强培训工作，提升施工人员的主动学习的积极性，以实现自身水平的提高，此外还应当做好对中高层项目管理人员的管理水平，及时为这部分人员更新相关专业技术知识，确保工程施工进度的速度和质量。

3. 加强企业学习，提高管理水平

为了进一步提升企业的竞争实力，应当将企业对每一个项目的把控有效地掌握。这一工作可以通过不断的培训来提升，同时还应当加强施工人员的专业素质，确保整个施工过程都能够完全按照设计进行。最终实现施工过程可以在既定的时间之内完成合同的约定，为工程实现最终的利润最大化提供前提条件。

4. 提高施工合同进度和安全管理

合同鉴定的目的是为了约束双方，是为了使工程能够按时交工。所以施工单位应当从全局出发严格按照合同签订的内容来进行施工，确保任务有足够的时间完成。此外，尽管进度是水利工程很重要的一项内容，但是安全问题永远都是最为重要的。作为水利工程更要将工程的质量视为基础，安全工作为首要任务。安全事故的出现必然会将工期拉长。所以安全教育工作也应当贯穿于工程的始末，杜绝一切可能引发安全事故的隐患。

做好水利工程建设项目的施工进度管理与控制具有十分重要的意义。在水利工程建设过程中，相关管理人员要增强自身的责任意识，完善相关施工进度管理体系制度，同时还要制定合理的施工进度计划，并结合工程的实际施工情况进行调整，从而有效控制施工进度，确保工程施工的顺利进行，提高水利工程建设的经济效益及社会效益。

水利工程施工管理的主要内容与加强措施

一、水利工程施工管理的重要性分析

1. 由水利工程的性质决定

水利工程施工管理的重要性首先是由水利工程的性质决定的。水利工程修建的目的是合理调控自然界的水资源，以期更好地为人类的生产和生活服务，是一项利国利民的工程。

2. 良好的施工管理可以使企业获得好的综合效益

随着建设工程市场的不断有序前进，施工管理在工程中的重要作用日益凸显并得到了广泛的重视。而水利工程的施工管理系统组成又是极其复杂的，施工企业要想取得良好的经济效益和社会效益，只有加强水利工程的施工管理工作。

3. 有利于施工方法和思路的总结

水利工程施工管理的实现是通过一系列科学的管理手段和方法，对工程进行干预，以尽可能小的投入来获得较大的综合效益。因此，多年的施工管理实践中必然是有一些典型的规律性的管理方法和思路，对这些施工方法和思路的总结又会进一步提高水利工程施工管理的水平。

二、水利工程施工管理的主要内容

1. 水利工程施工前管理

（1）投标文件的编制和承包合同的签订。

（2）工程成本的合理预测和签订合理周密的施工合同。

2. 水利工程施工中管理

（1）认真做好图纸会审和确定适宜的质量成本目标

在图纸会审阶段，要着重考虑那些结构复杂、施工难度高的项目，对这些项目要从进度、质量和低资源消耗方面考虑，并且结果是增加工程的综合效益，不合适的地方要提出修改意见。

（2）搞好签证工作和严格劳务费用审核

签证工作和劳务费审核是施工成本管理的重点，在施工中，承包商应将变更的工程项目和单价上报给监理工程师和业主，这有利于签证手续的及时办理。另外劳务费的结算要重点做好劳务分包工程量和零工结账单的审核。

（3）加强材料成本管理

加强材料成本的管理就要在保证施工质量的前提下，通过优选供货商对材料的采购成本进行控制；另外施工中要根据施工的进度和工序，合理安排材料计划，避免过多浪费。

（4）竣工验收资料的准备和加强竣工结算管理

水利工程项目竣工后，项目部要归纳整理相关资料交给预算部门，预算部门在这个阶段的工作重点是将中标预算、目标成本、材料实耗量及人工费发生额进行仔细的分析和比较，以查找结算的漏项，确保工程项目结算的正确和完整。

（5）加强资料管理

对资料的管理要贯穿到施工的全过程，在施工阶段就要对施工项目的各种资料，进行收集和保存，竣工阶段要加强对这些资料的整理。

3. 水利工程施工管理中存在的主要问题

（1）施工管理的安全问题

在水利工程施工管理中，存在着忽视安全管理工作，施工安全生产体制缺失，施工安全生产方面的经费、设备和安全设施的配置严重不足，这都导致了水利工程施工安全问题的频发。

（2）施工管理的质量问题

在施工质量的管理过程中，也存在诸多亟待解决的问题。比如，水利工程施工企业内部不具有完善的质量管理体系和制度，相关部门对施工的验收工作没有严格把关，另外施工中也存在不按施工程序进行操作，进而为施工质量埋下隐患的问题。

（3）施工管理的成本问题

成本问题是施工管理中敏感且重要的问题，实际施工管理中也存在着诸多成本管理的漏洞和问题。具体表现为：市场竞争日益激烈，投标风险加大；施工成本的核算不够严格；施工人员成本控制意识淡薄。

（4）施工管理的人员管理问题

水利工程施工管理中管理人员综合素质的缺失是项目管理中的重要问题之一。具体表现在，施工管理人员往往具有良好的施工技术，但是对施工进度、成本和质量的控制能力普遍缺乏，另外有些管理人员具备丰富的管理经验，但是在专业技能方面的知识和实践较为缺乏。

四、加强水利工程施工管理的对策

1. 安全管理的对策

（1）建立安全管理体系

健全有效的安全管理体系和监督体系是施工项目安全管理的可靠保障，施工中要认真落实安全生产责任制，将安全责任层层落实；建立完善的安全监管网络体系，加强施工安全监管。

（2）安全教育培训

水利工程施工企业应经常举行不同规模的安全教育培训，要覆盖到项目参与的所用人员，包括管理人员和施工人员，施工安全教育培训要贯穿到施工生产的全过程。

（3）安全检查

水利工程施工企业可实行定期或不定期的安全检查制度，加强突击检查的力度，在检查中发现不安全行为，要立即采取措施将隐患消灭，以免安全隐患扩大导致更严重的安全事故。

2. 质量管理的对策

（1）材料的质量控制

首先在施工材料达到现场后，要按照相关规范对材料进行严格的检查和验收，经验收合格后用于施工生产。在施工过程中，要合理使用施工材料，并且做好管理台账工作。

（2）机械设备的质量控制

机械设备的合理选择和正确使用在很大程度上影响着水利工程的施工质量。因此，对机械设备的质量控制必须从源头上予以把握，即加强其购置、进场验收环节的质量控制，以确保水利工程施工质量。

（3）施工方法或工艺的质量控制

施工方法和施工工艺的制定一定要结合工程的实际情况进行，要从技术、管理、经济及组织等方面进行全面的考虑和分析，以期制定出方案的准确性和可行性，这对保证施工质量具有重要的意义。

3. 成本管理的对策

水利工程施工成本管理首先要编制合理科学的成本定额，并依据成本定额对各个项目进行科学评估。要加强水利工程施工生产各个环节的成本控制，并以此作为成本费用归集考核的主要对象。进一步完善水利工程项目内部的控制制度，上级相关部门要定期或不定期对项目成本控制工作进行检查和监督。

4. 人员管理的对策

施工管理人员要有良好的施工管理意识，能够协调有效处理各方面的关系，以利于管理工作的顺利开展。施工管理人员要加强道德修养，通过各种途径努力提高自身修养，摆正自身位置。施工管理人员要坚持以人为本的管理理念，充分发挥人的主体作用。

水利工程施工中的常见问题与管理措施

一、水利工程的定义与特点

水利工程施工，是指按照设计提出的工程结构、数量、质量、进度及造价等要求修建水利工程。包括施工准备、施工技术与施工管理等方面。随着科学技术的发展，水利工程施工已成为一门独立的学科。

水利工程施工与一般性的土木工程（如道路、铁路、桥梁和房屋建筑等施工）有许多相同之处，如，主要施工对象多为土方、石方、混凝土、金属结构和机电设备安装等项目；某些施工方法相同；某些施工机械可以通用；某些施工的组织管理工作也可互为借鉴。但是，水利工程的施工也有其自身特点：水利工程承担挡水、蓄水和泄水任务，因而对水工建筑物的稳定、承压、防渗、抗冲、耐磨、抗冻以及抗裂等的性能都有特殊的要求，需按照水利工程的技术规范，采取专门的施工方法和措施施工，以确保工程质量；水利工程对地基的要求比较严格，工程又常处于地质条件比较复杂的地区和部位，需要采取专门的地基处理措施；水利工程多在河道、湖泊、沿海及其他水域施工，需根据水流的自然条件及工程建设的要求进行施工导流、截流及水下作业；水利工程需要充分利用枯水期施工，有很强的季节性；施工强度也较高，有的工程因受气候影响还需采取温度控制措施，以确保工程质量。水利工程施工，与社会和自然环境关系密切，因而实施工程的影响也较大，必须要把握时机，合理安排施工进度，精心组织施工，及时解决施工中的防洪、度汛等问题，以保证水利施工的安全。

二、水利工程施工中存在的问题

1. 经费不足

中小型水利工程的投资成本小、建设周期短，收效快、所需机械设备简单，而且其中部分工程项目由地方负责融资。由于地方性财政的刚性支出项目不断增加，资金周转紧张，使得水利工程的施工设备陈旧，数量较少，无法满足施工需求。

2. 工程的分包与转包现象普遍

工程的分包与转包存在着不可避免的风险，而水利工程主体项目的质量好坏关系着人们的生命和财产安全，是不允许施工方将其分包或转包的。但是，在水利工程的现行行业中，非法分包、转包的情况较为普遍。

3. 抢工期、赶进度的情况突出

水利工程的不少施工单位为了避免工程施工中的各种手续和程序，经常出现“抢工期、赶进度”的现象，这种行为致使施工人员对于工程中的部分工序态度不够严谨、不够重视，一味盲目地缩减施工成本，采用低质廉价甚至是不合格、不达标的原材料和零部件，敷衍了事。

4. 工程管理体制不完善

多数大中型企业中项目管理的职责与权利区分模糊，项目管理责任制不完善，这些问题约束了项目经理工作的开展，极大地限制了工程项目部管理职责的履行，使许多工程项目的实际管理与科学管理规范的要求相差甚远。

5. 工程项目管理人员素质较低

受历史管理体制影响，大部分工程施工现场项目管理人员的综合素质普遍低下，过于依赖于公司及各职能部门，个别工程项目的管理人员具有较高的技术水平，却缺乏对工程投资成本、施工进度、工程质量与施工综合管理的控制能力，个别工程项目的管理人员强于管理，但缺乏施工现场的管理经验与技术和关财务知识等。工程项目管理人员的素质直接制约着工程项目管理的发展。

三、加强水利工程施工管理的措施

1. 完善监管体制，责任落实到位

工程项目负责人的重视是搞好项目管理工作的关键。行政管理部门对于基层水利行业整体质量的把控要给予高度的重视，秉持“对国家负责、对社会负责、对党和人民群众负责”的态度严格把控工程施工质量，规范管理和工作程序，将各部门的责任具体落实到个人，管理工作环环相扣，人人有责。施工中严格按照工程施工规范进行作业。出现质量问题，要直接追究项目负责人的责任，完善工程质量责任制。

2. 严抓原材料质量，严把原材料进场关

工程所需原材料，要采用符合国家标准要求的产品，进入施工现场的原材料，无论是成品、半成品或是构配件等，进场前都务必要向项目工程师提交有关的“进场材料报验单”“进场设备报验单”等相关单据，同时要附有产品检验合格的证书、报告以及技术说明等原材料资料，并由施工单位按照国家或行业质检标准进行检验，再由监管人员进行复查合格后方能进场。在储存的过程若发现质量发生变化的产品，要严格按照有关规范标准进行处理，不得采用不合格的材料进行施工。

3. 严格执行工程质量检定，强化管理人员技术培训

工程质量是否合格是企业推行工程项目管理水平的尺度，也是降低工程施工建设成本、提高企业经济效益的重要因素，是工程检查验收的依据。检查工程施工方案是否可行，相

关技术是否支持以及工程对环境的影响，甚至是工程竣工后的质量检测，是保证工程施工质量以及工程施工顺利进行的有效措施。同时要强化工程项目管理人员的技术培训，提高他们的现场施工技术管理水平。只有这样，才能在施工现场进行管理时，提高施工人员的施工技能和安全操作水平，确保安全施工，保证工程施工的质量，减少事故的发生。

水利工程施工的质量优劣关系着人民群众的生命和财产安全，只有全面把好质量关，才能真正做到安全施工，才能真正实现质量与安全双赢的目标。水利工程施工企业只有本着“质量兴业”的宗旨和态度，才能实现企业的持续发展。

水利工程施工管理特点及创新

随着科学技术的不断发展，我国工农业生产得到了进一步的发展，因此对水利工程项目也提出更高的要求，不仅要求其能够有效地缓解自然灾害，同时在某种程度上要提高对工农业生产的条件支持。当前，我国的水利施工项目虽然在很大程度上对生产生活具有重要的意义，但是由于工程建设本身项目巨大，且耗时较长，因而在管理上也存在一些问题。管理不善，很容易造成水利工程施工过程的环境污染、工程超标及质量不合格，或者工期延误等问题。因此，需要不断加强对水利工程项目的施工要求，加强对施工项目的现场管理工作，在控制成本的基础上，尽可能的保障工程项目质量。

一、水利工程施工的管理特点分析

由于水利工程施工的项目管理比较复杂，而且存在多种变量因素，因此在施工过程中，要充分了解当前水利工程的基本要素，深入分析施工过程的基本特点和规律，才能有效地将工程项目控制在可控范围内，加强对施工项目的基础管理，通过建立风险控制机制，创新管理方式，不断地加强水利施工的整体效益。

1. 水利工程施工具有一定的复杂性

水利工程的现场管理相对来说比较复杂，由于项目内容较多，人员较多，其管理的标准存在不统一性，因此造成了现场管理的相对紊乱，在工程施工的施工面及管理层都存在着时间和空间的不确定性，很多管理领域相互交叉，面宽量广，因此在管理上具有很大的困难，再加上本身水利工程所涉及的层次和领域比较多，更加形成了施工管理过程的复杂性。

2. 水利施工管理具有一定的不确定性

由于水利施工工程的工期较长，占地面积较大，且人员较多，就造成了施工管理在时间、空间和成本上投入较大，在不同的时间阶段，水利施工会面临不同的问题，在夏季施工和冬季施工可能问题不一样，不同的施工团队进行施工其管理方式又不一样。因此，在整个项目中，需要针对不同阶段的过程特点，来有效地调配管理工作，通过多种工种的协作配合，对施工人员进行安全有效的管理，尽量控制工程风险，并通过合理的手段对不同时期的工程内容进行技术要求，强化管理工作。另外，由于水利施工过程设计的范围比较广，因此也存在很多的不确定性，就需要施工管理团队加强对现场管理工作的稳定性思考，深入剖析水利工程的不确定因素，将其中的人为因素进行分析，不断提高施工人员的管理素质和技术技能；加强对自然因素和社会因素的不可变量分析，对工程项目中的水文地质、气候特点以及政治氛围等进行严格的分析。

3. 水利施工管理还具有一定的特殊性

水利施工工程管理具有的特殊性，跟其项目特点有很大的关系。水利工程的周期比较长，范围比较广，一般都会建立在山区或者比较荒凉的地区，交通不便利，生活条件不好，对外界的联系相对来说比较少，因此需要建立一定的基础设施，从而保障整个工程项目的稳定性，所以说其管理特点具有特殊性，前期准备和建设的时间比较长。

二、水利工程施工管理的重要性

水利施工建设利国利民，有利于我国的生产生活的基本建设，同时也是有效保障我国社会稳定、国民经济发展的重要基础，因此做好水利建设管理工作意义重大。在日常的项目管理中，需要不断地创新管理手段和方式，提高整体管理水平，同时提高工程质量管理。从施工责任和监督运作等方面同时加强，对管理方式进行全面改进创新，保障水利工程管理应该发挥的积极作用。

而其重要性的另一表现在于，水利工程的创新管理是保障整个项目工程按质按量完成的基础。在水利施工项目中，施工管理的重要性还体现在其管理内容庞大，需要整个项目的正常有效进行是基础保障。专业的工程项目管理是确保项目有序进行的基础，对于项目的采购、施工、技术、安全、风险、人员和成本的管理等，都是水利工程项目管理的基本内容，需要管理层强化对项目的质量管理，加强管理团队的基础建设，保障施工管理的健康有序稳定进行。

三、水利工程施工管理存在的主要问题分析

1. 缺乏完善的管理机制

在水利工程施工管理中，健全的管理机制几乎很少，大部分的承包商或者管理者都是对日常基础的项目进行管理，按照自己的经验对项目进行随机处理。但是很难建立其完善的管理机制，对整个项目的风险和管理问题进行提前预警，缺乏创新意识，在管理上出现问题解决问题，而很少思考避免问题发生可能。

2. 缺乏创新管理意识

一般来说，水利施工企业要求其丰富的经验和阅历，因而大多的项目管理方年龄结构

都偏大，特别是管理层，因此对创新本身缺乏一定的追求，同时加上观念根深蒂固，自身的经验主义是导致其缺乏创新意识的主要原因，在项目管理中，可能仍然停留在节约水电简单控制的思路上，不会花费成本对没有发生的问题进行提前预防和控制。

3. 缺乏竞争意识和发展意识

在长期的计划经济过程中，水利工程存在很多难以变革的弊端，特别是对于工程项目的陈旧管理方式。

四、关于水利工程施工的创新管理

创新，是当前社会经济的关键词，不管是在水利工程的技术上还是管理上，都需要不断地加强创新意识，提高对水利工程的整体管理能力。其创新体现在多方面，需要不断地进行管理体制的创新、提高管理人才的培养创新、加强工程项目的技术创新，同时不断增强设备创新。

1. 加强对水利工程施工的管理制度创新；

2. 要不断地加强人才管理创新；

3. 要加强水利工程施工中的质量创新和技术创新。

对于水利工程施工的管理创新，需要在掌握施工特点的基础上，分析施工过程中存在的问题，从而强化施工管理理念，创新管理方式，通过培养新的管理人才和技术人才，提高管理效率，提升工程项目质量。

水利工程建设施工合同管理

1998 年“三江”大水过后，国家加大了对大江、大河的治理力度，投资大幅度增加，大规模的防洪工程建设逐步展开，为规范建设市场，确保工程质量，最大规模地发挥投资效益，在水利工程建设中开始全面推广“三制”改革，即建设项目法人责任制、招标投标制、建设监理制，参建各方依靠合同明确各自的权利和义务，工程建设项目合同管理越来越得到重视。施工过程中依靠合同规范参建各方的行为，依据合同办理工程价款支付，合同管理已与工程建设密不可分。

一、施工合同管理的概念

施工合同是指建筑安装工程承包合同，是建设项目的主要合同，是由具有法人资格的发包方和承包方为完成商定的建筑安装工程，明确双方权利、义务关系的合同。合同的管理是指水利建设主管机关、相应的金融机构，以及建设单位、监理单位及承包企业依照法律和行政法规、规章制度，采取法律的、行政的手段，对施工合同关系进行组织、指导协调和监督，保护施工合同当事人的合法权益，处理施工合同纠纷，防止和制裁违法行为，保证施工合同法规的贯彻实施等一系列活动。

二、合同管理的作用

施工合同作为约束发包方和承包方权利和义务的依据，合同管理的作用主要体现在以下几个方面：一是促使施工合同的双方在相互平等、诚信的基础上依法签订切实可行的合同；二是有利于合同双方在合同执行过程中进行相互监督，以确保合同顺利实施；三是合同中明确地规定了双方具体的权利与义务，通过合同管理确保合同双方严格执行；四是通过合同管理，增强合同双方履行合同的自觉性，调动建设各方的积极性，使合同双方自觉遵守法律规定，共同维护当事人双方的合法权益。

三、当前合同管理存在的主要问题及成因分析

近年来，水利工程建设施工合同管理方面存在的主要问题及原因，主要表现在以下几个方面。

1. 招标不够规范，为合同管理埋下了隐患

随着“三制”改革的深入开展，水利工程的建设市场已逐步规范，但由于施工合同的双方在利益上存在矛盾，表现在合同上，如某些工程在招标过程中，利用僧多粥少的心理对承包人提出一些苛刻条件，迫使承包人压级压价，给承包人增加额外负担，甚至直接压低中标价格，使承包人受到一定的经济损失。为顺利承包到工程，且迫于自身生存和发展的压力，大多数承包人面对不够公正的合同条款也只能委曲求全。同时，有的承包人为提高中标率，搞联合投标，甚至恶意串通，抬高中标价，造成不正当竞争，扰乱建设市场，造成施工力量强、管理水平高的承包人不能中标，项目不能顺利实施，工程建设质量得不到保证，给施工合同管理带来被动。

2. 合同一方的承诺不能兑现，造成工程无法顺利实施

在工程建设过程中，某一方应提供的资源没有及时提供，或者根本无法提供，造成工程项目无法开工或实施被动，特别是一些中小型项目，由于前期工作缺乏必要的法律依据，工作开展比较困难，进展缓慢，造成工程项目被动拖期。有的承包方在施工过程中人员资格和数量，设备的数量及型号，工程工期等与合同内容不相符，甚差异很大。特别是投标项目，实际施工过程中与标书内容不一致，标书中的承诺不能完全兑现，对工程项目的顺利实施造成负面影响。另外一些应急度汛的水利工程，工期短、时效性强，如工程不能按期竣工，可能造成防汛抢险的被动，并造成不必要的经济损失。

3. 合同条文不够完善，对合同双方不能很好地进行约束

主要表现在工程招投标不规范，有的招投标过于简单，邀约及承诺不能构成合同签订

的依据。建设双方有的不使用合同范本，而是由双方商定形成一个合同，有时由于经验不足或缺乏对工程的细致分析，造成合同履行过程中出现一些合同没有涉及的问题，合同的预见性较差，双方需要重新进行协商，给工程建设带来不必要的麻烦。有的合同条款不够严密，有歧义，在合同执行过程中容易产生不必要的争执。

4. 有的工程项目在实施过程中存在违法转包或分包现象，给合同管理带来麻烦

根据合同法规定，承包人不得将其承包的全部建设工程转包给第三人，或者将其承包的建设工程肢解后以分包的名义分别转包给第三人。禁止承包人将工程分包给不具备相应资质条件的单位。禁止分包单位将其承包的工程再分包。建设工程主体结构的施工必须由承包人自行完成。但在工程实际建设过程中，非法转包或分包的行为仍然存在，造成合同履行起来困难重重，工程质量很难保证，出现一些债务纠纷，造成工期拖延，给合同管理工作带来不必要的麻烦。

水利工程质量管理体系与保证措施

对于水利工程来说，要想做好质量管理，保障水利工程的社会效益和经济效益得到发挥，应从施工现场入手，构建完善的质量管理体系，对各项要素进行控制，从而保障水利施工的顺利进行，并实现水利工程的优质、高效。在水利施工质量管理中，存在着一些问题，我们应对这些问题进行分析解决，并探索加强水利工程质量管理的措施与方法。

一、水利工程施工质量管理中存在的问题分析

1. 缺乏有力的监管制度

我国水利部门经过一段时间的政策调整，不管是在外部环境上还是内部体制上都出现了变革，关于水利工程施工管理的部门责权不清，使得在施工中缺乏有力的管理制度，无法使质量管理标准得到贯彻落实。尤其是在很多水利工程存在着很多转包现象，一些承包的中小企业资质不足，使得在施工中无法实现对施工质量的科学管理，也无法对质量水平进行检测，从而影响水利工程施工质量。

2. 施工人员流动性较大

在施工过程中，人的因素对质量影响较大，对于一些规模较大的水利工程来说，需要大量的施工人员，这些人员的综合素质参差不齐。有掌握专业技术的高新施工人员，也有资质较浅的农民工，他们流动性会比较大，并且由于文化水平的限制，在与他们进行技术沟通的时候存在着一些问题，使得施工技术难以得到开展，并且由于人员经常变更，给技术交底带来困难。

3. 施工过程中存在大量质量隐患

水利工程施工规模比较大，涉及的专业比较多，在建设过程中存在着很多隐患，如果没有及时对这些问题进行处理，将给水利工程带来很大的质量问题。例如，在材料的使用上，有的企业不注重对材料的质量检测，往往质量不过关；还有的施工人员不注重对机械设备的养护，使得设备在运行过程中出现问题。

二、构建质量管理体系，保障水利工程施工质量

为了能够有效保障水利工程的施工质量，实现水利工程的基本功能，并保证其寿命，我们应在水利工程施工过程中建立完善的质量管理体系，并对各项规章制度严格落实，从而使施工质量能够得到一定保护，打造优质、精品的水利工程。

1. 明确岗位责任制度

为了能够使质量管理落实到实处，应使每个岗位上的人员都明确自己的职责，实行质量责任制，从项目经理一直到施工人员，都应制定相应的岗位制度，形成全员、全过程的质量控制体系。其中，项目经理是工程中的第一责任人，全面负责项目部各项工作，检查各责任部门、各责任人工作，牵头制定施工方案、组织设计及技术措施，负责安排开工前质监申报，施工中质量控制、竣工后质量验收，负责与建设单位、设计单位及各分包单位开展技术、质量协调管理工作，建立项目技术质量保证体系，落实技术质量责任制，推动质量体系工作的开展和岗位责任的执行；材料员质量应做好材料的供应工作，服务于现场施工，根据施工进度情况，编制合理的材料供应计划，并落实经上级审批的供应计划；收集各队自行采购材料的有关资料，掌握进场材料的品种、数量、规格及堆放场所等情况，并建立能够反映上述动态情况的台账，配合试验部门对采用的材料进行抽检、试验和各类质量保证资料的收集。

2. 加强技术方面的监督

水利工程施工技术是将蓝图变成实物的重要环节，因此在施工过程中，应重视对施工技术的管理。在施工开展之前，应对施工图纸进行认真分析，根据实际情况指出其中存在的错误之处，并马上对错误进行改成，确保施工方案的完整无误，才能够进行施工。在施工过程中，应格外重视对施工重点环节、隐蔽工程的技术管理，监督施工中的各项技术能够有计划、有组织的进行。在进行不同工种、单位的交接时，应做好技术交底工作，使下一个施工人员、下一个施工单位能够对水利工程的性质、规模、特点和方法都能够完全了解，了然于心，能够合理地对下一步工作的开展进行组织和设计。

3. 做好对施工全过程的质量监督和管理

对水利工程施工技术的管理并不是一蹴而就的，而是一个持续、长期的过程，渗透在水利工程的方方面面，能够对水利工程的施工质量起到长期的保护作用。因此在施工中，应进行全过程的质量监督和管理，从施工前的准备到施工阶段再到竣工，都要贯彻施工质

量管理理念。对于施工人员，应加强对其的施工质量意识培训和专业技术培训，使其能够掌握保护施工成品的能力；对于施工材料，应做好计划和保护工作，使材料在采购、储存、运输和使用的过程中，都能够保持良好的质量，从而对整个工程的质量起到基础保障作用；对于施工设备，应做好维护和管理工作，实现定人顶杆，保障设备能够发挥出其功能，制造出品质较高的施工成品。对于施工环境，应尽可能在平坦、开阔及光线充足的地方进行，并根据自然气象环境的变化来提出预警方案，如《冬季施工方案》《雨季施工方案》《高温天气施工方案》等，确保水利工程的施工质量不受外界环境的影响。

我国水利工程在建设的过程中，其质量受到很多因素的影响。为了能够切实保障水利工程的施工质量，使其效果能够得到更好的发挥，我们应积极对当前水利工程施工质量管理中存在的问题进行分析，并构建完善的水利工程质量管理体系，保证水利工程的质量与安全。

水利工程施工成本控制与管理

在经济腾飞的新时代，水利工程项目竞争者众多，在高强度的竞争环境下，在项目施工上以低成本、高质量取胜显得尤为重要。水利工程施工过程中出现了许多的问题，控制成本就是保障企业的切身利益，因此施工过程中的成本问题尤为重要。下面对水利工程施工中成本管理出现的问题进行分析。

一、水利工程施工中成本管理出现的问题

作为水利项目施工中十分重要的一个因素，企业当然希望能达到项目质量高、工期短、机器损耗低的目标，但在我国现有的水利工程实例中，我们能够发现许多问题，许多企业在水利工程的施工成本控制方面，确实定下了类似的目标，但实现所定目标的却寥寥无几。主要原因就是定下目标时，缺乏详细的考察，没有一个完整的计划，直接导致目标可执行性低。下面针对管理中出现的问题进行论述。

1. 对于控制成本的错误认知

承包工程的企业对于水利工程项目成本的管理存在认知误区，对于成本的管理，不应该是财务报表上的几个粗略数字、财务人员的大体估计，而应是针对全员的成本控制。应该全面考虑突发天气状况、员工意外情况、施工地理位置特殊等不确定性因素，在施工前进行具体的实地考察，根据实际情况，分析讨论，再去详细的制定方案，制定方案时考虑不确定性因素，必要时对突发状况可采取紧急预案。

2. 成本控制

在水利工程的项目成本控制中没有清晰的条理依据，由于施工工程的划分不同，各项

工程之间无法借鉴，大多数工程的成本控制仅仅依靠一个模糊的估计，忽略了施工时具体问题产生的成本。项目成本的控制从中标就开始了，整个成本控制计划在施工之前已经完成，计划包括了合同内容和企业项目经理对项目的预期。计划先于施工的弊端就在于无法完全的落实。

施工的突发状况无法预知，成本控制只能是纸上谈兵。

3. 控制成本的方法

成本控制是工程管理中十分重要的一环，将计划预估的成本与现有的实际成本进行比较，发现影响成本的一系列问题，将提高成本的问题进行分析，提出解决提高成本问题的方案，吸取降低成本的经验，从而降低成本。成功地进行成本控制，使整个工程变得易于管理。

4. 控制投标阶段

成本企业对水利工程进行投标是项目开始的标志，投标的成本控制直接决定企业是否能够参与甚至主导水利工程的施工。也就是说，投标的结果直接影响整个项目。所以，企业投标报价要经过综合的考虑。要对被承包方给出的基本资料进行分析，结合企业自身实际进行考察，对此进行详细的计算得出最终合理的报价。在考虑的报价因素中，最重要的就是施工机器的使用及维修费用、所用材料的费用以及在员工薪资方面的费用。综合以上三者，即可得出较为精确合理的报价。同时，施工方要明确自身的能力范围，包括自身的技术水平是否达到招标方标准，管理制度是否合格，避免损害企业利益，甚至形成工程的不安全因素。

5. 控制施工阶段

成本施工是重中之重，主要能通过以下几个方法来进行优化：首先，企业要确保施工的安全，要有施工项目质量的保证。处理好良好的质量与合理的成本之间的关系。项目的优就在于项目的质量高、安全有保障以及成本的低廉之间的相辅相成。绝不能以次充好，为降低成本而降低工程质量，不顾员工安危。也不能为了质量购买高价材料，增加成本。企业应建立并完善采买材料的制度。同时企业应增强法律法规意识，提高员工的社会责任感，在法理之下控制成本。其次，应该提高员工效率，加快工程进度。工程时间越短，所需发放的工资、施工机器维护所需的费用就越低，成本也就越低。因此，企业要做到保障施工的安全、保证施工的质量与缩短施工时间的有机结合，最大程度地降低成本，提高效益。

6. 控制结算阶段

成本如果有效解决了上述的两个成本控制问题，那么结算就是最后一个阶段性问题。可是说是成本控制的最后一关。它将直接影响企业的最终收益。这包括企业施工的预计费用，突发情况的额外费用等。因此，在结算过程中，除了核实计划中的预计费用，还要分析实际过程中的费用，通过比较，制定更加贴切实际的成本控制方案，保证企业在实施水利工程项目上利益最大化。

水利工程项目十分复杂，环环相扣从投标、中标、制订计划到施工场地考察、施工团队的施工、施工薪资的结算，每一环都十分重要。通过对水利工程实际施工中出现的问题进行研究剖析，得出管理层面的问题所在，继而通过详细分析成本，提出切实可行的控制成本的方案。

水利工程施工问题及解决措施

在现代水利工程建设施工中，企业质量控制与管理水平是企业在行业内发展的关键。如何针对水利工程施工中常见的质量问题进行预控成了现代水利工程施工企业面临的首要问题。针对这一问题，施工企业也充分认识到了高质量的产品和服务是市场竞争的有效手段，是争取用户占领市场和发展企业的根本保证，纵览国内外质量控制事例，从发展战略的角度来审视质量工作，质量控制水平的高低和成败已关系到企业的兴衰。本节就水利工程施工中常见的质量问题及控制措施进行以下简要论述。

一、水利工程施工质量控制中存在的问题

水利工程施工项目的质量问题主要表现在引发质量问题的因素复杂，从而增加了对质量问题的性质、危害的分析、判断和处理的复杂性。

（1）盲目套用图纸，结构方案不正确，计算简图与实际受力不符

很多中小型水利工程很少组织项目可行性论证，很多基层水利单位没有掌握水利工程设计施工技术标准和规范，导致工程建设常常不合理或不规范。

（2）技术力量单薄、业务水平低下

基层水利技术人员分工不明确和流动性大，从事上传下达等事物性工作多，很少有时间进行学习和深造，技术水平提高的速度较慢，缺乏深层次的实践经验，难于承担技术水平高的工作。

（3）技术资质不具备

在水利工程施工集中在“隐形转包”造成的质量问题、抢工期赶进度造成的工序施工不彻底以及相关的一些技术性质量问题等几方面。例如，荷载取值过小，内力分析有误，结构的刚度、强度、稳定性差；施工偷工减料、不按图施工、施工质量低劣；或是建筑材料及制品不合格，擅自代用材料等原因所造成。转包使得施工过程的质量控制与监管力度降低、造成了转包后企业施工质量问题的发生。抢工期赶进度使得施工过程中造成了水泥混凝土固结时间短、养护不到位等情况的发生。

（4）水利工程监控措施不完善，检测手段落后

由于施工过程中领导层和管理部门不重视，技术监督与管理不到位造成的质量隐患也时有发生。定性多，定量方法少，管理方法单一，不成系统，主动监控不及时，调控者少，

数据分析较少，忽视质量管理成本，对分包监空不力，制度不健全，也没有行之有效的质量监控措施，对中小型工程质量的监控多停留在目测上，凭直观印象下结论，很少有先进的监测设备、仪器，更缺乏监测人才，在实施质量监控活动时没有强有力的说服力。

水利工程施工项目质量问题，轻者影响施工顺利进行，拖延工期，增加工程费用；重者，给工程留下隐患。同时同类型的质量问题，还有可能一再重复发生。

二、对策

1. 在管理上进行控制

工程质量控制是一个系统工程，参与水利工程建设的各方均应建立相应的质量保证体系。

我国《建筑法》明确规定：“建筑工程实行总承包的，工程质量由工程总承包单位负责。”因此，承包企业在质量控制方面承担着主要责任。规范的质量保证体系应该管理层次清晰、管理部门职能明确、信息传递畅通。以到事半功倍的效果。承包企业的质量保证体系可以分为公司级和项目部级两个层次，公司级层次由总经理、总工程师、工程质量部自上而下组成。对整个企业的工程质量实行全方位的管理控制；加强对分包企业的考核检查和做好协调

任何一个水利工程的建设都不可能由一个施工单位来完成。总存在着分包的施工单位。总承包单位应该选择那些信誉好、施工管理水平较高的专业承包企业或材料分包商，分包企业的管理工作水平、技术水平是决定水利质量的一个重要方面。对分包企业的考核主要从以下两方面着手：一是了解实际业绩、人员素质、管理水平、资金情况以及技术装备等。二是了解其现场管理情况。

2. 在施工质量上进行控制

（1）施工现场材料的质量控制

工程施工离不开施工材料，材料的质量是工程质量管理的基础和保障，材料质量不符合要求，相应的工程质量管理也不可能符合标准。所以加强施工现场材料的质量控制是提高工程质量管理的重要前提条件。材料质量控制包括原材料、成品、半成品和构配件等控制，主要是进行严格检查和验收、正确合理地使用，建立管理台账、进行收、发、储、运等各环节的管理，避免混料和将不合格的材料使用到工程上。

控制材料的质量应做到：一要掌握材料信息，优选供应厂家，选择质量好的材料从而保证工程质量；二要合理组织材料供应，确保施工正常进行，建立严密的计划、调度体系，加快材料的周转，减少材料库存和占用，确保施工的关键环节；三要合理组织材料的使用，减少材料的损失，加强材料的保管工作避免材料损失、变质；四要加强材料的检查和验收，严把材料质量关，进厂材料应有出厂合格证、材质化验单和厂家批号等；五要重视材料的使用认证，以防错用或使用不合格的材料。

（2）隐蔽工程的质量控制

1）地基隐蔽验收

地槽清好后，组织地质勘查单位、设计单位、监理单位、施工单位参加，重点检查地基承载力是否符合设计要求，是否存在软弱下卧层、实际地质情况是否与勘测报告相符合。确认地基土符合要求后，才能进行下道工序施工。并及时办好隐蔽验收签证手续。

2）钢筋分项工程隐蔽验收

钢筋分项工程的隐蔽验收，主要是合理设置质量控制点，提前给施工单位负责人交底，不经验收合格，不准隐蔽比如柱子质量控制点的设置，应设在每层柱（或基础顶面）支模之前，控制的重点内容是：柱子纵筋接头质量及其位置是否正确、箍筋加密区绑扎是否到位、是否符合设计及规范要求。

（3）现场施工方法、工序的质量控制

现场施工方法控制主要包括施工方案、施工工艺、施工技术措施切合工程实际、能解决施工难题、技术可行、经济合理以及有利于保证质量。施工工序是质量控制的关键环节，质量是在工序过程中形成的，而不是靠最后的质量检查验收。把工程质量从事后检查把关转向事前工序控制，达到“以预防为主”的目的。施工过程是由一系列相互关联、相互制约的工序所构成，工序质量是工程质量管理的基础，直接影响工程整体质量。工序质量的控制就是对工序活动条件的质量控制和工序活动效果的质量控制。进行工序质量控制时，应着重于以下几方面的工作：1）要严格遵守工艺规程，施工工艺和操作规程是进行施工操作的依据和法规，是保证工序质量的前提；2）要主动控制工序活动条件质量，影响质量的五大因素，即人、材、机、方法、环境等；3）要及时检验工序活动效果质量，工序活动效果是评价工序质量是否符合标准的尺度，应加强质量检验，及时掌握质量动态；第四要设置工序质量控制点，目的在于使整个工序质量处于受控状态。

水利工程施工中质量管理与控制是庞大系统的工程，所涉及的外部环境更广泛更复杂，影响工程质量的因素贯穿整个施工过程，在其制造过程中涉及的人员众多。这就要求在每一个生产环节中，更要严密把关，及时发现问题并解决问题，促使工程项目施工能够做到质量优、成本低、工期合理、效益好。

结　语

作为公路项目的关键组成部分，公路桥梁的施工对施工技术、施工管理的要求也持续提高，以此增加现代行车速度和载重量。在建设桥梁的过程中，必须要结合详细项目的现实状况，把桥梁施工管理工作做好，在保证项目建设质量的前提下，节省建设资源，使项目建设成本降低。

随着中国经济的发展，基础设施建设不断向前推进，桥梁公路项目已经变成关键的基础设施之一。目前，我国公路桥梁项目施工过程中还存在一系列问题。不管是从施工管理还是监理管理方面分析，都存在着不同程度的漏洞，这些漏洞也容易让项目的质量发生问题，从而带来很多不利的影响。施工管理具备一定的特殊性、繁杂性与多样性，当中公路桥梁的类型较多，公路桥梁的建设具备相对强的流动性，这就增加了施工管理的难度，而现阶段中国公路桥梁的施工中，项目建设的计划要求具备相对高的预见性与可行性，而公路桥梁建设的工期相对较长，这就给施工质量的保障带来了较大的难度。

因为项目产品的多样性，让其管理内容复制多样，公路桥梁项目的类型很多，从而导致了其作用的多样性。因为受地理环境条件改变和建筑场地的影响，让具备一样应用功能和种类的项目也会产生相对大的差异，这些施工管理的多样性大大增加了管理方面的难度。不固定性的建筑场地造成施工人员常常更换施工场地，甚至一定时间内也许会跨多个地域工作，从而导致了项目施工具备相对大的流动性，这就极大地打击了施工人员的主动性，降低了工作热情和生产效率。公路桥梁项目的建设计划具备特别关键的作用，因为公路桥梁施工多为室外作业，外界自然环境的改变对施工计划会造成极大的影响，所以依据项目的现实改变状况，施工计划及时更改以让其具有相对强的预见性和可行性。公路桥梁项目施工工期长，施工的连续性差，技术要求高，确保人员和施工结构优良的稳定性具备一定的难度，因此公路桥梁施工管理制度要改进与创新。

国民经济的迅速发展促进了基础设施建设事业的向前发展。中国基础设施建设中最关键的一环就是公路桥梁建设，在项目的建设经过当中，对公路桥梁的施工管理和施工监理力度要加大，项目的质量要预防控制好，在不影响项目进度与项目效益的前提下，每一项指标都要跟规范相符。持续地提升项目的质量和施工技术，确保整个施工过程的安全。